실학이라는 생각

허태용(許太榕) 지음

허태용(許太榕)

고려대학교 한국사학과 및 동 대학원 졸업(문학박사)
충북대학교 역사교육과 교수(2015~현재)

저서
『조선후기 중화론과 역사인식』(아카넷, 2009)

공저
『중국 없는 중화』(인하대학교 출판부, 2009)
『海を渡る史書, 東アジアの「通鑑」』(勉誠出版, 2016)
『이토 토가이의『삼한기략』에 대한 원전적 연구』(온샘, 2024) 등

실학이라는 생각

2025년 2월 20일 초판 1쇄 인쇄
2025년 2월 27일 초판 1쇄 발행

지은이 ■ 허태용
펴낸이 ■ 정용국
펴낸곳 ■ (주)신서원
주소 : 서울시 노원구 동일로 207길 23 4층 413호
전화 : (02)739-0222 팩스 : (02)739-0224
등록 : 제300-2011-123호(2011.7.4)
ISBN 978-89-7940-150-9 93910
값 26,000원

신서원은 부모의 서가에서 자녀의 책꽂이로
'대물림'할 수 있기를 바라며 책을 만들고 있습니다.
잘못된 책이 있으면 연락주세요.

실학이라는 생각

허태용 지음

신서원

머리말

본서는 실학을 하나의 생각으로 다룬 것이다. 오랫동안 실학은 실체로 간주되었지만 멀리 떨어져서 지난날의 연구를 검토하게 되면, 실학이 특정 시기 동안 많은 연구자들의 지적 모색 속에서 고안된 하나의 생각이라는 사실을 어렵지 않게 알 수 있다. 실학의 개념에 대한 학계의 합의가 잘 이루어지지 않고 실학자의 범위가 연구자마다 다른 것도 근본적으로 볼 때 실학이 하나의 생각이기 때문이다. 그러므로 현시점에서 혼란스러운 실학의 개념을 통일시키거나 실학자의 범위를 확정하려는 노력을 계속하기보다는 '실학이라는 생각'이 탄생하고 계승되어온 역사적 과정을 거시적으로 검토하면서 실학을 하나의 역사적 산물로 간주하는 것이 더 필요한 연구 자세라고 생각한다. 다른 말로 하면 이것은 실학을 근·현대 한국 지성사의 주제로서 취급하는 것이자 실학으로 표출된 근·현대 한국 지성사의 역사성을 사유하는 것이다.

필자는 꽤 오래전부터 이 같은 작업의 필요성을 자각했지만, 조선후기 전공자가 근·현대 지성사의 측면에서 실학을 검토하는 것에 대한 두려움으로 선뜻 착수하지 못하였다가, 최근 몇 년간 부분적으로 정리할 수 있는 기회를 갖게 되었다. 따라서 본서의 주요 내용은 이미 개별 논문으로서 발표되었으며, 각 장의 서술은 자체 완결성을 지니고 있다. 하지만 필자의 일관된 문제의식이 관철된 결과물이라는 점에서 기 간행된 개별 논문들은 전체적으로 볼 때 그보다 큰 한 덩어리를 이루는 사유의 일부분이기도 하다. 개별 논문으로 간행된 내용을 굳이 저서로 엮고자 한 것은 이런 이유 때문이었다. 이 과정에서 내용의 대폭적인 보강과 재집필이 이루어졌으며 오류들도 수정되었다. 하지만 여전히 문제점과 한계가 남아있고, 오류도 있을 것이므로 부끄럽기만 하다. 2009년에 첫 저서를 간행하고서 본서를 내기까지 예상보다 긴 시간이 흘렀다. 그사이 대학교에서 예비 교사들을 가르치는 일을 전담하게 되었다. 필자의 능력을 넘어서는 과분한 역할이지만, 학계에 조금이나마 기여하고 좋은 역사 교사들을 양성하기 위해 게으름 피지 않고 정진하고자 한다.

대학에 부임한 후로 필자 같은 천학비재를 오래도록 용납하시고 지도해주신 조광 선생님의 은혜를 떠올리는 일이 빈번해졌다. 필자가 받은 가르침을 정작 필자의 제자들에게 전하지 못한다는 자책도 갈수록 커진다. 오래도록 필자를 자질처럼 대해주셨던 유승주 선생님의 사랑은 세월이 흐를수록 더 크게 다가온다. 본서의 출간이 궤도에 오른 시점에 홀연히 역책하신 강만길 선생님의 삶은 공부하는 일과 스승 되는 일이 얼마나 두려운 것인지를 일깨워주셨다. 출간의 어려움을 맡아준 신서원에 특히 감사드린다. 언제나 그렇듯 본서를 집필하는 모든 과정에는 아내가 함께해주었다.

2024년 12월
허태용

목 차

머리말_5
일러두기_10

서론   11

I. 성리학이 조선왕조 멸망의 원인이라는 생각   27

1. '실학이라는 생각'을 향한 첫 번째 단계   27
2. '대척점'으로서의 조선왕조와 성리학   29
3. 재평가된 성리학, 변치 않는 위상   44
4. 사상으로 역사를 설명하는 문제점   50
5. 요청되는 시각의 전환   64

II. 성리학과 실학이 대립한다는 생각   73

1. '실학이라는 생각'을 향한 두 번째 단계   73
2. '유학 대 낭가사상' 구도의 탄생   75
3. 신채호의 '국수'에서 '조선학'으로   81
4. '성리학 대 실학' 구도의 확립   90
5. '성리학 대 실학' 구도의 남용   99
6. 민족주의 서사에 대한 반성   105

III. 실학이 서구문명의 기능적 등가물이라는 생각　　　121

1. '실학이라는 생각'을 향한 세 번째 단계　　　121
2. 서구의 부상과 문명의식의 탄생　　　122
3. 결여태인 아시아의 모색　　　138
4. 아시아도, 결여태도 아닌 일본　　　149
5. 결여태에서 벗어나고 싶은 한국　　　165

IV. 북학을 중상주의에 견줄 수 있다는 생각　　　187

1. '실학이라는 생각'의 첫 번째 각론　　　187
2. 자강론의 전개와 전통의 재발견　　　189
3. 조선학운동과 북학의 탄생　　　195
4. 근대화론의 풍미와 북학 연구　　　202
5. 새로운 연구 시각의 대두　　　213
6. 18세기 후반의 맥락에서 본 북학　　　218

V. 동국의식을 민족주의에 견줄 수 있다는 생각　　　231

1. '실학이라는 생각'의 두 번째 각론　　　231
2. 고려시대 동국의식의 형성과 전개　　　239
3. 조선왕조의 건국과 동국의식의 재구성　　　245
4. 조선후기 동국의식의 중화론적 특징　　　252
5. 역사인식의 계승과 단절에 대한 성찰　　　260

VI. 유득공이 실학자라는 생각	263
1. '실학이라는 생각'의 보편적인 각론	263
2. 이상향으로서의 고대	266
3. 고대의 계승을 표방한 조선왕조	275
4. 18세기 고대사 이해의 새로운 양상	284
5. 유득공의 고대사 인식과 남북국론	300
6. 중화론자로서의 유득공	311

결 론   313

참고문헌_317
찾아보기_333

일러두기

1. 본서는 2015년부터 2022년까지 간행된 필자의 몇몇 글들을 증보하고 재집필해서 단행본으로 엮은 것이다. 본서의 저본이 된 글들의 구체적인 서지사항은 다음과 같다.

   「전근대 동국의식의 역사적 성격 재검토」, 『역사비평』 111, 2015.
   「성리학으로 조선시대를 설명하는 연구 경향의 비판적 고찰」, 『역사비평』 127, 2019.
   「근·현대 지성사의 전개와 조선후기 '북학'」, 『한국사상사학』 64, 2020.
   「'성리학 대 실학'이라는 사상사 구도의 기원과 전개」, 『한국사상사학』 67, 2021.
   「18세기 고대사 연구의 담론과 유득공」, 『진단학보』 136, 2021.
   「'실학'이라는 틀의 역사적 조감」, 『조선시대사학보』 103, 2022.

2. 본서에 언급된 인물의 생몰년 표기는 양력을 따랐는데 을미개혁 이전에 탄생한 국내 인물만 음력을 따랐다. 단 편의상 간지 대신 해당 양력의 아라비아 숫자로 표기했다. 저명한 인물이거나 생존하고 있는 인물은 생몰년을 표기하지 않았고 생몰년을 정확히 파악할 수 없는 경우에도 표기하지 않았다.

3. 본서에서 인용한 1951년 이후 국내 논저의 경우 원표기와 상관없이 제목, 저자, 수록지, 발행처를 모두 한글로 표기했다. 단 한글로 대체하기가 적절하지 않거나 대체할 수 없는 고유명사는 원표기를 유지했다. 외국어 문헌은 원문 그대로 표기했다.

4. 본문에서 직접 인용한 한글·한자 병기 사료 및 한글 사료의 경우는 최대한 오늘날의 맞춤법에 맞게 고쳤으나 각주에서 인용할 경우는 원문 그대로 두었다. 단 띄어쓰기는 적용했다.

5. 중국 인명은 좀 더 익숙한 한국 발음으로 표기한 반면, 일본 인명은 일본 발음으로 표기했다.

6. 본서에서 대상화된 논저, 사료, 철학 및 문학 고전은 참고문헌에 수록하지 않았다.

서론

조선후기 사상사를 이해하는 전제로서 별 의심 없이 받아들여지는 '성리학 대(對) 실학'이라는 기본 구도는,[1] 비유하자면 '하버드대 대 명문대'라는 구도가 설정될 수 없는 것과 마찬가지로 형식적으로 이미 비논리에 해당한다. 이항대립의 구도는 동일 범주에서 가능하기 때문이다. 또한 이 형식적 비논리 구도가 내용적으로 기대고 있는 '이론·수양'의 성리학과 '실천·경세'의 실학이라는 관점 역시 성리학에 대한 의도적인 왜곡이거나 이해 부족에 가깝다. 주희(朱熹)의 글과 발언을 정독하면 그가 실천하는 공부를 매우 강조했음을 어렵지 않게 알 수 있다. 궁리(窮理)를 자신에게 돌이켜 마음에서 구하는 것인지 아니면 사물에서 구하는 것인지 모르겠다고 제자가 질문하자, 주희는 마음을 써서 사물마다의 도리(道理)를 구해야 한다고 하면서, 실제·실질(實)에는 나아가지 않으면서 깨달음(悟)을 말하는 당시의 세태를 통렬하게 비판하였다. 깨달음만을 이야기하는 것은 주희에게 학문이 아니었다.[2]

---

1 본서에서 언급하는 성리학은 주희 계열의 성리학, 즉 주자학을 의미하는데, 문맥의 필요에 따라 주자학으로 표기하기도 한다.

2 『朱子語類』 권121 訓門人9 "或問 所謂窮理 不知是反己求之於心 惟復是逐物而求於物

자신의 마음이 발현된 곳에 나아가 이해하는 것이 격물(格物)이냐는 질문에 대해서도 주희는 마음을 크게 하고 모든 사물에 나아가 궁구해야 한다고 답하였다.³ 사물에 나아가지 않으면 실체를 볼 수 없다며, 배를 만들어 물 위를 달리고 수레를 만들어 땅을 달려봐야 배가 땅에서는 달릴 수 없다는 것을 알 수 있다고 강조했던 모습에서도⁴ 주희의 일관된 입장을 엿볼 수 있다.

황간(黃榦, 1152~1221)이 주희의 학문하는 방법은, 궁리하여 앎을 지극하게 하고 자신의 몸에 돌이켜서 실제・실질[實]을 실천하는 것이었는데, 처음부터 끝까지 경(敬)에 거하였다고 정리한 것은⁵ 거경(居敬)하면서 사물에 대한 궁리를 통해 앎을 다 이루고, 그다음 자신에게 돌이켜서 실천하는 것이 주희 학문에서 얼마나 중요한 문제였는지를 사위이자 제자로서 정확하게 관찰한 결과였다. 송시열(宋時烈)이 주희는 거경, 궁리, 실천 세 가지의 일을 학문으로 하였다고 권상하(權尙夏, 1641~1721)에게 말한 것도 황간의 평가를 따른 것인데, 특히 『소학』, 『대학』의 공부가 여기에 있다는 말은⁶ 『소학』의

　　曰 不是如此 事事物物皆有箇道理 窮得十分盡 方是格物 不是此心 如何去窮理 不成物自有箇道理 心又有箇道理 枯槁其心 全與物不接 却使此理自見 萬無是事 不用自家心如何別向物上求一般道理 不知物上道理却是誰去窮得 近世有人爲學 專要說空說妙 不肯就實 却說是悟 此是不知學 學問無此法 才說一悟字 便不可窮詰 不可研究 不可與論是非 一味說入虛談 最爲惑人 然亦但能謾得無學底人 若是有實學人 如何被他謾 才說悟便不是學問"

3　『朱子語類』권15 大學2 "傅問 而今格物 不知可以就吾心之發見理會得否 曰 公依舊是要安排 而今只且就事物上格去 如讀書 便就文字上格 聽人說話 便就說話上格 接物 便就接物上格 精粗大小 都要格它 (…중략…) 而今且大着心胸 大開着門 端身正坐以觀事物之來 便格它"

4　『朱子語類』권15 大學2 "人多把這道理作一箇懸空底物 大學不說窮理 只說箇格物 便是要人就事物上理會 如此方見得實體 所謂實體 非就物上見不得 且如作舟以行水 作車以行陸 今試以衆人之力共推一舟於陸 必不能行 方見得舟果不能以行陸也 此之謂實體"

5　黃榦, 『勉齋集』권36 行狀 「朝奉大夫文華閣待制贈寶謨閣直學士通議大夫諡文朱先生行狀」"其爲學也 窮理以致其知 反躬以踐其實 居敬者所以成始成終也"

6　『英祖實錄』권72 26년 9월 丁巳(18) "鳳九日 先正臣宋時烈謂先師曰 學問則以朱子爲法 事業則以孝廟之志事爲主 (…중략…) 朱子以居敬窮理實踐三事爲學 小學大學工夫無不在是"

성(誠) · 경(敬) · 구방심(求放心) 등의 심적 수련부터 『대학』의 유추에 근거한 궁극적 리(理)의 지적 완성을 이루는 것까지가 궁리의 방법이라는 의미인 동시에,7 주희에게서 실제·실질을 실천한다는 것이 단지 쇄소응대(灑掃應對)하는 차원에 머무는 것이 아니라 제가·치국·평천하의 영역까지를 모두 아우르는 것이었음을 뜻하는 것이었다.

주희가 여씨향약을 증손(增損)하고 오부리(五夫里)에 사창(社倉)을 설치하고, 안민(安民)을 위해 경계법(經界法) 시행을 주장하고, 자신이 구상한 구황책을 재상 왕회(王淮, 1126~1189)에게 제안하고, 군사 훈련을 위한 활쏘기 훈련장을 마련하고, 군정(軍政)의 정비 측면에서 요구되는 둔전제 개선책을 「무신봉사」에서 아뢴 것 등은8 주희가 한평생 추구한, 마음 수련에서 제가·치국·평천하로 이어지는 공부의 진면목을 여실히 보여준다. 자신에게 돌이켜서 자득(自得)하는 것을 중시한 다른 성리학자들에 비해서 안팎을 한 원리로 일관하여 전체를 다 겸한 것이 주희의 가장 독특하면서도 위대한 점이라는 전목(錢穆, 1895~1990)의 말이나,9 격물치지한 다음에는 아는 것을 힘써 행하고 자신을 철저히 수양해나가며, 나아가 이러한 것을 제가·치국·평천하의 모든 실천에까지 밀고 나가는 것이 주희의 공부 방법이었으므로 격물치지의 마지막이란 반드시 실행이었다는 설명은10 이런 주희 학문의 특징을 염두에 둔 평가였다. 지(知)와 행(行)의 공부는 반드시 함께 도달해야 한다는 주희의 발언은11 스스로의 공부 방법을 한마디로 정리한 셈이었다.

치지(致知)가 단순한 본심의 지선(至善)의 인식에만 그치는 것이 아니라,

---

7   오하마 아키라, 이형성 옮김, 『범주로 보는 주자학』, 예문서원, 1997, 338쪽.
8   『朱熹集』 권74 雜著 「增損呂氏鄕約」; 권77 記 「建寧府崇安縣五夫社倉記」; 권19 奏狀 「條奏經界狀」; 권26 書 「上宰相書」; 권77 記 「射圃記」; 권11 封事 「戊申封事」.
9   전목, 이완재·백도근 역, 『주자학의 세계』, 이문출판사, 1987, 156쪽.
10 진래, 안재호 옮김, 『송명 성리학』, 예문서원, 1997, 271쪽.
11 『朱子語類』 권14 大學1 "林子淵問 知止至能得 曰 知與行 工夫須著並到 知之愈明 則行之愈篤 行之愈篤 則知之益明 二者皆不可偏廢".

실제 사업을 통해서 그 선을 실현하는 수단 방법의 강구에까지 그 격물·궁리의 노력을 관철시켜야 한다는 의미라면서, 이황(李滉)이 성현의 학문은 마음에 뿌리박고 사물에 꿰뚫는다고 말한 것은[12] 성리학에 대한 그의 정확한 이해를 보여준다. 또한 지와 행, 두 가지는 서로 닦으면서 나란히 나아가는 것이지 어느 한쪽을 폐할 수 없는 것이므로 제왕으로서 수신·제가의 공부가 완성되지 않았다는 이유로 치국·평천하의 공부를 하지 않을 수 없다는 정조(正祖)의 발언도 주희의 공부 방법을 제왕이라는 자신의 위치에서 재확인한 것일 뿐이었다. 정조가 보기에는 필서(匹庶) 역시 제왕과 완급의 차이가 있을 뿐 본질적으로 다르지 않았던 것이기에,[13] 정약용(丁若鏞)이 진유(眞儒)의 학문이란 본디 나라를 다스리고 백성을 편안하게 하려는 것이니 이적을 물리치고 재용을 넉넉하게 하는 일에서도 능문능무(能文能武)하여 감당하지 못할 바가 없다고 말한 것 역시 정조의 발언에 부합하는 상식적 언급이었다.[14]

조선의 도학자는 고담(枯淡)에 흐르고 공론(空論)에 달린다는 다카하시 도오루(高橋亨, 1878~1967)의 의견에 대해서 장지연(張志淵, 1864~1921)이 성리학은 고담공론이나 일삼는 학문이 결코 아니라고 주장한 것도,[15] 김창숙(金昌淑,

---

12 이상은, 『퇴계의 생애와 사상』, 서문당, 1973, 178~179쪽.
13 『正祖實錄』 권6 2년 12월 辛未(15) "然豈可盡知而後 始議做工於行乎 今日格一物 明日格一物 而今日行一事 明日行一事 知得一寸 行得一寸 交修並進 不可偏廢者也 (…중략…) 雖匹庶 亦豈可不念於治平之學乎 但帝王之學與匹庶 差有緩急之殊 (…중략…) 至於帝王 則沖幼之時 已任治平之責矣 其可委之以修齊以上工夫之未造 而乃以治平之功 讓而不居乎 尤當一邊用工 一邊做治也 (…중략…) 知行雖不可偏此廢彼 而用工之際 每患知或有餘 而行或不足 其所謂有餘者 決非眞知故也"
14 丁若鏞, 『與猶堂全書』 第1集 第12卷 詩文集 論 「俗儒論」 "眞儒之學 本欲治國安民 攘夷狄裕財用 能文能武 無所不當" 정약용의 관점은 문무 겸비의 인재를 가장 이상적인 인물로서 여긴 정조의 생각과 관련해서도 이해할 수 있다. 정조는 정약용에게 직접 진법에 대한 지식도 겸비할 것을 권했다. 배우성, 「정조의 군사정책과 『무예도보통지』 편찬의 배경」, 『진단학보』 91, 2001, 335~336쪽.
15 정욱재, 「일제 협력 유림의 유교인식」, 『한국사학사학보』 16, 2007, 67쪽.

1879~1962)이 성리의 오묘한 뜻만 고담(高談)하고 구국의 시급한 일을 강구하지 않는 학자들을 '가짜선비'라고 비판한 것도¹⁶ 이 때문이다. 요컨대 실천·경세가 없는 이론·수양은 성리학에서는 생각할 수 없는 발상이다.

그러므로 '이론·수양'의 성리학과 '실천·경세'의 실학이라는 대비적 관점이 지닌 문제점이 일찍부터 지적된 것은 자연스럽다. 안호상(安浩相, 1902~1999)은 이미 1938년에 이론을 실천으로부터 고립시켜 이론의 추상화만 일삼는 인습적 이론가에 대한 반동이야말로 성리학의 정로(正路)라고 함으로써 이론의 성리학과 실천의 실학을 대비하는 관점을 비판했다. 1958년 시점의 한우근(韓㳓劤, 1915~1999)이 보기에도 실학은 정주학(程朱學)을 가리키는 것이기에 수양을 위한 수양에 그치는 것이 아니라 치용(致用)의 효(效)를 거두기 위한 것이었다. 즉 정주학은 원래 이론과 실천의 양면성을 지닌 것이었는데 사장(詞章) 위주의 학풍과 이론에만 치우친 경향에 대한 임란 후 시대적 반성의 결과 원래의 정신을 살려서 수기치인의 실(實)을 거두어야 하겠다는 의론이 일어나 실학이라는 말이 운위(云謂)된 것으로 보았다. 같은 이유로 이상은(李相殷, 1905~1976), 이가원(李家源, 1917~2000), 민영규(閔泳珪, 1915~2005)도 실학을 성리학에 반대하는 학풍이라고 간주하는 것에 대해 강하게 비판했다.¹⁷

실학의 비조(鼻祖)라는 유형원(柳馨遠)의 현실 중시와 구체적 제도론(制度論)이 이이(李珥)를 이어받은 그의 기(氣) 중시 경향에서,¹⁸ 혹은 정반대로 리(理)의 '능동성'을 강조하는 퇴계학의 학문 경향에서 도출된다는¹⁹ 설명을 제시

---

16 심산사상연구회, 『김창숙문존』, 성균관대학교출판부, 2001, 255쪽.

17 安浩相, 「茶山先生과 現代와의 關係」, 『東亞日報』 1938.12.9.; 한우근, 「이조 실학의 개념에 대하여」, 『진단학보』 19, 1958, 33~35쪽; 이가원, 「연암 박지원의 생애와 사상」, 『사상계』 63, 1958, 203~205쪽; 이가원, 『연암소설연구』, 을유문화사, 1965, 91~98쪽; 민영규, 「위당 정인보 선생의 행장에 나타난 몇 가지 문제 : 실학원시」, 『동방학지』 13, 1972, 22~23쪽; 이상은, 「실학사상의 형성과 전개 상·하」, 『창조』 75·76, 1972; 이상은, 「국사교과서의 성리학 서술 비판」, 『퇴계학보』 5·6, 1975, 11~16쪽.

18 안재순, 「반계 유형원 실학사상의 철학적 기조」, 『조선조 유학사상의 탐구』, 여강출판사, 1988.

함으로써 성리학과 실학을 과도하게 대립·단절시키는 무리함을 극복해보려고 하거나, 성리학의 경세론과 실학의 경세론을 '지주적 입장의 개량론'과 '농민적 입장의 혁신론' 혹은 '개선론'과 '개혁론'으로 구별한 것은[20] 이런 상식적인 지적에 대한 '탈출구'를 마련하려던 시도였을지 모른다.

하지만 전자는 성리학이 어느 지점부터 실학으로 변화하는지에 대한 명확한 기준을 애초부터 제시하기 힘들었다는 사실을 자인한 셈이어서 '과도기', '변용기' 같은 표현을 사용할수록 성리학과 대립·구별된다는 실학의 성격과 범위는 더욱 모호해진다. 게다가 한편에서는 이이를 이은 기(氣) 중시 경향에서, 다른 한편에서는 퇴계학의 리(理) 능동성 강조 경향에서 유형원의 경세론이 등장했다는 설명은, 비유하자면 아버지는 아들의 MBTI가 논리적인 INTP이기 때문에, 어머니는 아들의 혈액형이 노력하는 A형이기 때문에 대학에 합격했다는 강변과 같아서 끝내 자식이 대학에 합격한 이유를 설명하지 못하게 되는 것과 같다. 부모가 치열하게 싸워봐야 증명할 길이 없어서 결론은 영영 나지 않는다.

유형원의 경세론은 '기 중시 경향', '리 강조 경향' 중 어느 하나의 발현이라고 보기는 어렵다. 이황이 리를 강조한 핵심은 사단과 칠정을 하나의 근원으로 이해하면 맹자가 말한 성선(性善)의 이념이 흐려진다는 것에 대한 두려움에서 본연지성(本然之性)과 기질지성(氣質之性)을 분리하려는 데 있었던 반면, 이이가 기를 중시한 것은 성(性) 자체가 이미 기(氣)에 들어온 이후의 명칭이므로 기질지성 이외의 별도의 성이 사실적 차원에서 따로 있지 않다는 논리적 정합성을 강조하려던 것이었다.[21] 즉 유형원의 경세론은 특정 학

19　조성을,「근기학인의 퇴계학 수용과 실학」,『국학연구』21, 2012. 유사한 논지는 다른 글에서도 보인다. 이우성,「초기 실학과 성리학과의 관계」,『동방학지』58, 1988; 김준석,「유형원의 변법관과 실리론」,『동방학지』75, 1992.
20　김용섭,「주자의 토지론과 조선후기 유학」,『연세논총』21, 1985; 김준석,「조선후기 국가재조론의 대두와 그 전개」, 연세대학교 박사학위논문, 1990.
21　안영상,「본연지성·기질지성 | 인간성의 두 측면」,『조선유학의 개념들』, 예문서원,

파의 이기심성론과는 큰 관련성이 없고, 수기치인(修己治人), 내성외왕(內聖外王)이라는 성리학의 전제 위에서, 공공성을 담보한 '도덕국가'를 수립하겠다는 이상으로 이이의 경세론을 적극 수용하여 탄생된 국가 중심의 제도론이므로[22] 성리학의 경세론과 실학의 경세론이 별도로 있을 것 같지 않다.

마찬가지로 개량론·개선론이 혁신론·개혁론으로 전환되는 지점은 정확히 어디쯤일까? 혹자는 대동법 등 부세제도 '이정(釐整)'을 전자에, 정전제 실시 등 토지'개혁'론을 후자에 비정했지만,[23] 17세기 공적 논의의 장에서 정전제의 의미는 토지분급에 있는 것이 아니라 부세제도에서 구해졌다. 이유태(李惟泰, 1607~1684)는 양전(量田)으로 정전제의 정신을 이으면서 전조(田租)와 공물(貢物)을 가리지 말고 1/10세를 수취하자고 주장했다. 조복양(趙復陽, 1609~1671)과 이시방(李時昉, 1594~1660)도 부세제도 이정책인 대동법을 정전법으로 이해했다. 유형원에게 토지 문제는 토지의 분배라는 측면과 부세의 부과 단위로서의 측면 두 가지로 나뉘는데, 공적 논의 공간에서의 사유 틀은 후자였고 이유태와 마찬가지로 토지에서 1/10세만을 거두는 것이 고제(古制)라고 주장했다.[24] 18세기 이익(李瀷) 역시 정전제 시행이 불가하다는 점에서 주희와 같은 생각이었으며 공정한 양전과 1/10세가 정전제의 정신을 되살리는 방법이라고 여겼다.[25] 요컨대 부세제도 이정과 토지제도 개혁은 당대인들의 관념 속에서는 이항대립의 관계가 아니었다는 점에서도 성리학의 개량론과 실학의 개혁론이 명확히 구분될 것 같지는 않다.

그럼에도 불구하고 성리학을 '이론·수양'의 영역에 가둬두고서 '실천·

2002, 177~181쪽.
22 송양섭, 「반계 유형원의 '公' 이념과 이상국가론」, 『조선시대사학보』 64, 2013; 이경동, 「17세기 사상계의 율곡 경세론 수용과 전개」, 『율곡학연구』 44, 2022, 75~84쪽.
23 김준석, 앞의 논문, 1990
24 이정철, 『대동법』, 역사비평사, 2010, 333~346쪽.
25 신항수, 「이익(1681~1763)의 경·사해석과 현실인식」, 고려대학교 박사학위논문, 2001, 102~105쪽.

경세'의 실학을 분리한 후 상호 간에 대립적 관계를 설정하는 임의의 연구 자세가[26] 무려 한 세기 동안 견지되었다는 사실은 이 연구 자세를 비판하는 것보다 이 연구 자세를 하나의 역사적 산물로 놓고 설명할 필요성을 제기한다. 즉 성리학과 대립한다는 실학을 무리하게 창조해야 할 현실의 필요성이 무엇이었는지를 묻는 방식으로 연구 시각을 전환하지 않고서는 실학을 둘러싼 많은 논란들을 넘어설 수 있는 진전된 연구가 도출되기 어려워 보인다.

실학이 20세기 한국 근·현대사의 현실적 필요에 따라서 의도적으로 구성된 산물이라는 점은 물론 이미 지적된 바 있다. 김용옥은 실학이 역사적 사실로서의 실존태가 아니라 20세기 중엽 한국 역사학계에서 발생한 역사서술론적인 개념이므로 그 개념을 잉태시킨 시대정신의 의미체계에 복속된다고 설명했다. 오가와 하루히사도 1920·1930년대 근대적 실학이 저지당한 현실의 대상(代償)으로 17·18세기의 근세적 실학이 발견되는 과정에서 '실심(實心)의 학'과 근대적 실학 개념과의 결합이 실현되었다고 보았고 이것은 한국 20세기의 역사적 산물이라고 설명했다. 실학이라는 용어가 언제부터 특정한 의미를 가지는 담론체계로서 공유되기 시작했는지를 지식사회학적인 관점으로 검토한 연구, 실학을 발화(發話)한 이들을 중심에 놓고 실학이라는 용어를 역사적으로 검토한 연구, 그리고 20세기 지성사의 측면에서 실학을 바라보는 자세가 필요하다는 설명도 같은 시각을 보여준다.[27]

---

26 김영식, 『정약용의 문제들』, 혜안, 2014, 80쪽. "여러 연구자들이 주희를 어떤 틀에 가둠으로써 주희 체계가 지닌 폭넓은 가능성에 눈을 감고 오히려 자신들에 의해 그렇게 좁혀진 주희의 체계와 그 같은 '폭넓은 가능성'을 펼쳐낸 정약용 사이에 드러나는 차이만을 주목함으로써 정약용이 주희로부터 벗어났다고 주장하는 것이다."

27 김용옥, 『독기학설』, 통나무, 1990; 小川晴久, 「실학과 철학」, 『제4회 동양학 국제학술회의 논문집』, 성균관대학교 대동문화연구원, 1990, 100~101쪽; 이태훈, 「실학담론에 대한 지식사회학적 고찰」, 전남대학교 박사학위논문, 2004; 노관범, 「근대 초기 실학의 존재론」, 『역사비평』 122, 2018; 이경구, 『실학, 우리 안의 오랜 근대』, 푸른역사, 2024.

하지만 '실학이라는 생각'이 깊게 뿌리박고 있는 인식론적 성격은 더 구명되어야 할 부분이 있는 듯하다. 본서는 이 필요성에 대한 필자 나름의 고민을 미흡한 수준에서나마 정리해보려는 것이다.

조선후기 사상사를 설명할 때 별 의심 없이 전제되어 자각되지 않는 경향이 있다는 점에서 '실학이라는 생각'은 푸코(Michel Paul Foucault, 1926~1984)가 말한 담론(Discours), 혹은 가다머(Hans-Georg Gadamer, 1900~2002)가 말한 선입견(Vorurteil)의 속성을 지니고 있다고 할 수 있다. 푸코는 멘델(Gregor Johann Mendel 1822~1884)이 진리를 말했음에도 그의 시대의 생물학적 담론의 '맞는 것' 안에 있지 않았기 때문에 이단아로 취급되었다는 사실을 예시로 들면서 담론적 공안(公案)의 규칙들에 복종할 때에만 진(眞) 안에 있을 수 있다는 제약성, 즉 담론의 인식론적 구속성을 지적했다. 푸코가 보기에 멘델이 맞는 것 안에 들어가기 위해서는 인식론적 층위의 전적인 변화가 필요했다.[28] 이런 점에서 푸코에게 담론이란 이데올로기가 아니라 발화자들 모르게 실제로 말해진 것이다. 이 발화자들은 자기도 모르는 사이에 어떤 부적절한 문법의 제약을 받는 편협한 이야기를 한 것이다.[29] 가다머에 의하면 인간은 시공간의 제약과 전통에 귀속된 상태로 의식을 형성하는 실존적 존재이기 때문에 선입견이란 인간이 세계를 이해하는 판단의 근거로서 자신의 유한성의 흔적인 전통, 권위에 의해 형성된 의식이다. 따라서 선입견은 그것이 부단히 작용하는 동안에는 자각할 수 없고, '다른 어떤 생각'에 의해 자극을 받아야만 자각이 가능하다.[30]

본서에서는 푸코와 가다머의 통찰에 의지하여 실학을 담론이나 선입견으로 간주하고자 한다. 본서의 제목을 '실학이라는 생각'이라고 정한 것은

---

28 미셸 푸코, 이정우 해설, 『담론의 질서』, 중원문화, 2014, 28~29쪽.
29 폴 벤느, 이상길·김현경 옮김, 『역사를 어떻게 쓰는가』, 새물결, 2004, 470쪽.
30 한스게오르크 가다머, 임홍배 옮김, 『진리와 방법②』, 문학동네, 2012, 152~163·182쪽.

필자의 이 같은 문제의식에서 기인한다. 실학은 단순히 이데올로기적인 차원에서 작동된 지식 구성이 아니라 세계관의 변동을 수반하고 있는 에피스테메의 큰 틀 속에서 이루어진 것이므로 그 지식 구성을 위해 노력했던 지식인들 대부분은 이 세계관의 변화를 대상적으로 인식할 수 없었던 것 같다는 설명도[31] 본서의 문제의식과 일맥상통한다. 다만 이미 지적되었듯이 실학은 오랜 기간의 단계적인 지적 모색의 결과물로서 보이기 때문에 필자는 본서에서 '실학이라는 생각'이 탄생하는 지적 모색을 단계별로 살펴보는 데 좀 더 집중하려고 한다.

필자가 볼 때 '실학이라는 생각'이 형성되는 첫 번째 단계는 성리학이 조선왕조를 멸망시켰다는 생각이었다. 국가가 외세에 강제로 '병합'되어 사라진 충격적인 사건은 구한말 지식인들에게 국망(國亡)의 원인을 '내부'에서 찾도록 이끌었는데 이것은 대부분의 지식인들이 사회진화론에 경도되었던 상황에서는 꽤 당연한 귀결이었다. 사회진화론의 관점에서는 내부의 경쟁력이 진화의 여부를 결정하므로 '적자(適者)'가 되든지 '부적자(不適者)'가 되든지, 모든 원인은 내부에 있기 때문이다. 사회진화론에 경도된 대부분의 지식인들은 이미 부적자가 된 조선왕조에 대한 애착이 강할 리 없었고, 특히 성리학은 수신(修身)에만 몰두했을 뿐 이용후생의 실업(實業)을 일으키지 못해 경쟁력을 낮추고 국력을 허약하게 만든 주원인으로 간주됐다. 조선왕조의 체제교학이었던 성리학이 국망의 주원인으로 손쉽게 간주된 것은 이런 배경 속에서였다.

'실학이라는 생각'이 형성되는 두 번째 단계는 국망의 주원인인 성리학에 대립하면서 내부의 경쟁력과 자강을 이끌 새로운 사상이 필요하다는 생각이었다. 사회진화론적 시각에서 볼 때 그것은 외부에서 이식된 것이 아니라 내부에 존재하는 것이어야 했다. 신채호(申采浩), 문일평(文一平, 1888~1936)

---

31 이태훈, 앞의 논문, 6쪽.

이 유교와 성리학에 대결하는 '낭가사상', '대(大)조선정신'을 설정한 것은 이런 맥락에서였다. 하지만 낭가사상이나 대조선정신은 실체가 모호한 초역사적 개념이었기에 학술적 탐구의 대상이 되기 어려웠다. 이 점을 극복하기 위해서 신채호의 후배들은 성리학에 대립하는 사상을 조선후기라는 특정한 역사적 시점 속에서 구체성을 지닌 존재로 설정하려는 노력을 경주했고 문일평 자신도 여기에 직접 동참했다. 장지연과 최남선(崔南善, 1890~1957)이 주목했던 조선후기 몇몇 인물들의 경세론이 이 과정에서 주목되면서 실학이라는 명칭이 처음 사용되었다.

'실학이라는 생각'이 형성되는 세 번째 단계는 실학으로 명명된 조선후기 몇몇 인물들의 경세론이 근대 서구문명의 '기능적 등가물'이라는[32] 생각이었다. 이것은 문명개화론이 사회진화론과 상호 연관되면서 광범위하게 수용되었기 때문이었다. 문명개화론의 논리 속에서 보자면 인류가 공통으로 추구해야 할 문명에 서구가 먼저 도달하였고, 비서구는 아직 도달하지 못했기 때문에 비서구에게는 문명에 도달해야 하는 과제가 남아있는 것이었다. 비서구가 이 과제를 수행하기 위한 방법은 크게 볼 때 두 가지 정도로 정리될 수 있었다. 첫 번째는 내부에는 문명에 도달할 수 있는 가능성이 거의 없으므로, 철저히 전통을 폐기한 후 서구문명을 수입하거나 이식해서 문명에 도달하자는 방법이었고, 두 번째는 서구문명에 유비(類比)되는 내부

---

32 여기서 사용한 '기능적 등가'는 루만(Niklas Luhmann, 1927~1998)의 용법을 따랐다. 그는 특정한 원인이 특정한 결과를 가져온다는 인과적 필연성을 상정하는 것에 반대하고 단지 같은 선상에 있는 다양한 인과 요소들의 등가성을 확인하는 것이 필요하다고 보았다. 즉 문제는 'A가 항상 B를 낳느냐?' 하는 것이 아니라 'A, C, D, E가 B를 낳는 그들의 성격이 기능적으로 등가적이냐?' 하는 것이었다. 루만에게 있어서 동일한 역할을 수행하는 기능들은 서로 비교 가능하고 경우에 따라서는 대체될 수도 있기 때문에, 구조기능주의자인 파슨스(Talcott Parsons, 1902~1979)와 달리 그에게서는 기능이 구조 개념에 앞선 것이었다. 따라서 그의 기능주의는 '등가기능주의'라고 불린다. 서영조, 「니클라스 루만의 윤리학 비판과 도덕의 기능 분석」, 『현상과 인식』 81, 2000, 82~84쪽; 김종길, 「니클라스 루만의 사회체계」, 『오늘의 사회이론가들』, 한울아카데미, 2015, 231~233쪽.

의 전통을 발굴하고 계승해서 문명에 도달하자는 방법이었다.

이때 외부로부터의 이식보다는 서구문명에 유비되는 내부 전통을 매개로 해서 문명에 도달하자는 후자의 방법이 선호되었는데, 이 모색이 사회진화론의 기본 논리에 잘 부합하면서도 주체성을 부각하는 데 유용해보였기 때문이다. 1930년대 조선학운동에서 본격화된 이 모색은 해방과 분단 이후로도 충실히 계승되었으며, 현재까지도 실학은 성리학에 대립하는 역사적 성격을 지닌 사상적 실체로서 간주되곤 한다.[33]

본서의 전반부인 1장, 2장, 3장에서는 '실학이라는 생각'이 형성되는 이상의 첫 번째부터 세 번째 단계까지의 과정을 자세히 다루고자 한다. 각 단계의 생각이 꼭 순차적이거나 계기적이었던 것은 아니지만 큰 흐름은 대략 이에 부합하는 논리적 전개를 보였다고 할 수 있다. 본서의 후반부인 4장, 5장, 6장에서는 '실학이라는 생각'에서 파생된, 각론에 해당하는 생각들을 검토한다. 4장과 5장에서는 실학이 근대 서구문명의 두 가지 큰 표지(標識)인 자본주의와 민족주의의 선행적 양상을 드러냈다는 생각을 검토한다. 구체적으로는 북학을 중상주의에 견줄 수 있다는 생각, 그리고 조선후기 동국의식을 민족주의에 견줄 수 있다는 생각을 자세히 검토한다. 6장에서는 '실학이라는 생각'의 가장 보편적인 각론이라고 할 수 있는, 조선후기 특정 인물들을 실학자로 간주하는 생각을 검토하는데, 그중에서도 유득공(柳得恭,

---

[33] 금장태, 『조선실학의 경전이해』, 서울대학교출판문화원, 2014, 1쪽. "17세기 후반 조선후기 사회는 대부분의 유학자가 도학-주자학을 정통으로 수호하고 시대이념으로 확인하였다. 그러나 도학의 이념적 고착이 시대변화에 적응력을 잃고 현실문제의 해결에 한계를 드러내면서 소수의 진보적 지식인들은 교조화된 도학에서 벗어나 현실문제에 관심을 기울이면서 새로운 학풍으로서 실학이 싹트고 있었다."; 하우봉, 「호남실학의 전개양상과 성격」, 『한국실학연구』 36, 2018, 386쪽. "실학은 양란 후의 민족적 반성과 17,8세기의 정치·경제·사회의 전반적인 변동에 바탕을 두고 제기된 새로운 사상조류였다. 이에 따라 실학은 성리학의 관념론에서 탈피하여 강렬한 현실 비판과 개혁의식으로 충만해 있으며 학문의 대상으로는 철학뿐 아니라 경제를 비롯한 사회정책론, 역사·지리·언어학 등 국학과 자연과학을 포괄하고 있다."

1748~1807)을 실학자로 간주하는 생각을 검토한다. 유득공은 '북학파', 즉 '중상학파'의 일원이자 발해를 자국사로 인식하는 남북국론을 제창했다는 점에서, 실학이 중상주의와 민족주의에 견주어진다는 생각을 자기 존재로서 모두 증명하는 역할을 담당했다고 할 수 있다. 하지만 유득공을 그가 살았던 18세기의 역사적 맥락 속에서 충실하게 검토하였는지에 대해서는 의문스럽다.

본서에서 필자는 각 단계와 유형의 생각들이 나타나게 되는 역사적 맥락과 논리를 관찰하듯이 서술하면서도 각 단계와 유형의 생각이 갖는 논리적인 한계와 오류, 문제점을 함께 드러내려고 한다. 그 과정을 통해서 실학이 특정 시대의 문제의식하에서 도출된 하나의 생각일 뿐이라는 점이, 그리고 애초부터 굳이 필요하지 않았던 무리한 생각이라는 점이 좀 더 명확하게 드러날 것이라고 보기 때문이다. 본서가 실학에 관한 기존의 나열식 연구사 정리를 극복하고 실학을 둘러싼 오랜 세월의 학술적 모색을 일관된 서사(敍事)로 구성하는 데 일부 기여할 수 있을 것으로 기대한다. 또한 조선후기의 사상사를 새롭게 이해하는 틀을 모색하는 데 조금이라도 기여하기를 기대한다.

그럼에도 불구하고 여전히 남은 문제들은 존재한다. 예를 들어 '실학이라는 생각'을 공유하면서도 차별성을 띠는 여러 지적 모색들의 갈래들을 구분하여 계열화하는 문제 등은 앞으로도 계속 추구되어야 할 과제들이다. 무엇보다 본서의 시도는 '실학이라는 생각'이 탄생하여 담론으로 자리 잡거나 선입견으로 정착하는 과정의 한 측면만을 흐릿하게 살펴본 것이므로 본서의 설명은 어디까지나 '실학이라는 생각'의 메타적 검토 가운데 하나일 뿐이며, 그것조차도 이미 비슷한 고민을 지니고 있었던 여러 선배 연구자들의 통찰에 힘입은 바 크다. 또한 본서를 저술하는 과정에서 예기치 못한 실수나 오류, 논리적인 비약이나 지나친 추론, 불충분하고 잘못된 설명 역시 당연히 존재할 것이므로 그런 점들은 마땅히 비판되어야 한다. 만약 본서의 서사와 주장에 동의하지 않는다면 다른 서사와 주장으로 가르쳐 주시기 바란다.

끝으로 독자의 이해를 돕기 위해서 본서에서 사용한 조선학운동의 개념과 범위를 언급하고자 한다. 조선학운동의 범위는 논자에 따라 다르게 파악하므로 유동적이면서 잠정적이다. 하지만 민족주의 계열을 타협과 비타협으로 구분한 후 전자를 현상윤-『동아일보』, 후자를 안재홍-『조선일보』로 나누고 전자는 문화혁신론으로, 후자는 조선학운동으로 구별하는 입장은[34] 타협과 비타협으로 구분하는 것이 1930년대 중반 민족주의 계열의 존재감을 고려할 때 적당한지 의문인 점, 정인보(鄭寅普, 1893~1950)와 백남운(白南雲, 1894~1979)이 『동아일보』와 깊은 관계를 맺었고 조선학운동의 이념적 기반이 되는 주요 논설들이 『동아일보』에 게재되었다는 점, 안재홍(安在鴻, 1891~1965)이 조선학운동을 제창할 때 가장 적극적으로 호응한 곳도 『동아일보』였고 『동아일보』의 문화혁신론을 구체적으로 조선 연구에 결합시킨 것이 안재홍 등이 표방한 조선학운동이었다는 사실을 감안하면[35] 자의적이다.

본서에서는 '조선학'이라는 용어를 마땅치 않아 했던 현상윤(玄相允)·백남운·김태준(金台俊, 1905~1949)도 조선에 대한 학적 탐구에 동참하였다는 점, 동시대를 살았던 백낙준(白樂濬, 1895~1985)이 정인보·문일평·현상윤을 '실학 운동'의 2기에 해당하는 인물이라고 병칭한 점, 홍명희(洪命憙, 1888~1968)도 신조선사(新朝鮮社)의 간행 작업에 동참하였다는 점, 백남운·홍기문(洪起文, 1903~1992)·김태준·신남철(申南澈, 1907~1958)은 민족의 신성성만을 부각하는 국수주의적 조선학에는 반대하면서도 민족문화의 옹호를 위한 공동전

---

[34] 이지원,『한국 근대 문화사상사 연구』, 혜안, 2007, 305~349쪽.
[35] 신주백,「조선학운동'에 관한 연구동향과 새로운 시론적 탐색」,『1930년대 조선학운동 심층연구』, 선인, 2015, 38쪽; 최선웅,「정인보와 동아일보-조선학을 둘러싼 접점」,『한국인물사연구』23, 2015; 이준식,「조선학운동과 백남운의 사회사 인식」,『1930년대 조선학운동 심층연구』, 선인, 2015, 171·178쪽; 정종현,『다산의 초상』, 신서원, 2018, 104~107쪽.

선에 호응하는 유사한 입장을 취했다는 점,³⁶ 무엇보다 근대 서구문명에 유비되는 기능적 등가물을 전통에서 발굴해 내재적 발전이나 세계사적 보편의 가능성을 모색하려는 실천적 경향을 띠었다는 점에서, 좌우를 막론하고 전통-특히 유교와 조선왕조-을 총체적으로 폄훼하면서 정체론(停滯論)에 기울었던 이광수(李光洙, 1892~1950)·최현배(崔鉉培, 1894~1970)·이청원(李淸源) 등의 입장³⁷ 및 '순수한' 학문을 지향한다던 이들과는 구별되는 1930년대 중반 조선학운동의 성격과 범위를 설정한다.

예를 들어 한자를 폐지하자는 최현배, 정약용에게도 별다른 관심을 드러내지 않았던 이광수, 정약용의 사상은 아시아적 전제국가하에서의 소농민의 공동체적 생활을 재건하려는 것이었다며 정약용에 대한 당시의 치솟는 관심을 매우 비판적으로 바라보던³⁸ 이청원, 조선학운동에 참여한 인물들을 "정다산을 하수구 속에서 찬양하는 사람"으로 비난하던³⁹ 김남천(金南天, 1911~1953)과 달리, 현상윤은 한자불가폐론을 견지한 위에서⁴⁰ 정약용을 비롯한 '경제학파'를 주목하고 조선 사상(思想)의 변천 과정을 콩트(Isidore Marie Auguste François Xavier Comte, 1798~1857)를 떠올리게 하는⁴¹ 종교적 단계, 철학

---

36   임형택, 「국학의 성립과정과 실학에 대한 인식」, 『현대 학문의 성격』, 민음사, 2000; 백낙준, 「실학의 현대적 의의」, 『연세실학강좌 I』, 혜안, 2003; 조형렬, 「1930년대 마르크스주의 지식인의 학술문화기관 구상과 '과학적 조선학' 수립론」, 『역사학연구』 61, 2016.

37   李春園, 「民族改造論」, 『開闢』 23, 1922; 崔鉉培, 『朝鮮民族更生의道』, 東光堂書店, 1930; 홍종욱, 「제국의 사회주의자-마르크스주의 역사학자 이청원의 삶과 실천」, 『상허학보』 63, 2021.

38   최재목, 「일제강점기 정다산 재발견의 의미」, 『다산학』 17, 2010, 115쪽.

39   金南天, 「李光洙 全集 刊行의 社會의 意義」, 『朝鮮中央日報』 1935.9.7.

40   『기당 현상윤 전집 4-사상편』, 나남, 2008, 300쪽; 한국공자학회, 『기당 현상윤 연구』, 한울, 2009, 369쪽.

41   중농주의 경제학자 튀르고(Anne Robert Jacques Turgot, 1727~1781)는 학문과 기술에서 나타나는 진보가 역사의 영역에서도 가능할 것인가에 대해서 최초로 적극적인 주장을 개진했다. 그는 인간의 이성, 자유, 관념들을 언제나 증대하는 자산으로 후손에게 물려줄 수 있다고 보았다. 콩트 역시 인류의 역사를 지적인 발달의 역사로 여기면서 신

적 단계, 종교·철학·과학적 병립 단계로 구분했다.⁴² 안재홍은 김남천의 발언에 반박하는 글을 썼을 뿐 아니라⁴³ 우리 문화와 사상에서 조선인적이면서 세계적이고, 세계적이면서 조선인적인 새로운 자아를 창건하자고 밝혔다.⁴⁴ 신남철도 조선학은 조선의 특수성만을 추출하는 것이 아닌 조선사회의 세계사적 지위를 확정하는 연구여야 한다고 하면서,⁴⁵ 동·서양이 필경에 있어서는 구별되지 않는다고 여겼다.⁴⁶ 이 점에서 전통에 대한 이들의 태도가 보편·특수·실천의 측면에서 유사했음을 알 수 있다.⁴⁷ 유물론자 박치우(朴致祐, 1909~1949)가 문일평에 대해서 사료의 디테일만을 만지작거리는 많은 사가(史家)들과는 달리 언제나 사료의 배후에 흐르고 있는 역사의 정신을 붙잡는 데에 노력한 사론가(史論家)였다고 높이 평가한 것도⁴⁸ 그들 사이에 존재했던 문제의식의 유사성과 무관하지 않다.

학적 사유·형이상학적 사유·과학적 사유라는 세 단계를 필연적으로 거친다고 보았는데 생물학 모델이 근거를 제시했다. 고려대학교 문과대학 사학과 교수실 편,『역사란 무엇인가』, 고려대학교출판부, 1984, 47~54쪽; 황수영,「서양 근대사상에서 진보와 진화 개념의 교착과 분리」,『개념과 소통』7, 2011, 113~120쪽.

42 『기당 현상윤 전집 3-조선사상사』, 나남, 2008, 43쪽.
43 安在鴻,「賤待되는 朝鮮 1~4」,『朝鮮日報』1935.10.2./3./5./6.
44 樗山,「朝鮮學의 問題」,『新朝鮮』7, 1934.
45 전윤선,「1930년대 '조선학' 진흥운동 연구」, 연세대학교 석사학위논문, 1998, 27쪽.
46 정종현,「신남철과 '대학' 제도의 안과 밖」,『한국어문학연구』54, 2010, 401~406쪽.
47 신남철이 1940년대에 들어서는 서구보다 우월한 추상적 보편자로서의 '동양'을 사유하는 모습을 드러냈다는 사실도 잊어서는 안 된다. 정종현,『동양론과 식민지 조선문학』, 창비, 2011, 25쪽.
48 朴致祐,「朝鮮學의 獨舞臺(上)」,『朝鮮日報』1939.12.15. 박치우도 1940년대에 '동아협동체론'을 받아들여 일본과 조선의 운명공동체라는 특성을 철학적으로 설명했다. 정종현, 위의 책, 107~108쪽.

Ⅰ. 성리학이 조선왕조 멸망의 원인이라는 생각

1. '실학이라는 생각'을 향한 첫 번째 단계

본 장에서는 조선왕조의 체제교학이라고 할 수 있는 성리학이 조선왕조 멸망의 원인일 뿐 아니라 조선왕조에서 벌어진 수많은 사건과 현상의 원인이라고 하는, 꽤 오랜 전통을 지니고 있는 생각이 학술적으로 타당한 것인지를 살펴보려고 한다. 그 이유는 다음과 같다. 첫째, 성리학이 조선왕조 멸망의 원인이라는 생각은 조선왕조에서 벌어진 사건과 현상들이, 그것이 긍정적인 것이든 부정적인 것이든 성리학에서 기인한다는 생각으로부터 출발한 것으로 보이기 때문이다. "이조 500년은 실로 유교로 시종하였으니 성하였다 하면 그것은 유교의 덕(德)이요, 쇠하였다 하면 그 역시 유교의 책임"이라고 한 이광수가[1] 주희를 통해 전한 유교가 조선을 쇠하게 하였다거나[2] 자기를 타자에 동화시킴으로써 조선인을 죽게 했다고[3] 극렬히 폄훼한

---

1   春園,「新生活論 20, 儒教思想(16) 結論」,『每日申報』, 1918.10.10.
2   春園,「新生活論 4, 儒教思想(1) 總論」,『每日申報』, 1918.9.11.
3   春園,「復活의 曙光」,『青春』 12, 1918.

모습은 이런 생각의 한 전형이라고 할 수 있다. 둘째, 따라서 '실학이라는 생각'은 사실 성리학의 '대체재'가 필요하다는 생각으로부터 처음 출발한 것으로 보이기 때문이다.

조선의 빈곤 정책을 설명하기 위해 비교적 최근에 저술된 한 서적에서도 이 같은 논리적 관계는 유사하게 반복된 듯하다.[4] 이 서적에서는 조선의 지배층은 내치에만 열중했고 국방의식은 희박했다거나, 주류적인 지배층은 모화에 물들어 있었다거나, 조선의 지배구조 동요는 서학이 사회 전면에 나타나는 시기까지 기다려야 했다는 등의 '명쾌'한 표현으로 조선왕조의 특징을 설명하였다. 그리고 그런 특징의 원인을 조선이 '계약적 인간관계가 중시되는 사회의 산물이었던 주자학'의 배경과 본질에 대해서는 무지한 채, 주자학의 일부만 교조적으로 해석하고 받아들여 통치 이념으로 삼은 것에서 찾았다. 따라서 이상적인 사회 제도를 추구하면서도 현실의 많은 사회 구성원이 호모에코노미쿠스로 존재한다는 현실을 외면함으로써 조선사회 시스템이 '실패'하게 되었다는 거대 서사를 제시한 것은 꽤 자연스럽다. 이는 조선왕조 사회 시스템의 실패, 즉 사실상 조선왕조의 멸망이 중국의 주자학을 제대로 이해하지도 못한 '조선주자학'에 기인했다는 주장이다.[5] 조선왕조의 수많은 사건과 현상을 성리학에 기인한 것으로 보려는 자세는 이 서적에 인용된 다른 저술에서도 보인다.[6] 심지어 성리학에 빠진 조선을 차마 국가로 부를 수 없다는 주장도 여기저기서 발견된다.[7]

---

4 박광준,『조선의 빈곤정책』, 도서출판문사철, 2018.
5 저자는 오늘날 한국사회의 행동 양식은 주자학 근본주의와 관련되어 있다고 보기도 하며, 주자학에서 드러나는 군자·소인의 이분법 논리가 당쟁으로 이어졌고, 그 정신 구조가 해방 직후와 한국전쟁의 와중에서 보이는 '양변학살'과 그 뿌리에서 닮은 점이 있다고 보기도 한다. 위의 책, 119·131쪽.
6 김우현,『주자학, 조선, 한국』한울, 2011, 12쪽. "조선 500년 동안 중요한 정치적 사건들은 주자학이라는 숲에서 자라난 나무, 혹은 가지에 불과했다. 조선에서는 주자학이 정치, 사회, 문화, 경제, 군사 등 모든 문제를 지배했다."
7 「조성관의 세계인문여행, 이순신 장군상을 볼 때마다 부끄러운 이유」,『아시아경제』

비전공자들의 큰 의미 없는 주장이라고 간주할 수도 있다. 하지만 조금만 더 생각해보면 이런 주장이 비전공자라는 한계 때문만은 아닌 듯하다. 역사학의 연구 성과들을 섭취하려고 노력하는 과정에서 역사 연구자들의 성과들로부터 영향을 받은 것이 충분히 인정되기 때문이다. 즉 비전공자들이나 일반인들이 조선이라는 국가를 바라보는 기본적인 시각은 조선시대를 전공한 전문 연구자들이 오랫동안 축적한 연구 성과들과 결코 무관하지 않다.

따라서 현재까지도 영향을 끼치고 있는 조선시대 연구의 오래된 하나의 인과적 설명 방식, 즉 성리학을 여러 현상과 사건, 특히 조선왕조 멸망의 원인으로 간주하는 자세가 학문적으로 적절한 것인지에 대해서 깊이 성찰할 필요성을 느끼게 된다. 이런 성찰이 성공적으로 이루어지게 되면 먼저는 '실학이라는 생각'이 탄생할 수 있었던 첫 번째 단계의 논리 구조와 배경을 이해할 수 있을 것이며, 나아가서는 성리학으로 조선시대를 설명하려는 경향 및 성리학으로 인해 조선왕조가 멸망하였기 때문에 실학이 필요했으며 지금도 실학을 계승해야 한다는 오래된 생각이[8] 애초에 필요하지 않았다는 사실이 일정하게 드러날 수 있을 것이다.

2. '대척점'으로서의 조선왕조와 성리학

제2차 영일동맹과 포츠머스 조약이 체결되어 국가의 독립이 크게 위태로워진 시점인 1905년 9월 『대한매일신보』는 이 위기 상황이 닥쳐온 원인에

2023.6.17.(https://view.asiae.co.kr/article/2023061510292369323) "고려 시대에는 4만 5,000명의 강력한 중앙 상비군을 보유하고 있었지만 조선 시대 상비군은 오합지졸의 수천 명에 불과했다. 성리학에 빠져 상무 정신을 상실한 조선은 차마 국가라고 부를 수 없는 지경이었다."

8 계승·발전시켜야 할 전통은 성리학이 아니라 그것을 비판한 실학이라는 주장은 현재까지 이어지고 있다. 김용흠, 「유교 문화에 대한 오해와 이해」, 『내일을 여는 역사』 77, 2019, 172쪽.

대해서 "사자(士子)의 수신 공부는 구비(具備)하나 이용후생의 실업은 결핍하고 인민의 애친경장(愛親敬長)하는 미속(美俗)은 족칭(足稱)이나 애국하는 열심히 전무한지라. 이용후생의 실업이 결핍한 고로 단체가 불성(不成)하야 국력이 허약이라."는 진단을 내놓았다.[9] 국력이 허약하게 된 원인은 이용후생의 실업이 결핍했기 때문이며, 이용후생의 실업이 결핍한 원인은 선비들이 수신 공부에만 매진한 탓이라는 설명이었다. 즉 수신만을 추구한 성리학이 현 위기의 원인이라는 진단이었다. 『대한매일신보』의 이런 진단은 유교와 전제주의의 사이에서 인간을 짐승보다 더 고상하게 만드는 모든 기질이 가루가 되어 버렸다던[10] 1894년 윤치호(尹致昊, 1865~1945)의 인식과 독립협회의 인식을 계승한 것이기도 했는데, 특히 1896년 안경수(安駉壽, 1853~1900)가 지은 「독립협회서」에서는 다음과 같은 진단을 내리고 있었다.

> 그러하거늘 어찌하여 높은 벼슬아치들은 오직 노·소·남·북의 당론만 일삼고, 글 읽는 선비들은 오직 심·성·이·기의 말싸움이나 하고, 과거 공부하는 자는 오직 시·부·표·책의 기교와 상투에나 힘쓰고, 인재를 선발하는 자는 오직 문벌의 높고 낮음만 세밀하게 따지고 있는가. 태중의 철을 녹여낼 대장장이가 없고, 뼛속의 기름을 뽑아낼 수 있는 약이 없어서 공허한 문장만 너무 많고, 쌓인 폐단만 매우 심하구나. 예의를 빙자하여 태평하다고 여기고, 거칠고 누추함을 감내하면서 스스로 고상한 척하니, 이용후생과 부국강병과 같은 실사구시에 이르러서는, 멀리하면서 떨쳐 버리고 외면하면서 물리쳐, 마침내 오늘의 큰 난국과 험준한 길에 엎어지고 넘어지는 데에 이르렀으니, 무릇 우리 동포로서 혈기가 있는 자들이라면 어찌 한심한 마음에 통곡함이 없을 수 있겠는가?[11]

---

9 「警告大韓全國人民 二」, 『大韓每日申報』 1905.9.27.
10 『윤치호일기 3』, 국사편찬위원회, 1974, 399쪽. "Confucianism and despotism are the upper and nether stones between which every quality that lifts a man above the brute has been ground to powder."

아관파천 이후 조선이 열강의 이권 다툼장으로 전락한 상황을 배경으로 삼고 있는 위 사료에서도 '큰 난국'이 초래된 원인으로 언급된 것은 당론이나 일삼고 성리설과 문장 기교에나 몰두하여 이용후생의 실사구시를 멀리한 조선의 사상적·학술적 분위기였다. 즉 성리학과 그것에서 파생된 풍조가 국가의 위기 상황을 초래했다는 진단이었다. 국가의 위기 상황을 목도하고 안타까워하면서 그 원인을 찾아보려는 모색이 이루어지는 것은 자연스럽다고 볼 수 있지만 여러 가지 측면에서 다각도로 원인을 찾지 않고 내부의 단일한 원인을 제시하는 모습은 오늘날의 시각에서 볼 때 많이 낯설다.

국권 상실의 원인을 주로 내부에 돌리게 된 배경에는 사회진화론의 영향을 고려해야 할 것 같다. 사회진화론의 입장에서 보면 국민의 경쟁력이 국가의 운명과 직결되기 때문에 국가가 번성하든 망하든, 이는 모두 내부 원인에서 기인한 것이 되기 때문이다. 니토베 이나조(新渡戶稻造, 1862~1933)가 1906년 조선을 여행하고 기록한 「고사국조선(枯死國朝鮮)」에서 조선 쇠망의 책임 소재를 조선 사람들의 생활문화에서 찾은 것이나,[12] 양계초(梁啓超, 1873~1929)가 약소국이 스스로 망하였다는 논리를 편 것은 문명개화론과 함께 사회진화론을 신봉하고 있었기 때문이다. 그래서 중국만은 강자가 되기를 양계초는 간절히 원했다.[13] 양계초의 큰 영향 속에서 사회진화론을 수용한 조선의 지식인들은 점차로 성리학을 타자화하는 시각을 지니게 되면서 조선이 직면한 위기의 근본 원인이 내부에 있다는 진단을 내리게 되었다. 그 결과 현실적인 실력 양성보다 '헛된' 명분과 의리를 강조한 듯한 성리학이 본원(本源)으로 지목되었다.

---

11 「獨立協會序」, 『大朝鮮獨立協會會報』 1, 1896.11.30.
12 나카네 타카유키, 건국대학교 대학원 일본문화언어학과 옮김, 『'조선' 표상의 문화지』, 소명출판, 2011, 79쪽. 니토베가 보기에 조선 사람은 유사(有史) 이전에 속하는 자들이었다.
13 전동현, 「청말 양계초의 대한제국기 한국 인식」, 『근대계몽기 지식의 발견과 사유 지평의 확대』, 소명출판, 2006.

박은식(朴殷植, 1859~1925)이 우리나라의 가장 유력한 학파가 송나라 유학자의 충복(忠僕)이 되어 사람의 사상을 속박하고 조그만 자유도 열어주지 않았기 때문에 인재가 줄어들고 지혜가 막혀서 병폐가 심해지더니, 새로운 변화를 거부하다가 마침내 국망하였다고 규탄한 것,[14] 장지연이 수백 년 화하주의(華夏主義)를 숭배하고 허문부사(虛文浮詞)만을 추구하더니 오늘날같이 나라의 힘을 떨치지 못하는 결과가 초래되었다고 분석한 것,[15] 신채호가 민족의 성쇠는 사상의 추향(趨向) 여하에 달린 것이라는 전제하에서[16] 유교적 도덕을 '나라를 멸망케 할 도덕'이라고 일갈한 것은[17] 이 같은 역사적 배경 속에서 도출된 결론이었다.

1910년대 주로 일본에서 유학하면서 일본의 서구화를 목도했던 일군의 인물들이 보기에도 '우승열패', '적자생존'의 논리가 지배하는 시대에서 유교는 약자의 운명을 수용하는 숙명론 내지 시대착오적 이념이자 주체의 성립을 억압하는 이념일 뿐이었고, 식민지 조선에 필요한 것은 '약한 자를 강하게 만드는' 기독교였다. 이들은 성리학을 비판하면서 양명학을 내세웠던 박은식에 비해 한 걸음 더 나아가 공맹유학 자체에 대해서도 날을 세우기 시작했다.[18] 그러므로 1917년 임시정부 수립을 촉구하면서 발표된 「대동단결선언(大同團結宣言)」의 첫머리에서 "삼백 년 유자(儒者)의 당론(黨論)이 이조(李朝) 멸망사의 태반을 점령하였고"라고 지적한 것이나[19] 1922년의 이광수

---

14 朴殷植, 「王陽明先生實記」, 『少年』 4년 2권, 1911(이종란 옮김, 『왕양명실기』, 한길사, 2010, 71쪽).
15 박찬승, 『한국근대정치사상사 연구』, 역사비평사, 1992, 35~36쪽.
16 『단재신채호전집 2』, 「朝鮮史研究草-朝鮮歷史上一千年來第一大事件」, 독립기념관 한국독립운동사연구소, 2007, 298쪽.
17 『단재신채호전집 7』, 「도덕」, 독립기념관 한국독립운동사연구소, 2008, 163~165쪽.
18 오주연 · 박민철 · 윤태양, 「1910년대 유교비판의 담론지형」, 『동서철학연구』 100, 2021, 99~109쪽.
19 조동걸, 「임시정부 수립을 위한 1917년의 대동단결선언」, 『한국학논총』 10, 1987. 신채호, 박은식은 이 선언에 참여했다.

가 500년 조선의 역사를 공상과 공론, 혹은 허위와 나타(懶惰)의 기록이라고 과감하게 정리한 것도[20] 전혀 어색하지 않다. 권덕규(權悳奎, 1891~1949)의 「가명인(假明人) 두상(頭上)에 일봉(一棒)」과 이광수의 「민족개조론」으로 대표되듯이[21] 1920년대 초 『동아일보』와 『개벽』은 연일 유교와 유림을 비판하는 사설과 연재물을 쏟아냈고, 1925년 조선노농총동맹은 도산서원 철폐 운동까지 전개했다. 유림이 1922년 유림총부(儒林總部)라는 기관을 설립해 전국적이고 일원화된 조직을 구성하려고 한 것은 유교에 대한 전 사회적인 비판에 대응하려는 자구책의 일환이었다고 보이지만 끝내 성공하지 못했다.[22]

최현배는 고대에는 무병건강하던 조선민족 병세(病勢)의 기원은 이조(李朝) 이래의 일이라고 진단하면서[23] 『조선민족갱생의 도』 2장 1절의 제목을 '이조오백년간의 악정(惡政)'이라고 달았다. 그의 설명에 따르면 조선민족은 정주(程朱) 성리학으로 인해 오백 년 동안 사상적으로 뇌옥(牢獄) 생활을 하였으며, 그 결과 사상에는 진보와 활기가 없어졌고, 마침내 사회는 침체하고 부패하고 타락하게 된 것이었다.[24] 1931년에는 이인(李仁, 1896~1979)이 한 잡지에 기고한 글에서 공자를 '공부자(孔腐子)' 또는 '공구(孔仇)'라고 부르는 일까지 있었다.[25] 게다가 조선유림의 식민통치 정당화와 황도유학화는 성

---

20 李春園,「民族改造論」,『開闢』 23, 1922 "진실로 近代 朝鮮 五百年史는 民族的 事業의 記錄이 아니오 空想과 空論의 記錄이외다. 저 李氏朝鮮史의 主流인 黨爭도 또한 空想과 空論으로 된 것이니 말해서 李朝史에 나오는 人物은 大部分 空想과 空論의 人物들이외다. (…중략…) 眞實로 近代 朝鮮史는 虛僞와 懶惰의 記錄이외다."
21 權悳奎,「假明人頭上에 一棒(1·2)」,『東亞日報』 1920.5.8.~5.9.; 위의 글.
22 서동일,「1920년대 신지식인층의 유교비판과 유교계의 지도기관 설립」,『동방학지』 189, 2019.
23 崔鉉培,『朝鮮民族更生의道』, 東光堂書店, 1930, 42쪽.
24 위의 책, 50쪽.
25 李仁,「新法律漫評」,『新民』 64, 1931, 40~42쪽. "形式만 崇奉하고 內容과 實質의 空虛됨을 깨닷지 못한 孔腐子(孔子)의 殺人的 餘毒임은 다시 말할 것도 업고 (…중략…) 째에 맛지 안는 舊慣과 孔仇(丘)의 偏見俠思로 案出된 禮法綱倫을 본바든 社會가 얼마나 不合理不自然한 生活을 하게 되며"(괄호는 원문)

리학에 대한 전 사회적 환멸이 증폭되는 사회적 조건을 형성했다.[26] 남궁억(南宮檍, 1863~1939), 황의돈(黃義敦, 1890~1964), 권덕규가 조선시대를 퇴보사의 관점에서 서술한 것이나[27] 이청원이 조선왕조를 가장 야만스럽고 중세적으로 추한 데에다가 뒤떨어진 아시아 국가의 전형 중 하나로서 간주한 것은[28] 이런 역사적 상황을 그 배경으로 하고 있는 것이었다. 식민지시기 조선왕조에 대한 이런 자세는 '혐오와 의도적인 망각'으로 규정되기도 하는데, 그 결과 망각하고 싶은 조선시대에 대한 시·공간적 대상(代償)으로서의 '고대'와 '민속학'에 조선인들을 몰두하게 만들었다. 하지만 이는 동시에 조선시대를 일제에 병합될 역사적 필연성을 내포한 시기로 재현한 일제의 정체성 논리와 경계가 애매해지는 결과를 초래했다.[29]

성리학과 조선왕조에 대한 비난 일변도의 평가는 해방 이후에도 잘 전달되었다. 곧 수립될 새 나라의 시각에서 볼 때 성리학에 기초한 조선왕조는, 마땅히 그 '몰역사성'으로 폄훼되어야 할 전조(前朝)로서 간주될 수 있었기 때문이다. 즉 불교와 고려왕조가 성리학과 조선왕조의 역사적 정당성과 필연성을 증명하기 위해 폄훼되어야 했듯이, 성리학과 조선왕조는 새 나라의 역사적 정당성과 필연성을 제고하는 일종의 '불쏘시개' 역할을 해야만 했던 것이다. 일찍이 조선왕조의 건국 주체들은 『고려사』를 편찬해서 고려 역사, 특히 후기의 역사가 갖는 '파행성'을 강조하거나 삼국·고려는 불교를 신봉하였으면서도 오래 지속되지 못하고 망한 반면, 단군과 기자의 시대는 불교 없이도 천년이나 지속됐다고 여겼다.[30] '르네상스' 시기 지식인들이 앞

---

26 정욱재, 「조선유도연합회의 결성과 '황도유학'」, 『한국독립운동사연구』 33, 2009; 정욱재, 「1920년대 식민지 조선 유림과 일본의 탕도성당」, 『민족문화연구』 71, 2016.
27 조동걸, 『현대 한국사학사』, 나남출판, 1998, 182쪽.
28 李淸源, 『朝鮮歷史讀本』, 白揚社, 1937, 228쪽.
29 이훈상, 「의도적 망각과 단선적 역사서술」, 『진단학보』 88, 1999, 323~332쪽.
30 허태용, 「조선 초기 대명사대론의 역사적 성격 검토」, 『동양사학연구』 135, 2016, 106·114쪽.

선 긴 시기를 '중세'라고 간단히 부르며 '암흑'의 동질적 상태로 규정한 것에서도,[31] 고려인들이 후삼국의 혼란이 왕건에 의해 수습된 것으로 이해하면서 궁예와 견훤을 왕건에게 백성을 몰아준 걸(桀), 주(紂) 같은 인물에 비유한 것에서도,[32] 모토오리 노리나가(本居宣長, 1732~1801)가 『다마쿠시게』에서 도쿠가와 이에야스(德川家康) 덕분에 아시카가 가문 말기의 혼란을 극복하고 찬란한 시대로 번영하고 있다고 바라본 것[33] 등에서도 이런 모습은 공통적으로 드러난다. 앞 시대를 가치적으로 부정하는 경향의 역사 인식이 반복되는 것은 이것이 새롭게 탄생한 자기 존재의 정당성을 제고하는 가장 손쉬운 방법이기 때문이다.

해방 후 당우화맥(唐虞華脈)과 조종전형(祖宗典型)의 회복을 고대하면서 새 나라 수립에 냉담했던 유학자들이 전혀 없었던 것은 아니지만[34] 새 나라를 수립할 주체들이라면 앞 시기는 마땅히 부정적으로 그려야 했다. 이 점은 38도선 이남에서 수립될 새 나라의 국호를 결정하는 과정에서도 일부 드러났다. 좌익 계열이 선호한 국호가 조선이었다는 사실에 대한 거부감이 있었고[35] 일제가 침략 후에 붙인 이름이 조선이었다는 사실에 대한 불만도 자

---

[31] 페트라르카는 『아프리카』에서 다음과 같이 읊었다. "장차 암흑이 사라지면 우리 후손들은 그 순수한 고대의 빛으로 돌아갈 수 있으리라" 피터 왓슨, 남경태 옮김, 『생각의 역사 I』, 들녘, 2009, 574쪽.

[32] 『三國史記』 권50 列傳10 弓裔·甄萱

[33] 모토오리 노리나가, 고희탁 외 옮김, 「일본 '국체' 내셔널리즘의 원형」, 동북아역사재단, 2011, 106~107쪽 "원래 저 아시카가 가문 말기의 세상은 이전 시대에 한 번도 경험한 적이 없을 정도로 매우 혼란스러웠다. 천하는 암흑과 다름없었고 (…중략…) 그 후로 오늘날과 같이 천하가 잘 다스려져 고대에도 보기 드물 정도로 찬란한 시대가 되어 번영하고 있는 것은 전적으로 도쿠가와 이에야스님의 공로와 뛰어나고 훌륭한 덕 때문이다."

[34] 이영훈, 「성리학 전통에 비친 대한민국의 건국」, 『정신문화연구』 115, 2009.

[35] 1950년 1월 16일 국무원 고시 제7호 '國號 및 일부 지방명과 지도색 사용에 관한 건'은 국호를 대한민국으로 하고 북한 괴뢰정권과 확연하게 구별하기 위하여 조선을 사용하지 못한다는 내용이었다. 이로 인해 『조선일보』의 제호도 문제시되었다. 허열, 「건국과정에서의 국호논쟁에 대한 분석」, 『한국민족문화』 24, 2004, 368쪽.

리하고 있었다. 하지만 동시에 조선왕조와 성리학에 대한 부정적 평가가 크게 영향을 끼치고 있었던 사정을 주목할 필요가 있다. 예를 들어서 고려 국호를 주장한 대표적 인물 9명은 민족주체성을 강조할 수 있다는 이유로 고려 국호를 선호했는데[36] 여기서 조선왕조의 '비주체성'에 대한 일종의 반발심이라는 그들의 공감대를 간접적으로 엿볼 수 있다. 그중에서도 장도빈(張道斌, 1888~1963)과 안재홍이 조선왕조에 대해서 특히 부정적인 인식을 지니고 있었던 것은 잘 알려진 내용이다.[37]

좀 더 살펴보면, 제헌의원 조헌영(趙憲泳, 1901~1988)은 고려민국을 주장하면서 중국의 지배를 받던 시기의 국호이자 왜정 시대의 칭호인 조선을 국호로 하자는 사람은 없을 것이라고 했고, 손진태(孫晋泰)도 조선은 문약과 당쟁이 심했고 국제적으로 왜인에게 모욕을 받은 이름이므로 선택할 수 없다면서 역시 고려를 선호했다. 한편 고려가 아닌 새한이라는 국호를 주장한 언론인 설의식(薛義植, 1901~1954)이 보기에도 조선왕조는 자국의 국호조차 스스로 짓지 못하고 중국의 허락을 얻은 '얼간 조정'이었으므로 조선이란 국호는 고려 대상이 아니었다.[38] 임시정부 계승론의 입장에서 대한민국을 선호한[39] 국회의장 이승만(李承晚, 1875~1965)도 조선왕조와의 혈연관계를 치욕으로 여겼으며,[40] 유교를 폐기해야 할 전통 중 단연 으뜸으로 꼽았다.[41]

38도선 이남에 살았던 새 나라 수립의 주체들은 조선왕조를 폄훼하는 데

---

36 조형렬, 「해방 직후 고려 국호론의 전개와 고려 표상」, 『역사와 현실』 109, 2018, 222~225쪽.
37 조병로, 「산운 장도빈의 근세사 인식」, 『산운사학』 3, 1989; 위의 논문, 226쪽.
38 이선민, 『대한민국 국호의 탄생』, 나남, 2013, 27~28쪽 및 71~76쪽; 설의식은 고려왕조에 대해서도 비판적인 입장이었다. 조형렬, 앞의 논문, 231쪽.
39 김혜수, 「해방후 통일국가수립운동과 국가상징의 제정과정」, 『국사관논총』 75, 1997, 120~121쪽.
40 이정식, 권기붕 옮김, 『초대 대통령 이승만의 청년시절』, 동아일보사, 2002, 252쪽.
41 정승현·강정인, 「이승만의 초기 사상에 나타난 서구중심주의」, 『정치사상연구』 20-2, 2014, 48쪽.

공감대를 형성하고 있었던 것인데, 이는 이들이 조선왕조를 전조(前朝)로 간주하는 일종의 '존재구속성(Seinsgebundenheit)'에[42] 공히 사로잡혀 있었기 때문이다. 결국 1948년 6월 헌법기초위원회 회의에서의 표결 결과 대한민국이 17표, 고려공화국이 7표, 조선공화국이 2표, 그리고 한국이 1표를 얻게 되었다.[43] 38도선 이남의 새 나라 수립 주체들은 대개 조선왕조 이전에 존재했던 '고려'나 '한'을 새 나라의 국호로 호출하여 조선왕조를 '사이에 낀 시대', 즉 '중세'로 격하함으로써 새 나라와 새 시대의 역사적 당위성을 확인하고자 했던 것 같다. 훗날 천관우(千寬宇, 1925~1991)가 아래와 같은 진단을 내린 것은 새 나라의 입장에서 조선왕조와 성리학을 바라보는 시각에 내재한 역사적 성격을 에둘러 표현한 것이었다고 볼 수 있지 않을까.

> 예를 들면 고려시대는 북진의 기백이 넘쳐흘렀고 사회의 기풍도 상당히 강건했던 것 같은 인상을 주고, 조선왕조시대는 어둡고 부패하고 형편없는 사회이었던 것 같은 인상을 주는 (…중략…) 그것을 꼭 그렇게 박아서 쓰지는 않더라도 대체로 그런 인상을 주는 역사 서술이 없지 않았습니다. 과연 그것이 객관적인 관찰일까요. 고려시대는 모든 일이 훌륭했고 조선시대는 모든 것이 볼 것이 없다. (…중략…) 그럴 까닭이 없는 것이지만 역사를 보는 이가 그렇게 보고 그렇게 적은 것이 아니겠어요. 그러면 왜 그런 관찰이 나타나게 되었느냐 하면, 제 생각 같아서는 이렇습니다. 일본에 합방을 당해 가지고, 이래서는 큰일 났다고 하는 반성이 일어나고, 그 반성 비판의 직접

---

[42] '존재구속성'이라는 개념은 만하임(Karl Mannheim, 1893~1947)에게서 가져온 것이다. 인간의 사유가 사회적 성격과는 무관한 담백한 공간 내에서 홀로 부동하며 구성되는 것이 아니라 그 반대로 언제나 이 공간 내의 어떤 특정 위치에 뿌리박혀 있다는 점에서 만하임은 '사유의 존재구속성', '존재에 구속된 사유'라는 표현을 사용했다. 여기에는 존재와 사유의 관계에 대한 마르크스의 경제 결정론적 입장이 지니고 있는 기계론적 관점을 집단 존재라는 관점에서 일부 극복하고자 했던 문제의식이 내포되어 있다. 칼 만하임, 임석진 옮김, 『이데올로기와 유토피아』, 김영사, 2012, 200~204쪽.

[43] 이완범, 「국호 '대한민국'의 명명」, 『황해문화』 60, 2008, 69쪽.

대상이 된 것이 조선시대였다. 그러니까 조선왕조의 체제, 또 그 시대의 사고방식, 이런 것이 일단 공격 비판의 대상이 될 수밖에 없었던 것 같아요.**44**

따라서 성리학을 국망의 원인으로 여기면서 조선왕조를 부정적으로 바라보는 인식이 학계에서도 보편화될 것은 예상할 수 있는 일이었다. 해방 후 38도선 이남에서 교육, 문화 재건에 열정적으로 참여했던 이만규(李萬珪, 1888~1978)는 『조선교육사』에서 민생문제를 무시하고 기술의 신통(新通) 교육을 방기하고 정치사상을 폐쇄시킨 정주학이 우리의 교육사상을 지배하였고, 잠꼬대 같은 예의범절론으로 파쟁을 일으키고 관혼상제의 번거로운 폐단으로 정신과 시간과 물질을 낭비한 어리석은 짓을 한 것이 망국의 원인이었다고,**45** 또한 실용 학문을 배워야 인재가 생긴다는 원칙을 몰각하고 공허한 이야기의 지식으로 국가 인재를 길렀기에 실용적 인물이 적었고 자격 없는 책임자가 많아서 망국의 비탈길로 굴러떨어졌다고**46** 명쾌하게 정리했다.

모화사상, 당쟁, 가족주의의 폐해, 계급 사상, 문약, 산업 능력의 저하, 상명주의, 복고사상을 유교의 죄로 들었던**47** 현상윤은 『조선유학사』의 결론 부분에서 "그 말엽에 접근함에 이르르는 유학의 말폐가 나날이 증가하여 종말에는 그 말폐로 말미암아 이조는 드디어 종국을 고하게 된 것이다."라고 마무리하였다.**48** 현상윤도 박은식, 장지연, 신채호와 마찬가지로 유교

---

44 이기백 외, 『우리 역사를 어떻게 볼 것인가』, 삼성미술문화재단, 1976, 168~169쪽. 다음의 설명도 좋은 통찰을 제공한다. 김백철, 『왕정의 조건』, 이학사, 2021, 47쪽. "훨씬 더 가혹한 현실을 확인할 수 있음에도 전란의 시대인 고려는 실제보다 이상적인 나라로 규정되었고, 평화의 시대인 조선은 실제보다 훨씬 더 폄하되어 인식되었다."

45 李萬珪, 『朝鮮教育史 上·下』, 乙酉文化社, 1947·1949(『다시 읽는 조선교육사』, 살림터, 2010, 701쪽).

46 위의 책, 368~369쪽.

47 玄相允, 『朝鮮儒學史』, 民衆書館, 1949(『기당 현상윤 전집 1-원전 조선유학사』, 나남, 2008, 54~57쪽).

때문에 나라가 망했다는 의식이 깔려 있었던 것이다.[49] 손진태는 『국사대요』에서 조선시대를 민족의식 침체기로 규정했고, 이인영(李仁榮) 역시 『국사요론』에서 세종 이후부터 갑오경장까지를 민족 침체기로 규정했다.[50]

이을호(李乙浩, 1910~1998)는 '낭불사상(郎佛思想)'을 고유사상으로 상정하고는 이 고유사상이 조선조 500년 유교의 압제하에서 기반을 잃게 되었으므로 고유사상의 창조적인 발전은 단절됐던 조선조 500년을 (건너뛰어) 다시 잇는 운동에서 출발해야 한다고 주장했다. 이을호의 표현을 빌자면 조선시대는 너무나 지저분한 부작용의 쓰레기로 산을 이룬 시대이자, 특히 주체성의 공백기였고 이런 사회적 상황에 대한 일종의 답변으로 '위대한' 싹을 틔운 실학은 민족 주체의식을 강조했다는 의의와 특징을 지니는 것이었다. 따라서 그가 '우리' 정신사적인 문제에 있어서 사대주의의 패악이 단연 으뜸이라고 정리하면서, 이 경향을 앞서 조장한 정몽주(鄭夢周)에게 분노를 느낀다고까지 발언한 것은 나름 논리적 귀착이었다.[51] 신채호와 마찬가지로 이을호에게 조선시대는 '잃어버린 오백년'의 시기였던 셈이며, 당연히 그 책임은 사대주의를 초래한 성리학이 짊어져야 하는 것이었다. 특히 이을호의 언급에서는 성리학에 대립하며 결국 그것을 대체할 실학의 존재가 모색되고 있음이 주목된다.

이만규, 현상윤 다음 세대 학자인 김용덕(金龍德, 1922~1991)은 "사회는 갈수록 병들고 민생의 파탄은 더욱 심각하여졌다. (…중략…) 이러한 사태를 초래한 것은 모화사상과 그것과 표리를 이루는 반청멸호(反淸蔑胡) 사상이며 그

---

48 위의 책, 511쪽.
49 김태년, 「학안에서 철학사로—조선 유학사 서술의 관점과 방식에 대한 검토」, 『한국학연구』 23, 2010, 71쪽. 현상윤은 1918년에 이미 "孤陋하고 偏狹하고 腐敗하고 低劣한 病의 朱子學 思想"이라는 표현을 사용했었다. 『기당 현상윤 전집 4-사상편』, 나남, 2008, 335쪽.
50 이기백, 『한국사학의 방향』, 일조각, 1978, 99・112쪽.
51 다산학연구원 편, 『현암 이을호 전서 26. 인간 이을호』, 한국학술정보, 2015, 87~101쪽.

원천을 이루는 주자학이었다."라고⁵² 정리했다. 강재언(姜在彦, 1926~2017)도 조선 식민지화의 원인은 사회경제사적인 설명보다는 비교사상적인 설명을 통해 더 알기 쉽다고 언급했는데, 여기서 말한 비교사상적인 설명이란 일본과 다른 조선 유교의 사상적 체질이었다.⁵³ 배성룡(裵成龍, 1896~1964)이 "서양식의 신국가를 건설하고 서양식의 신사회를 조직하고 그에 의하여 현대의 생존에 적당하게 하려면 그 근본 문제로서 서양식의 신국가의 기초인 인격평등의 신신앙을 수입해야 할 것이요, 그 신사회, 신국가, 신신앙과 상용(相容)할 수 없는 유교에 대하여는 철저한 각오, 용맹한 결심이 없이는 민주주의는 건설할 수 없다. 유교는 인권평등의 신신앙과 상용할 수 없고 그것을 배격하기 위하여는 신사회, 근대의 서구문명을 수입하지 아니하면 안 된다."라고 역설하면서 유교를 비난하였던 것도⁵⁴ 성리학과 조선왕조에 대한 지식인층의 부정적 평가를 잘 보여준다. 지식인들의 평가와 시각은 자연스럽게 확산되었는데 다음과 같은 박정희(朴正熙, 1917~1979)의 발언에서 볼 수 있다.

  유교적 건국이념은 다른 사상의 제창이나 학문의 자유를 용허치 않는 배타적 성격을 강하게 띠게 되어 '사문난적'으로 유학 이외의 학문, 사상을 금한 결과 일종의 맹목적인 '모방 문화'를 형성하였으니 민족 고유의 독창력의 싹은 꺾어지지 않을 수 없었던 것이다. 유학은 공자가 그 교설을 제창한 이래 '자왈(子曰)'이면 공자님의 말씀이니 곧 진리라고 생각했고 절대왕권과 봉건적 가족제가 영속적임을 합리화해서 새로운 학설의 제창이나 비판의 여지를 허용하지 않는 혹심한 배타적 성격을 가지고 있었다. 또한 유교적 봉건 지배 원리는 주종성(主從性)을 통해서 존왕 사상을 강조하였으므로 문화 창조나 경제 활동 면에 있어서도 민간 활동을 억제하는 결과를 초래하

---

52 김용덕, 「박제가의 사상」, 『한국사상』 5, 1962, 75쪽.
53 강재언, 『서양과 조선』, 학고재, 1998, 247쪽.
54 배성룡, 「유교의 반민주성」, 『사상계』 161, 1966, 210쪽. 본 글은 배성룡의 유고였다.

였으며 군주전제적 성격이 고질화되어 고작해야 '한글'과 같은 문자 개혁이 있었으나 그 연구 역시 왕권의 뒷받침 없이는 불가능하였던 것이다. (···중략···) 그러므로 동양적 전제사회 전반에 대해 통용될 수 있는 바 '사회보다도 강력한 국가'하에서 서구 민주주의 사상과 같은 이질적 정치 체제를 받아들일 만한 민중의 성장을 기할 도리가 없었다고 할 수 있다. 따라서 민중은 무지하고 무권리하며 허송세월을 일삼는 '무표정한 맹종적 인간'에 지나지 않았다고 하겠다. 이것이 곧 아시아적 침체성의 원인이 되었으며 빈곤과 압박을 감수하고 자족하는 노예적 성격을 이룩한 것이라고 하겠다.[55]

앞에 인용한 이을호에게서 보이듯 조선후기의 실학이 강조된 것도 사실 조선왕조와 성리학에 대한 학계와 사회 전반의 부정적인 분위기 속에서 성리학의 내부 '대체재'를 찾기 위함이었다고 볼 수 있다.[56] 즉 사회진화론의 입장에서 볼 때 한국이 '진화'하려면 내재적 역량이 무엇보다 중요하기 때문에 서학같이 외부에서 이식된 성격이 강해 보이는 사유보다는 내부에서 출현한 사유가 적절해 보였던 것이다. 그러므로 이때 실학은 당연히 성리학에 반대되는 성격을 지닌 사상적 존재로 간주되었다. 실학파는 직접적이건 간접적이건 전통적인 정주(程朱) 세계에서의 '탈출'을 기도했다고 이을호가 언급한 것이나,[57] 실학은 성리학에서 출발해서 그것을 '이탈'하게 되는 사상으로서 마침내 반주자학적 성격은 시대를 따라 강화되고 있었다고 김용섭(金容燮, 1931~2020)이 정리한 것은[58] 이 때문이었다. 이렇듯 성리학과 실학은 유학 내에서 대립하는 대립적 존재로 파악되었기 때문에, 실학이 도

---

[55] 박정희, 『우리 민족의 나갈 길』, 동아출판사, 1962, 56~57쪽. 이 서적은 대필 작으로 군부와 지식층의 결합을 보여준다. 황병주, 「박정희 체제의 지배담론」, 한양대학교 박사학위논문, 2008, 22쪽.
[56] 실학이 성리학의 대체재로서 만들어지는 지적 모색의 긴 과정은 2장에서 살펴본다.
[57] 다산학연구원 편, 『현암 이을호 전서 10. 한국실학사상 연구』, 한국학술정보, 2015, 137쪽.
[58] 김용섭, 「조선후기의 농업문제와 실학」, 『동방학지』 17, 1976, 60쪽.

출한 역사적 결과는 성리학과는 대조적으로 그려질 수밖에 없었다.

예를 들어 실학은 주체적 역사학과 국어학, 백과전서학 및 현실적인 문학의 새로운 사조를 열었으며, '새로운' 인간관, 여성관, 신분관, 교육론, 통상론, 자주적 음악사상 등을 형성하기에 이른 것이었다.[59] 결국 실학은 조선의 중세적인 통치 체제 전반을 재정립하려는 움직임을 발흥시켜 18세기를 '르네상스'로 부를 수 있게 했으며,[60] 근세 발전의 '원동력'으로서 근세와 현대를 이어주는 역사의 교량이 되었다.[61] 물론 실학은 궁극적으로는 '비극적인 패배자'로 그려져야 했다. 그렇지 않을 경우 조선왕조의 멸망에 대한 책임의 일부를 실학도 짊어져야 했기 때문이다. 성리학과 실학이 이렇게 대조적인 역사적 결과를 낳을 만큼 이항대립적이었다면, 조선후기의 현실 속에서 공존했던 성리학과 실학이 첨예하게 대립하고 갈등을 빚었을 것이라고 간주되는 것은 자연스럽기 때문에 학계 일각에서 성리학과 실학의 역사적 대립을 강조하는 거대 서사를 창출한 것도 이상하지 않다.

한 예로, 성리학과의 이항대립적인 관계를 강조함으로써 실학의 성격을 설명하려는 연구 경향을 잘 보여주는 대표적인 성과에 따르면 다음과 같이 설명된다. 17세기 전반기의 양란기를 경과하면서 당시의 국가적 위기를 타

---

59 박종홍, 「한국에 있어서의 근대적인 사상의 추이」, 『대동문화연구』 1, 1963; 황원구, 「실학파의 사학이론」, 『연세논총』 7, 1970; 김석득, 「실학과 국어학의 전개」, 『동방학지』 16, 1975; 김용덕, 「실학파의 신분관」, 『한국사상』 15, 1977; 조원래, 「조선 후기 실학자의 교육사상 일고」, 『역사교육』 26, 1979; 이상태, 「박제가의 통상개국론」, 『소헌남도영박사화갑기념사학논총』, 태학사, 1984; 이우성, 「실학파에 있어서의 인간관의 전개」, 『현대사회와 전통윤리』, 고려대학교 민족문화연구소, 1986; 송재소, 「실학파문학에 나타난 민족의식」, 『문학과 비평』 5, 1988; 임형택, 「실학사상과 현실주의 문학」, 『제4회동양학국제학술회의논문집』, 성균관대학교 대동문화연구원, 1990; 조성을, 「실학의 여성관」, 『한국사상사학』 20, 2003; 조유회, 『조선후기 실학자의 자주적 음악사상』, 보고사, 2011.

60 김성윤, 「영·정조시대(18세기)는 한국사의 르네상스였는가」, 『한국사시민강좌』 40, 2007, 188쪽; 정성희 외, 『실학, 조선의 르네상스를 열다』, 실학박물관, 2018.

61 아세아문제연구소 엮음, 『실학사상의 탐구』, 현암사, 1974, 3~4쪽.

개하려는 모색은 두 가지 흐름으로 정리될 수 있다고 한다. 즉 양반제와 지주제의 고수를 전제로 하면서 '정통 주자학'에 충실한 입장과, 토지 제도의 개혁을 포함한 지주제와 양반제의 폐지 내지 억제를 지향하는 '탈(脫)주자, 반(反)주자학'의 입장이 그것인데, 17세기 후반 서인과 남인의 대립, 그리고 18세기 노론과 소론·남인의 대립은 그런 사상적 차이를 반영한 것이었다고 한다. 결국 이 과정에서 주자 도통주의가 확립되어 정계와 사상계를 지배하는 한편, 이에 반발하는 관인, 유자들에 의해 탕평론이 제출되는 동시에 진보적인 개혁 노선이 실학으로 수렴되었다는 것이다.[62] 요컨대 실학과 탕평론은 주자학과의 고뇌에 찬 투쟁을 전개한 결과였지만 끝내 좌절됨으로써 세도정치의 반동적 정치 상황과 제국주의 침략의 위기에 몰리게 되는 정치적 원인이 되었다고 한다.[63]

조선후기 성리학이라는 대립적 존재와의 투쟁 속에서 실학의 대두와 성격을 설명하고 있는 이 연구는 끝내 실학이 '좌절'됨으로써 19세기 이후 역사의 어려움을 맞게 되었다고 규정했다는 점에서, 간접적으로 주자학에게 19세기 이후 '실패'한 역사에 대한 책임을 지우고 있는 셈이다. "조선후기 정치사를 규정하는 가장 큰 특징이 주자학 정치사상에 있다는 점에 대해서는 이론의 여지가 없다."고 주장할 만큼[64] 사상적인 요소가 조선후기 정치사의 근본적인 원인임을 전제한 연구였기에 이런 결론은 당연했다. 한국이 근대화에 '실패'하고 식민지가 되어야 했던 이유를 찾기 위해 한평생 공부했다는 연구자에게도, 한국 근대화의 낙후성을 규정한 사상적 원인은 주자학만 숭상하는 '주자일존'의 유일사상 체계였다.[65]

---

62 김용흠, 『조선 후기 정치사 연구 I』, 혜안, 2006, 16~17쪽.
63 위의 책, 17~18쪽.
64 위의 책, 22쪽.
65 강재언, 하우봉 옮김, 『선비의 나라 한국 유학 2천 년』, 한길사, 2003, 25~27쪽.

3. 재평가된 성리학, 변치 않는 위상

조선왕조를 전조(前朝)로 간주하는 존재구속성으로 인해 조선왕조와 성리학에 대한 부정 일변도의 평가는 강력하게 자리 잡았지만 다른 한편으로, 조선왕조는 대한민국으로 귀결되는 전통시대의 고유한 기원 속에 자리하고 있는 시간대라고 간주될 수도 있었다. 단절성의 강조는 자기 존재의 새로움, 차별성이라는 가치를 부각하기도 하지만 동시에 자기 존재의 부족한 시간성을 감내해야 하는 문제점도 드러내기 때문이다. 따라서 앞선 시대와의 완전한 단절을 강조하는 한편으로, 자신들의 존재가 어느 정도는 옛것을 계승한 것이라는 점을 드러내는 모색을 시도하는 것이다. 조선왕조의 지배층들이 고려왕조를 포함해서 '동국'의 과거를 대부분 '야만'으로 바라보면서도 고려 말 정몽주와 같은 '도학자'들이 출현함으로써 '문명'이 서서히 밝아지고 있었고, 그 정점에 조선왕조의 건국이 놓여있음을 강조한 것도 이런 맥락에서 이해된다.

요컨대 이 말은 조선왕조와 대한민국이 연결되는 지점에 대한 고민, 나아가 조선왕조가 긍정적으로 파악될 수 있는 가능성도 확보될 수 있다는 것을 의미했다. 다만 여기에는 조선시대가 서구 역사에 유비될 수 있어야 한다는 전제가 요구되었고, 이런 맥락에서 세종대는 서구 근대의 과학기술과 비슷한 것으로 볼 수 있는 무엇인가가 싹트고 있었던 시기로 간주되기도 했다. 특히 세종대의 '발전'을 예외적이고 일회적인 경향으로 치부하지 않기 위해서는 그 시대를 이끈 성리학의 '발전적' 측면에 대한 새로운 설명도 필요했다고 보인다.[66]

이런 모색은 학계 일각에서 1970년대 이후부터 시작된 것 같다. 1970년대 이후의 일부 연구들에 따르면, 성리학은 가혹한 수탈을 지양하는 등 중

---

66 정다함, 「한국사」 상의 조선시대상」, 『사이間SAI』 8, 2010, 21~36쪽.

세적인 사유 체계로서는 진일보한 것으로서, '붕당정치'를 통해 정치적 갈등을 해결한 정치 원리였다.67 또한 18세기 이후로는 '조선성리학'으로 뿌리내려 '동국진풍(東國眞風)'이라는 조선 고유의 예술 형식을 배태하기도 했다고 한다.68 이런 시각을 좀 더 구체적으로 발전시킨 유사한 경향의 대표적 연구에 따르면, '주자성리학'을 완벽히 이해한 후 새롭게 발명해낸 '고유 이념'인 조선성리학은 '진경문화'를 꽃피웠는데, 율곡 계열의 '조선성리학파'들이 급속히 성장하자 다른 보수 계열들이 결속하면서 동인(東人)을 형성하였고 그중 북인(北人) 계열은 일시적으로 정권을 천단(擅斷)하지만 조선성리학파들의 혁신적인 고유 이념을 감당할 수 없었다고 한다. 그래서 이미 전기 사회의 부패상을 직시하고 보수 세력들의 부패무능을 지적하며 과감한 개혁을 요구했던 조선성리학파는 임진왜란 시기에도 의병을 일으켜 몸소 국난 극복을 감당함으로써 군사 기반을 마련했고, 무능해진 보수 세력으로부터 장토(庄土)를 구입하여 경제 기반을 다져 나간 결과 퇴계계의 묵시적인 동조 아래 인조반정이라는 '혁명'을 성공시켰다는 것이다.69 이 설명에 따르면 사림의 분열, 북인의 정치적 몰락, 임란 의병, 서인들의 경제적·군사적 실권 장악, 인조반정과 같은 조선시대의 주요한 역사적 사건들의 원인은 궁극적으로 조선성리학이었던 셈이다.

이와 거의 비슷한 논조이지만 좀 더 포괄적인 설명에서는 심지어 다음과 같이 평가하기도 한다. 즉 성리학은 중국이 선진 과학을 가지고 세계를 주도하던 이념이었기에 우리도 '중화'가 되기 위해서는 성리학을 받아들여 사회를 개혁해 나가야 했다고 한다. 따라서 삼강오륜에 어긋나는 행동을 한 세력은 밀려난 반면, 성리학 이념을 충실히 지킨 사림이 정치를 주도할 수

---

67 이태진, 「조선성리학의 역사적 기능」, 『창작과비평』 33, 1974.
68 최완수, 「추사서파고」, 『간송문화』 19, 1980, 7쪽.
69 최완수, 「조선왕조의 문화절정기, 진경시대」, 『진경시대 1』, 돌베개, 1998, 14~16쪽.

밖에 없었다고 한다. 주자성리학이 세종대에 본격적으로 연구되면서 조선을 '세계 최고 선진국'으로 만들었으며, 그래서 명나라의 정책에 휘말리지 않고 사군·육진을 개척해 압록강과 두만강을 국경으로 만들었다고 한다. 또한 조선후기에는 조선성리학이 집대성되면서 임란 시에는 의병을 전개하여 나라를 지켰고, 병자호란 이후에는 북벌론을 외치면서 자주성을 지켰다고 한다. 그 결과 명나라가 망한 뒤 중국은 고증학에 빠져 경세제민하는 방책을 논의하지도 않다가 서세동점을 맞이한 반면, 조선은 자주성을 지키며 요순 삼대의 이상사회를 만들기 위한 경제 개혁론을 실시함으로써 영·정조 문예부흥기를 이루어냈다는 것이다.[70] 이는 조선의 거의 모든 역사적 '성취'가 주자성리학과 조선성리학에 기인한 것이라는 명쾌하고 단순한 주장인데, 성리학이 국망의 원인이라는 기존의 평가와는 정반대의 입장임을 할 수 있다. 하지만 조선시대 역사의 '원인'이라는 성리학의 '고귀한' 위상은 여전히 유지되었다.

거시적 논의 외의 미시적이고 고증적인 차원의 연구에서도 성리학은 조선시대 여러 현상들을 낳은 원인으로서 언급되곤 했다. 다만 '성리학'이라는 포괄적인 표현보다는 '성리학적 ㅇㅇㅇ'와 같은 용어를 사용함으로써 사상이라는 추상성과 역사 현상이라는 구체성 사이의 먼 거리 사이에 중간 고리를 두려는 모색이 흔히 시도되었다. 예를 들면, 15~16세기 조선의 인구가 550만여 명에서 1,400만여 명으로 증가한 데는 의술의 발달이 있었고, 이 의술상의 성과는 '신유학적 농정관(農政觀)'에 의해 가능했다고 설명되었다.[71] 불교와 양명학, 서학이 배척된 것이나 윤휴와 박세당이 사문난적으로 몰린 것은 '도학(道學)의 순정성(純正性)' 혹은 '이단론'에 기인한 것으로 설명되기도 했으며,[72] 족보와 호주 승계 과정에서 점차로 여성이 배제된 것

---

70 지두환, 「성리학은 조선 사회를 어떻게 변화시켰는가」, 『한국사시민강좌』 40, 2007, 160~179쪽.
71 이태진, 「14~16세기 한국의 인구증가와 신유학의 영향」, 『진단학보』 76, 1993.

이나 입후(立後)와 차등적 재산상속 등으로 적장자 중심의 문중(門中)이 성립된 것 역시 '성리학적 종법 관념'에 기인한 것으로 주로 이해되면서[73] 다른 여러 요인들보다도 '정통 주자학'이라는 이데올로기가 가장 강력한 요인이었다고 결론지어졌다.[74] 몰인정하고 불합리한 여성 생활에의 질곡은 주자학이 '선사'한 것이라는 단호한 평가도[75] 내려졌다. 명나라와의 사대관계 성립은 '유교적 예(禮) 규범'의 발현이거나 성리학적 중화관의 내면화와 관련된 것으로 이해되기도 했으며,[76] 각종 구휼과 구황 정책의 실시는 '성리학적 휼민관'의 발현이거나 '유교적 공동체주의'의 산물로 해석되기도 했다.[77]

독립된 언론 기관으로서의 대간제도는 유교적 이념의 현실 구현을 위해 마련되었다고 해석되거나[78] 성리학 공론정치론의 소산으로 해석되기도 했다.[79] 유교 정치 이념으로 인해 소원 제도가 새롭게 확립된 것은 자연스러운 귀결이므로 조선왕조에서 신문고의 설치는 유교 정치의 상징적인 표현이라는 설명도 제시되었다.[80] 경제적인 측면에서도 조선의 농업은 주자학

---

[72] 금장태, 「이조 유학에 있어서 벽이단의 이념과 전통」, 『국제대학논문집』 2, 1974, 352~354쪽; 조한석, 「조선 후기 벽이단의 이데올로기화와 그 사회적 역기능에 대한 시론」, 『남명학』 17, 2012.

[73] 정지영, 「조선 후기 호주 승계 방식의 변화와 종법 질서의 확산」, 『한국여성학』 18-2, 2002; 이창기, 「성리학의 도입과 한국 가족 제도의 변화」, 『민족문화논총』 46, 2010; 이남희, 「조선 사회의 유교화와 여성의 위상—15·16세기 족보를 중심으로」, 『원불교 사상과 종교문화』 48, 2011.

[74] 마크 피터슨, 김혜정 옮김, 『유교사회의 창출』, 일조각, 2000.

[75] 김용덕, 「고려·조선사회의 비교-한국근대화과정 연구서설」, 『사상계』 134, 1964, 216쪽.

[76] 권선홍, 「조선시대 중국과의 사대자소 관계에 대한 인식」, 『국제문제논총』 11, 1999; 최연식, 「조공 체제의 변동과 조선시대 중화—사대 관념의 굴절」, 『한국정치학회보』 41-1, 2007.

[77] 권정호, 「조선조 위민정치와 복지 사상의 탐색」, 『한국동양정치사상사연구』 13-2, 2014; 이상익, 「유교적 공동체」, 『사회과학논집』 38-1, 연대 사회과학연구소, 2007.

[78] 정두희, 『조선시대의 대간연구』, 일조각, 1994, 머리말 참조.

[79] 김영수, 「조선시대 언론의 공정성—공론 정치론과 그 한계」, 『정치와 평론』 17, 2015.

[80] 한상권, 「조선시대 소원 제도의 발달 과정」, 『한국학보』 73, 1993, 67쪽.

의 통제(統制)사상, 농정(農政)이념으로써 지도되고 있다거나,[81] 조선후기 토지소유의 '균질화'라는 변동추세는 유교적인 제민(齊民) 이념을 현실화하는 방향으로 발전되었다고 설명함으로써[82] 성리학과 경제적 현상이 직접 연결되기도 한다. 조선은 유교주의가 관철되었기 때문에 경제발달이 일본에 비해서 상대적으로 정체되었다고 간주되기도 했다.[83] 심지어 조선초기 고급 공예품을 제작하는 데 노력하는 동시에 고급 공예품의 제작을 통제하는, 상반되는 이원적 공예정책의 출현도 모두 유교적 세계관에 기인한 것으로 이해된다.[84]

이렇게 모아놓고 보면 조선시대의 여러 모습들은 대개 성리학의 '자유의지'에 따른 '자기실현'으로 보이기도 한다. 실제로 한 연구자는 조선 500년은 주자학의 시대로서 정치·사회·사상은 주희의 학문에 의해서 규제되었다고 해도 좋을 것이라고 말했고,[85] 다른 연구자는 조선후기는 성리학을 통치 사상으로 한 조선 사회가 그 이념을 정치 현실에 구현한 시대였기에 모든 정치 행위는 성리학적 기준으로 전개되었고 성리학적 이상 사회의 건설이라는 방향성을 갖고 있었다고 평가했으며,[86] 또 다른 연구자는 조선을 주도한 양반 계층은 지배계급이기에 앞서 주자학의 '역사적 화신'으로 봐야 한다고 주장했다.[87] 즉 성리학은 조선왕조의 체제교학이라는 절대 위상을 통해서 사회의 여러 부분에 자신의 모습을 투사하거나 구현한 것이 된다. 물론 틀렸다고만 할 수는 없을지 모른다. 하지만 이런 설명은 성리학이 조

---

81   김용섭, 앞의 논문, 1976, 48쪽.
82   미야지마 히로시, 「유교의 제민 사상과 소농사회론」, 『국학연구』 14, 2009.
83   안병태, 『한국근대경제와 일본제국주의』, 백산서당, 1982, 21쪽.
84   최공호, 「조선초기의 공예정책과 그 이념」, 『미술사학연구』 194·195, 1992.
85   김용섭, 「주자의 토지론과 조선후기 유학」, 『연세논총』 21, 1985, 231쪽.
86   정옥자, 「정조의 사회통합사상」, 『정조시대의 사상과 문화』, 돌베개, 1999, 45쪽.
87   최진덕, 「주자학적 예치의 이념과 그 현실」, 『유교의 예치 이념과 조선』, 청계, 2007, 171쪽.

선왕조의 체제교학이 된 역사적인 배경이나 이유가 충분하게 설명되었다는 전제 위에서라야 시도될 수 있을 것이다. 조선시대 여러 모습들의 원인을 암묵적으로 성리학이 조선왕조의 체제교학이라는 사실에 두면서 개별적인 인과 설명을 생략하거나 설명의 책임을 슬쩍 떠넘겨서는 안 되기 때문이다.

그런데 이 지점에서조차 조선왕조의 건국은 유교 기반을 굳건히 마련할 수 있는 사회정치적 정강을 제시함으로써 자신들의 '이상'을 입증하려는 유학자들의 도덕적·지적 모험이었다고 설명해버리거나,[88] 조선의 '제후국 체제'가 '중화문명'을 보편적인 것으로 여기는 세계관 속에서 '이상적인 중화문명'을 구현하고자 하는 '자발적인 의지'의 결과물이었다고 설명해버리면[89] 허탈한 상황에 직면한다. 조선왕조의 건국, 혹은 체제 수립이라는 첫 단계까지도 성리학, 혹은 성리학적 문명의식의 자발적인 '자기실현'으로 설명할 경우 그런 이상과 세계관이 나타난 이유를 또 물어야 하기 때문이다.

요컨대 조선왕조의 멸망을 이끌었다는 부정적인 것이든, 조선왕조의 애민적 구휼 정책이나 자주적 문예부흥기를 낳았다는 긍정적인 것이든, 또한 거시적인 주장이든 미시적 고증이든, 조선시대의 여러 모습들을 성리학에 기인한 것으로 이해하려는 경향은 조선시대를 설명하는 중요한 흐름으로서 아직까지 존재하고 있다고 보인다. 만약 이런 연구 경향의 결과물들을 모을 경우, 성리학은 자신의 이상을 실현하기 위한 자발적인 자유의지로 조선을 건국하고, 조선의 여러 부분에 자신의 모습을 구현했다가 마지막에

---

[88] 마르티나 도이힐러, 이훈상 옮김, 『한국 사회의 유교적 변환』, 아카넷, 2003, 139쪽. 다만 이후에 도이힐러는 조선시대에서 유교화의 개념이 유효한지 의문을 표하면서 이데올로기를 강조하기보다는 그것이 실행되는 논리를 연구하는 데 관심을 드러냈다. Martina Deuchler, "Is 'Confucianization of Korea' a valid concept of analysis?" *Sungkyun Journal of East Asian Studies*, Vol. 7, No. 2, 2007.

[89] 최종석, 「조선 초기 제후국 체제 운영의 특징과 그에 대한 맥락적 이해」, 『한국사상과 문화』 70, 2013.

는 조선왕조를 멸망케 했다는 거대서사도 가능하다. 그렇다면 이런 연구 경향이 나타나게 된 배경은 무엇이며, 이런 연구 경향은 역사적 설명으로서 적합한 것인지 살펴보자.

4. 사상으로 역사를 설명하는 문제점

왜 사상적 요소를 역사의 원인으로 보려는 것일까? 우선 복잡하고 모호하지만 연쇄적으로 얽혀 있는 동시에, 한편으로는 불연속적인 역사의 정확한 인과관계를 고찰하기는 매우 힘들다. 이런 한계와 어려움 때문에 특정한 사유(思惟)가 특정 행위를 낳는다는 연구자 자신의 과잉된 심리적 편견이, 주로 호교론(護敎論)의 차원에서 무의식적으로 노출되었을 수 있다. 기독교가 4세기에는 로마의 잔혹한 검투사 싸움을 폐지하게 했다거나, 19세기에는 영국의 노예제를 폐지하는 데 공헌했다는 설명은[90] 이런 맥락을 잘 보여준다. 하지만 이렇게 설명하려면 1794년 반기독교 기운이 가득하던 프랑스 국민공회에서 왜 노예제를 법령으로 폐지했는지, 그 유명한 〈나 같은 죄인 살리신[Amazing Grace]〉의 작사자 뉴턴(John Newton, 1725~1807)이 왜 '회심' 이후에도 노예선 선장을 계속했는지, 16세기 바야돌리드 논쟁에서 보이듯 기독교 내에서 인간을 바라보는 시각이 얼마나 커다란 스펙트럼을 갖고 있었는지,[91] 시대와 지역과 상황과 조건에 따라서 기독교가 얼마나 다양한 양상을 띠며 복잡하게 전개되었는지, 각 시점이나 사안마다의 비중과 영향력이 얼마나 제각각이었는지를 힘들게 고민해서는 안 된다. 신학자이자 의사

90　Kenneth Scott Latourette, *A History of Christianity Volume I*, Harper & Row, 1975, p.244; 이성덕, 「18세기 영국의 노예제에 대한 존 웨슬리의 비판과 그 영향」, 『한국교회사학회지』 24, 2009.
91　바야돌리드 논쟁에 대해서는 다음을 참조. 이영효, 「아메리카 원주민에 대한 스페인의 초기 인식과 태도」, 『역사학연구』 31, 2007.

이고, 동시에 음악가였던 위대한 슈바이처(Albert Schweitzer, 1875~1965)의 다음과 같은 언급을 기억해보자.

> 기독교는 수세기 동안 사랑과 자비의 계명을 전통적 진리로 소중히 간직했다. 그러나 여기에 입각하여 노예제도, 마녀 화형, 고문, 기타 고대 및 중세의 비인도적 행위에 항거하지는 않았다. 계몽주의 사상의 영향을 받고서야 비로소 인도주의를 위한 투쟁을 하게 되었다. 이 일을 생각해서라도 기독교는 결코 사고에 대해 어떤 우월감을 느껴서는 안 될 것이다.[92]

주자성리학으로 인해 조선이 세종대에 세계 최고 선진국이 되었다거나, 그래서 명나라의 정책에 휘말리지 않고 사군·육진을 개척했다거나, 조선 성리학이 진경문화를 꽃피워 문예부흥기를 이루어냈다는 식의 설명도 이런 맥락을 공유하는 듯하다. 하지만 이런 설명은 비유하자면 압구정동 소망교회에서 가르치는 칼뱅주의가 이명박의 4대강 사업을 낳았다고 설명하는 것과 별반 다르지 않다. 성리학이나 칼뱅주의는 추상성이 매우 높은 형이상학이기 때문에 각각이 지니고 있는 고도의 추상성이 현실의 어떤 구체성으로 이어질지 쉽게 예측할 수 없다. 사실 꼭 이어지는지도 의문이다. 또한 그 추상성이 포괄하는 범위가 매우 넓기 때문에 그것을 받아들이는 사람들의 성향과 지향, 또 시점과 상황에 따라 다양한 결과로 발현될 수 있다. 무엇보다 이런 설명은 일본열도가 바다 위로 솟지 않았다면 1941년 일본 정부의 미국 공격 결정도 없었을 것이라는 설명처럼 그 인과관계가 너무 멀어서 별 의미를 갖지 못한다.[93]

---

92 시바이쩌, 천병희 역,『나의 생애와 사상』, 문예출판사, 1975, 265쪽. 팔레(James Bernard Palais, 1934~2006)도 "노예제도가 기독교의 종교적 양심에 비추어 참을 수 없게 되기까지는 1천8백 년이 걸렸다."라고 적절하게 지적하였다. 제임스 B. 팔레, 김범 옮김, 『유교적 경세론과 조선의 제도들 1』, 산처럼, 2008, 301쪽.
93 존 루이스 개디스, 강규형 옮김,『역사의 풍경』, 에코리브르, 2004, 148쪽.

사상적 요소를 역사의 원인으로 보려는 두 번째 이유는 특히 국가 멸망과 같은 큰 사건과 관련해서 특정한 정치적 메시지를 전하는 선동에 비교적 유리한 측면이 있었기 때문인 듯하다. 그래서 이런 접근이 일종의 역사적 유산으로 전해진 것 같다. 기원전 586년 유다 왕국의 멸망이나 410년 서고트족 알라릭(Alaric)의 로마 약탈 같은 커다란 역사적 사건의 경우, 당연히 그 원인을 찾기 위한 모색이 다각도로 이루어져야 한다. 그런데 바빌로니아에 대한 외교 정책의 차이로 인해 주류 정치·종교 권력과 길항 관계에 있던 예레미야 같은 종교 지도자(혹은 그의 계승자들)는 자신의 주장이 묵살되는 배경 속에서 백성과 임금이 여호와를 버리고 다른 신들을 섬겼기 때문에 유다 왕국이 멸망한 것이라고 외쳤고,[94] 로마의 기독교화에 불만을 느끼던 전통적인 로마인들은 야만족의 로마 약탈은 로마의 기독교 개종 때문이라고 정반대로 주장했다. 대표적인 인물로는 389년 로마의 수도청감을 지냈던 알비누스, 그와 함께 전통 종교를 이끌던 중심 인물인 심마쿠스, 플라비아누스, 프라에텍스타투스 등을 들 수 있다. 이들은 기독교 황제들의 치하에서 기독교에 대한 반감을 노골적으로는 표현하지 못하다가 410년 로마의 약탈을 계기로 로마의 재앙은 조상들의 전통과 종교를 떠나서 기독교를 받아들인 것 때문이라고 공공연하게 주장했다.[95] 히포의 대주교 성 아우구스티누스가 413년에 『신국론』을 저술하기 시작한 것도 어느 정도는 이런 입장을 반박하기 위함이었다.[96]

어떤 나라는 여호와를 섬기지 않아서 멸망하고, 어떤 나라는 여호와를 섬기기 시작해서 멸망했다면, 멸망을 피하기 위해서는 어떻게 해야 했던

---

[94] 『(개역성서)예레미야』 20, 26, 27, 28, 37, 38장; 김한성, 「예레미야서의 거짓 예언자 규정과 그 의도」, 『신학논단』 60, 2010.

[95] 남성현, 「아우구스티누스의 『신국론』」, 『서양사론』 113, 2012, 330~331쪽.

[96] 아우구스티누스가 보기에 로마의 재앙은 옛 의식들을 소홀히 했기 때문이 아니라 새로운 기독교제국 안에 이교주의, 이단, 그리고 부도덕함을 용인했기 때문이었다. 피터 브라운, 정기문 옮김, 『아우구스티누스』, 새물결, 2012, 447쪽.

것일까. 만약 멸망의 원인을 제대로 설명하려면 군사력의 문제, 주변 국가들과의 외교 관계, 국내 여러 정치 세력 간의 갈등과 분열, 정치 권력과 종교 권력의 길항 관계, 기근과 전염병 문제, 오리엔트 세계의 세력 재편과 훈족의 이동 문제 등 여러 요소들을 종합적으로 고려해야 하는데 이는 복잡하고도 어려운 일이다.[97] 무엇보다 커다란 사건의 원인에 대해 분석의 목소리를 낼 수 있는 주체는 대개 종교인을 포함한 지식인들이기 때문에, 그들은 자신의 존재를 과시하고 불만을 드러내기 위해서라도 자신들의 말을 따르지 않은 것이 재앙의 원인이라고 간단하게 외치는 것이 보다 효과적일 수 있었다.

『삼국유사』의 찬자들이 고구려 멸망은 보장왕대에 수입한 도교 때문이었다고 은근히 분석한 것,[98] 왕수인(王守仁) 학설이 명나라를 멸망케 했다는 여유량(呂留良, 1629~1683)·육농기(陸隴其, 1630~1692) 등 한족 주자학자들의 주장,[99] 조선은 성리학으로 인해 멸망했다는 신채호·이광수의 설명 역시 같은 관점에서 이해될 수 있다. 과거 국가적 차원의 도교 수용에 불만을 지니고 있던 고려 불승들의 경우, 마침 도교의 수용과 고구려 멸망이 시간적 선후 관계에 놓였다는 우연을 이용해서 자신들의 정치적 메시지를 역사 해석에 투사한 것이다. 즉 요동에 육왕탑(育王塔)이 설 정도로 '불국토(佛國土)'였던[100] 고구려가 도교 같은 '잘못된 사상'에 오염됨으로써 그 신성한 지위를 잃어버리고 끝내 멸망에 이르렀다는 메시지를 전달함으로써, 고려 불교 승

---

[97] 유다 왕국 멸망을 전후한 시기 '고대근동'의 역사적 상황에 대한 개괄적인 설명은 다음을 참조. 주원준, 『인류 최초의 문명과 이스라엘』, 서울대학교출판문화원, 2022, 269~299쪽.

[98] 『三國遺事』興法「寶藏奉老」.

[99] 카이윙 초우, 양휘웅 옮김, 『예교주의』, 모노그래프, 2013, 125쪽. 고염무(1613~1682) 역시 왕수인이야말로 명나라를 쇠망케한 장본인이라고 주장했다. 조지프 레벤슨, 「청대실학의 과학성」, 박성래 편저, 『중국과학의 사상』, 전파과학사, 1978, 138쪽.

[100] 『三國遺事』塔像「遼東城育王塔」.

려들의 독존적인 위상과 지위를 공고하게 하려는 정치적 목적을 지니고 있었던 것으로 보인다. 외세에 나라를 잃은 '유민(遺民)'이었던 주자학자 여유량·육농기, 민족주의자 신채호, 문명개화론자 이광수는 새로운 사상적 모색을 위해서라도 명나라는 양명학으로 인해, 조선은 성리학으로 인해 멸망했다고 말해야 했으리라.

하지만 기껏 십몇 년의 제한적 도교 수용으로 인해 신성함이 오염되는 나라가 과연 '불국토'인지도 의심스럽고, 신채호가 보기에 암흑과 같다던 조선왕조가[101] 오백 년 넘게 지속한 이유도 알 수 없다. 명나라는 여유량의 생각처럼 양명학으로 인해 멸망한 것인가? 안원(顔元, 1635~1704)의 생각처럼 정주학이나 양명학이나 모두 유가를 왜곡한 것이므로[102] 명나라 멸망에 주자학파 역시 큰 책임이 있는 것일까?[103] 무엇보다 이런 방식으로 역사를 이해한다면, 페르시아제국의 멸망은 조로아스터교 때문으로, 오스만제국과 무굴제국의 멸망은 이슬람교 때문으로, 잉카제국의 멸망은 태양신 숭배 때문으로 설명할 수도 있을 것이다. 어떤 역사적 해석을 제대로 이해하려면 그 내용만큼이나 누가 그 주장을 하는지 주목해야 한다.

사상적 요소를 역사의 원인으로 보려는 경향이 나타나는 세 번째 이유는, 사건이 일어나는 과정에 사상적 요소가 관련되어 있기 때문인 듯하다. 따라서 적절한 인과의 연쇄적 맥락을 포착해서 사상적 요소를 원인으로 언급할 경우 형식적으로는 일단 그럴듯한 하나의 서사가 완성될 수 있는 것이다. 『사변록』의 저자인 박세당(朴世堂, 1629~1703)이 주희의 해석에 이견을 제시하였고, 그 때문에 송시열 계열이 주도했던 주자학 일변도의 사상적 분위기 속에서 사문난적으로 공격받았다고 설명해도 인과적으로는 그럴듯

---

[101] 허태용, 「신채호의 시대구분과 고려·조선시대사 인식」, 『역사와 담론』 59, 2011.
[102] 카이윙 초우, 앞의 책, 124쪽.
[103] Benjamin A. Elman, *From Philosophy to Philology*, Council on East Asian Studies, Harvard University, 1990, p.51.

한 한 가지 서사가 쉽게 완성된다. 조선후기에 딸들이 상속에서 제외되는 관행이 보편화된 것을 성리학적 종법 관념의 확산 때문이라고 설명해도 인과적으로는 그럴듯한 한 가지 서사가 쉽게 완성된다. 국가적인 구휼 제도의 마련과 시행이 성리학적 구휼관이나 대민관의 소산이라고 이야기해도 인과적으로는 그럴듯한 한 가지 서사가 쉽게 완성된다. 신문고가 유교 정치의 상징적인 표현이라고 해도 그럴듯하다. 굳이 따지자면, 관련이 있다고 보일 수 있는 소지가 있기 때문이다.

하지만 이런 서사에서는 박세당이 『사변록』을 저술한 시점이 아니라 송시열을 비난하는 시점에서야 사문난적으로 공격받았다는 구체적이고 세밀한 사실은 간과된다. 이언적(李彦迪, 1491~1553)이나 조익(趙翼, 1579~1655)과 같이 역시 주희와 다른 해석을 시도한 사람들의 경우 사문난적으로 공격받은 적이 없다는 점도 설명되기 어렵다. 또한 성리학적 종법과 관계없는 게르만족도 살리카 법(Lex Salica)에서 보이듯 딸에게 토지를 상속하지 않았다는 사실,[104] 조선과 동일한 제례서를 사용한 중국에서는 아들들에게 균등하게 재산을 분배했다는 사실,[105] 유교 정치와 상관없는 무굴제국에서도 신문고와 거의 흡사한 소원 제도를 마련하고 있었다는 사실,[106] 성리학과 상관없는 로마, 잉카제국 등에서도 구빈을 위한 제도적 장치를 마련했다는 사

---

[104] 게르만 사회에서는 무장 능력이 없다는 이유로 여성의 부동산 취득을 인정하지 않았다. 프랑크 국왕 힐페리히 1세(Chilperic I, 539~584)가 처음으로 여성의 부동산 상속 능력을 인정하였지만, 부동산 상속에서 아들이 딸에게, 형제가 자매에게 우선하여 단독 상속하는 것이 법적인 관행이었다. 현승종·조규창, 『게르만법』, 박영사, 2001, 451~460쪽.

[105] 마크 피터슨, 앞의 책, 219쪽.

[106] 악바르의 후계자인 자한기르가 1605년 황제로서 내린 첫 명령은 '정의의 줄'을 설치하라는 것이었다. 60개의 종이 달린 줄을 왕궁 밖으로 늘어뜨려서 백성들이 억울한 일을 당했을 때 황제에게 직접 호소할 수 있도록 만든 것이다. 이를 통해 자한기르는 정의로운 황제라는 인상을 얻을 수 있었다. 이옥순, 『무굴황제』, 틀을깨는생각, 2018, 130~134쪽.

실,[107] 중세 및 종교개혁기 성직자들도 병원을 통해 빈민 구제 활동을 적극적으로 펼쳤다는 사실을[108] 고려한 보다 보편적인 설명이 시도되기 어렵다.[109] 정말 조선의 구휼 제도가 성리학적 대민관의 결과라면 환곡이 결국 재정 확보를 위한 조세의 일종으로 변질된 것은 성리학적 대민관이 바뀌었기 때문인가?

이런 방식의 서술은 역사와 사회를 바라볼 때 기능론적 관점을 간과했기 때문에 봉착한 한계일 것이다. 아마 베버(Max Weber, 1864~1920)가 그 유명한 『프로테스탄티즘의 윤리와 자본주의 정신』을 통해 칼뱅주의는 구원의 성취에 대한 능동적 실행에서 나오는 도덕적 충동을 극대화하는 동시에 그 충동을 경제 활동에 쏟게 함으로써 오직 서구에서만 근대 자본주의 정신을 낳게 하였다고 주장한 것에 대해서,[110] 자본주의적인 경제 양식의 팽창이 부의 추구를 도덕적으로 정당화하는 관념으로 이어지면서 성서적 경제관을 굴절시킨 것으로 보인다는 토니(Richard Henry Tawney, 1880~1962)의 지적이[111] 좀 더 설득력을 갖는 것은 이런 이유에서일 것이다. 월러스틴(Immanuel Maurice Wallerstein, 1930~2019)은 더 노골적으로 '고결하고 금욕적이던 기업가들이 천박하고 사치를 즐기는 금리생활자로 변질되어 하느님의 나라에서 프로테

---

107   김상엽, 「서기 2세기 로마제국의 알리멘타(alimenta) 프로그램」, 『역사와 담론』 54, 2009; 김항섭, 「안데스 원주민 운동과 공동체 경제」, 『이베로아메리카』 19-1, 2017, 45~48쪽.
108   이성재, 「프랑스 지방 도시의 빈민 구제 정책과 병원 운영」, 『역사교육』 103, 2007; 박영실, 「칼빈의 구제 이해와 실천적 빈민 구호 방안」, 『개혁논총』 23, 2012.
109   파슨스의 용어로 자선은 친족 관계를 넘어서고, 그 안에 각인된 '윤리적' 세계종교를 특징짓는 도덕성의 촉구이자 '정체된 농업 사회'의 구조기능적 전제 조건이다. 잭 구디, 김지혜 옮김, 『잭 구디의 역사인류학 강의』, 산책자, 2010, 109쪽.
110   베버는 자신의 시도가 인과 연쇄의 한 측면만을 다루는 것이라는 점을 전제했다. 막스 베버, 박성수 옮김, 『프로테스탄티즘의 윤리와 자본주의 정신』, 문예출판사, 1996, 17쪽.
111   토니는 베버의 입장을 비판하면서도 종교적 변화가 순전히 경제흐름의 결과라고 말한다면 이 또한 진실이면서도 일방적이라는 입장을 동시에 지녔다. R. H. 토니, 고세훈 옮김, 『기독교와 자본주의의 발흥』, 한길사, 2015, 314쪽.

스탄트 윤리를 저버렸으며, 이 때문에 네덜란드가 에덴동산에서 쫓겨나게 되었다.'는 이야기를 엉터리로 치부했다.[112] "종교는 사회 및 종교를 지탱하는 계층이 문명화되는 만큼 문명화된다."는 엘리아스(Norbert Elias, 1897~1990)의 설명도[113] 곱씹을 필요가 있다.

따라서 조선후기의 재산 상속에 관한 최근의 한 설명에 눈길이 가는 것은 어쩔 수 없는 노릇이다. 이 연구에 따르면 17세기 이후 딸들과 차자(次子)들이 순차적으로 차별된 것은 한정된 자원의 효율적 배분이라는 전략과 경제적 위기 속에서도 친족 간의 결합을 포기할 수 없는 이상 사이의 절충된 산물이었으며, 이때 종법은 친족 구성원들의 관직 진출이 정체되고 사회적 지위가 하락하는 지방의 양반 사족들을 결속시킬 수 있는 논리로서 매우 유효했다고 한다.[114] 이 설명은 힌두교도들이 쇠고기를 먹지 않는 모습을 시대에 '뒤떨어진' 암소숭배 때문이라고 설명하지 않고, 암소가 인도의 복잡하고 정교한 물질과 문화의 질서 속에서 차지하는 구조적 역할 때문이라고 설명할 때[115] 훨씬 설득력을 지니게 되는 것만큼이나 설득력을 지닌다.

사상적 요소를 역사 현상의 원인으로 보려는 경향의 네 번째 이유로는 계몽주의의 전통과 영향을 들 수 있을 것 같다. 역사를 '신의 뜻에 의한 인간의 구원'이라는 궁극적인 목표를 향한 직선적 전개 과정으로 이해했던 중세적 관념에서, 신은 역사의 주체이자 '제1원인'으로 상정되었고 미래의 역사는 신의 의지에 의해 예정되어 있었다. 따라서 인간은 신의 의지가 표현되었다고 여긴 '기적'과 같은 현상에 주로 관심을 가졌다.[116] 인간의 인식 능

---

112 임마누엘 월러스틴, 유재건 외 옮김, 『근대세계체제 II』, 까치, 1999, 91쪽.
113 노르베르트 엘리아스, 박미애 옮김, 『문명화과정 I』, 한길사, 1996, 382쪽.
114 권내현, 「17~19세기 조선의 재산 상속 관행」, 『한국사학보』 70, 2018, 307쪽. 이 설명의 한 연원으로는 17세기 중엽 이래 균분상속제에서 남녀차별·장남우대상속제로의 이행이 일어난 주요 요인 중의 하나로 농지의 세분화와 영세화를 지적한 연구를 꼽을 수 있다. 최재석, 『한국가족제도사연구』, 일지사, 1983, 553쪽.
115 마빈 해리스, 박종렬 옮김, 『문화의 수수께끼』, 한길사, 2000, 21~41쪽.

력으로서의 이성을 절대적으로 신뢰하고 수학을 통해 공간을 수치화함으로써 공간에서 초자연적 성격을 제거해버린 결과 장차의 기적을 부정했던[117] 데카르트조차 기계적 현상이 반복되는 물리적 자연을 인식할 수 있었을 뿐 시간적 계기로 구성되는 일회적인 역사 세계를 인식할 수는 없었다.[118] 즉 데카르트에게도 현재의 현상은 이것에 직접적으로 선행하는 현상의 결과가 아니라 바로 그 순간에서의 신의 창조일 뿐이었다.[119] 신이 만든 자연의 연구에는 그토록 몰두했던 데카르트의 철학에서 역사학 등이 존재 기반을 상실할 수밖에 없었던 것은 이런 이유에 기인한다. 하지만 신의 절대적인 힘 앞에서 '타락한 인간'의 불확실한 이성은 데카르트를 통해 진리 탐구의 흔들림 없는 토대가 될 수 있었다.[120]

라이프니츠(Gottfried Wilhelm Leibniz, 1646~1716)도 독립된 실체인 모나드는 다른 모나드와 영향을 주고받을 수 없기 때문에 서로 인과관계를 가질 수 없다고 생각하였다. 이렇게 되면 한 모나드인 하나의 시점도 또 다른 모나드인 다른 하나의 시점과 영향을 주고받을 수 없게 된다. 동시에 울리는 두 개의 시계가 서로 영향을 주고받지 않는 것과 마찬가지다.[121] 모나드는 신이 창조하였는데 신은 이미 예정된 전 우주의 사건 경과를 한꺼번에 훑어보므로 인과의 결합이 필요하지 않으며 모나드는 다른 모나드들과 예정조

---

116 봉천서양사연구실 엮음, 『서양의 역사학 I』, 청년사, 1997, 66쪽.
117 르네 데카르트, 최명관 옮김, 『개정판 방법서설·성찰·데카르트 연구』, 창, 2010, 16·267·290쪽.
118 여종현, 「역사철학으로서의 후설의 현상학적 제일철학」, 『철학』 94, 2008, 7쪽.
119 실체와 실체는 서로 영향을 주지 못한다고 본 데카르트는 자기 생애의 시간은 무수한 순간으로 나뉠 수 있고 모든 순간은 다른 순간에 전혀 의존하지 않으므로 내가 조금 전에 있었다는 것에서 내가 지금 있다는 것은 귀결되지 않는다고 보았다. 내가 존재하려면 신이 순간마다 자신을 재창조해야만 하였다. 르네 데카르트, 앞의 책, 190~191쪽.
120 이재훈, 「데카르트 『성찰』의 신적 기만 가설과 진리 인식 가능성의 문제」, 『범한철학』 82, 2016.
121 버트란드 러셀, 서상복 옮김, 『러셀 서양철학사』, 을유문화사, 2009, 751쪽.

화로 조율되어 있을 뿐이다.[122] 그런 점에서 라이프니츠에게 인류의 역사란 인간의 창조로부터 시작되는 소설, 즉 신이 쓴 한 편의 소설일 뿐이었다.[123] 세속적 인간들의 활동으로 구성된 역사학이 세계의 실재와 관련된 모든 연구의 모델이 되기 위해서는 신이 만든 '자연' 대신 인간이 만든 '역사'를 관찰할 수 있다고 여긴[124] 비코(Giambattista Vico, 1668~1744)를 기다려야 했다. 기하학적 방법 원리를 포함한 데카르트의 지식체계 전반에 대해 반발한 비코는 '원인에 따른 지식', 즉 역사적 지식을 가장 확실한 지식으로 정립했다.[125]

데카르트를 통해 인간 이성에 대한 신념을 갖게 되었고, 비코를 통해 역사학을 연구의 모델로 삼을 수 있게 된 계몽주의자들은[126] 이성을 통해 역사를 관찰하는 동시에 중세의 선형적 목적론을 인간의 진보 가능성에 대한 신념으로 교체함으로써[127] 세속화했다. 특히 전통적인 기독교 관점을 과학적 도식에 끼워맞추기 위해 『새로운 학문』을 저술한 비코에 힘입어서, 신적 권력이 세상사를 다스린다는 생각은 모종의 자연법이 아무런 초자연적 개입 없이 '이상을 향한 항구적 발전'의 역사 흐름을 다스린다는 생각으로 바뀌게 되었다.[128] 뉴턴 물리학도 이성의 힘에 대한 신뢰를 널리 보급하는 계몽주의의 기반이 되었는데 17세기 자연 철학이 발굴한 물체의 힘이 이성의 힘으로 변신했기 때문이다.[129] 계몽주의자들은 본질적으로 정점을 향해

---

122 G. W. 라이프니츠, 배선복 옮김, 『모나드론 외』, 책세상, 2007, 73·123쪽.
123 라인하르트 코젤렉, 한철 옮김, 『지나간 미래』, 문학동네, 1998, 60쪽.
124 여종현, 「비코와 후설의 비교 연구」, 『철학연구』 88, 2010, 231~234쪽.
125 최성철, 「비코와 부르크하르트」, 『한국사학사학보』 11, 2005, 234쪽.
126 비코가 계몽주의에 끼친 영향에 대해서는 깊은 고찰이 필요하나 원형, 공리, 공통의 원리 등으로 표현된 비코의 유형화 방법은 칸트나 헤겔의 역사철학적 사유를 선도했다고 평가되기도 한다. 위의 논문, 231쪽.
127 봉천서양사연구실 엮음, 앞의 책, 169쪽.
128 지그프리트 크라카우어, 김정아 옮김, 『역사, 끝에서 두번째 세계』, 문학동네, 2012, 49~50쪽.
129 김성환, 『17세기 자연철학』, 그린비, 2008, 291쪽.

가는 지속적인 진보의 추세를 가시화할 수 있다고 생각했고, 역사는 다양성의 임의적 연속이 아니라 내부에서 추동되는 연속적인 진보의 과정으로 여겨졌다. 세계는 더 이상 외부의 구원자를 필요로 하지 않는 것처럼 보였고 스스로 구원을 제공하고 보증했다.[130] 이 맥락에서 제1원인으로서의 신은 이성으로 대체됐다.

역사란 완성 가능성을 지니고 있는 인간정신, 곧 이성이 무지와 편견에 맞서서 궁극적 승리를 성취하는 진보의 과정이라고 콩도르세(Marie Jean Antoine Nicolas de Caritat, marquis de Condorcet, 1743~1794)가 보았던 것이나,[131] 이성이 세계를 지배하며 세계사도 이성적으로 진행되어 왔다고 헤겔이 여긴 것은[132] 이런 지적 분위기를 잘 반영했다. 하지만 이 같은 설명은 관찰이나 경험을 통해 확인될 수 없는 형이상학이었고, 역사의 법정에 현실 세계를 소환하여 이성의 법으로 심판함으로써 미래를 위해 끊임없이 현재를 희생시키는 '위기'를 초래하지 않을 수 없었다.[133] 계몽주의 역사철학이 남겨 놓은 문제들에 대해 이른바 '역사주의(Historismus)'라고 불리는 흐름이 학술적 대응으로 등장하게 되는 것은[134] 이 맥락 위에서 이루어진 일이었다.

그럼에도 불구하고 이성이 세계사를 통해 스스로를 실현한다는 사변적 생각은 큰 영향력을 유지하면서 역사의 원인으로서 사상적 요소가 중심적인 위상을 차지할 수 있는 중요한 배경을 조성했다. 헤겔이 세계사를 정신이 스스로를 가꾸어 나가는 방식에 대한 정신 자신의 서술이라거나 자유의식의 진보 과정이라고 간주한 것에서 보이듯, 그에게서 실체적인 세계는 정신적 세계였고 물리적 세계는 정신적 세계에 종속되는 것이었기 때

---

130 어니스트 겔너, 이수영 옮김,『쟁기, 칼, 책』, 삼천리, 2013, 178~181쪽.
131 장세룡,『프랑스 계몽주의 지성사』, 길, 2013, 545~579쪽.
132 게오르크 헤겔, 서정혁 옮김,『세계사의 철학』, 지식을만드는지식, 2012, 34쪽.
133 전진성,『상상의 아테네, 베를린·도쿄·서울』, 천년의상상, 2015, 145쪽.
134 헤르베르트 슈내델바하, 이한우 옮김,『헤겔 이후의 역사철학』, 문예출판사, 1986.

문이다.[135] 역사에서 목적보다는 지속성을 중요시했고, 또 세계정신이 역사에 적극 개입한다는 헤겔의 역사철학을 단호히 거부했던 부르크하르트(Carl Jacob Christoph Burckhardt, 1818~1897)조차도 과거를 '정신의 연속성'이라고 정의한 것은, 헤겔 철학의 거대한 체계와 전통이 드리운 '어두운 그늘'로부터 그조차 완전히 벗어나지 못했음을 의미한다.[136] 심지어 랑케(Leopold von Ranke, 1795~1886)도 국가를 '지상에 존재한 신성한 관념'으로 보는 헤겔의 역사철학을 계승해서 국가는 인간을 문명화하는 목적을 가진 정신적 실체이며, 따라서 근대 유럽 국가들은 신성한 의지의 다양한 발현이라고 보았다.[137] 20세기의 카시러(Ernst Cassirer, 1874~1945)도 이렇게 발언하였다.

> 역사는 이성이 이런 방해물들을 어떻게 점차 극복하여 그 참된 모습을 실현시켜 나가는지를 보여준다. 따라서 발전이라는 말은 이성, 즉 인간성 자체를 두고 말하는 것이라기보다는 '이성이 밖으로 드러남'이나 혹은 '이성이 경험적이며 객관적으로 가시화됨'을 뜻한다. 역사 진보의 근본 의미도 비로 이성의 기시회를 의미힌다.[138]

베버를 비롯한 고전사회학의 작업도 바로 헤겔의 지적 유산 위에 있었던 것으로서, 이들은 사회를 이해하기 위해 윤리, 정신, 세계관 같은 요인들을 탐구하거나 원시종교의 신념과 의식을 연구했다. 이런 유산은 그 후의 사회이론에도 전달되어 1960년대까지 미국 사회학의 구조기능주의 이론에서는 사회적 질서의 기본적 요소로서 가치와 규범을 강조했다.[139] 진보는 백

---

135 게오르크 헤겔, 앞의 책, 51~54쪽.
136 최성철, 「부르크하르트와 역사주의」, 『한국사학사학보』 5, 2002, 179~180쪽.
137 임상우, 「'과학적 역사학'과 국가주의 역사서술」, 『역사학보』 224, 2014, 94~100쪽.
138 김동현, 「선입견, 역사 그리고 이성 : 가다머 '선입견' 개념의 비판적 고찰」, 『국제정치연구』 22-1, 2019, 19쪽에서 재인용.
139 양종희, 「사회이론에 있어서 문화의 위치」, 『한국사회학』 28, 1994, 2~3쪽.

인종과 기독교의 고유한 성취이자 특권이며 이슬람과 근대 과학은 양립할 수 없다던 르낭(Ernest Renan, 1823~1892)이나,**140** 유럽이 근대적 경제성장을 먼저 이룩한 이유는 인간이 자연을 통제하며 이용할 수 있고, 또 그런 능력을 통해 진보를 달성할 수 있다는 유대교와 기독교에서 유래하는 관념 때문이라고 설명한 랜디스(David Saul Landes, 1924~2013) 역시**141** 이런 지적 전통의 계보 위에 있다고 할 수 있다.**142** 성리학이 조선을 망쳤다고 간주한 이광수라면 영·미의 '성공' 원인은 당연히 그들의 정신이었다.**143**

이렇게 보면 조선왕조의 건국과 체제 수립을 자신들의 이상을 입증하려는 유학자들의 도덕적·지적 모험이었다고 설명해버리거나, 이상적인 중화문명을 구현하고자 하는 자발적인 의지의 결과물이라고 설명하는 것은 세계정신이 스스로를 가꾸어나가는 방식에 대한 정신 자신의 서술이 세계사라는 헤겔 이래의 오래된 지적 전통을 떠올리게 한다. 마이네케(Friedrich Meinecke, 1862~1954)가 문화는 각 시대의 고유한 정신적 가치들이 만들어낸 바를 의미한다고 보면서 국가를 '권력과 정신의 종합'으로 보았던 것도**144** 그가 헤겔의 지적 전통 위에 있었기 때문이다. 하지만 이런 설명은 근자의 일로 비유하자면 2008년 나달의 윔블던 우승 이유는 결승전에서 나달이 페더러보다 점수를 더 얻었기 때문이라는 설명, 2016년 경찰 물대포에 직격된 백남기 농민의 사인은 급성 신부전증에 의한 심정지, 즉 '병사(病死)'라는 서울대병원의 발표와 유사하며, 옛일로 비유하자면 중세 유럽 군주와 루터의 신앙심이 각각 십자군 전쟁과 종교개혁을 일으켰으며,**145** 히틀러의 유럽 정복

---

140 판카지 미슈라, 이재만 옮김, 『제국의 폐허에서』, 책과함께, 2013, 149쪽.
141 배영수, 「"서양의 대두"와 인간의 본성」, 『역사학보』 216, 2012, 87쪽.
142 이런 측면에서 볼 때 '유교자본주의론' 같은 것은 일종의 유사품이다.
143 李春園, 「民族改造論」, 『開闢』 23, 1922 "埃及과 比律賓은 앵글로색슨族의 植民地政策 成功의 好標本입니다. 그리하고 그 成功의 原因은 또한 그네의 根本性格인 自由, 實際, 奉仕, 漸進性 가튼 精神에서 나온 것이외다."
144 이상신, 「마이네케의 역사학」, 『서양사론』 89, 2006, 10~16쪽.

욕망이 2차 대전을 일으켰다는 설명과 동일한 방식이어서, 카(Edward Hallett Carr, 1892~1982)의 말을 빌자면 아무런 설명도 되지 않는다.[146]

사상적 요소를 역사의 원인으로 규정하려는 시도가 보편적으로 드러나는 다섯 번째 이유는, 이 방식이 오래도록 유행한 권위 있는 방식으로서 근본적으로 더 이상 설명할 필요가 없을 것 같은 일종의 '착시'를 일으킬 뿐 아니라, 전통 위에 축조된 권위에 의지함으로써 비판의 위험에 쉽게 노출되지 않는 '안전성'을 부여하기 때문이다. 일찍이 베이컨(Francis Bacon, 1561~1626)은 인간이 일단 어떤 견해를 수용하면 확실한 반증 사례가 있어도 철저히 무시하면서 권위의 손상을 두려워하는 '종족의 우상'에 함몰되어 있음을 지적한 바 있다.[147] 데카르트 역시 사람들은 아주 명백하고 단순한 원인을 발견했을 때는 아는 것이 아무것도 없다고 생각하는 반면, 고상한 근거들이나 철학자들이 멀리서 끌어댄 근거들에 대해서는 환성을 터트린다고 지적했다.[148]

따라서 자국 중심의 주체적 역사학, 국어학, 백과전서학 및 현실적인 문학의 새로운 사조가 열린 것은 민족주의적인 실학의 학풍이 대두했기 때문이라고 설명하게 되면 역사에 대한 인과적 설명이 마무리된 것 같은 분위기가 조성된다. '실학이라는 생각'의 전통과 권위는 이런 분위기를 더욱 조장했기 때문에 설령 불만족스러움이 느껴진다고 해도 그렇지 않다고 주장하기가 어렵다. 실학 때문인지 명확하지 않아도 실학 때문이 아닌지도 명확하지 않으니 말이다. 반박의 가능성과 위험이 줄어든 결과 이 설명은 안

---

145 신앙심과 경건함으로 유명했던 성 루이 9세조차도 1252년 아이유브 왕조가 장악하고 있는 시리아로 원정 목표를 변경할 때 이집트 맘루크 술탄국과 동맹을 맺었음을 기억해보자. 이교도를 공격하려고 다른 이교도와 동맹을 맺었다. 홍용진, 「성지 수복과 현실정치」, 『통합유럽연구』 22, 2020, 49쪽.
146 에드워드 H. 카, 김택현 옮김, 『역사란 무엇인가』, 까치, 2015, 121쪽.
147 프랜시스 베이컨, 진석용 옮김, 『신기관』, 한길사, 2001, 53쪽.
148 르네 데카르트, 이현복 옮김, 『방법서설·정신지도를 위한 규칙들』, 문예출판사, 1997, 65쪽.

전해진다.

하지만 이런 방식의 설명은 비유하자면, '가뭄에 기우제를 지냈더니 비가 내렸다.'라는 설명 방식과 유사하다. 기우제 때문에 비가 내린 것인지는 명확하지 않아도, 기우제 때문이 아닌지도 명확하지 않다. 일찍이 포퍼(Karl Raimund Popper, 1902~1994)는 가능한 어떤 사건에 의해서도 논박될 수 없는 이론은 비과학적이라고 정리했다. 이런 포퍼의 시각에서 볼 때 아들러(Alfred Adler, 1870~1937)의 개인심리학이나 프로이트(Sigmund Freud, 1856~1939)의 정신분석학은 모호한 점성술 혹은 역사에 대한 인종주의적 해석과 비슷하게 보일 수밖에 없었다.[149] 개인에 관한 어떤 설명이든 그것은 다 열등감, 혹은 무의식 때문이라고 설명할 수 있어서 논박이 불가능하기 때문이었다. 따라서 이런 방식의 설명 역시 별 의미가 없다.

5. 요청되는 시각의 전환

매우 조심스럽지만, 칼라일(Thomas Carlyle, 1795~1881)의 말처럼 역사의 장은 무수한 요소들에 의해 사건 자체가 끊임없이 형성되는 존재의 '혼돈'인 것 같기도 하며,[150] 크라카우어(Siegfried Kracauer, 1889~1966)의 지적처럼 이 세계는 결정론에 예속될 가능성을 가로막는 본질적인 '우발'들로 가득한 것 같기도 하다.[151] 또 역사는 그 각각이 고유한 빈도로서 규정되는 여러 영역으로 이루어진 '불연속적인 총체'라는 레비스트로스(Claude Lévi-Strauss, 1908~2009)의 규정도[152] 무겁게 다가온다. 따라서 편의적으로 특정 시점과 공간을 잘

---

149 칼 포퍼, 이한구 옮김, 『추측과 논박 1』, 민음사, 2001, 81~86쪽.
150 헤이든 화이트, 천영균 옮김, 『메타역사 I 』, 지식을만드는지식, 2011, 315쪽.
151 지그프리트 크라카우어, 앞의 책, 61쪽.
152 폴 벤느, 앞의 책, 38쪽.

라내서 특정 사건이나 현상의 인과를 판단하려는 시도는 한계와 문제점을 드러내기 마련이다. 1789년 사건의 원인은 시간적으로 한없이 위로 거슬러 올라가고 공간적으로 한없이 바깥으로 확산되어 나가는 무한고리라는 지적을[153] 유념해야 하는 것도 이 때문이다. 또한 현세의 일상사로 가득 찬 거대한 혼돈 속에서 사건은 흐트러지고 지리멸렬한 고립 형태로 나타날 뿐 아니라 직접적인 관찰과는 동떨어져 있기 때문에 관찰을 통해서는 사건을 서로 연결하고 결합한 환경을 제시할 수 있을 뿐이고, 일련의 사건이 지니고 있는 내면적 인과관계는 역사가의 상상력을 이용하지 않을 수 없다는 훔볼트(Wilhelm von Humboldt, 1767~1835)의 지적 역시 타당하다.[154] 더 나아가 원인과 결과 사이에 필연적인 연관이 있다는 생각은 우리 마음속에 존재하는 것이지 대상 속에 존재하는 것이 아니라던 흄(David Hume, 1711~1776)의 설명도[155] 경청해야 한다.

그렇다고 해도 이런 지적들이 역사 서술에서 인과 판단을, 설령 그것이 아무리 복잡하고 모호하며 주관적일 수 있다고 해도, 포기하는 것으로 귀결되어서는 안 될 것 같다. 인과 판단에 대한 신중한 탐구는 역사의 '실재성'을 찾아보려는 노력과 관련될 수 있기 때문이다. 랑케는 역사서술이 학문으로서는 철학, 예술로서는 시문학과 유사하다고 여기면서도 철학과 시문학이 이상적인 요소에 맞게 작업하는 반면, 역사서술은 사실적인 것에 근거하고 있다는 차이점을 강조했다.[156] 샤르티에(Roger Chartier)가 역사는 이야기의 많은 형태 가운데 하나이지만 그럼에도 불구하고 진실과 특별한 관계를 유지한다는 점에서 특별하다고 한 것은[157] 랑케 관념의 계승이라고 할

---

[153] 케이스 젠킨스, 최용찬 옮김, 『누구를 위한 역사인가』, 혜안, 1999, 131쪽.
[154] 봉천서양사연구실 엮음, 앞의 책, 346~348쪽; 헤이든 화이트, 앞의 책, 382쪽.
[155] 윤용택, 「흄의 '인과관계' 분석에 대한 비판적 고찰」, 『철학』 41, 1994
[156] 이상신, 『레오폴트 폰 랑케와 근대 역사학의 형성』, 고려대학교출판문화원, 2021, 182쪽.

수 있다.

근본 모순의 단순한 직접적 힘만으로는 혁명적 상황을 초래할 수 없고 정황들과 흐름들이 하나의 통일성 속으로 융합되도록 축적될 때에만, 즉 근본적 조건들이 통일성 속으로 융합될 뿐 아니라 별도로 고려된 각 조건과 모순들도 하나의 통일성 속으로 뒤섞여 들어갈 때에야 혁명적 상황이 가능하다는 알튀세르(Louis Althusser, 1918~1990)의 과잉결정론도[158] 우리들을 신중하고 조심스럽게 만들 수는 있겠지만 인과 판단을 거부하도록 유도하지는 않는다. 마이네케가 역사 연구에서 초인과적인 관계들을 파악하기 위해 예술적인 직관이 필요하다고 했을 때도 거기에는 인과적 전개를 근본 요소로서 당연히 고려한다는 전제가 놓여 있었다.[159] 심지어 계기가 절대적인 것이라는 테마를 의심하고 담론의 두께 속에서 생산되는 모든 사건들은 서로 수직적이지 않다면서 역사가들의 인내가 끌어당긴 모든 실타래들을 풀어버림으로써 보다 어려운 이행(移行)을 만들려 한 푸코조차도[160] 인과 판단을 무용한 것으로 본 것은 아니다. 푸코에게 역사는 하나의 연속적이고 총체적인 틀로서 파악되는 것이 아니고 불연속적으로 다양한 층위에 존재하는 사건들을 구별한 후 동일한 차원의 사건들이 서로서로를 낳는 계보를 재구성하는 것이었다.[161] 이런 점에서 본다면 푸코가 동일한 층위의 개별적

---

[157] 안병직 외, 『오늘의 역사학』, 한겨레신문사, 1998, 128쪽. 물론 실재성을 인식하려는 모든 학문은 '개연성'에 만족해야 한다는 딜타이(Wilhelm Dilthey, 1833~1911)의 지적을 유념해야 한다. 최성환, 「칸트와 해석학」, 『칸트연구』 7, 2001, 200쪽.
[158] 루이 알튀세르, 서관모 옮김, 『마르크스를 위하여』, 후마니타스, 2017, 177~180쪽.
[159] 이상신, 앞의 논문, 31쪽.
[160] 미셸 푸코, 이정우 옮김, 『지식의 고고학』, 민음사, 2000, 234~238쪽.
[161] 콜린 고든, 홍성민 옮김, 『권력과 지식—미셸 푸코와의 대담』, 나남출판, 1991, 147쪽. "모든 사건이 똑같은 차원에 놓여 있는 것은 아니며, 사건이라 할지라도 그 규모나 연대기적 너비, 또는 그 영향력에 따라 여러 차원의 상이한 사건이 있다는 점을 깨달아야 한다는 것입니다. 따라서 문제는 사건들을 구별하고, 그 사건들이 속해 있는 그물망과 차원을 식별하여 사건이 상호 간에 맞물려 서로서로를 낳게 하는 계보를 재구성하는 것입니다."

인 사건들 사이에서 작용하는 인과를 부정했다고 보기는 어렵다. 그렇지 않다면 주체에 의해서 왜 어떤 사건은 억압되고 은폐되는지에 대한 물음을 통해 광기, 감옥, 성에서 권력 관계를 발견할 수는 없었을 것이다. 스스로가 니체로부터 큰 영향을 받았다는 사실도 하나의 인과이다.[162]

그럼에도 불구하고 인과 판단의 필요성이 역사에 대한 일원적이고 법칙적인 설명에 정당성을 부여하지는 않는다. 과학적 탐구의 주된 관심은 일반 법칙의 탐구이지만 역사는 과학과 달리 개별적 현상의 설명에 각별한 관심을 가지고 있으며 자연과학에서 사용하는 것과 같은 통합적인 이론은 없다. 자연과학에서는 법칙의 성질을 지닌 전칭명제(全稱命題)와 특정한 사건에 관한 명제인 발단조건(發端條件)이 결합됨으로써 특정한 명제를 연역해 낼 수 있다. 이때 발단조건은 원인으로, 특정한 명제는 결과로 불린다. 즉 어떤 실이 끊어졌다는 사건에 대한 인과적 설명은 어떤 실이 1파운드밖에 견디지 못한다는 사실과 2파운드의 무게가 그 위에 얹혔다는 점에서 찾을 수 있는 것이다.

하지만 역사에서는 법칙의 성질을 지닌 전칭명제를 상정할 수 없기 때문에, 구체적인 사건에 대한 인과적 고찰을 통한 과학에서와 같은 예측은 가능하지 않다.[163] 오히려 역사는 과학과 달리 사태가 어떻게 진행되었는지를 이야기하므로 역사에서의 인과 판단은 '소급추정'에 가깝다고 보인다.[164] 따라서 역사에서의 인과적 사고란 한 사건, 한 국면의 생성에 각기 다른 몫으

---

[162] 폴 벤느, 앞의 책, 469~491쪽. "푸코가 역사가들에게 말하는 것은 이런 것이 전부다. '여러분은 늘 하던 대로 역사를 설명할 수 있다. 다만 주의하자. 판박이들을 벗기고 잘 들여다보면 생각했던 것보다 설명할 게 많다는 것을 알아차릴 것이다. 여러분들이 눈여겨보지 않았던 울퉁불퉁한 윤곽들이 거기에 있다.' (…중략…) 푸코는 '나는 불연속, 단절들을 선호한다.'고 말하지 않았다. 그는 '거짓 연속성들을 경계하라.'고 말했을 따름이다."

[163] 칼 R. 포퍼, 이명현 옮김, 『열린사회와 그 적들 II』, 민음사, 1982, 361~364쪽.

[164] 폴 벤느, 앞의 책, 235~236쪽.

로 함께 작용했던 모든 요소들의 연관 관계를 찾아보는 시도라고 할 수 있다. 이러한 의미에서 법칙적·도식적·기계론적 사고와 달리 여러 작용 요소들을 현실 가능성 위에서 연관시켜보는 하나의 합리적 사고이기도 하다.[165] 무엇보다 역사는 개별적 사건에 각별한 관심을 지녀야 한다. 1831년 보편사에 대한 강의를 통해서 랑케는 역사학자의 과제는 특수한 것을 지배하는 일반 법칙이나 그것이 다른 것들과 공통적으로 지니는 것을 아는 것이 아니라면서 개별성의 원리를 분명히 표현했다.[166]

젠킨스(Keith Jenkins)는 개별적 사건의 필요충분적인 원인을 찾기 위해서 시간적으로 언제까지, 공간적으로 어디까지 찾아 헤매야 하는지 물었는데,[167] 이 점에 대해서는 위대한 블로흐(Marc Léopold Benjamin Bloch, 1886~1944)의 설명을 주목할 필요가 있을 것 같다. 그는 한 사내가 절벽에서 떨어져 죽는 결과를 낳으려면 먼저 지질학적인 과정을 통해 산이 솟아야 하고, 한 사내를 그곳으로 인도하는 표지판이 필요하고, 마지막으로는 발을 헛디뎌야 한다고 말하면서, 그럼에도 불구하고 추락의 원인을 묻는다면 그것이 최후로 일어났고 또 우발적이며 예외적이었고, 마지막으로 가장 피하기 쉬웠다는 점에서 발을 헛디딘 것을 꼽았다. 블로흐가 보기에 보편적인 선행조건을 자세하게 검토하는 것은 그다지 쓸모 있는 일이 아니었다. 그런 선행조건들은 너무도 많은 현상 가운데 공통적으로 존재하기 때문에 특수한 위치를 점하지 못하는 것이었다. 공기에 산소가 있다는 사실이 화재를 일으켰다고 해서 특정 화재의 원인을 산소가 공기 속에 있었기 때문이라고 규정할 수는 없기 때문이다. 물론 블로흐 역시도 현상을 일으키는 여러 요소들 중에서 '훌륭한' 원인이란 생각은 사실상 특정 시각에 입각한 독단적

---

165 이상신, 「역사 연구에서의 인과적 사고와 설명」, 『서양사론』 84, 2005, 34~35쪽.
166 프레더릭 바이저, 이신철 옮김, 『헤겔 이후』, 도서출판 b, 2016, 219~220쪽.
167 케이스 젠킨스, 앞의 책, 129쪽.

인 하나의 선택임을 인정하면서 역사는 원인이라는 물결의 진행을 탐구하는 것이며 대단히 복잡하다는 사실을 직시해야 한다고 했다.[168] 요컨대 인과관계에 대한 신중하고, 다면적이며, 종합적인 접근은 아무리 강조해도 지나치지 않으며 역사 해석의 새로움은 이런 과정에서 더욱 그 존재감을 드러낼 것이다.

지금까지의 고찰을 감안할 때 조선시대의 역사 속에서 특정한 사상, 특히 성리학을 조선시대 역사의 원인으로 파악하려는 시각은 다음과 같은 이유로 적절한 역사적 설명이라고 하기 어렵다. 첫째, 성리학은 그것이 조선왕조의 체제교학이었던 만큼 어떤 역사 현상과도 연결될 수 있는 공통 조건이다. 따라서 어떤 역사가 성리학으로 인한 결과라고 설명하는 것은 공기에 산소가 포함되었기 때문에 화재가 발생하였다는 설명과 같이 사실상 쓸모없는 말이다. 둘째, 성리학은 그것이 조선시대의 모든 역사 현상과 연결될 수 있는 공통 조건이기 때문에, 시대와 지역과 상황과 조건에 따라서 수많은 다른 요소들과 얽히면서 다양한 양상으로 복잡하게 인과의 연쇄적 고리를 형성했다. 따라서 각 상황마다 성리학이 차지하는 비중과 모습과 역할은 제각각일 수밖에 없다. 그런데도 원인이라는 고귀한 위상을 성리학에 돌리는 것은 '관념론적 환원주의'일 뿐, 사건의 복잡성과 다면성을 이해하는 데 별 도움도 되지 않으며, 역사에서의 인과 판단을 둘러싸고 수많은 학자들이 오랫동안 축적해온 깊은 고민과 문제의식을 무효화시켜버리고 만다.

셋째, 성리학은 하나의 단일한 성격을 지니는 제한된 사유라기보다는 상호 모순되며 대립하는 요소들, 또 많은 갈래를 그 안에 포함하고 있는 거대 사상체계이다. 따라서 성리학이라는 말만으로는 어떤 결과를 낳을지 도무

---

[168] 마르크 블로흐, 정남기 옮김, 『역사를 위한 변명』, 한길사, 1979, 182~184쪽. 이런 측면에서 블로흐의 입장이 원인의 연쇄적 소급이 필요하지 않다는 의미로 받아들여져서도 물론 안 될 것이다.

지 예측할 수 없어서 학문적인 관찰이 사실상 불가능하다. 나치 치하의 어떤 기독교인들은 히틀러를 구원자로 여겼지만, 위대한 본회퍼(Dietrich Bonhoeffer, 1906~1945)는 그를 제거하려고 하였다. 그렇다면 이 상황에서 기독교는 무엇의 원인이었는가? 조선왕조 멸망 후 성리학자들 중 누구는 식민지 통치를 성리학적 논리로 정당화했고,[169] 누구는 의병에 가담했다. 그렇다면 이 상황에서 성리학은 무엇의 원인이었는가? 이념체계들은 서로 대립된 이해관계를 위해서 이용될 수 있으며, 전혀 다른 구조적 추진력과 결합될 수 있기 때문에 그 차이를 가지고 결과들을 설명하는 것은 어렵다는 지적이나[170] 하나의 단어가 너무 많은 것을 의미할 때, 그 단어는 유용한 동시에 무용하다는 지적은[171] 바로 이 점을 꼬집은 것이다. 넷째, 이런 시각이 너무 과도하게 견지될 경우 자칫하면 사람들의 행위는 그들의 정신에만 상응한다는 입장을 견지하는 것으로 보일 수 있다. 하지만 사람의 행위는 의식을 넘어서서 다양한 조건의 결합물에 가깝기 때문에, 행위의 질서는 의식의 질서로 환원되기 어렵다. 만약 그 환원을 무리하게 시도한다면 결과가 원인으로 간주되는 오류의 가능성이 높아질 수 있다.

다섯째, '불멸의 천상계'와는 구별되는 '소멸의 지상계'에서 일어나는 운동의 원인을 질료인, 형상인, 작용인, 목적인(目的因)으로 설정한 아리스토텔레스에게[172] 모든 운동을 유발하고 관장하는 '최고'의 원인은 목적이었다. 말브랑슈(Nicolas de Malebranche, 1638~1715)에 따르자면, '진정한' 원인은 특정한 결과를 산출하는 힘이므로 진정한 원인의 힘이 작용할 때 상응하는 결과가 일어나지 않는다고 생각할 수 없다. 즉 인과적 힘은 필연적이며, 이

---

[169] 정욱재, 『한국 근대 유림의 굴절』, 선인, 2023
[170] 임마누엘 월러스틴, 나종일 외 옮김, 『근대세계체제 I』, 까치, 1999, 104쪽.
[171] 김영민, 『우리가 간신히 희망할 수 있는 것』, 사회평론, 2019, 265쪽.
[172] 아리스토텔레스의 원인 개념에 대해서는 다음을 참조. 유원기, 「아리스토텔레스의 아이티온」, 『서양고전학연구』 24, 2005.

힘은 본성상 신에 의해서만 가능하다. 말브랑슈에게는 신만이 진정한 원인이며, 자연에 존재하는 원인은 단지 신이 일반의지에 따라 특정한 결과를 산출하도록 하는 부수적인 원인, 즉 이차적인 '기회원인'이 된다.[173] 목적이 최고의 원인이라는 아리스토텔레스의 생각과 신만이 진정한 원인이라는 말브랑슈의 생각을 가만히 살펴보면 논리 구조상 성리학이 조선왕조의 진정한 최고의 원인이라는 생각과 아주 유사하다. 목적과 신이 성리학으로 '세속화'되었을 뿐이다. 아리스토텔레스가 최고의 원인으로 간주한 목적이나 말브랑슈가 진정한 원인으로 간주한 신은 관찰되지 않으므로 더 이상 학문 고찰의 대상이 될 수 없듯이, 성리학이 조선왕조의 진정한 최고의 원인이므로 멸망의 원인 역시 성리학이라는 설명은 고찰의 대상이 될 수 없다. 성리학의 고정된 '속성'이나 '본질'을 관찰할 수 없기 때문이다.

여섯째, 목적을 최고의 원인으로, 신을 진정한 원인으로 간주하는 것은 원인을 '아직 구현되지 않은' 목적과 '아직 실현되지 않은' 신의 의도에 두는 것이므로, 원인을 '미래'에 두는 것이다. 마찬가지로 성리학을 조선왕조의 진정한 최고의 원인으로 간주하는 것 역시 원인을 성리학에 내재하였지만 아직 발현되지 않은 성리학의 속성, 혹은 본질에 돌리는 것이므로, 원인을 미래에 두는 것이다. 이것은 신학적, 형이상학적 사고일 수는 있어도 과학적·역사적 사고라고 할 수는 없다. 신앙심이 깊던 역사학자 버터필드(Herbert Butterfield, 1900~1979)조차도 하나님이 승리를 예정했기 때문에 로마제국에서 기독교가 승리했다는 설명에는 만족할 수 없었다.[174] 랑케에 따르면 우리가 행하는 모든 것은 이미 행해졌던 것에 의해 조건 지어지는 것이다.[175] 즉 원인을 '과거'에 두는 것이 과학적·역사적 사고라고 할 수 있다. 콩트가 신학

---

173 강지영, 「말브랑슈와 흄의 인과론에서 '필연적 연관'」, 『철학사상』 30, 2008.
174 H. 버터필드, 주재용 옮김, 『기독교와 역사』, 대한기독교출판사, 1990, 29~30쪽.
175 지그프리트 크라카우어, 앞의 책, 43쪽.

적, 형이상학적 사유 단계를 거쳐 인간정신 진보의 마지막 단계인 과학적·실증적 사유 단계에서는 우주의 근본 원인이나 목적에 대한 부질없는 탐구를 포기하고 관찰과 추론에 의해서 현상의 여러 법칙을 인식하게 된다고 여긴 것은[176] 바로 이런 차이점을 정확히 인식했기 때문은 아닐까.[177]

요컨대 역사학에 있어서는 사건과 현상에 대한 개별적 통찰을 통해 각 사건과 현상을 일으킨 다양하고 복잡한 '과거'의 요소들을 늘 입체적으로 고찰하려는 노력이 절실히 필요한 것이지, 원인을 '미래'에 두고서 단일하고 필연적인 인과 설명을 시도하는 것은 필요하지 않다. 말브랑슈에게서는 오히려 이차적인 기회원인으로 간주된 자연 속에서의 개별적 인과에 집중하는 것이 더 필요해 보인다. 갈릴레오는 목적론이 내세우는 일반원리 대신 세부 인과관계를 밝히는 중간원리가 과학적 탐구의 대상이 되어야 한다고 보았다.[178] 베이컨은 외연(外延)에 속한 개체들의 원인을 찾을 생각은 하지 않고 가장 보편적인 것의 원인을 찾으려는 것이야말로 미숙하고 경박한 철학자의 전형적인 사고방식이라고 비판했다.[179] 성리학이 조선왕조의 궁극적인 원인이며, 따라서 조선왕조의 멸망은 성리학 때문이라는 설명은 지상계 최고의 원인은 목적이라는 설명, 혹은 신이 진정한 원인이라는 설명만큼이나 허탈하고 무의미하다.[180] 따라서 성리학 때문에 조선왕조가 멸망했다는 생각은 처음부터 필요 없는 생각이었다.

---

[176] 고려대학교 문과대학 사학과 교수실 편, 앞의 책, 53~54쪽.
[177] 단 역사가 자연과학의 본을 따라 그 자신을 형성할 것을 주장한 콩트의 입장에 동의하기는 어려우며, 자연과학의 방법을 역사학에 적용하려는 시도를 비판한 드로이젠의 입장에 주목할 필요가 있다. 프레더릭 바이저, 앞의 책, 230~232쪽.
[178] 김상환, 『근대적 세계관의 형성』, 에피파니, 2018, 74쪽.
[179] 프랜시스 베이컨, 앞의 책, 55쪽.
[180] 이상의 설명에도 불구하고 성리학을 원인의 차원에서 언급하는 것이 학문적으로 가능한 경우가 인과의 연쇄적 흐름 속에서 일부 있을 것으로 본다.

II. 성리학과 실학이 대립한다는 생각

1. '실학이라는 생각'을 향한 두 번째 단계

본 장에서는 성리학이 조선왕조 멸망의 원인이라는 생각 위에서 모색되어 현재까지도 오랫동안 견지되고 있는, 성리학과 실학이 대립한다는 생각이 학술적으로 타당한 것인지를 살펴보려고 한다. 성리학과 실학이 대립한다는 생각은 '실학이라는 생각'이 형성되는 두 번째 단계라고 볼 수 있기 때문이다. 성리학과 실학을 조선후기 유학 내에서의 이항대립적 존재로서 이해하면서 조선후기의 사상적 특징과 전개를 살펴보려는 시각은 현재도 많은 연구자들에게 상식이나 전제로서 자리 잡고 있는 듯하다. 이 전제를 공유할 경우 실학은 고정된 역사적 실체로서 간주된다.[1] 그런데 이해하기 어

---

1 「한국실학연구회 발기 취지문」, 『한국실학연구』 1, 1999 "멀리 19세기 말까지 소급되는 우리의 實學 遺産에 대한 관심은 輓近 1950년대 후반 이래 20여 년간 특히 그 學問的 硏究 熱度가 高潮되어 南北韓·海內外 아울러 多大한 成果를 蓄積해왔습니다. 그 결과 우리는 民族의 歷史 내지 正體의 認識에 그 視覺을 바로 세워왔으며 그 地平을 넓혀왔습니다. 그리고 實學 遺産은 우리의 學問의 歷史, 사상의 歷史 위에 하나의 雄偉하고 값진 實體로 자리를 잡아가려 하고 있습니다."

려운 점은 실학을 고정된 역사적 실체로 간주하는 연구 경향이 뚜렷하면서도, 다른 한편에서는 실학의 개념을 찾기 위한 학문적 모색이 오랜 세월 동안 지속되고 있다는 사실이다.

김영호는 실학의 개념이 아직 뚜렷이 잡히지 않았기에 지금도 거듭 실학이 무엇인가 되묻고 있다고 70년대에 발언하였고 이을호는 어느 실학 대회에 가더라도 개념 문제만 이야기하다가 대회가 그냥 끝나버린다고 80년대에 지적하였는데[2] 그런 모습은 여전히 계속되고 있다.[3] 실학이 고정된 역사적 실체라면 실학의 개념을 찾기 위한 학문적 모색이 계속 추구될 필요성은 없을 것이다. 반대로 실학의 개념을 찾기 위한 학문적인 모색이 오래도록 계속 추구된다면 이는 실학을 고정된 역사적 실체로 간주하기 어려운 난관에 봉착해 있음을 의미하는 것이다. 따라서 이 두 가지의 연구 경향이 함께 존재하기는 어렵다.[4]

좀 더 생각해보면, 이런 모순적 현상의 배경에는 조선왕조 멸망의 원인으로 간주된 성리학의 내부 '대체재'가 필요하다는 현실적인 요구가 강하게 자리하고 있었던 것으로 이해된다. 사회진화론의 입장에서 볼 때 한국이 '퇴보'를 극복하고 '진화'하려면 내재적 역량이 무엇보다 중요하기 때문에 성리학을 대체해서 진화를 견인할 내부의 신사상이 필요했던 것이다. 하지만 현실적인 필요성에 따라 신사상을 새로 창조하는 작업은 결코 빠른 시일 내에 간단히 이루어질 수 없는 노릇이므로, 성리학과 실학이 대립한다

---

2 김영호,「실학의 재평가」,『한국사의 재조명』, 독서신문사, 1975, 453쪽; 황원구 사회, 「제20회 실학공개강좌 특집 종합토론」,『동방학지』58, 1988, 151쪽.

3 한영우 외,『다시 실학이란 무엇인가』, 푸른역사, 2007; 심경호,「실학 개념의 재정립」, 『인간 · 환경 · 미래』1, 2008; 한국실학학회 공동학술대회,「실학을 다시 생각한다」, 2016.

4 한형조는 실학 연구가 아직도 연대와 인물을 확정하지 못하고, 개념을 둘러싼 혼란이 정돈되지 않은 것은 전통이 근대화되지 못한 결과를 '변명'하려던 태생적인 한계 때문이라고 하였다. 한형조,「동양철학은 왜 이리 어려운가? 어디로 길을 뚫어야 할까?」, 『정신문화연구』91, 2003, 67쪽.

는 성급한 결론과 실학을 성리학과의 대비적 고찰을 통해 학문적으로 창조해가는 어렵고 더딘 과정 사이에 간극이 생기는 것은 자연스럽다.

그러므로 성리학과 실학을 유학 내에서의 대립적인 존재로서 바라보기 시작한 기원을 추구해서 올라간 후, 거기서부터 현재까지의 연구사를 재검토해볼 필요성이 높아진다. 이 검토의 과정에서 지난날 학계의 연구를 규정했던 근·현대 한국 지성사의 역사성을 사유할 뿐 아니라 도식화된 조선 후기 사상사를 이해하는 새로운 시각의 수립을 모색할 수도 있을 것이다. 먼저 '성리학 대 실학'이라는 구도의 기원으로 보이는 신채호의 '유학 대 낭가사상'이라는 구도의 탄생과 의미를 검토해보고, 이 구도가 '성리학 대 실학'이라는 구도로 변주되어 확립되는 과정을 살펴보겠다. 그리고 마지막으로 이 구도가 갖는 학술적인 한계들을 집중적으로 고찰해보겠다.

2. '유학 대 낭가사상' 구도의 탄생

국망이라는 충격적인 사건의 원인을 설명하려고 할 때 많은 지식인들이 성리학에서 그 원인을 찾는 경향이 꽤 유행한 것은 성리학이 조선왕조의 체제교학이었기 때문이다. 게다가 사회진화론의 입장에서 보면 모든 문제의 원인은 결국 내부에 있어야 했다. 국망은 조선 사람들이 중화를 숭상하는 유습의 폐단으로 더욱 허위만을 키움으로써 초래된 결과라고 박은식이 금 태조의 입을 빌어 평가한 것,[5] 유교의 사대주의와 모화사상을 망국의 원인으로 장도빈이 이해한 것,[6] 더 소급해서 조선의 건국 및 건국을 주도한 정도전(鄭道傳) 등에 대해서까지 최익한(崔益翰)이 부정적으로 인식하였던 것

---

5   朴殷植, 『夢拜金太祖』, 1911(조준희 옮김, 『대통령이 들려주는 우리역사』, 박문사, 2011, 250쪽).
6   조병로, 「산운 장도빈의 근세사 인식」, 『산운사학』 3, 1989.

은[7] 이런 경향의 대표적인 실례가 된다. 하지만 이런 경향의 전형은 누구보다 일관되게 반(反)조선왕조, 반(反)성리학적 시각으로 자국사 해석을 시도했다는 점에서 신채호에게서 찾아야 할 것이다.

신채호가 민족의 성쇠는 사상의 추향 여하에 달린 것이라는 기본 전제하에서[8] 유교적 도덕을 '나라를 멸망케 할 도덕'이라고 했던[9] 사실을 고려한다면, 민족의 융성과 무강(武强)을 그 누구보다 소망했던 그가 유학이나 성리학에 대립하는 사상을 설정하였을 것임은 어렵지 않게 예상할 수 있다. 게다가 그가 역사를 '아와 비아의 투쟁'이라고 규정하였을 때, 그 말은 표면적으로는 이민족과의 투쟁사를 의미하는 것이지만, 내면적으로는 단순한 전쟁사가 아니라 고유사상과 외래사상과의 투쟁사였다.[10] 이 맥락에서 그가 설정한 고유사상은 불교나 유교와 같은 외래사상이 수입되기 이전의 선교(仙敎), 혹은 낭가사상이었다.

1910년에 발표된 「동국고대선교고」에서 처음으로 구체화된 것으로 보이는 신채호의 낭가사상은 단군 이래의 고유하고 주체적인 상무정신을 그 핵심으로 하는 사상이라고도 할 수 있는데,[11] 고구려의 조의(皂衣), 신라의 화랑은 역사상 가장 큰 규모의 선교도(徒)가 된다.[12] 그런 까닭에 신채호의 시각에서 볼 때 낭가사상은 외래사상인 불교나 유학과 대립될 수밖에 없었고, 특히 유학과는 첨예한 대립의 관계를 이룰 수밖에 없었다. 이런 대립의 관계 속에서도 단군시대부터 고려 이전까지는 선교의 시대였으며, 고려 초

---

7   최익한, 송찬섭 엮음, 『여유당전서를 독함』, 서해문집, 2016, 272쪽.
8   『단재신채호전집 2』, 「朝鮮史硏究草-朝鮮歷史上一千年來第一大事件」, 독립기념관 한국독립운동사연구소, 2007, 298쪽.
9   『단재신채호전집 7』, 「도덕」, 독립기념관 한국독립운동사연구소, 2008, 163~165쪽.
10 이기백, 「민족사학의 문제」, 『사상계』 117, 1963, 247쪽; 이기백, 「국사학」, 『한국현대문화사대계 2』, 고려대학교 민족문화연구소, 1976, 166쪽.
11 배용일, 「신채호의 낭가사상고」, 『단재 신채호와 민족사관』, 형설출판사, 1980.
12 윤사순, 「단재의 민족주체사상」, 『아세아학보』 18, 1986, 124쪽.

까지만 해도 선교가 그런대로 위상을 유지하였지만 '서경전역'을 통해서 결정적인 패배를 당한 것이었다. 이런 그의 인식을 종합적으로 담은 글이 그 유명한 「조선역사상일천년래제일대사건」이다.

> 이상 서술한 바를 다시 간략히 총괄하면 다음과 같다. 조선의 역사는 원래 낭가의 독립사상과 유가의 사대주의로 나누어져 있었다. 그런데 갑자기 불교도인 묘청이 낭가의 이상을 실현하려다 그 거동이 너무 광망하여 이치에 맞지 않음으로써 패망하고 드디어 사대주의파의 천하가 되고 말았다. 낭가의 윤언이 등은 유가의 압박 아래에서 겨우 남은 목숨을 유지하게 되었다. 그 뒤 몽골의 난을 지나면서 더욱 유가의 사대주의가 득세하게 되었고, 조선의 창업이 유가의 사대주의로 이루어지자 낭가는 완전히 없어지고 말았다.[13]

글의 결론 부분을 통해서 볼 수 있듯 이 글에서 신채호는 자국사를 고유사상인 낭가사상과 외래사상인 유학의 투쟁사로 파악하였다. 그리고 서경전역에서 결정적 패배를 당한 낭가사상은 조선의 건국과 함께 완전히 없어진 것이었다. 따라서 신채호가 보기에 조선시대는 사대주의로 국시(國是)를 삼아 문집은 전부가 『주자대전』의 주해이며, 오백년 문명의 전형(典型)은 전부가 중국사상의 번역이었던 시기였다.[14] 신채호가 이 같은 극단적인 설명을 시도한 것은 그의 기본 문제의식이 국망의 원인을 찾아서 자강, 독립하기 위한 방편을 모색하기 위함이었던 데에서 기인하는 듯하다.[15] 즉 단군 이래 수천 년간 지켜왔던 '자존'과 '독립'을 조선왕조 말기에 상실하게 되자

---

13 『단재신채호전집 2』, 「朝鮮史硏究草-朝鮮歷史上一千年來第一大事件」, 독립기념관 한국독립운동사연구소, 2007, 323쪽.
14 『단재신채호전집 3』, 「朝鮮上古文化史」, 독립기념관 한국독립운동사연구소, 2007, 367~368쪽.
15 배용일, 앞의 논문, 426쪽.

그 책임을 당사자인 조선왕조에 돌리는 동시에, 그것이 갑작스럽게 이루어진 결과가 아니라 오랜 세월 동안 퇴화된 최종의 결과라고 이해하였던 것이다. 제목도 의미심장한 「진화와 퇴화」의 구절에서 이런 점을 비교적 잘 엿볼 수 있다.

> 우리나라의 문명관을 시험 삼아 논해보면, 단군·부여·기자시대는 문명의 맹아시대요, 고구려·백제·신라는 문명이 바야흐로 성장하는 시기요, 고려 중엽 이후로는 문명이 날로 퇴보하다가 조선 초엽 이래로 문명이 다시 성장할 기회가 있었으나 오래 가지 못하였고 나날이 하강하여서는 조선 중엽 이후로는 암흑시대로 점점 추락하였고, 금세기에 들어서는 드디어 참담비분한 천지를 만들었도다.[16]

1910년에 작성된 이 글을 통해서 신채호에게는 국망에 이른 아국의 처지가 고려 중엽 이후 나날이 퇴보하던 역사의 최종적 귀결로 이해되고 있음을 잘 파악할 수 있다. 양계초와 엄복(嚴復, 1854-1921) 등의 사상적 영향을 받아 인류의 역사를 진화론적으로 이해하였던 그의 역사관을 감안하면 이런 설명은 자연스러운 측면이 있는데, 같은 글에서 신채호는 삼국시대까지는 인류사의 발전과정에 따라 진화하였으나 고려시대 이후로 진화하지 못하고 조선시대에는 퇴화해버렸다고 보았다.

요컨대, 국망의 원인을 역사적으로 설명하기 위해서 신채호는 고려 중엽 이후 자국의 역사를 퇴보적으로 보았고, 그 결과 국망의 가장 큰 책임을 경쟁력을 상실한 조선왕조에게 돌렸다. 특히 국가를 민족정신으로 구성된 유기체로 보면서[17] 민족의 성쇠는 사상의 추향 여하에 달린 것이라는 기본 전제를 견지한 그의 입장에서는 조선왕조에서도 사대주의와 그것의 바탕이

---

[16] 『단재신채호전집 6』, 「進化와 退化」, 독립기념관 한국독립운동사연구소, 2008, 543쪽.
[17] 『단재신채호전집 3』, 「讀史新論」, 독립기념관 한국독립운동사연구소, 2007, 309쪽.

되는 성리학이 국망의 가장 큰 원인으로 파악될 수밖에 없었다. 그리고 이 유학은 단군 이래의 고유사상인 낭가사상과 철저히 대립하는 것일 수밖에 없었다.

문일평 또한 「최영과 조선정신」에서,[18] 한국사의 전개를 대(大)조선정신과 소(小)조선정신의 대립과 갈등으로 설명했다. 그는 대조선정신과 소조선정신을 자존사상과 '한화(漢化)사상'으로도 표현하였는데 묘청의 패배는 대조선정신의 실패를, 최영(崔瑩)의 죽음은 대조선정신의 몰락을 의미하는 것이었으며, 그 결과 조선 말까지 한화파가 사상계를 독점하게 된 것이었다. 이렇게 보면 문일평의 대조선정신은 신채호가 제시한 낭가사상과 크게 다르지 않다고 하겠다.[19] 조선은 무비가 없고 문약에 흘러 신라, 고려에서 보던 기백을 다시 볼 수 없게 되었으며 중엽 이후로는 사화나 당쟁이 끊이지 않고 국난이 연거푸 습래하여 수난기에 들었다거나,[20] 신라의 불완전한 통일은 한족과 경쟁하던 끝에 대조선운동이 실패하고 소조선운동이 겨우 성공한 결과일 뿐이라는[21] 등의 인식 역시 신채호를 떠올린다. 아래의 인용문은 문일평이 조선왕조와 성리학에 대해 갖고 있던 시각을 압축해서 보여준다.

> 숭유수문(崇儒修文)에 치우친 이조 국책이 항상 부질없이 이학의 공론과 사대의 허례로써만 입국의 기본을 삼으려고 하였으므로 저 수·당과 대치하던 고구려의 웅위한 패도는 말하지 말고 만주로 진전하던 고려의 적극적 정략도 꿈도 꾸지 못할 만큼 나라에는 무비가 없고 사람들은 문약에 흐르게 된 데에다가 더욱 중세에 당론이 발생함에 조신 사이에 분쟁, 배제, 알력이 심하여 천하고금에 유례없는 붕당화한 국가를 지어[22]

---

18 文一平, 「崔瑩과 朝鮮精神」, 『朝鮮日報』 1929.6.29.~7.11.
19 최기영, 『식민지시기 민족지성과 문화운동』, 한울아카데미, 2003, 51쪽.
20 文一平, 「丙子를 通해 본 朝鮮 2」, 『朝鮮日報』 1936.1.6.
21 文一平, 「丙子를 通해 본 朝鮮 1」, 『朝鮮日報』 1936.1.3.

문일평은 1910년대 2년간 중국에 머물 때 박은식과 신채호의 영향으로 한국사에 대한 깊은 관심을 가질 수 있었다고 하는데[23] 아마 이 과정에서 조선왕조와 성리학에 대한 신채호의 시각에 영향을 받았을 가능성이 크다. 신채호가 유학의 대립적 존재로서 낭가사상을 설정했다면 문일평은 한화사상의 대립적 존재로서 대조선정신을 설정하고 있었던 것인데, 표현은 다르지만 사실상 같은 의미였다고 할 수 있다. 요컨대 신채호나 문일평은 낭가사상이나 대조선정신을 설정함으로써 성리학에 대한 역사적 대결의식을 표출했다고 하겠다.

하지만 이런 설정은 뚜렷한 한계점을 지니고 있었다. 첫째, 유학·한화사상과의 대립 속에서 점차로 낭가사상·대조선정신이 패배해 사라짐으로써 약해 빠져버린 존재가 되었다는 신채호·문일평의 시각은 국망이라는 현실을 역사적 흐름 속에서 설명하는 데에는 성공하였는지 모르지만, 퇴보사관에 머물러 있는 한 미래에 대한 희망적 전망을 제시하는 데에는 한계를 드러낼 수밖에 없었다. 즉 단군 이래 고유의 가치인 낭가사상이나 대조선정신을 회복해 자국사를 진보시킬 수 있는 수단이나 대안을 제시할 수 없다는 무력감이나 공허함으로 빠져들 가능성이 높았다. 둘째, 낭가사상과 대조선정신은 추상적이고 관념적인 성격이 강해서 민족주의에 경도된 독자를 감동시킬 수는 있겠지만 학문으로서의 역사 연구의 대상이 되기에는 구체성이 부족하다는 한계를 지니고 있었다.[24] 따라서 이 두 사람은 동료나

22 文一平,「丁卯胡亂史(上)」,『朝鮮日報』1927.1.2.
23 최기영, 앞의 책, 92쪽. 문일평 자신의 발언에 따르면 이미『대한매일신보』에 실린 신채호의 조선사 연재물을 통해서 초보적, 일반적인 지식을 얻었다고 한다.「歷史家 文一平 氏와의 問答記」,『新生』2-5, 1929, 22쪽.
24 백남운은 신채호, 최남선의 단군 인식에 대해서 환상적인 독자성을 지닌 하나의 특수 문화사관이라고 비판하였다. 배용일도 낭가사상이 역사적 사실로 구명되기에는 비과학적인 요소를 안고 있다고 지적했다. 白南雲,『朝鮮社會經濟史』, 改造社, 1933, 14~15쪽; 배용일, 앞의 논문, 429쪽.

후배 연구자들은 물론 자기 자신에게도 역사 연구의 대상이 될 수 있는, 그리고 동시에 미래에 대한 희망적인 전망을 모색할 수 있는 가능성으로 채워진 반성리학적 사상을 발굴하거나 설정해야 할 과제를 남겨놓은 셈이었다.

3. 신채호의 '국수'에서 '조선학'으로

조선왕조 건국으로 낭가사상이 사라졌다는 퇴보사관으로 자국사를 이해할 경우 발생할 수 있는 미래에 대한 희망적 전망 부재와 그에 따른 무력감을 극복할 수 있는 신채호의 사상적 모색은 무엇이었을까? 여기서 주목되는 것이 그가 사용한 '국수(國粹)'라는 개념인데, 국수라는 용어에서 시가 시게타카(志賀重昻, 1863~1927)와 장병린(章炳麟, 1868~1936)을 떠올리는 것은 자연스럽다. 시가는 1888년 정교사(政敎社)의 설립 축하연 연설을 통해 일본의 특수한 지리환경에 적응하는 과정에서 역사적으로 형성된 일면의 독특한 것들을 국수로 정의했고, 그 보존과 발전을 우승열패의 민족 간 경쟁에서 활보횡행하기 위한 기반으로 보았다.[25] 장병린은 서구의 침략을 초래한 것은 진화가 덜 된 오랑캐인 만주족의 중국 지배 때문이라고 여겼다. 따라서 청조를 무너뜨리고 한족 고유의 민족적 정체성을 구축함으로써 서구 침략의 위기를 극복하자면서 1905년 국수보존회(國學保存會)를 창립했고, 그 기관지 『국수학보(國粹學報)』를 창간했다. 국수학파는 국학의 보존을 최대 과제로 삼았는데 이때의 국학은 유학을 포함한 중국 고유의 학술문화 전반을 의미했고, 민족적 정체성 구축에 집착하는 과정에서 황제(黃帝)를 재발견했다. 국수학파의 문화민족주의는 신해혁명 이후 『국고(國故)』(1919), 『학형(學衡)』(1922)의 창간에서 보이듯 신문화운동에 대항하는 차원에서 재흥되었고

---

[25] 우지엔잉, 「중국의 국수파와 일본의 국수주의」, 『한국문화』 41, 2008, 163~164쪽.

1940년대의 신유가학파로까지 이어졌다.[26]

신채호 역시 고유의 장점을 지키면서도 외래문명의 정수를 채용해 신국민을 양성할 수 있다고[27] 여기면서 이른바 '국수보전설'을 주장하였고[28] 이 맥락 위에서 을지문덕, 최영, 이순신 등 국난을 극복한 위인을 현창하고 있었다. 신채호는 국수를 자국에 전래하는 종교, 풍습, 언어, 역사, 관습상의 일체 수미(粹美)한 남은 규범으로 보았는데[29] 이렇게 보면 그가 말한 국수는 의미상 낭가사상과 유사한 성격을 지닌다고도 볼 수 있다. 따라서 만약 국수의 가치를 조선왕조에서 발견할 수 있다면, 그것을 보전함으로써 미래에 대한 희망적인 전망을 시도할 수 있다는 논리가 성립될 수 있었다.

누구보다 반(反)유학적 성향을 지니고 있던 신채호가 주로 국수와 관련된 언급 속에서만큼은 조광조와 이황의 유산을 들면서 공자의 진정한 가르침, 유학의 본원적 가치를 강조하거나[30] 이강년(李康秊, 1858~1908), 최익현(崔益鉉, 1833~1906) 등을 충의지사로 보면서 높게 평가하였던 것은[31] 이런 측면에서 주목되는 부분이다. 즉 신채호는 외세에 대한 저항 의지나 미래에 대한 희망적인 전망을 견인할 최소한의 역사적 유산이나 토대만큼은 조선왕조에도 남겨두었다고 할 수 있다. 그가 조광조·이황의 도덕과 더불어서 이순신·곽재우의 지략, 최립·유몽인의 문장, 유형원·정약용의 경세론을 돌이켜야 할 조선시대 국수의 상징으로서 파악하고 있었던 것,[32] 조선후기를 '조정을 반대하는 열기가 민간에서 일어나며 경제연구가 학자 사회에 점차 드러

---

26 천성림, 「20세기 중국 민족주의의 형성과 전개」, 『동양정치사상사연구』 5-1, 2006.
27 『단재신채호전집 6』, 「文化와 武力」, 독립기념관 한국독립운동사연구소, 2008, 699쪽.
28 『단재신채호전집 6』, 「國粹保全說」, 독립기념관 한국독립운동사연구소, 2008.
29 『단재신채호전집 6』, 「國粹」, 독립기념관 한국독립운동사연구소, 2008, 544쪽.
30 『단재신채호전집 6』, 「浪客의 新年漫筆」; 「儒敎界에 對흔 一論」; 「儒敎擴張에 對흔 論」, 독립기념관 한국독립운동사연구소, 2008, 587·668·676쪽.
31 『단재신채호전집 6』, 「問題업는 論文」, 독립기념관 한국독립운동사연구소, 2008, 581쪽.
32 『단재신채호전집 6』, 「大韓의 希望」, 독립기념관 한국독립운동사연구소, 2008, 495쪽.

난 시기'로 규정하였던 것은[33] 이런 문제의식과 관련되어서 창출된 인식이었다고 할 수 있다. 낭가사상이 사라진 조선시대에서도 고유의 가치로서 국수를 설정하고 있었던 모습에서 미래에 대한 희망적 전망을 포기하지 않으려는 신채호의 사상적 고투를 짐작할 수 있다. 특히 조선후기에 경제연구가 나타났다고 설명한 부분은 주목된다. 문일평이 다음과 같이 문명적 차원에서 조선왕조의 발전적 의미를 강조한 것도 이와 유사한 문제의식의 소산일 수 있다.

> 문명의 샘이 신라에서 다시 발원해가지고 고려의 시내를 흘러서 국조(國朝)의 저수지로 모여들어왔다. 이로 보면 국조는 신라·고려 이래 모든 문명을 집대성한 자라 하겠다.[34]

그러나 낭가사상만큼이나 국수의 개념도 모호하기는 매일반이어서 학문으로서의 역사 연구의 대상이 되기에는 구체성이 부족하다는 한계를 극복하기는 어려웠다. 이 한계는 아마도 최남선이 1922년에 『동명』 발간과 함께 조선학 수립을 선언하면서 극복의 작은 실마리를 찾게 된 것 같다. 이때 최남선은 '독립'을[35] 조선학 수립의 궁극적 목표로 삼은 위에서 18개 분야를[36] 구체적으로 들어 조선학의 내용을 갖추었고, 1927년에는 '조선아(我)'

---

[33] 『단재신채호전집 3』, 「大東帝國史叙言」, 독립기념관 한국독립운동사연구소, 2007, 350~351쪽.

[34] 文一平, 「史眼으로 본 朝鮮(5): 歷史動向과 文明」, 『朝鮮日報』 1933.5.4.

[35] 최남선이 말한 독립은 공간상의 독립과 정신상의 독립으로 나뉘는데 후자가 전자를 달성하는 전제로서 상정되었고 조선학은 이를 위한 방편이었다. 김인식, 「1920년대와 1930년대 초 '조선학' 개념의 형성 과정」, 『숭실사학』 33, 2014, 119쪽.

[36] 『東明』 3호(1922.9.17.)부터 2권 11호(1923.3.11.)까지 실린 「朝鮮歷史通俗講話(1~20)」의 목차는 다음과 같다. 開題, 先史時代-石器, 先史時代-貝塚, 古墳, 無形의 遺物, 宗教, 神話, 傳說, 說話, 言語, 朝鮮語, 不咸文化, 言語와 文化, 文化上稱謂, 言語의 證迹, 文字, 漢字, 夷字(2회 연재), 字音

의 자각과 병렬하여 '조선의 본래상(相)'과 근본의식에 대하여 진정 투철한 지식을 확보하는 데 조선학의 목적이 있다고 재차 천명하였다.[37] 최남선의 구상은 독립, 조선아, 조선의 본래상 같은 용어를 통해서 낭가사상이나 국수의 개념에서 강조했던 고유성·주체성과 유관하게 되면서도[38] 조선학의 구체적인 내용을 채워 넣음으로써 낭가사상과 국수의 개념에서 보이는 모호함을 일부 극복하였던 것이다.

이렇게 보면 1930년 최남선이 양난을 거치고 자아의 사상이 선명해지면서 조선의 본질을 알고 실제를 밝히려는 경향이 깊어지다가 영·정조대에 유형원·이익·정약용의 '실학의 풍'이 나오면서 최고조를 보였다고 설명한 것은[39] '자아의 사상'과 '조선의 본질'이라는 표현에서 확인되듯이 자신의 조선학 개념을 조선후기의 신학풍을 설명하는 데 적용한 것인 동시에, 유형원·이익·정약용 등을 통해 조선학의 구체성을 좀 더 확보한 결과였다고 할 수 있다. 다만 최남선은 조선학의 내용을 조선시대에 국한시킨 것이 아니었기에 성리학에 대한 대결·대립적 존재로서 설정되지는 않았으며 조선후기 '실학의 풍' 역시 성리학 내의 한 학풍으로서 규정한 것이기 때문에 '성리학 대 실학'이라는 이항대립 구도는 드러나지 않았다.

조선학 혹은 실학의 풍을 성리학에 대립적인 존재로 갱신시키는 것은 신채호, 최남선 두 사람의 구상을 변주하는 과정에서 가능할 수 있었다. 정인보, 안재홍, 문일평을 주목할 필요성은 이 점에서 찾을 수 있다. 먼저 정인보는 양명학을 주목하였는데 이런 경향은 박은식에게서 먼저 발견된다. 박은식은 존화의 의리를 주창하는 힘으로 애국의 의리를 주창하지 못한, 즉

---

37 김인식, 앞의 논문, 117~123쪽.
38 최남선은 『少年』 3년 8권(1910)에 신채호의 『讀史新論』을 『國史私論』이라는 이름으로 전재하기도 하였고, 불함문화의 명백한 표상이 조선 역사상의 단군과 부루이고 그 가르침이 風流道(八關會, 府君神道, 國仙道)라고 하였다. 崔南善, 「不咸文化論」, 『朝鮮及朝鮮民族』 1, 朝鮮思想通信社, 1927, 57쪽.
39 崔南善, 「朝鮮歷史講話(25), 第33章 文化의 振興, 97 學風이 變함」, 『東亞日報』 1930.2.8.

중화인의 글월에 심취하여 현실의 문제를 강구치 못한 결과로 국망에 이르렀다고,[40] 또한 우리나라의 가장 유력한 학파가 송나라 유학자의 충복이 되어 사람의 사상을 속박하고 조그만 자유도 열어주지 않았기 때문에 인재가 줄어들고 지혜가 막혀서 병폐가 심해지더니, 새로운 변화를 거부하다가 마침내 국망하였다고 보면서[41] 일찍이 양명학을 통해 '유교구신(求新)'을 추구하였다. 박은식을 크게 존경했고[42] 가학과 이건방(李健芳, 1861~1939)을 통해 '강화학'에 닿았으며,[43] 신채호의 영향도 크게 받은[44] 정인보 역시 수백 년간 조선인의 실심, 실행은 학문 영역 이외에 간간히 잔존하였을 뿐 온 세상에 가득한 것은 오직 가행(假行)과 허학이었다는 진단 위에서[45] 1933년 「양명학연론」을 『동아일보』에 연재하였다. 따라서 박은식과 정인보에게 양명학을 통해 성리학에 대결하겠다는 의지가 있었음을 알 수 있다. 다만 정인보에게 실학이란 어떤 고정된 실체가 아니라 삶과 학문에 임하는 자세를 의미하는 것에 가까웠다는 점에서[46] 성리학에 대한 비판적인 입장은 성리학 자

---

40 朴殷植, 앞의 책, 252쪽. 성리학이 탄생한 북송을 멸망시킨 금 태조를 조상으로 간주하고 그의 입을 빌어서 조선의 성리학을 비판하였다는 점에서 성리학에 대한 박은식의 역사적 대결 의식을 엿볼 수 있다. 이런 서사 기법은 피히테가 『독일국민에게 고함』에서 로마를 물리친 게르만족의 입을 빌어서 나폴레옹 지배하의 후손에게 저항을 촉구한 것과 동일하다.
41 朴殷植, 「王陽明先生實記」, 『少年』 4년 2권, 1911(이종란 옮김, 『왕양명실기』, 한길사, 2010, 71쪽).
42 『陽明學演論』의 후기에서 정인보는 박은식에게 이 글을 질정받지 못함이 한스럽다고 하였다. 정인보, 『양명학연론(외)』, 삼성미술문화재단, 1972, 193쪽.
43 민영규, 「위당 정인보선생의 행장에 나타난 몇 가지 문제 : 실학원시」, 『동방학지』 13, 1972.
44 "고려시대에 내려와 선조들의 아름다운 풍속이 점차 쇠퇴하기는 하였으나, 신라에 이어 여전히 팔관회를 거행하고 仙郞들이 表文을 지어 왕에게 축하하는 의식을 올렸는데 (…중략…) 김부식을 추종하는 무리가 붓끝을 제멋대로 놀려 역사를 기술할 때 실제 정황과 본질을 무시한 채 고려의 방언과 옛 전적들을 없애버림으로써 중국인과 똑같은 사람이 되게 하려고 기도하였다." 李瀷, 『星湖僿說類選』 「序(鄭寅普)」, 文光書林, 1929. 번역은 최채기, 「『성호사설유선』 서문」, 『태동고전연구』 45, 2020, 376쪽.
45 정인보, 앞의 책, 10~15쪽.

체를 부정하기 위함이라기보다는 그것을 새롭게 하기 위함이었다고 볼 여지가 있다.

이 같은 문제의식을 지닌 정인보는 1929년 『성호사설유선』의 서문을 작성하였을 때 '의실구독지학(依實求獨之學)'이라는 용어를 사용해 '실'에 의거하여 주체성·독자성을 추구하는 학문적 지향을 드러냈다. 또 1931년 1월부터 『동아일보』 지면을 통해 조선고전해제를 연재할 때는 조선학의 계열로서 ①이익에서 정상기로 이어지는 흐름과 ②이이명에서 김만중을 거쳐 홍대용에 이르는 흐름을 ③정제두에서 발원하는 양명학의 흐름과 함께 언급했다.[47] 따라서 그가 『양명학연론』을 저술하던 바로 그 시점에 안재홍과 함께 『여유당전서』 간행의 책임교열을 맡음으로써 조선학운동의 주역으로 등장하게 된 것은 조금도 어색하지 않다. 이때 정인보에게 조선학이란 '조선인으로서의 주체성을 인식한 조선후기의 새로운 학술 사조'를 의미하는 것으로 이해된다.[48] 최남선에게서는 그 내용이 통시대적이었던 조선학은 정인보를 통해서 조선후기의 시점 안으로 주된 내용이 제한되기 시작했다.

조선후기의 신학풍을 주된 내용으로 조선학을 이해하는 데 정인보 이상으로 기여한 인물은 안재홍이다. 정인보와 마찬가지로 신채호의 큰 영향을 받은[49] 그는 조선후기의 신학풍을 염두에 두고 조선학이라는 용어를 처음 사용한 인물이었다.[50] 또한 영·정조대 문예부흥의 신기풍은 조선아(我)에

---

46 민영규, 앞의 논문, 24쪽.
47 鄭寅普, 「李忠翊과 椒園遺藁」, 『東亞日報』 1931.3.30.
48 이황직, 「위당 조선학의 개념과 의미에 관한 연구」, 『현상과 인식』 112, 2010, 26쪽.
49 安在鴻, 「最近朝鮮文學史序(下)」, 『朝鮮日報』 1930.2.28. "過去途程에 잇서서 朝鮮人은 自家의 文化를 把持하는 自尊派의 사람들과 一種의 拜外宗인 漢化派의 사람들의 對立抗爭을 한 바를 볼 것이니 (…중략…) 高麗의 代에 잇서서는 朝臣의 사이에 이 兩派의 思潮를 代表하는 者잇섯스니 그의 一例로는 妙淸 白壽翰 等을 中心으로 四京인 平壤에 根據를 둔 者들과 金富軾을 首領으로 한 開城의 權貴들이"; 여순 감옥에 수감된 신채호의 원고를 『조선일보』에 연재하게(1931.6.10.~1932.5.31.) 한 이도 안재홍이었다.
50 김인식, 「1930년대 안재홍의 '조선학'론」, 『한국인물사연구』 23, 2015, 153쪽.

눈뜨고 민중적 자위(自衛)를 기도하는 기풍이라고 규정했으며,[51] 역사, 지리, 정치, 경제, 언어, 풍속 등에 매우 많은 저술이 있던 영·정조 시대를 조선학의 성장 시기라고 하면서,[52] 다른 누구보다 정약용을 조선학의 대표적인 인물로서 자리매김했다. 즉 안재홍은 1934년 9월 8일 정약용 서세(逝世) 98주년 기념강연회를 전후해서 본격화된 조선학운동을 주도하면서 정약용이 조선학을 상징하는 인물로 부각되는 데 크게 공헌했다.

이때 안재홍에 의해서 정약용은 '서양 학문과 학풍 수입의 선구자 중 하나', '선배 학자들이 미처 못 다 이룬 학문적 성과를 종합해서 대성한 인물', '우리 조선이 낳은 가장 위대한 학자로서 쓸쓸하고 적막하던 우리 근세 학술사를 호화롭고 찬란하게 한 인물', '국민주의의 선구자'로 극찬되었다.[53] 아마 이런 평가는 '형식을 좋아하고 공리(空理) 논하기를 즐기'고 '사상을 재갈 먹인다.'면서 성리학에 대해서 아주 비판적인 시선을 지니고 있던[54] 안재홍이 조선조 유학자 중에서 논설을 남긴 거의 유일한 인물이 정약용이었던 사실과 관련 있을 것이다.[55] 안재홍에게 정약용은 성리학에 대립하는 인물이자 서양 근대사상에 유비될 만한 사유를 지녔던 인물로서 받아들여진 것이며, 그로 인해 조선학도 성리학과 대립하는 성격을 지니게 되었다. 김태준이나 백남운은 정약용에 대한 과도한 추앙이나 미화를 경계하면서

---

51 安在鴻, 「朝鮮最近世史의 卷頭에 書함(2)」, 『朝鮮日報』 1930. 4. 30.
52 安在鴻, 「最近朝鮮文學史序(上)」, 『朝鮮日報』 1930. 2. 27.
53 박홍식, 「일제강점기 정인보·안재홍·최익한의 다산 연구」, 『다산학』 17, 2010, 63~66쪽; 최재목, 「일제강점기 정다산 재발견의 의미」, 『다산학』 17, 2010, 112쪽.
54 安在鴻, 「朝鮮民의 運命을 反映하는 丁茶山 先生과 그 生涯의 回顧」, 『新東亞』 36, 1934
55 위의 글; 「朝鮮史上에 빗나는 茶山先生의 學과 生涯」, 『新朝鮮』 6, 1934; 「雅號를 通하여 본 茶山先生」, 『新朝鮮』 7, 1934; 「茶山先生과 種痘法」, 『新朝鮮』 7, 1934; 「茶山漢詩와 史話片片」, 『新朝鮮』 7, 1934; 「우리 文化의 大河流, 現代에 빗나는 偉業, 茶山先生의 大經綸」, 『朝鮮日報』 1935. 7. 16.; 「丁茶山先生 年譜」, 『新朝鮮』 12, 1935; 「現代 사상의 先驅者로서의 茶山 先生 地位」, 『新朝鮮』 12, 1935; 「茶山의 思想과 文章」, 『三千里』 72, 1936; 정약용을 제외하면 이이가 유일한 듯싶다. 「現代朝鮮과 栗谷先生의 地位」, 『朝光』 16, 1937.

도 역시 정약용을 중요하게 취급하고 있었다.[56] 이제 조선학은 조선후기의 신학풍만을 주로 의미하는 용법으로 사용되는 경향을 띠었으며 동시에 그것은 조선의 독자성과 주체성을 '몰각'했다는 성리학에 대한 대립적 성격을 띠어갔다.

한편 문일평은 유형원·이익 이래의 '실사구시의 학풍'이 정주학 외에 새로 일어난 것이라면서[57] 조선후기의 신학풍이 갖는 성리학과의 대립성을 한층 더 강화하였으며, 정약용만큼이나 홍대용을 부각한 점에서 또 다른 큰 영향을 남겼다. 앞 시기에는 대조선정신이라는 모호한 개념을 통해서 자존성과 독립성을 드러냈던 그는 1930년대에 와서는 영조와 정조의 시대에 성행하던 실사구시의 학풍이 조선의 사상사상 주목할 현상이면서 '반도 유학의 공리 편중에 대한 일종의 반동'으로 생겨난 것이라고 설명하였다.[58] 이런 모습은 과거 자신의 관점을 유지하면서도, 안재홍, 정인보의 시각에 영향받은 것으로 보인다.

이때 문일평은 상당히 강경한 어조로 성리학은 이론에 편중하고 실제를 무심하게 내버려두었으며, 특히 송시열 이후 주자 숭배와 대명의리를 고취하여 사상상의 자유와 자아를 아주 없애 버렸다고 꾸짖었다. 그리고 그 폐해와 결함을 건지기 위해서 실사구시의 학이 강구되었다고 설명했다. 또 대명의리를 부인한 홍대용은 사상상의 '대반역'이었기에 실사구시의 근본정신은 여기서 아주 잘 표시되었다고 함으로써 성리학에 대한 대결·대립성을 부각하였다.[59] 정약용에 대해서도 유학에 깊이 중독된 조선을 건지려

---

[56] 金台俊, 「眞正한 丁茶山 硏究의 길 1~10」, 『朝鮮中央日報』 1935.7.25.~8.5.; 白南雲, 「丁茶山의 思想」, 『東亞日報』 1935.7.16.

[57] 文一平, 「朝鮮의 至寶 阮堂先生(2)」, 『朝鮮日報』 1934.6.29. 여기서 그는 '實事求是하는 朝鮮樸學'이라는 표현도 사용했다.

[58] 文一平, 「李朝文化史의 別頁 實事求是派의 學風 上·下」, 『朝鮮日報』 1938.1.3./1.5.

[59] 위의 글.

는 큰 바람에서 예설과 역학의 고증에 많은 정력을 다한 인물로, 번쇄한 예설을 간단히 만들고 심오한 역학을 쉽게 만들어서 유교국인의 골수에 사무친 고질을 근본적으로 퇴치하려 한 인물로 보았다.[60]

더 주목되는 점은 안재홍과 정인보는 조선학이라는 개념으로 주로 파악했던 조선후기의 신학풍을 문일평은 실사구시의 학풍, 조선박학(樸學), 또는 실학으로 규정했다는 사실이다. 이 과정에서 문일평은 성리학에 대립하는 존재로서 역사파·지리파·언어파·경제파라는 유파를 지닐 정도로 뚜렷한 존재감을 지닌 신학풍으로서 실학을 자리매김하였다.[61] 이는 한화사상에 대립하는 대조선정신의 좀 더 구체적이고 학술적인 대체재를 고안해내는 데 그가 성공하였음을 의미한다. 이렇게 보면 신채호, 최남선, 정인보, 안재홍의 학문적 모색이 문일평 한 사람에게 종합되었다고도 할 수 있다.

요컨대, 한국사 전체에서 '유학 대 낭가사상'의 대립구도를 설정했던 신채호의 구상은 최남선의 조선학 수립 선언을 거치면서 내용상의 구체성을 일부 획득하였고, 끝내 안재홍, 정인보, 문일평을 통해 조선후기 속에서의 '성리학 대 조선학', 혹은 '성리학 대 실학'이라는 대립구도로 탈바꿈했다. 이런 지적인 계승과 변주가 가능했던 가장 근본적인 이유는 자강을 통한 독립적 자기 존재의 확립이라는 시대적 과제에 이들이 모두 공감하고 있었기 때문이다. 그들은 자국사에서 자강의 실마리를 찾으려는 데에 있어서 학문의 문제의식이 유사했다. 특히 끝내 자강론을 버린 신채호를[62] 제외한 나머지는 조선의 역사에서 서구문명에 유비될 수 있는 기능적 등가물을 찾음으로써 조선도 자강할 수 있다는 사실을 확인하고자 하였고,[63] 이 점은

---

[60] 文一平, 「考證學上으로 본 丁茶山」, 『朝鮮日報』 1935.7.16.
[61] 文一平, 「李朝文化史의 別頁 實事求是派의 學風 上·下」, 『朝鮮日報』 1938.1.3./5.
[62] 국수의 보존에 몰두하였던 신채호가 사회진화론을 버리고 무정부주의자가 된 것은 역시 국수의 보존에 몰두하였던 장병린이 사회진화론을 버리고 사회주의, 무정부주의에 경도된 것과 아주 흡사하다. 천성림, 「국학과 혁명」, 『진단학보』 88, 1999, 459~460쪽.

문일평에 의해서 다음과 같이 솔직하게 표현되었다.

> 그러나 근대문명에 뒤진 조선은 반드시 비관함에 미치지 않는다. 정음 같은 천하에서 가장 뛰어난 문명의 이기를 가진 우리로는 이 글을 잘 활용하여 과학을 배움에 노력만 한다면 늦게 떠나서도 앞선 그네를 따라 잡지 못할 것은 아니니 한번 앙심 먹고 해볼 것이다.[64]

4. '성리학 대 실학' 구도의 확립

조선학과 실학 중에서 더 많은 연구자들이 선호한 용어는 실학이었던 듯하다. 이미 1930년에 최남선이 조선후기의 신학풍을 실학으로 설명하였고, 거대 제국의 지역학을 연상시키는 점에서 조선학이라는 용어 자체에 대한 부정적 인식도 여러 인물들에 의해서 표출되었기 때문이다. 조선학이라는 표현이 못마땅하였던[65] 김태준은 이미 1931년부터 조선후기의 신학풍을 실학이라는 용어를 통해서 설명하고 있었는데, 특히 최남선의 설명을 거의 그대로 따르는 형편이었다.[66] 역시 조선학이라는 용어의 부적절함을 언급하였던 현상윤, 백남운도[67] 주로 실학이라는 용어를 통해서 조선후기의 신

---

63   이들이 갖는 서구문명에 대한 지향성의 정도가 동일했다고 보기는 어렵다. 현상윤, 안재홍, 문일평에 비해 정인보는 그 정도가 가장 약했던 인물로 보인다. 김진균, 「정인보 조선학의 한학적 기반」, 『한국실학연구』 25, 2013; 윤덕영, 「위당 정인보의 조선학 인식과 지향」, 『한국사상사학』 50, 2015.

64   文一平, 「世界文化의 先驅(4)-世宗大王은 朝鮮人의 大宗師(3)」, 『朝鮮日報』 1933.7.20.

65   金台俊, 「朝鮮學의 國學的 硏究와 社會學的 硏究(上)」, 『朝鮮日報』 1933.5.1.

66   金台俊, 「朝鮮小說史(39) 英・正時代의 小說(1)-實學派와 小說」, 『東亞日報』 1931.1.16.; 「朝鮮小說史(46) 大文豪 朴趾源(燕巖)과 그의 作品(3)」, 『東亞日報』 1931.1.27. 김태준은 '실사구시학풍', '현실학파'의 용어도 사용했다. 金台俊, 「文化建設上으로 본 丁茶山 先生의 業績(上)」, 『朝鮮日報』 1935.7.16.

67   「朝鮮硏究의 機運에 際하야(1) 朝鮮學은 어떠케 規定할가-白南雲氏와의 一問一答」,

학풍을 설명하고 있었다.[68] 이때 현상윤에게서 실학이란 실제(實際), 실사(實事), 실천(實踐), 실용(實用)의 학문을 의미하는 것이었고, 여기에 대비되는 개념은 이론의 학문이었기에, 현상윤은 유학 내에서 '이학파'와 '경제학파'를 구별해서 대립시켰다.[69] 이는 그의 다른 글에서 보이듯[70] 성리학과 실학의 다른 표현이었기에, 현상윤에게서 성리학은 유학 내에서 주로 이기심성론과 같은 이론적 문제에 집중하는 학풍으로, 실학은 유학 내에서 실제에 관련된 경세적 문제에 집중하는 학풍으로 구별되었다고 보인다.

'과학적인 조선인식'을 강조하거나, 역사는 문화나 정신에 따라 결정되는 것이 아니라 생산관계에 의해 결정된다는 입장을 견지하면서도 조선학운동에 참여하였던 백남운은 정약용을 봉건사회의 붕괴과정 속에서 등장한 과도기적 인물이자 근세적 자유주의의 한 선구자로서 보았다. 마르크스주의의 사회발전단계론은 한국사도 발전했다는 민족적 자의식과 공고하게 결합할 수 있었던 데에다가,[71] 마르크스주의자들은 식민사학의 정체성론과 그런 역사 이해에 맹종하는 정신적 사대주의를 공박하면서 자신들 연구의 위상을 설정하고자 하였던 점에서 민족 담론의 테두리 안에 있었기 때문이다.[72] 백남운은 사회의 붕괴과정에서 이데올로기가 변동되는 것은 필연이므로 현상 유지에 급급한 반동분자와 역사 동향(動向)의 추진에 노력하는 선구자 간의 대립상은 명백하게 구분되기 마련인데, 조선 역시 '양반도'의 지

『東亞日報』1934.9.11.;「朝鮮研究의 機運에 際하야(3) 朝鮮學이라는 '名辭'에 反對-玄相允氏와의 一問一答」,『東亞日報』1934.9.13.

68　玄相允,「李朝學術史上의 丁茶山과 그 位置」,『東亞日報』1935.7.16.; 白南雲,「丁茶山百年祭의 歷史的 意義」,『新朝鮮』12, 1935.

69　玄相允,「李朝儒學과 丁茶山 先生」,『新朝鮮』6, 1934.

70　玄相允,「李朝學術史上의 丁茶山과 그 位置」,『東亞日報』1935.7.16. "모처럼 일어낫던 實學運動도 結局은 少數 不遇學者輩의 一時的 幻夢과 囈言으로 化하고 말앗으며 退溪에게 建築된 朱子學의 城堞은 依然하게 難攻不落의 堅寨가 되고 말앗엇다."

71　이훈상,「의도적 망각과 단선적 역사서술」,『진단학보』88, 1999, 338쪽.

72　박용희,「초기 한국사학의 오리엔탈리즘」,『이화사학연구』32, 2005, 48쪽.

배군과 '반(反)양반도'의 선각자가 점차로 대립하고 있었다고 보면서 정약용을 후자의 대표자이자 '실학파의 명성(明星)'으로 평가했다.

이렇게 보면 백남운에게 양반도는 성리학으로, 반양반도는 실학으로 대체될 수 있는데,73 『조선사회경제사』 서문에서 유형원, 이익, 이수광(李睟光, 1563~1628), 정약용, 서유구(徐有榘, 1764~1845), 박지원을 '현실학파'라고 지칭한 것을74 감안하면, 백남운 역시 성리학은 비현실적, 즉 이론적 학풍으로, 실학은 현실적 학풍으로 구별한 듯하다. 성리학은 이론적인 반면 실학은 현실적이라는 현상윤과 백남운의 설명을 통해서 둘 사이의 대립적 성격이 좀 더 명확해졌다고 볼 수 있으며 현실적이라는 규정 때문에라도 실학이라는 용어가 좀 더 선호될 수밖에 없었던 것 같다. 문일평이 조선학 대신 실학이라는 용어로서 성리학에 대립하는 조선후기의 신학풍을 설명한 것 역시 이런 분위기와 무관치 않은 모습으로 보인다.

그런데 정약용에게만 집중하는 방식으로는 실학이 성리학에 대립하는 존재로서의 위상을 획득하는 데에 한계가 있을 수밖에 없었다. 따라서 혼자서 성리학을 상대하는 것처럼 보이는 정약용 외에 실학에 포함되는 인물을 좀 더 확대할 필요성이 높았다. 이 점에서 『여유당전서』가 간행된 직후인 1939년 1월 1일자 『동아일보』의 '부문위학(浮文僞學)에 항거연마(抗拒研磨)'한 '실용실학의 선구자들'이라는 기사에서 유형원, 김육을 필두로 무려 25명의 조선후기 인물들을 자세히 소개한 것을75 주목할 필요가 있다. 물론

---

73 白南雲, 「丁茶山百年祭의 歷史的 意義」, 『新朝鮮』 12, 1935.8. 이 글에서 백남운은 兩班道의 支配群과 反兩班道의 先覺者 간의 대립이 孔孟學과 天主學과의 대치로 나타났다고 설명하기도 했다.
74 白南雲, 앞의 책, 2쪽.
75 「實用實学의 先驅者들」, 『東亞日報』 1939.1.1. 여기서 소제목의 굵은 글씨로 소개된 인물들만 柳馨遠, 金堉, 李瀷, 李用休, 李家煥, 安鼎福, 鄭尙驥, 黃運大, 尹東奎, 古山子(金正浩), 丁若鏞, 申綽, 李晴, 羅景績, 朴趾源, 金正喜, 李德懋, 李圭景, 徐有榘, 憑虛閣李氏, 柳僖, 李忠翊, 李田秀, 南正和, 李宜白의 25명이며 이외에도 서술 중에서 언급된 李睟光, 許筠, 魏伯珪, 黃胤錫, 申景濬, 鄭東愈, 崔錫鼎, 李頤命, 洪大容, 鄭喆祚, 朴齊家,

이런 인적 확대는 정인보, 문일평의 성과를 발전시킨 것이겠지만,⁷⁶ 실학은 정약용에게서만 뚜렷하게 드러난 신학풍이 아니라 조선후기의 많은 인물들을 통해서 조성된 신학풍으로 설명할 수 있는 가능성이 좀 더 열리게 되었기 때문이다. 특히 이 글에서는 귀족 양반의 독점물인 유학이 궁향(窮鄕) 인사로 하여금 '배유적사상(背儒的思想)'을 품게 했다는 설명이 눈에 띈다. 1941년에 박시형(朴時亨, 1910~2001)이 박지원에 대해서 실학'사상'을 가지고 있던 인물로 설명한 것이나,[77] 1944년에 홍이섭(洪以燮, 1914~1974)이 '실사구시학파'를 역사학파(안정복·이긍익·한치윤), 지리학파(이중환·정항령), 언어학파(신경준·정동유·유희), 사회정책적경제학파(정약용), 북학파(홍대용·박지원·박제가)로 분류한 것도[78] 실학자의 범위를 확장함으로써 실학의 존재감을 한층 강화한 것이었다고 할 수 있다.

하지만 최익한의 「여유당전서를 독함」이라는[79] 방대한 저술에서도 정약용을 훌륭한 개혁론자이나 그 개혁의 방법을 봉건 군주의 아량에만 의지하

鄭恒齡, 鄭元霖, 徐有本, 李肯翊, 李重煥, 韓致奫, 成海應, 崔漢綺, 李檗, 權哲身, 權日身, 李承薰, 丁若銓, 丁若鍾, 柳得恭, 徐命膺, 徐浩修, 朴世堂, 師朱堂 李氏, 李獻吉까지 포함하면 56명에 이른다.(黃嗣永, 徐理修, 姜瑋, 黃玹, 李震相, 奇正鎭, 李恒老 제외)

[76] 정인보가 『동아일보』에 연재한 '조선고전해제' 관련 글에 소개된 인물 중에서 「實用實学의 先驅者들」에 언급된 인물은 정상기, 유희, 김정호, 이충익, 이덕무, 이익, 이중환, 홍대용, 신경준, 이이명, 정동유, 박제가로 12명이다. 문일평이 '실사구시파'에 속한다고 언급한 인물 중에서 「實用實学의 先驅者들」에 언급된 인물은 유형원, 이익, 안정복, 이중환, 정항령, 신경준, 정동유, 유희, 정약용, 홍대용, 박지원, 이덕무, 박제가로 13명이다.

[77] 朴時亨, 「조선의 農家者流」, 『春秋』 2-3, 1941, 71쪽.

[78] 洪以燮, 『朝鮮科學史』, 三省堂出版株式會社創立事務所, 1944, 392~393쪽.

[79] 崔益翰, 「與猶堂全書를 讀함」, 『東亞日報』 1938.12.9.~1939.6.4. 정약용의 생애와 서양 동 시간대의 사건을 직접 대비시킨 것에서 보이듯 최익한은 서구의 근대성을 보편적인 것으로 전제한 위에서 정약용을 자리매김하려고 하였는데, 그가 보기에 정약용은 온건한 유교적 개혁가인 동시에 일부 사회주의적 경제이론을 선취한 인물이었던 듯하다. 정약용에게서 사회주의적 요소를 발견하려는 시각은 윤용균, 백남운에게서도 보인다. 정종현, 『다산의 초상』, 신서원, 2018.

는 한계를 지닌 중세 지식인으로 주로 파악한 것에서 보이듯[80] 성리학과 대립하는 구별된 '사상'으로 실학의 위상이 정립되는 것이 그리 간단한 일은 아니었다. 우선 이론과 실천이라는 이분법으로 성리학과 실학을 대립시키는 것이 타당한지에 대한 문제에 이견이 당연히 나타날 수밖에 없었기 때문이다. 1938년 안호상이 정약용은 이론을 거부하거나 이론이 없는 실학파가 아니라 전적으로 엄밀한 이론에 입각한 실학파라면서 그를 이론의 반동이라고 평하는 것은 정곡을 잃어버린 평이라고, 따라서 정약용의 실학은 유학의 바른 길이며 발전이라고 일갈하였던 것은 이 점을 잘 보여준다.[81] 1942년 유진오(兪鎭午, 1906~1987)도 실학은 주자학의 영역에서 벗어나지 못하였으며 유학에 내재하는 일종의 합리주의적 사유에 지나지 아니하므로 거기서 근대사상의 맹아를 찾을 수는 없다고 평가하였는데[82] 이는 실학을 성리학과 구별해서 이해하려는 새로운 경향에 대한 학계 일각의 차갑고 냉정한 평가를 잘 보여준다.

그러므로 해방 직후에 편찬된 대표적인 한국사 개설서인 『국사교본』, 『조선역사』, 『조선사개설』에서 실학을 여전히 조선후기 영·정조대에 나타난 '새로운 학풍'으로만 설명하고 있던 것은[83] 실학을 성리학과 대립하는 별도의 사상으로 온전히 정립하는 데 어려움을 겪던 학계의 사정을 보여준 것으로 이해할 수 있다. 홍이섭조차 정약용을 주자학의 이념적인 세계를 재현하고자 노력했던 관료적 학자로서 규정하였고,[84] 이가원도 실학을 주자

---

80 김진균, 「최익한의 전통주의 비판과 전통 이해의 방식」, 『한문학과 근대 전환기』, 다운샘, 2009, 275쪽.

81 安浩相, 「茶山先生과 現代와의 關係」, 『東亞日報』 1938.12.9. 이 말은 맥락으로 볼 때 정약용의 실학이 성리학의 바른길이며 발전이라는 의미로서 이해된다. 안호상이 보기에 이론을 실천으로부터 고립시켜 이론의 추상화만 일삼는 인습적 이론가에 대한 반동이야말로 성리학의 바른길인 셈이다.

82 兪鎭午, 「李朝の實學派について」, 『文獻報國』 74, 朝鮮總督府圖書館, 1942.

83 震檀學會 編, 『國史敎本』 軍政廳 文敎部, 1946, 133쪽; 金聖七, 『朝鮮歷史』, 正音社, 1947, 92쪽; 서울大學國史硏究室, 『朝鮮史槪說』, 弘文書館, 1949, 531쪽.

학에 반대하는 학풍이라고 간주하려는 것에 대해서 강하게 비판하고 있었다.[85] 게다가 실학파는 모두 주자학자로서 진부(陳腐)한 세유(世儒)를 향하여 주자학 원래의 학문정신으로 돌아가 실심(實心)・실정(實政)의 효험을 나타내 달라는 입장을 지녔던 것이라는 한우근의 설명은[86] 성리학과 대립하는 별도의 사상으로서 실학을 정립하려는 시도에 어려움을 가중하고 있었다. 많은 연구자들에게 실학은 아직 성리학과 명확하게 구별되는 존재는 아니었다. 따라서 이기백(李基白, 1924~2004)이 『국사신론』에서 실학자들이 그린 이상국가는 대체로 유교적인 것이었다고 평가한 것은[87] 당시 학계의 분위기를 적절하게 반영한 것이었다고 할 수 있다.

이런 상황 속에서 돌파구를 마련하기 위해 누구보다 많은 노력을 기울인 인물은 천관우였다. 초기 연구에서 실학을 '부패 경화해 가는 이조 봉건사회의 사상적 여천(餘喘)인 동시에, 그 속에 태동하는 신단계로의 사상적 지향'이라고 하면서[88] 실학에 새로운 사상으로서의 의미를 부여하려고 대단히 애썼던 그는 1950~1960년대 한국사회를 풍미하였던 근대화론과 민족주의의 분위기 속에서 실학을 끝내 전근대의식에 대립하는 근대의식, 몰민족의식에 대립하는 민족의식으로 재구성된 '개신유학'으로 재규정하였다.[89] 즉 성리학은 전근대의식과 몰민족의식을 내용으로 하고 있다는 전제를 지

---

84 홍이섭, 『정약용의 정치경제사상 연구』, 한국연구도서관, 1959, 251쪽. 다만 홍이섭은 정약용의 생각을 서구적 근대사상으로 직결하지는 않으면서도 '어떤 억압에서의 해방으로'라는 측면에서 루소와 공통될 수 있다고 보았다. 같은 책, 77쪽.
85 이가원, 「연암 박지원의 생애와 사상」, 『사상계』 63, 1958, 203~205쪽; 이가원, 『연암소설연구』, 을유문화사, 1965, 91~98쪽.
86 한우근, 「이조 실학의 개념에 대하여」, 『진단학보』 19, 1958, 40쪽.
87 이기백, 『국사신론』, 태성사, 1961, 263쪽.
88 천관우, 「반계 유형원 연구(상)」, 『역사학보』 2, 1952, 170쪽.
89 천관우, 「조선후기 실학의 개념 재검토」, 『한국사의 반성』, 신구문화사, 1969, 162쪽; 천관우, 「한국실학사상사」, 『한국문화사대계 6』, 고려대학교 민족문화연구소, 1970, 1044쪽.

닌 것이었기에, 실학은 근대의식과 민족주의라는 내용의 측면에서 성리학과 대립하는 뚜렷한 실체가 되는 것이었다.

어느 시대와 지역에도 문예부흥이 있지만 14·15세기 이탈리아의 문예부흥만이 한 개의 역사적 내용을 가진 명사로 고정되었듯이 실학도 한 개의 역사적 내용을 가진 명사로 정립되었다면서, 어원적 해석에 몰두해서 실학의 개념을 유동적으로 만드는 것에 이우성(李佑成, 1925~2017)이 반대한 것도[90] 바로 이때였다. 따라서 이 두 사람의 입장을 종합하게 되면 실학은 고정된 의미의 역사적 용어로서 반성리학의 위상을 갖는 조선후기의 개신유학이 되는 것이었고 여러 유파를 지닐 정도로 뚜렷한 존재감을 지니게 되는 것이었다. 여기에 개신유학은 송대 신유학에 대한 개신을 의미한다며 개신유학의 철학적 근거로서 선진(先秦)의 수사학적(洙泗學的) 공자학을 언급한[91] 이을호와 실학자들은 모두 성리학적 경학관을 부인하였다며 그 특징으로 박학, 원시유교정신의 회복, 훈고학의 원용을 언급한 윤사순의 설명은[92] 실학의 반성리학적 성격을 강화했다. 그리고 마침내 김용섭은 다음과 같이 선언함으로써 '반'성리학적 '사상'이라는 실학의 위상을 확립하였다.

> 즉 실학은 주자학에서 출발하여 그것을 이탈하게 되는 사상으로서, 그 명분론-신분사상을 탈피하는 것은 말할 것도 없고 그 경제사상을 또한 극복한 사상이었다. (…중략…) 처음에는 주자에의 반대에 소극적이었으나 마침내는 지주제를 정면으로 부정하게 되고 있어서, 그 반주자학적 성격을

90　이우성, 「실학연구서설」, 『문화비평』 7·8, 1970.
91　이을호, 「이조후기 개신유학의 경학사상사적 연구」, 『철학』 8, 1974. 이보다 앞서 이을호는 정약용의 경학을 고찰하면서 그의 경학사상은 주자학적 세계에서 공자학적 세계로의 전환을 의미한다고 규정한 바 있다. 이을호, 『다산경학사상연구』, 을유문화사, 1966.
92　윤사순, 「실학적 경학관의 특색」, 『이을호박사정년기념실학논총』, 전남대학교 호남문화연구소, 1975.

시대를 따라 강화되고 있는 사상이었다. (…중략…) 실학은 서구 근대의 사회경제 사상이 수용되기에 앞서, 그리고 그것이 전개할 때에는 그에 대응하면서, 우리의 전통사상이 스스로 개척한 사회개혁 사상이고 근대화론이었다고 하겠다.[93]

    1962년에는 '정통주자학'과 경향을 달리하는 새로운 학풍으로,[94] 1968년에는 이조국가가 내포하고 있는 여러 가지 모순을 극복·타개하려는 목표를 지닌 새로운 학풍으로 이해하였던[95] 김용섭이 이제 성리학에서 출발하였지만, 명분론과 경제사상에 있어서 성리학을 극복한, 나아가서는 지주제를 부정한 '반'성리학의 성격을 지니는 사상으로, 서구의 영향 없이 스스로 탄생한 근대화론으로 실학을 재규정한 점에서 천관우를 비롯한 여러 연구자들의 노력과 문제의식이 그에게 끼친 영향을 짐작할 수 있다. 또한 조금 더 영향 관계를 소급할 경우 김용섭의 설명은 근대로의 지향이 강하지 않았던 정인보보다는 유학의 공리 편중에 대한 반동으로 실사구시 학풍을 설명한 문일평, 유학 내에서 이학파와 경제학파를 대립시킨 현성윤, 반양반도라는 표현으로 실학을 설명한 백남운의 시각을 좀 더 확대·강화시킨 듯하다. 김용섭은 스스로가 정인보의 입장과 거리가 있다는 점을 의식했는지 "위당 선생은 그런 말을 꼭 쓰시지 않았지만, 결국 그 인물들은[정인보가 의실구독지학(依實求獨之學)의 계보에 넣은 인물들] 모두 당시 국가, 또는 주자학이 내세웠던 체제와 다른 방향을 모색했다고 생각이 됩니다."라는 발언을 통해 관련성을 강화하려고 했다.[96] 그러나 정작 정인보의 직전(直傳) 제자인 민영규와 이가원은 실학을 '반성리학'으로 이해하는 것에 단연코 반대했다.[97]

---

93 김용섭, 「조선후기의 농업문제와 실학」, 『동방학지』 17, 1976, 60쪽.
94 김용섭, 「최근의 실학연구에 대하여」, 『역사교육』 6, 1962, 117쪽.
95 김용섭, 「조선후기의 농업문제」, 『한국사연구』 2, 1968, 103쪽.
96 황원구 사회, 앞의 글, 90쪽.

이후로도 김용섭은 조선후기의 농업 문제를 다룬 자신의 연구들에서 일관되게 성리학과 실학을 대립적인 사상으로 전제하였다.[98] 따라서 그가 '주자학적 토지론·농정이념'과 '반주자적 토지론·농정이념'을 대비하는 연구에 주로 집중한 것은[99] 토지론·농정이념과 같은 각론 차원에서 성리학과 실학의 대립성을 확인한 후, 성리학과 실학의 대립성을 총론 차원에서 재확인하려는 모색이었다고 할 수 있다. 김용섭에게 성리학과 실학의 대립성은 명쾌한 것이 되었으며 그의 동료와 제자들에 의해서 이 구도는 더욱 확대·강화되어갔는데 대개의 경우 그 대립성의 척도는 근대성과 민족주의로서 설정되었다. 이는 실학이라는 표현에서 드러나는 초역사적 성격을 불식시키기 위해서이기도 했고, 1950년대 이래 한국사회가 추구하던 근대화와 민족주의의 영향 때문이기도 했다.

김영호는 실학의 상고적 경향을 근대 지향의 한 형태로 이해하면서, 실학사상은 한국사에 있어서 근대 지향과 민족 지향의 원류가 되었다고 보았으며,[100] 유원동(劉元東, 1924~1994)은 실학사상의 특색을 사변적인 성리학과 달리, 국민주의를 표방하면서도 산업경제를 진흥시킴으로써 국리민복을 증진시켜 보자는 것이었다고 정리했다.[101] 박충석은 우주론, 인성론, 통치론, 국제질서관에 있어서의 대비를 통해, 폐쇄적이고 보편적이며 중화주의

---

97 민영규, 앞의 논문, 22~23쪽; 황원구 사회, 앞의 글, 129쪽.
98 물론 김용섭은 그 대립이 농업 문제에만 국한된다고 보지 않았다. "朝鮮後期에는 時代의 진전, 朱子學 연구의 발달과도 관련하여 朱子學 내부에 反朱子的인 경향이 싹트고 있었다. 그것은 經學의 인식체계를 위요해서뿐만 아니라 現實問題, 즉 農業·土地問題에 있어서도 그러하였다. 이 시기의 儒者들은 農業·土地問題를 위요해서 朱子的인 입장과 反朱子的인 입장으로 갈리고 있는 것이었다." 김용섭, 「주자의 토지론과 조선후기 유학」, 『연세논총』 21, 1985, 232쪽.
99 위의 논문; 김용섭, 「조선후기의 사회변동과 실학」, 『동방학지』 58, 1988; 김용섭, 「조선후기 토지개혁론의 추이」, 『동방학지』 62, 1989.
100 김영호, 앞의 논문, 458~460쪽.
101 유원동, 「실학사상의 근대적 특색」, 『한국학보』 6, 1977, 158~159쪽.

적 지향의 주자학과 개별적이고 상대적이며 경험적 지향의 실학사상을 대립시켰는데,**102** 특히 실학사상이 주자학을 근거로 하면서도 그것을 사상 내재적으로 비판하고 극복해감으로써 주자학 자체의 변용을 가져온 것이었다는 설명은**103** 이노우에 테쓰지로(井上哲次郞, 1855~1944) 및 마루야마 마사오(丸山眞男, 1914~1996)를 연상시키면서도**104** 김용섭의 설명과 아주 흡사하다. 이제 '성리학 대 실학'의 구도는 오리엔탈리즘 속에서의 '동양 대 서양'같이 사실로 간주되는 담론이 되었고, 실학의 정체성이 강화될수록 성리학에 대한 고정관념도 강화될 것이었다.

5. '성리학 대 실학' 구도의 남용

성리학과 대립된다는 실학의 존재가 설정되자 연구자들은 성리학과 실학을 각론 차원에서 대비하면서 그 대립적 성격을 확인하는 데 무척 열중하였고, 그 결과 성리학과는 구별된다는 실학의 신분관, 문학관, 역사관, 인간관, 교육사상, 대외인식 등이 검토되었다.**105** 다만 이런 작업들이 파편적이고 고립적인 설명에 그쳤다면 김준석(金駿錫, 1946~2002)의 작업은 좀 더 총

---

102 박충석, 「조선조후기에 있어서의 정치사상의 전개(3)(4)(5)」, 『현상과 인식』 7·8·9, 1978·1979.
103 박충석, 「조선조후기에 있어서의 정치사상의 전개(3)」, 『현상과 인식』 7, 1978, 96쪽.
104 마루야마 마사오, 김석근 옮김, 『일본정치사상사연구』, 통나무, 1995; 이새봄, 「이노우에 테쓰지로의 '유학 삼부작'」, 『한국사상사학』 61, 2019.
105 한영우, 「실학자들의 사관」, 『독서생활』 7, 1976; 김용덕, 「실학파의 신분관」, 『한국사상』 15, 1977; 조원래, 「조선 후기 실학자의 교육사상 일고」, 『역사교육』 26, 1979; 김상홍, 「실학파의 문학관 일반」, 『동양학』 16, 1986; 김영호, 「실학에 있어서의 민 개념의 새로운 전개」, 『동양학』 16, 1986; 송재소, 「실학파 문학에 나타난 민족의식」, 『문학과 비평』 5, 1988; 임형택, 「실학사상과 현실주의 문학」, 『제4회동양학국제학술회의 논문집』, 성대 대동문화연구원, 1990; 하우봉, 「남인계 실학파의 일본인식」, 『민족사의 전개와 그 문화 하』, 창작과비평사, 1990.

체적인 설명을 시도하였다는 점에서 구별된다. 그에 따르면 17세기 중엽에 주자학만을 절대시하는 학문 태도에 반대하는 '반주자학'이 등장하였는데 이는 현실과 괴리되어가는 이념으로서의 주자학을 극복하기 위한 사상운동이었다고 한다. 그리고 이 둘의 대립하는 성격을 농업문제가 아니라 정치·사회운영론의 차원에서 검토하면서 전자는 정치부문에서의 신권중심 정치론과 사회부문에서의 단순한 개선론에 머물렀다면, 후자는 정치부문에서의 군주중심 정치운영론과 사회부문에서의 개혁론, 혹은 변법론으로서 이해될 수 있다고 보았다.106 물론 이 시도는 김용섭의 시각과 구도를 농업부문에서 정치·사회부문으로 옮겨놓은 것이었다. 이 같은 연구들을 바탕으로 학계에는 몇몇 경향이 강화·초래되었다. 첫 번째 경향은 실학의 '과잉·남용'이었다.

> 우리는 조선후기 사상을 논구할 때 도학과 실학 이분법으로 재단하는 관점을 은연중 가지고 있다. 도학에 대해 조금만 색다른 점이 있어도 곧잘 실학에다 연결시키려는 충동을 받고, 또 실제로 연결시키기도 한다. 계량적인 조사는 안 해 봤지만 엄밀히 따지면 실학사상이라 하기 곤란하거나 아닌 사상에 실학 또는 '실학적'이라는 성격이 부여된 경우가 허다하리라. 이는 도학과 실학 이분법에만 집착하고 제3의 갈래의 존재에 미처 상도(想到)하지 못한 탓일 터이다.107

21세기 초의 시점에서 이동환은 성리학과 조금만 '다른 점'이 있어도 실학으로 규정하는 학계의 관행을 반성할 필요성이 있다고 언급했다. 그의 말마따나 자신이 이해하는 성리학과 조금만 다른 점이 보인다고 판단되면 많은 연구자들은 새로운 실학자가 발굴되었다면서 실학자의 숫자를 늘려

---

106 김준석, 「조선후기 국가재조론의 대두와 그 전개」, 연세대학교 박사학위논문, 1990.
107 이동환, 「도학과 실학 그 이분법의 극복」, 『한국실학연구』 8, 2004, 1쪽.

나갔다.[108] 예를 들어보면 위의 발언이 나온 직후 출간된 한 『실학연구 논저목록』에서 파악한 실학자의 숫자는 56명이었는데,[109] 그중에는 독자적으로 다룬 논문이 단 한두 편뿐인 인물들은 물론이고, 독자적으로 다룬 논문이 한 편도 없는 윤동규(尹東奎, 1695~1773)까지 포함되었다. 심지어 우하영(禹夏永, 1741~1812)같이 다른 연구자에게는[110] 성리학자로 간주된 인물들이 실학자로 재평가되기도 했다. 실학자를 발굴하기 위한 과잉 노력, 혹은 남용이 두드러지는 부분이다.

두 번째 경향은 실학자 발굴에만 집중한 결과 정작 그것의 대립적 존재인 성리학에 대한 역사학에서의 연구가 소홀해졌다는 점이다. 성리학의 대립적 존재로서 실학을 규명하려면 마땅히 성리학의 성격을 규명하는 작업이 논리적으로 먼저 필요한데, 대개의 경우 성리학은 암묵적으로 어떤 고정된 특성을 지녔다고 전제한 위에서 그것과 다르다고 생각하면 실학자라고 파악하였던 것이다. 그러다 보니 한 인물이 누구에게는 성리학자로, 누구에게는 실학자로 파악되기도 하고, 초기에는 실학자로 파악되었다가 후대에는 성리학자로 파악되는 등 혼선이 빚어지면서 종국에는 성리학과 실학의 경계가 모호해지는 현상까지 나타났다. 정창렬(鄭昌烈, 1937~2013)이 그간의 실학 연구에 대해서 "서유럽 근대사상과의 외면적 유비에서 추적되었을 뿐, 조선왕조 봉건이데올로기의 확실한 구조 해명과 그것과의 명확한 대비에서 추적되지 않았다는 약점이 상존하고 있다."라고 언급한 것이나,[111] 한우근이 "그것이 어떠한 전통적인 사상의 틀을 깨뜨리고 하나의 새

---

108 유봉학, 『실학과 진경문화』, 신구문화사, 2013, 54쪽.
109 조성을・이동인・유승희, 『실학연구 논저목록 상・하』, 경기문화재단, 2005. 비슷한 시기 임형택은 실학자를 53명으로 정리했다.(임형택, 「21세기에 다시 읽는 실학」, 『대동문화연구』 42, 2003) 그런데 『동아일보』(1939.1.1.)에서 언급된 실학자를 56명으로 간주한다면 수십 년의 노력에도 불구하고 별다른 진전을 이루지 못한 듯하다.
110 김용섭, 앞의 논문, 1988, 31쪽.
111 정창렬, 「실학」, 『한국학연구입문』, 지식산업사, 1981, 295쪽.

로운 경향을 창조해낸 것이라면 그 깨트러진 구각이 어떠한 것이었는가? 이러한 의문들이 명백히 해명되어야 할 것이다."라고 언급한 것은[112] 바로 이 점을 지적한 것이었다.

세 번째 경향은 두 번째 경향에서 파생된 것으로서 '성리학 대 실학'의 대립 구도 속에서 실학 개념이 계속 모호한 채로 남아있게 되었다는 점이다. 성리학의 대립적 존재로서 실학을 설정하였으면서도 성리학의 역사적 성격에 대한 명확한 설명과 규정이 이루어지지 않다 보니 그것의 대립적 존재인 실학의 개념과 성격 역시 모호한 상태로 남아있게 된 것이다. 즉 "실학은 무엇이다."라고 설명해야 하지만 "실학은 성리학에 반대되는 유학 내의 한 사상이다."라는 설명 방식을 고수함으로써 스스로 정체성을 잃어버린 셈이 되었다. 이는 "루터교는 마르틴 루터의 신앙원칙을 받아들이는 개신교의 일파다."라고 설명하지, "루터교는 가톨릭에 반대되는 기독교 내의 한 분파다."라고 설명하지 않는 것과 같다. 가톨릭에 반대되는 기독교 내의 분파는 무수하게 많기 때문이다. 어떤 사상, 이념도 '무엇에 반대되는 존재다.'라는 설명만으로 규정되기는 어렵다. 도심(道心)을 강조한 성리학은 하나의 이데올로기를 가지고 있으니, 실학도 하나의 이데올로기를 가지고 있었을 텐데, 지금까지의 실학 소개에서 이데올로기는 없이 그저 실학이라는 말만 하고 있다는 배종호(裵宗鎬, 1919~1990)의 발언이나, 실학에 대한 논문이 천 편 이상 나왔지만 실학을 꿰뚫는 철학, 새로운 이념이 무엇인가에 대한 진지한 추상의 논의가 없다는 류인희의 발언은[113] 사실 이 점을 날카롭게 지적하고 있는 것이었다. 이어지는 류인희의 발언은 더 주목할 필요가 있다.

　　예를 들어 실학을 반주자학, 즉 주자학적인 것에 대한 어떤 것이라고 한

112　한우근, 「다산사상의 전개」, 『정다산연구의 현황』, 민음사, 1985, 16쪽.
113　황원구 사회, 앞의 글, 136~137쪽.

다면 주자학과 구별되는 그러면서도 우리 민족의 어떤 이념이라든지 가치관이 실린, 그 철학적 체계가 과연 무엇이냐에 관해서는 여지껏 한 번도 들어본 적이 없습니다. (…중략…) 실학도 철학이라면 사실이 아니라 의미와 가치, 이념과 이상의 추구요, 또한 기존 체제에 대한 도전과 새로운 체제의 모색의 학이기 때문에 이제는 바로 이런 측면을 실학에서도 밝혀야 할 것입니다.[114]

특히 이런 발언이 1967년에 시작되어 20년을 지속한 '실학공개강좌'를 마무리하는 1987년 대토론회의 자리에서 이루어졌다는 점이 더욱 의미심장한데 수십 년이 더 지난 지금에도 여전히 유효한 지적이라고 생각한다. 실학을 '비판담론'이나 '학술운동'으로 이해하려는 것은[115] 이 문제에 대한 답변을 회피하려는 노력으로 보일 뿐이어서 모호함은 줄지 않는다.

네 번째 경향은 '성리학 대 실학'의 구도 서사에서 실학은 대개 비극적인 '패배자'로서 형상화되었다는 점이다. 즉 성리학의 대립적 존재인 실학은 새 시대를 잉태할 가능성을 지니고 있었으나 끝내 주역이 되지 못한 비극적인 존재였다는 서사가 유행하였다. 만약 실학을 조선후기 사상계의 주역으로 설정할 경우 국망이라는 비극적 결과에 대한 책임을 일부라도 지워야 하기 때문이었다. 하지만 실학에게 성리학과 똑같은 역사적 책임을 물을 요량이었다면 애초부터 실학을 성리학의 대립적 존재로서 설정할 필요도 없었다. 실학은 성리학에 견주기는 어려운 위상을 유지하다가 사라지거나

---

[114] 위의 글, 137~140쪽. 류인희의 발언이 좀 지나치게 다가올 수도 있다. 예를 들면 이을호가 다산 경학 연구에 몰두한 것은 실학이 실학으로서 존재하기 위해서는 철학이 없어서는 안 된다는 생각이 있었기 때문이다. 다만 그 과정에서 이을호가 다산 경세학의 철학적 근거를 선진(先秦)의 '수사학적 공맹학'에 둔 점은(다산학연구원 편, 『현암 이을호 전서 10. 한국실학사상 연구』, 한국학술정보, 2015, 38·102쪽) 송대 성리학자들도 자신들이 공맹을 바로 잇는다고 자부하고 있었던 사정을 고려할 때 여전히 실학과 성리학의 차별성을 모호하게 한다. 류인희의 발언은 이런 맥락에서 읽힌다.

[115] 임형택, 「비판담론으로서의 실학」, 『한국실학연구』 31, 2016.

실패해야 했다. 정약용의 죽음은 조선 실학의 종언을 의미하며, 세도정치의 부패가 풍미한 19세기 전반기는 '저주받아야 할' 시기라거나,[116] 실학운동은 궁극적으로 일단 실패한 것이라고 규정한 것은[117] 이런 맥락에서 도출된 결론이었다. 조선왕조의 국망에 대한 책임은 전적으로 성리학에게 돌리면서 실학은 고뇌에 찬 투쟁을 전개했지만 끝내 좌절되었다는 아래의 거대서사는 이렇게 만들어진 것이었다.

> 17세기 후반 이후의 정치·사상적 지형은 크게 두 가지 흐름으로 정리된다. 즉 구질서·구법제의 보수·개량에 의한 국가재조를 생각하는 논의와 이에 반대하고 새로운 인식태도와 방법론을 모색하여 구래 법제의 전면적 개폐·변혁에 의한 변법적 수준의 국가재조를 구상하는 논의가 그것이었다. 전자가 양반제와 지주제의 유지 고수를 전제로 하면서 정통 주자학에 충실한 입장이라면 후자는 토지제도의 개혁을 포함한 지주제와 양반제의 폐지 내지 억제를 지향하는 탈주자 내지 반주자의 입장이었다. (…중략…) 주자 도통주의가 확립되어 정계와 사상계를 지배하였으며, 여기에 반발하는 일군의 관인·유자들에 의해 주자학 정치론에 반대하는 탕평론이 제출되었다. 그리고 국가재조론의 두 노선 가운데 진보·개혁 노선은 실학으로 수렴되어 갔다. 결국 실학과 탕평론은 17세기 관인·유자들이 당시의 현실 속에서 주자학 정치사상과 고뇌에 찬 투쟁을 전개한 결과 형성된 것이었다. 18세기 영·정조대의 탕평정치·탕평책의 좌절은 정치에서 진보·개혁 노선의 좌절이었으며 자율적 근대화의 과정에서 정치의 긍정적 역할이 사실상 이미 정지되었음을 의미하는 것이었다. (…중략…) 19세기 후반의 준비 없는 문호개방과 제국주의 침략의 위기에 몰리게 되는 정치적 원인은 여기에서 찾아지는 것이라 하겠다.[118]

---

116 강재언, 『신편 한국근대사연구』, 한울, 1982, 34·51쪽.
117 임형택, 앞의 논문, 2016, 26쪽.
118 김용흠, 『조선후기 정치사 연구Ⅰ』, 혜안, 2006, 17~18쪽.

그런데 찬찬히 살펴보면 이 서사 구조는 어디서 본 듯하다. 낭가사상과 유학이 치열한 투쟁을 거듭하다가 끝내 서경전역을 계기로 낭가사상이 결정적인 패배를 당하였고, 겨우 목숨만 유지하던 낭가의 자주적 정신은 조선이 건국됨으로써 완전히 사라지게 되었다는 신채호의 거대 서사가 주인공만 바뀌어서 그대로 재현된 듯하다. 외래의 유학은 조선의 성리학으로 제한되었고, 낭가사상은 실학으로 대체되었을 뿐 나머지는 동일한 서사 구조를 지니고 있다. 따라서 우리는 신채호가 구상한 '유학 대 낭가사상'의 대립이라는 한국사의 거대 서사가 조선시대에서는 '성리학 대 실학'의 대립 구도로 변주되었다고 평가할 수 있다.

6. 민족주의 서사에 대한 반성

조선후기 사상사를 이해하는 기본틀인 '성리학 대 실학'의 대립 구도가 사실상 신채호가 짜놓은 '아와 비아'의 투쟁, '유학 대 낭가사상'의 투쟁이라는 대서사의 조선후기형 변주였다는 사실이 잘 드러나지 않은 이유는 무엇일까? 이는 신채호로 상징되는 한국 민족주의의 종교적 속성과 관련 있다고 보인다. 콘(Hans Kohn, 1891~1971)에 따르면 민족주의는 개인의 최고 충성이 마땅히 민족에 바쳐져야 한다고 느끼는 하나의 심리 상태이다.[119] 이 심리 상태는 근대에 와서 만들어졌기 때문에 가문, 지방, 교회, 영주 등 다른 것에 충성을 바치던 사람들의 심리 상태를 민족에 대한 충성으로 치환하기 위해서는 여러 가지 많은 노력과 조작이 수반되어야 했고,[120] 그중에서도 가장 중요한 작업은 민족의 기원을 감추는 방식으로 민족을 신성화시키는

---

[119] 한스 콘, 차기벽 역, 『민족주의』, 삼성미술문화재단, 1974, 10쪽.
[120] 르낭은 망각이 민족 창출의 근본적인 요소라고 하였다. 에르네스트 르낭, 신행선 옮김, 『민족이란 무엇인가』, 책세상, 2002, 61쪽.

것이었다. 신처럼 신성한 것은 처음부터 존재해야 하기 때문이다.[121]

헤르더(Johann Gottfried von Herder, 1744~1803)는 민족성을 자연의 산물로 간주하였기 때문에 민족[Volk]은 거주한 땅만큼 오래되었다고 말하였고[122] 피히테(Johann Gottlieb Fichte, 1762~1814)는 민족이 인간의 정신적인 천성에 의해 그어진 내적 경계로부터 기인하여 자연적으로도 하나이며 결국 분리될 수 없는 전체를 이루고 있다고 보았다. 그러므로 그에게 독일민족은 영원불멸한 것으로 이해되었다.[123] 홉스봄(Eric John Ernest Hobsbawm, 1917~2012)의 말처럼 근대 민족과 그것에 수반되는 일체의 부속물들은 일반적으로 아주 먼 고대성에 뿌리를 두고 있어 더 이상 정의할 필요도 없는 자연적인 인간 공동체로 간주된 것이며,[124] 헤이즈(Carlton Joseph Huntley Hayes, 1882~1964)가 언급한 대로 다른 모든 충성을 지배하는 최고의 충성이라는 민족주의는 그 자체가 종교, 혹은 종교의 대체물이 될 때 일어난 것이었다.[125]

헤이즈의 설명에 따르면, 민족은 영원한 존재라고 간주되고 그 안에서 태어난 개인은 교회가 아니라 국가 기관에 등록된다. 국가는 그를 국가의 교리문답으로 훈도하며 경건한 학교 교육과 계율을 통해 민족의 신성성을 가르치고, 그를 민족에 봉사하게 하며 혼인, 자녀 출생, 죽음까지 교회를 대신해서 등록한다. 민족의 영웅들과 권력가들의 장례식은 장엄한 의식과 예

---

[121] 기독교에서 신은 태초부터 계신 것으로 상정된다.(『(개역성서)요한1서』 2:13) 한국의 국사교과서에서도 '우리 민족'은 그저 아득한 옛날부터 존재하는 것으로 전제된다. "돌이켜보면, 우리 민족은 아득한 옛날부터 해 뜨는 동방 아시아의 밝고도 아름다운 금수강산을 터전으로 삼아 성실, 근면하게 살아온 만큼" 문교부, 『고등학교 국사』, 국정교과서주식회사, 1979, 1쪽.
[122] 이광주, 「Herder와 문화적 민족주의」, 『역사학보』 89, 1981, 206쪽.
[123] J. G. 피히테, 김정진 역, 『독일국민에게 고함』, 삼성미술문화재단, 1971, 205·289~290쪽. 한국민족의 '원민족'인 '고조선민족'이 기원전 30세기~기원전 24세기에 형성되어 5천 년의 역사를 지녔다는 주장은(신용하, 「한국 '원민족' 형성과 '전근대민족' 형성」, 『사회와 역사』 88, 2010, 163쪽) 헤르더·피히테의 한국적 적용이다.
[124] 에릭 홉스봄 외, 박지향·장문석 옮김, 『만들어진 전통』, 휴머니스트, 2004, 41쪽.
[125] 칼톤 헤이즈, 차기벽 역, 『민족주의』, 문명사, 1975, 27쪽.

식으로 진행되며, 무덤에는 언제나 불이 켜져 있고 꽃이 놓인다. 국경일 같은 민족주의의 엄숙한 예배 시에는 언제나 국기가 게양되고, 또 하나의 신성한 것인 국가가 불린다. 또한 민족주의는 사원을 가지는데 필라델피아의 독립기념관, 파리의 개선문, 로마의 빅토르 에마뉴엘레 기념관 등을 들 수 있다.

민족주의가 지닌 종교적 성격의 가장 결정적인 증거는 그 신봉자들이 전장에서 자기 생명을 버려온 자발적인 태도이다. 북프랑스 도처에는 '국가를 위한 죽음'이라는 같은 비명을 가진 수많은 회칠한 십자가들이 서 있다.[126] 트라팔가 광장에 서 있는 넬슨(Horatio Nelson, 1758~1805)의 기념비 하단에는 "잉글랜드는 귀관 모두가 각자의 의무를 다할 것을 기대한다.[England expects that every man will do his duty]"라는 그의 문장이 새겨져 있다. 대만의 충렬사에는 추용(鄒容, 1885~1905) 등 청말 인물의 위패부터 대만을 방어하던 중에 사망한 일개 병사의 위패까지 안치되어 있는데 모두 '국민혁명'을 위해 죽었다고 설명한다.[127] 패색이 짙던 태평양 전쟁 후기 다나베 하지메(田邊元, 1885~1962)는 국가를 위해 죽는 것의 의의를 필사적으로 묻던 학생들에게 국가를 위해 죽는 것을 신과 연결되는 실천으로 설명하는 데 별다른 주저함이 없었다.[128]

다시 정리해보면 이런 설명이 가능하다. 프랑스혁명을 계기로 성모 마리아는 자유의 여신으로, 성가는 혁명 찬가로 대체되기 시작했으며, 프랑스혁명전쟁(1792~1799)을 계기로 국왕이 아닌 민족을 위해 목숨을 바친 병사도 만신전(萬神殿)에 입성하기 시작했다.[129] 이후 국가는 늘 전장에서 죽은 자들을 영원히 기억하겠다고 외치게 되었다. 넬슨과 웰즐리(Arthur Wellesley, 1769~1852)

---

[126] 이상의 내용은 위의 책, 242~252쪽에서 요약·정리한 것임.
[127] 요시자와 세이치로, 정지호 옮김, 『애국주의의 형성』, 논형, 2006, 235쪽.
[128] 고야스 노부쿠니, 송석원 옮김, 『일본 내셔널리즘 해부』, 그린비, 2011, 174쪽.
[129] 조지 L. 모스, 오윤성 옮김, 『전사자 숭배』, 문학동네, 2015, 25~43쪽.

가 나란히 안장된 세인트폴 대성당에는 세계 여러 전장에서 전사한 평범한 영국 장병들을 기억하는 기념패도 함께 걸려 있으며, 벨기에 플라머르팅허의 1차 대전 영국군 묘지의 기념석에는 키플링(Joseph Rudyard Kipling, 1865~1936)이 제안한 문구인 "그들의 이름은 언제까지나 살아 있으리."라는 문구가 새겨졌다.[130] 진주만 공습 직후인 1942년 5월에 미국에서 개봉한 샌틀리(Joseph Santley, 1889~1971) 감독의 영화 제목은 〈진주만을 기억하라[Remember Pearl Harbor]〉였다. 2010년 3월 한국 국방부는 천안함 장병을 추모하는 배지를 만들어 배포하기로 했는데 배지에는 "we remember 46+1"이라고 새겼다.[131] 2023년 3월 24일 서해수호의 날 기념식이 열린 국립대전현충원에서 윤석열도 "대한민국은 55분의 용사를 영원히 기억하겠다."라고 말했다.[132] 따라서 민족을 위해 죽은 자들의 천국은 살아남은 민족 구성원들의 기억 속이며, 현충원·판테온·웨스트민스터 사원은 민족주의의 대성전으로 간주할 수 있는데[133] 한국의 경우는 여기에 아산 현충사(顯忠祠)를 추가하는 것도 가능하다.[134] 전 국민의당 대표 안철수는 2020년 2월 24일 국립서울현충원 방명록에 "선열들이시어, 이 나라 우리 국민을 지켜주소서"라고 기록했는데 이는 기도문이다. 즉 그들은 민족주의의 '순교자'이므로 기도와 간구의 대상인 '성인'에 방불하며 '낙원'이 완성되는 날 부활할 것으로 기대된다.

130　위의 책, 100쪽.
131　「"영웅들을 기억하자" 천안함 배지 만들어」,『조선일보』 2010.4.22.
132　「尹 "北도발 절대 잊어선 안돼"」,『조선일보』 2023.3.25.
133　앤더슨은 근대 민족주의 문화의 상징으로서 무명용사의 기념비나 무덤보다 더 눈에 띄는 것은 없다고 했다. Benedict Anderson, *Imagined Communities: Reflections on the Origin and Spread of Nationalism, Revised Edition*. Verso, 1991, p.9
134　鄭寅普,「民族의羞恥: 債務에 시달린 忠武公墓所」,『東亞日報』 1931.5.14. "世上에서는 민족적 先烈偉人을 위하야는 碑閣을 지으며 銅像을 세우며 或은 記念博物館이 잇고 (…중략…) 後世의 子孫으로 하야금 百代千代까지라도 그들을 欽慕하야 民族의 自負心을 기르며 그들을 追仰하야 民族의 向上心을 奮發케한다. 佛蘭西의 판테온이 잇고 英國의 웨스트민스터가 잇음이 可히 그 所以來를 알 것이다."

1983년 10월 버마 아웅산 묘소에서 순국하여 국립서울현충원에 안장된 평양 출신의 이범석(李範錫, 1922~1983) 외무부장관 묘비에는 "아 그 어느 날 통일의 큰 꿈 이뤄져 평양 가는 첫 기차 서울 떠나는 기적소리 울릴 때 님이여 일어나소서 무덤 헤치고 일어나소서."라고 새겨져 있고, 오르세 미술관에는 뤼드(François Rude, 1784~1855)가 1840년대에 제작한 〈부활하고 있는 나폴레옹[Le réveil de Napoléon]〉 석고상이 전시되어 있다. 영국 햄프셔 주 버러클리어 마을의 교회당에는 1차 대전에서 죽은 병사들을 그린 스펜서(Stanley Spencer, 1891~1959)의 거대한 프레스코화가 있는데 그 제목은 〈병사들의 부활[The Resurrection of the Soldiers]〉이다.[135] 독일인들은 전몰자를 추모하는 의식에 영원, 갱생, 구원, 순교자, 부활 등과 같은 용어를 자연스럽게 사용했으며,[136] 양계초는 "우리들은 모두 죽지만, 모두 죽지 않는다. 죽는 것은 우리들의 개체(箇體)요, 죽지 않는 것은 우리들의 군체(群體)다."라고 했다.[137] 따라서 민족이 명령하는 숭고한 군역과 집총, 국기에 대한 경례를 거부하는 자는 민족주의의 '이단'이므로 사회에서 격리 처분된다. 한 보도에 따르면 2001년 2월 당시 '양심에 따른 병역거부'로 투옥되어 있던 이들은 무려 1,317명에 달했다.[138]

　국어학자와 국사학자는 민족주의의 '사제'와 같으며, 그들이 저술한 국어와 국사 교과서는 민족주의의 신성한 '경전'에 해당한다. 그 결과 본 적도, 말을 건넨 적도 없는 민족은 '하나의 언어'를 쓰고 있으며[139] '단일한 기원과 역사'를 가지고 있는 운명 공동체라고 믿게 되어 국어와 국사는 민족 모두

---

[135] 앤서니 D. 스미스, 김인중 옮김, 『족류 상징주의와 민족주의』, 아카넷, 2016, 179쪽.
[136] 김기봉, 「'정치종교'로서의 민족주의」, 『서양에서의 민족과 민족주의』, 까치, 1999, 213쪽.
[137] 梁啓超, 『飮氷室文集 上』, 「余之死生觀」, 廣智書局, 1907, 303쪽.
[138] 「이 아이들, 감옥만 아니라면…」, 『한겨레21』 347, 2001. 민족주의의 '이단'은 공식적으로는 '반역자'로 불린다.
[139] 이연숙, 고영진·임경화 옮김, 『국어라는 사상』, 소명출판, 2006, 17쪽.

II. 성리학과 실학이 대립한다는 생각　109

가 필수과목으로 학습해야 할 교리문답이 된다. 한국의 경우 과거 국어·국사 국정교과서의 존재 및 한국어능력검정시험·한국사능력검정시험의 존재를 주목할 필요가 여기에 있다. 1937년 일본 문부성이 배포한 『국체의 본의』에는 다음과 같이 적혀있다.

> 건국의 정신은 국사(國史)를 관통하여 연면히 오늘에 이르고 또 내일을 일으키는 힘이 되고 있다. 그러므로 우리나라에서 국사는 국체와 운명을 함께하는, 국체의 자기표현이다.[140]

민족주의는 '세속적 종교'가 된 것이다.[141] 조윤제(趙潤濟, 1904~1976)가 스스로 지은 묘지명에 "민족에 살고 민족에 죽는다."라고 적은 것처럼 국문학자에게서도 민족의 영원성과 신성성 강조는 잘 드러나지만,[142] 이 점은 국사학자들에게서 좀 더 명확히 보인다. 그들은 국사책을 통해서 민족의 영원성과 신성성을 부각할 뿐 아니라, 끊임없는 외세로부터의 위협과 고난을 끝내 극복하여 마침내 민족의 '낙원' 수립이라는 '복음'의 대서사를 완성하거나 예언하기 때문이다. 그것은 모세의 인도로 홍해를 건너 이집트 노예 생활에서 탈출하고 광야 생활의 고난을 지나 아말렉, 아모리 족속 등과 싸우면서 끝내 '젖과 꿀'이 흐르는 가나안 땅으로 들어가는 대서사를 담고 있는 『구약성서』, 특히 「출애굽기」·「레위기」·「민수기」·「신명기」·「여호수아」의 각 민족별 판본으로 이해할 수 있다.

---

140 강상중, 임성모 옮김, 『내셔널리즘』, 이산, 2004, 108쪽.
141 E. J. 홉스봄, 박현채·차명수 역, 『혁명의 시대』, 한길사, 1984, 321쪽. "프랑스의 국민학교 교사들은 각 마을에서 신부나 목사들의 공식적 적수 내지 경쟁자의 위치에 있었으며, 이들 교사는 제3공화정이 들어선 후 마침내 승리를 거두게 된다."
142 이우성, 「도남조윤제박사묘비」, 『실사학사산고』, 창작과비평사, 1995, 423~424쪽. "生於民族 死於民族. 이것은 先生의 自作 墓誌銘의 한 구절이다. 先生은 가셨지만 先生의 不屈의 精神은 이 民族과 더불어 永生하리라."

17세기 영국의 청교도들과 뉴잉글랜드의 청교도들은 '새로운 이스라엘'이라는 감정을 보유하고 있었고,[143] 폴란드 시인 미츠키에비츠(Adam Bernard Mickiewicz, 1798~1855)는 폴란드의 수난을 아무 죄 없이 십자가에 못 박혔으나 부활한 그리스도로 비유했다.[144] 미슐레(Jules Michelet, 1798~1874)는 프랑스혁명이야말로 진정한 기독교의 실현이자 계시이고,[145] 신은 프랑스를 통해서 말할 것이라고 주장했다.[146] 네덜란드의 칼뱅주의자들은 자신들을 파라오[서반아]의 억압에서 탈출하여 약속된 땅으로 들어온 현대판 이스라엘의 자손으로 보았다.[147] 함석헌(咸錫憲, 1901~1989)도 모세의 이야기와 한국사를 유비했는데[148] 그의 '고난사관'은 신채호를 많이 닮았다.[149] 일찍이 헤겔은 "모든 민족은 하나의 기본 성서를, 호메로스를 지니고 있다."라고 말한 바 있다.[150]

신채호는 누구보다 먼저 '한민족'을 주인공으로 삼아 1인칭 주인공 시점의 대서사를 외세와의 끊임없는 투쟁의 줄거리 속에서 창조했다는 점에서 한국 민족주의의 '대사제'라고 할 수 있으며, '아와 비아의 투쟁'·'유학과 낭가사상의 투쟁'은 친절한 교리 설명이다. 이는 나폴레옹 점령하의 베를린에

---

143 한스 콘, 앞의 책, 23·28쪽.
144 위의 책, 67~68쪽.
145 김응종,「미슐레의 공화주의 프랑스혁명사」,『역사와 담론』91, 2019, 313쪽.
146 김응종,「미슐레·프랑스혁명·민족주의」,『충남사학』7, 1995, 103~104쪽.
147 앤서니 D. 스미스, 앞의 책, 174쪽.
148 咸錫憲,『聖書的 立場에서 본 朝鮮歷史』, 星光文化社, 1950, 285쪽.
149 위의 책, 127~137쪽. "妙淸의 亂을 申采浩 氏는 朝鮮歷史 一千年來 第一大事件이라고 한다. (…중략…) 이 싸움에서 妙淸이 敗하고 金富軾이 이긴 것이 朝鮮歷史가 事大的 保守的 束縛의 思想에 征服된 原因이라고 하는 것도 옳은 말이다. (…중략…) 李成桂가 이기고 崔瑩이 敗하던 날이다. 理想主義가 敗하고 現實主義가 이기던 날이다. 以小事大의 國策이 決定되던 날이다. 朝鮮歷史의 指針이 苦難의 길로 決定的으로 돌아간 날이다. (…중략…) 고구려의 亡한 날이 朝鮮民族 破産의 날이라면 이 날은 家運復興의 決心을 내던진 날이다."; 이기백 편,『근대한국사논선』, 삼성미술문화재단, 1973, 251쪽; 조광,「1930년대 함석헌의 역사인식과 한국사 이해」,『한국사상사학』21, 2003, 512~514쪽.
150 게오르크 헤겔, 서정혁 옮김,『세계사의 철학』, 지식을만드는지식, 2012, 11쪽.

서 독일민족의 영원한 보존과 단결을 외치며 독일민족이 끝내 '야만과 폭력'을 종식시킬 '정신과 이성의 나라'를 건설하기 원한[151] 피히테가 삼라만상 존재의 근원을 자아(Ich)로 보고 여기에 반립하는 비아(Nicht-Ich) 간의 변증법적인 발전을 거쳐 절대아(Absolute Ich)로 나아간다고 설명한 것,[152] 프랑스혁명을 통해 프랑스가 '이 세계의 모태요 중심'이 된다고 여긴 미슐레가 프랑스의 혁명과 해방을 방해하는 '조국 대대손손의 적'으로 영국을 설정한 것을[153] 떠올린다.

하지만 민족주의의 '신자'들이 민족주의를 탈피해 이것이 종교적 교리라는 사실을 깨닫지 못하는 한 신채호의 한민족 대서사가 품고 있는 종교적 성격은 드러나지 않는다. 종교라는 것은 그것을 신앙하는 사람들 속에서는 상대화될 수 없기 때문이다.[154] 더군다나 대사제 신채호의 후배로서 민족주의의 '사제'라고 할 수 있는 국사학자들은 신채호가 못 다 이룬 민족 낙원의 수립이라는 복음의 대서사를 완성해야 할 숙제를 숙명적으로 지니고 있었

---

[151] J. G. 피히테, 앞의 책, 339쪽.

[152] 윤태원, 「피히테의 『독일국민에게 고함』에 나타난 낭만주의 정신」, 『독일어문학』 63, 2013, 200쪽. 반나폴레옹 해방전쟁은 독일 국민 형성의 거대한 추진력이었기에(오토 단, 오인석 옮김, 『독일 국민과 민족주의의 역사』, 한울아카데미, 1996, 67쪽) 니퍼다이(Thomas Nipperdey, 1927~1992)는 19세기 독일사를 "처음에 나폴레옹이 있었다."는 구절로 시작했다. 박용희, 「근대 독일 역사학의 민족사 기획」, 『한국사학사학보』 16, 2007, 206쪽.

[153] 김응종, 앞의 논문, 2019, 298쪽.

[154] 신일철은 신채호의 관념에서 피히테와 헤르더의 영향을 간취했고 전해종도 신채호에게서 마이네케를 연상했다.(신일철, 『신채호의 역사사상연구』, 고려대학교출판부, 1981, 112·121·158쪽; 전해종, 「한국사를 어떻게 보는가」, 『한국사의 반성』, 신구문화사, 1969, 12쪽) 마이네케는 독일 통일을 역사의 목표로 보면서 정치적 활동의 차원에서 역사연구를 수행해야 한다는 신념을 공유한 드로이젠, 지벨, 트라이츠케의 제자로서 계몽사상의 보편주의 문명에 반대하여 개별 민족의 문화를 강조하는 동시에 국가를 하나의 유기체로 보는 독일 낭만주의의 전통을 그대로 이었다. 신채호 역시 국가를 유기체로 보았다. 다음도 참조. 양병우, 「민족사와 세계사-단재사학과 프로이센학파의 비교」, 『신동아』 1972.9.

기에 신채호의 종교적 교리는 쉽게 상대화될 수 있는 것이 아니었다. 예를 들어 손진태에게 민족의 낙원이란 이런 것이었다.

> 민족 전체가 정치적으로, 경제적으로, 사회적으로, 문화적으로 균등한 의무와 권리와 지위와 생활의 행복을 가질 수 있을 때에 비로소 완전한 민족국가의 이상이 실현되는 것이요, 민족의 친화와 단결이 비로소 완성될 것이다.[155]

신채호가 잠깐 주장했던 고유문자의 고대 기원설이 근거 없이 개설서에 실리는 현상도 이런 맥락에서 이해된다.[156] 오산학교에서 함석헌에게 배운 이기백은 자신의 묘비에 "민족에 대한 사랑과 진리에 대한 믿음은 둘이 아니고 하나다."라고 적으라고 했는데, 이는 이기백이 민족 구성원 모두에게 남긴, 민족주의 사제로서의 마지막 설교였다고 할 수 있다. 다시 말해서 국사학자들이 대사제 신채호의 교리를 계승하고 부연해서 민족의 대서사를 이어 쓰고 있는 민족주의의 사제라는 사실은 아주 면밀하게 검토하지 않으면 잘 드러나지 않는다. 신채호를 한국 근대 역사학의 '숨은 신'이라고도 규정한 것은[157] 이런 점에서 주목된다. '성리학 대 실학'의 대립 구도가 신채호에게 기원한다는 점은 그런 맥락에서 포착되기 어려웠다고 볼 수 있다. 이어서 '성리학 대 실학'의 대립 구도가 갖는 학술적 한계를 냉정하게 검토해보자.

첫째, 우선 실학이라는 용어는 지나치게 모호해서 학술 개념으로 사용하기 어려우며 무엇보다 설정된 개념이라서 성리학과 이항대립 구조를 만들 수 없다. 즉 '성리학 대 실학' 구도는 비유하자면 노론과 '진보적' 지식인을 비교하는 것과 같다. 노론과 소론을 비교하는 것은 동일 범주이므로 가능

---

155 孫晋泰, 「自序」, 『朝鮮民族史槪說』, 乙酉文化社, 1948.
156 한영우, 『(전면개정판)다시 찾는 우리역사』, 경세원, 2004, 326쪽.
157 김기봉, 「한국 근대 역사개념의 성립」, 『한국사학사학보』 12, 2005, 221쪽.

하다. 하지만 진보적 지식인이란 표현은 지나치게 모호해서 대상이 일정하지 않다. 진보적이라는 의미가 정전제 실시를 주장한다는 의미인지, 이기심성론에 대한 언급은 하지 말아야 한다는 의미인지, 발해를 자국사로 인정한다는 의미인지 명확하지 않아서 수십 년 동안 논의하고 토론해도 합의되기가 어렵다. 심지어 스스로는 보수적이라고 여긴 사람들까지 후대에는 진보적이라고 재평가될 수도 있다. 또한 노론 내에서도 진보적 지식인이 분명 있을 것이기 때문에 노론과 진보적 지식인은 이항대립이 성립되지 않는다. 설정된 개념인 '문예부흥'이 고정된 의미의 학술용어로 쓰이는 것처럼 역시 설정된 실학이라는 용어를 고정된 의미의 학술용어로 사용할 수 있다고 주장하지만, '문예부흥'의 비교 대상은 역시 설정된 개념인 '중세'이기 때문에[158] 범주의 오류에 빠지지 않는다.

둘째, '성리학 대 실학'의 대립구도는 이원론을 조선시대 유학사에 구현한 것이다. 그런데 이원론은 형이상학에서 논의될 수는 있어도 형이하의 현실 역사에서 구현하기는 어렵다. 즉 아와 비아, 선과 악, 천사와 악마, 문명과 야만 같은 이원론을 현실의 구체적인 대상에 조응시키기 어렵다. 현실은 무지개 이상으로 복잡하기 때문에 두 가지 측면만으로 결코 치환되지 않는다. 따라서 '성리학 대 실학'이라는 구도는 조선후기 유학의 다양성, 성리학 내의 다양한 성격을 이해할 가능성을 차단하게 되며,[159] 단지 '아 대 비

---

[158] 이탈리아 휴머니스트들이 과학과 예술과 문학을 통해 빛을 발하던 찬란한 두 시대 사이의 일종의 어두운 터널인 중세를 창조한 것은 참된 고대(그리스·로마·성경의 시대)로 복귀하는 것이 근대적이라는 주장을 하기 위함이었다고 한다. 쟈크 르 고프, 유희수 옮김, 『서양 중세 문명』, 문학과지성사, 1992, 11~12쪽.

[159] 이광호가 성리학은 몇 마디 용어로 비판되고 매도될 수 있는 간단한 사상이 결코 아니라면서 근대적 경향의 실학을 전근대적 사상인 성리학과 대립된 사상으로 이해하던 관점을 바꿀 때가 되었다고 지적한 것은 이런 한계를 인식한 결과로 보인다. 그에게 실학이란 전근대적 전통사상이 서구사상의 충격을 받아 새로운 정체성을 형성하는 과정의 소산물이었다.(이광호, 「동서융합의 측면에서 본 정약용의 사상」, 『퇴계학보』 113, 2003) 하지만 이런 설명이라면 성리학과 구별되는 실학을 설정할 필요성도 줄어든다. 많은 연

아'의 구도를 변주한 것이다. 이는 1인칭 주인공 시점의 자세이기 때문에 '아'에 속하는 대상과 자신을 일체화하면서 '비아'에 속하는 존재를 비난하고 경멸하는 자세로 이어지기 마련이다. 스스로를 '악'으로 투사할 리는 없기 때문이다.

신채호 이래 많은 연구자들이 유학, 혹은 성리학을 부정 일변도로 이해하고, 그에 비해 낭가사상, 대조선정신, 실학을 긍정적으로 바라본 것은 이 때문이다. 관찰자의 시선이 아니라 주인공의 시선으로 역사를 바라보게 되면 역사는 단순·명쾌해지면서 실천력을 수반하겠지만 이것은 학문하는 자세라기보다는 운동하는 자세에 가깝다. 역사를 아와 비아, 조선후기 사상계를 성리학과 실학으로 이분할 수도 있겠지만 그런 시각으로 설명될 수 있는 측면은 아주 제한될 수밖에 없다. 이는 천하를 중화와 이적으로 이분해서 바라보는 것과 동일하다. 그간 실학 연구자들은 서구문명론에 입각해서 실학이 성리학적 화이관을 극복했다고 주장했는데 아이러니하게도 '성리학 대 실학'의 대립 구도 자체가 성리학적 화이관을 닮았다.[160] 이미 이상은, 민영규, 이가원은 실학을 반성리학으로 이해하는 경향에 대해서 당치도 않다면서 개탄하였다.[161]

셋째, '성리학 대 실학'이라는 틀은 겉보기에도 대결적이어서 연구보다는 실천이나 운동을 하려는 목적에 더 적합해 보인다. 정창렬은 구한말에 실천적 필요에서 정약용의 실학이 관심받기 시작했고 1930년대 이후로는 객

구자들이 실학에서 근대적·민족적 요소를 검출하려고 노력한 이유는 그 요소를 찾지 못할 경우 성리학과 구별된다는 실학의 정체가 또다시 모호해지기 때문이다.

[160] 스기야마 마사아키는 공교롭게도 근현대 서구형 문명관은 의외로 화이사상에 가까운 부분이 있다고 지적하였다. 杉山正明, 『遊牧民から見た世界史』, 日本經濟新聞社, 1997, 179쪽.

[161] 이상은, 「실학사상의 형성과 전개 상·하」, 『창조』 75·76, 1972; 이상은, 「국사교과서의 성리학서술비판」, 『퇴계학보』 5·6, 1975, 11~16쪽; 민영규, 앞의 논문, 22~23쪽; 황원구 사회, 앞의 글, 129쪽.

관적 대상으로서 학문적 연구의 천착 대상이 되었다며 두 시기의 연구 자세가 갖는 차별성을 언급한 적이 있다.[162] 이는 1930년대 이후의 연구에 순수 학술적인 가치를 부여함으로써 학문으로서의 위상을 담보하려는 의도의 소산이었겠지만 대다수의 연구자들은 구한말과 마찬가지로 인문학 위기의 타개, 혹은 민족의 통일, 동아시아의 연대, 심지어 근대 이후의 세계를 전망하겠다며 실학을 주목하였다.[163] 일부 연구자들이 '신실학'을 주장하는 것도 새 시대에 필요한 사상적 자양분을 찾아보겠다는 의도 때문이다.

그런데 실천적 필요라는 말은 듣기에는 그럴 듯하지만 실상 역사를 도구화·수단화하는 것이다. 역사가 지나간 현상이나 사건의 설명을 위해 존재하지 않고 현실의 목적을 위한 수단으로서 활용된다면[164] 그것은 사감(史鑑)이라며 역사를 정치의 도구로 활용한 성리학적 역사관과 다를 바 없다. 역사는 반복되지도 않고 규칙과 의도가 없어서 어떤 교훈을 찾기는 어렵다. 어떤 교훈이 있다면 그것은 대개 강제로 부여된 것이어서,[165] 원한다면 셀

---

[162] 정창렬, 앞의 논문, 287쪽.

[163] 조성을, 「실학연구 1세기의 흐름」, 『실학연구 논저목록 상』, 경기문화재단, 2005, 38쪽.

[164] 이 말이 역사라는 '물자체'가 사람들의 지각과 무관하게 객관적으로 존재한다는 순진한 실증주의를 주장하는 것으로 오해돼서는 안 된다. 단지 역사를 현상론적 관점으로만 극단적으로 이해할 경우 초래될 수 있는 사실의 파탄을 경계하면서 '물자체'를 일단 상정하지 않을 수 없음을 말하는 것이다. 그럴 경우에만 역사학은 '권력'의 도구라는 위상으로 전락하지 않고 독자적으로 존재할 근거를 마련할 수 있을 것이며, 사이비와 구별될 수 있을 것 같다. 물론 '물자체'를 인식할 수 있는가의 문제에 대해서는 회의적일 수밖에 없다. 하지만 '물자체'를 상정한 연구가 도출할 결과와 역사는 구성된 서사일 뿐이라는 입장의 연구가 도출할 결과 사이에는 큰 차이가 있을 듯하다. 이는 아무리 애매모호해도 '무엇이 일어났었는가'와 '무슨 일이 일어났다고 이야기되는 것' 사이에 경계가 필요하다는 입장(미셸-롤프 트루요, 김명혜 옮김, 『과거 침묵시키기』, 그린비, 2011, 46쪽), 이기(理氣)는 불상리(不相離)이나 동시에 불상잡(不相雜)이라는 성리학의 문제의식과 상통한다.

[165] 칼 R. 포퍼, 이명현 옮김, 『열린사회와 그 적들 II』, 민음사, 1982, 357쪽. "역사 자체에는 아무 의미도 없다. 역사에 의미가 있다면 그것은 인간이 부여한 의미이다. 역사에 의미를 부여하는 것은 인간이다."

수 없을 만큼 많은 교훈을 임의로 불러낼 수도 있다. 크라카우어의 지적처럼 과거에 일어난 일에 대한 지식은 우리의 앞날에 대해서는 아무것도 가르쳐주지 않으며, 우리로 하여금 지금의 장면을 멀리 떨어져서 바라보게 해줄 뿐이다.[166]

그러므로 현실에 적용될 수 있는, 혹은 새로운 사유의 자양분이 될 수 있는 무엇인가를 찾으려는 문제의식으로 실학을 주장한다면 그것은 역설적이게도 성리학적 역사관과의 유사함을 드러낼 뿐이다. 한 실학 연구자는 김육이 살아 있다면 재정 건전성을 고려한 지출, 지속 가능한 복지제도, 양질의 일자리를 늘리기 위한 경제성장을 도모하는 정책개발에 힘썼을 것이라며 문재인 전 대통령을 김육보다는 갈수록 송시열에 가까워진다고 비판했다.[167] 시대, 조건, 맥락을 과감히 초월해서 17세기 조선과 21세기 대한민국을 직결시키는 통찰력은 경탄스럽지만, 현실의 정치적 발언을 위해 과거를 임의로 호출하는 것이 성리학의 유산이라는 사실은 깨닫지 못하면서 성리학이 남긴 다른 '부정적' 유산을 지적하는 모습이 매우 어색하다. 랑케가 그 유명한 『라틴 및 게르만 민족들의 역사들』 서문을 통해 과거를 재판하고, 미래에 유익하게 되도록 사람들을 가르치는 것이 역사의 직분은 아니라면서 교훈적, 실용적, 도덕주의적 역사서술을 거부했던 것은 이미 이백년 전인 1824년이었다.[168]

이봉규는 실학을 이학(理學)과 구분되는 새로운 시대사조라고 규정함으로써 '성리학 대 실학'의 이분법적 구도를 여전히 이어받으면서도 '안민(安民)을 위한 실질적 사공(事功)의 성취를 증진시키는 방향으로 유교를 재이론화

---

[166] 지그프리트 크라카우어, 김정아 옮김, 『역사, 끝에서 두번째 세계』, 문학동네, 2012, 21쪽.
[167] 「문 대통령, 갈수록 송시열에 가까워진다 - '김육 평전' 저자 이헌창 교수가 본 '개혁이란'」, 『신동아』 2021.1.
[168] 이상신, 『레오폴트 폰 랑케와 근대 역사학의 형성』, 고려대학교출판문화원, 2021, 46쪽.

한 새로운 시대사조'라고 이해함으로써 근대와 민족을 내용으로 실학을 이해했던 주류적 방식과는 결별했다.[169] 이런 입장은 저자의 의도와는 무관하게, 근대와 민족을 내용으로 강고하게 구성된 '성리학 대 실학'의 대립 구도가 균열을 일으키는 양상을 보여주는 듯하다. 천관우, 김용섭 등이 근대와 민족을 핵심어로 삼아 실학을 재정의한 것은 모호하기만 하였던 실학의 정체를 성리학과 사상적으로 명확하게 구별하기 위한 고심의 결과였기 때문에, 근대와 민족이라는 내용이 실학에서 제외된다면, 이는 천관우, 김용섭 등의 모색이 실패했음을 드러내는 동시에 성리학과 구별되기 힘든 모호한 정체성으로 되돌아가는 것이므로 실학이 성리학과 구별되는 독자적인 정체성을 지닌 사상으로 규정되기는 어렵게 될 것이다. 그리고 실학은 조선후기 성리학이 드러낸 다양한 지적 모색의 여러 양상을 보여주는 것으로 이해될 수 있을 것이며, 조선후기는 근대와 민족으로부터 '구출'될 것이다. 그때 아래의 설명들은 재조명될 것이다.

우리나라 후기실학파의 학문정신과 방법은 바로 이러한 격물·궁리의 정신과 방법을 계승·발전시킨 것에 불과하다. 유형원의 『반계수록』이나 정다산의 경서 고증, 일표 이서가 다 주자의 '박학·명변', '격물·궁리'의 정신·방법의 계승이 아닌 것이 없다. 그것이 어찌 반주자의 학이 될 것인가? 우리는 현대의 사람으로서 서양의 과학문명을 받아들이기 위해서 이 후기실학파의 실학을 될수록 서양 근대적 관념을 가지고 해석하려고 하였기 때문에 그 실증성, 실용성, 경험주의적인 면만을 강조하여 이것을 반성리학적, 반주자학적인 것으로 규정하려고 하였지만 학술사상사의 큰 흐름에서 본다면 그 실학은 바로 정주계통 성리학의 '격물치지'면의 시대적인 발전에 불과한 것이다.[170]

---

169 이봉규, 「실학 연구 회고와 전망」, 『한국학연구』 47, 2017.
170 이상은, 앞의 논문, 1975, 15~16쪽.

실학 자체가 유학의 일부라는 평범한 이론을 망각해서도 안 될 것이다. 실학의 발전은 다만 시대의 요청에 따라 치중면이 종전과 달라졌을 뿐이라고 생각한다. 이 역시 유학의 기본사상인 시중지도(時中之道)로서 소위 '겨울철에는 솜옷을 입고 여름철에는 삼베옷을 입는다.'고 하는 일종의 방편일 뿐, 결코 새로운 것은 아니라고 믿는다. 필자는 연암의 실학사상은 당시의 현실적 요청을 바탕으로 한 유학의 전개라고 생각한다.[171]

---

[171] 성백효,「연암의 학문적 경향」,『우전신호열선생고희기념논총』, 창작과비평사, 1983, 556~557쪽.

III. 실학이 서구문명의 기능적 등가물이라는 생각

1. '실학이라는 생각'을 향한 세 번째 단계

본 장에서는 실학을 서구문명의 기능적 등가물로 간주하는 생각이 형성되는 과정을 근대 이후 서구의 자타인식(自他認識), 그리고 그것을 수용했던 중국·일본의 자타인식과의 연쇄적 관점에서 살펴보려고 한다. 실학이 서구문명의 기능적 등가물이라는 생각은 '실학이라는 생각'이 형성되는 세 번째 단계라고 보이기 때문이다. 앞에서 검토하였듯이 성리학이 조선왕조 멸망의 원인이라는 생각은 조선왕조 멸망의 원인인 성리학의 내부 대체재가 필요하다는 생각으로 이어졌기에, 실학은 성리학과는 역사적으로 대립하는 성격을 지녀야 했다. 하지만 성리학과 대립하는 신사상을 내부에서 창출하는 것은 결코 쉬운 모색일 수 없었다.

결국 19세기 말 이래 전 세계를 석권하던 서구문명을 문명의 전범으로 새롭게 간주하고, 전통 속에서 서구문명과 유비될 수 있다고 간주한 몇몇 요소들을 발굴한 후 그것을 실학이라는 범주 속으로 용해(鎔解)하는 모색이 추구되었다. 이 모색은 이웃한 중국과 일본에서도 유사하게 추구되었던 방식이라는 점에서 두려움과 낯섦을 일부 극복할 수 있었던 장점이 있었지만, 그보다는 이 모색 속에서라야 자기 정체성을 완전히 상실하지 않으면서도 문명의 구성원이라는 자격을 획득할 수 있을 것으로 보였기 때문이다. 긴 시간 동안 일관되게 추구된 이 모색을 통해서 실학은 성리학과는 대립하면서, 근대적이고 민족주의적인 성격을 지닌 사상적 정체성을 굳건하게 수립할 수 있었으며, 그 존재가 의심될 수 없는 하나의 역사적 실체로서 간주되었다. 실학을 서구문명의 기능적 등가물로 간주하는 과정을 통해서 '실학이라는 생각'은 의심할 수 없는 선입견으로서의 위상을 확보하는 데 성공하였던 것이다.

본 장에서는 세계사의 '변두리'에 위치했던 서구가 근대 역사의 주도권을 확보해가면서 스스로 확립한 자기 완결적 문명의식의 전개 과정을 먼저 검토하고, 이어서 오스만제국, 중국, 일본이 각자의 근대사 전개 속에서 드러낸 서구문명론의 양상을 검토한 후, 마지막으로 근·현대의 한국이 드러낸 서구문명론 속에서 '실학이 서구문명의 기능적 등가물이라는 생각'을 형성해간 과정을 살펴보겠다. 이 검토를 통해서 기존의 나열적인 실학 연구사를 극복하고, 서구문명론의 역사적 연쇄 속에서 한국의 실학이 탄생하게 되는 지적 모색의 과정을 긴 서사 속에서 거시적으로 이해할 수 있을 것이다. 다만 이 과정에서 넓은 지역과 긴 시간의 지적 흐름을 개괄적으로, 때로는 단순화하여 살펴보았다는 한계는 뚜렷하다.

2. 서구의 부상과 문명의식의 탄생

10세기 바그다드 출신의 유명한 지리·역사·철학자이자 여행자였던 알마수디(Al-Mas'udi, 893~956)에게 유럽인들은 예절이 없고, 이해력이 빈곤하고 언어가 투박한 존재들이었으며,[1] 동 시기 지리학자 이븐 하우칼(Ibn Hawqal)

에게 프랑크 왕국은 노예의 주요 공급처일 뿐이었다.[2] 유럽인들이 보기에도 자신들의 후진성은 명백해서 13세기 로저 베이컨은 동방에만 시선을 고정하면서 아랍어를 배우라고 권장했다.[3] 유럽인들의 열등의식은 7세기부터 시작된 이슬람의 정복 전쟁으로 '로마의 호수'였던 지중해가 '이슬람의 호수'로 변한 이후[4] 형성된 유럽의 정치·군사적인 열세와 무관한 것일 수 없었기 때문에, 역사적 상황이 바뀌지 않는 한 그것을 극복하는 것은 어려운 일이었다.

이슬람은 827년 시칠리아 정복을 시작해 846년에는 로마까지 급습했다. 853년 교황 레오 4세가 누구든지 그들에게 대적하다가 죽으면 천국에 갈 것이라고 천명한 것은 이런 상황 때문이었다.[5] 호기로운 십자군 원정도 이슬람에게는 이슬람 세계 가장자리를 성가시게 한 소규모 접전에 불과했다.[6] 1144년 에데사가 함락되어 십자군이 위기에 빠지자 '사제왕 요한'이 십자군을 돕기 위해 예루살렘으로 진격했다가 돌아갔다는 이야기가 만들어져 전승된 것은[7] 혼자서는 상대할 수 없는 이슬람에 대한 공포심을 반증한다. 이슬람제국의 군주 서열에서 동로마 황제는 간신히 다섯 번째 자리를 차지했던 반면, 서구의 국왕들은 서열에도 낄 수 없었다.[8] 무엇보다 1453년 콘스

---

1 피터 왓슨, 남경태 역,『생각의 역사 I』, 들녘, 2009, 468쪽.
2 리처드 플레처, 박흥식·구자섭 옮김,『십자가와 초승달, 천년의 공존』, 21세기북스, 2020, 91쪽.
3 피터 왓슨, 앞의 책, 468쪽.
4 피렌은 8세기 이슬람의 에스파냐 정복, 특히 아프리카 정복 후에 서지중해가 이슬람의 호수가 되었다고 보았다. 1071년 만지케르트 전투에서 동로마군을 격파한 대(大)셀주크 왕조가 아나톨리아를 차지한 후 성립된 룸 셀주크 왕조의 군주도 '두 바다의 술탄', 즉 흑해와 지중해의 주인을 자처했다. 앙리 피렌, 강일휴 역,『마호메트와 샤를마뉴』, 삼천리, 2010, 190~191쪽; 오가사와라 히로유키, 노경아 옮김,『오스만 제국 찬란한 600년의 기록』, 까치, 2020, 35쪽.
5 리처드 플레처, 앞의 책, 78~79쪽.
6 위의 책, 143쪽.
7 김호동,『동방 기독교와 동서문명』, 까치, 2002, 11~88쪽.

탄티노폴리스를 함락하고 1526년 모하치 전투에서 헝가리를 굴복시켜 빈까지 위협한 오스만제국에 대한 공포를 극복하는 데는 오랜 시간이 소요되었다. 위대한 에라스무스가 적그리스도가 다가온다고 발언한 때도 1526년이었다.[9]

물론 16세기의 대립 구도를 기독교 왕국 대 오스만제국으로 손쉽게 치환해서는 안 된다. 이 시기 유럽은 프랑스와 신성로마제국 간의 패권 경쟁이 존재했고, 그 외에도 이권과 목적에 따라 기독교 왕국 간의 이합집산과 충돌은 수시로 발생했기 때문이다. 심지어 이 과정에서 프랑스와 오스만제국은 동맹 관계를 맺기도 했다. 하지만 프랑스와 오스만제국 간의 동맹은 왕실 차원에서의 정략이었을 뿐, 그런 정서가 민간에서까지 널리 받아들여진 것은 아니었다. 따라서 오스만제국에 대한 유럽의 뿌리 깊은 대결 의식과 공포심에 견줄 만한 지속적이고 광범위한 대결 구도가 있었다고 하기는 어렵다.

'두렵지만 앞서 있는' 이슬람의 주요한 학문적 성과가 유럽에 커다란 영향을 끼친 것은 이런 조건 위에서였다. 1480년부터 1609년 사이 프랑스에서 출간된 책자 가운데 투르크인·오스만 제국과 관련한 제목이 붙은 책자는 아메리카와 관련한 제목이 붙은 책자보다 두 배 이상 많았다.[10] 8세기 페르시아 출신의 알콰리즈미(Al-Khwarizmi)는 대수학에서 큰 진전을 이루어 냈기에 알고리즘이라는 용어는 그의 이름을 딴 중세 라틴어에서 유래했다. 9세기 알라지(Al-Razi)의 『천연두와 홍역에 관한 고찰』은 라틴어를 비롯한 서양 언어로 번역되었는데 15세기부터 19세기까지 40쇄나 출판되었고, 이븐 시나(Ibn Sina, 980~1037)의 『의학정전』도 라틴어로 번역되어 근대 초까지

---

8   이민호, 「세계사를 어떻게 읽을 것인가」, 『역사비평』 59, 2002, 190~192쪽.
9   김동원, 「16세기 합스부르크의 세력 강화와 그 선전도구로써의 '튀르크 위협'」, 『역사와 경계』 90, 2014, 428쪽.
10 카를로 치폴라, 최파일 옮김, 『대포, 범선, 제국』, 미지북스, 2010, 13쪽.

알라지의 책과 함께 유럽 의학교의 필독서로 활용되었다. 의사이자 철학자인 이븐 루시드(Ibn Rushd, 1126~1198)는 위대한 아퀴나스가 저술에서 가장 많이 인용한 '이교도' 사상가였다. 단테(Dante Alighieri, 1265~1321)는 『신곡』에서 그를 이교도 지성인의 엄선된 무리에 포함시켰으며 라파엘로(Raffaello Sanzio, 1483~1520)는 〈아테네학당〉에 그를 그려 넣었다. 무엇보다 유럽은 아랍 세계에서 보존된 그리스 학문, 특히 아리스토텔레스의 논리학, 물리학, 형이상학을 아랍어 번역본을 통해 연구했다.[11] 그에 비해 오스만인들은 유럽에서는 배울 게 없다고 확신했다.[12]

다만 포르투갈의 세우타 정복(1415)이나 '레콩키스타'에 의한 그라나다 정복(1492), 레판토 해전(1571) 승리 등은 서구인들이 십자군 열정을 유지할 수 있는 계기들을 제공하였던 것으로 보이며,[13] 무엇보다 유럽인들의 '대항해'와 아메리카의 '발견'은 막대한 경제적 이익을 가져다줌으로써 유럽이 부상하기 시작하는 '변화의 씨앗'이 되었다고 평가된다.[14] 장기적 변화의 추세 속에서 1593년부터 1606년까지의 전쟁 이후 합스부르크가의 신성로마 황제는 처음으로 술탄과 대등한 지위에서[15] 시트바토록 조약(1606)을 체결하

---

[11] 이상의 내용은 다음을 참조. 하워드 R. 터너, 정규영 역, 『이슬람의 과학과 문명』, 르네상스, 2004.

[12] 피터 왓슨, 앞의 책, 852쪽.

[13] 엔히크에게 세우타 공략은 십자군 원정이었으며, 그라나다 정복 전쟁도 일종의 십자군 원정이었다. 합스부르크 군주들은 빈을 지키기만도 벅찼기 때문에, 흔히 이해하는 것과는 달리 레판토 해전의 승리에도 불구하고 얻어진 결과는 거의 없었다. 리처드 플레처, 앞의 책, 235쪽; 스티븐 런치만, 이순호 옮김, 『1453 콘스탄티노플 최후의 날』, 갈라파고스, 2004, 274쪽.

[14] 유럽이 이슬람이나 중국에 대해서 뚜렷한 우세를 갖게 되는 것은 19세기 이후의 일이다. 하지만 그 변화의 씨앗, 새로운 흐름의 형성을 언급한다면 15세기의 '대항해시대'를 꼽아야 할 것이다. 주경철, 『대항해시대』, 서울대학교출판부, 2008, 34쪽.

[15] 술탄은 자신만의 호칭이었던 Padishah를 신성로마 황제에게 처음 부여했다. 'Padishah'는 오스만제국의 문서 행정을 맡은 이들이 유일한 군주를 가리킬 때 주로 사용한 용어로서 유럽 군주 중에서는 오직 동맹이었던 프랑스 왕에게만 사용되었다. 술탄이 유럽 군주에게 보낸 친서에는 "이하의 사실을 알라"라는 문구가 적혔는데 이는 제국 내 총독

였고, 1683년 2차 빈 포위전 실패 후 1699년 체결된 카를로비츠 조약으로 유럽 내의 많은 영토를 상실한 오스만제국의 영향력은 눈에 띄게 감소하였다. 이제 유럽과 오스만제국 사이의 상호 인식에도 변화가 일어날 것이었다. 프랜시스 베이컨은 유럽 외부에서 배울 게 거의 없다고 믿은 반면에, 오스만제국의 가장 유명한 서지학자 카티프 첼레비(Katip Çelebi, 1609~1657)는 자신들이 과학에서 유럽에 뒤졌다는 것을 처음으로 암묵적으로 인정하였고 1734년에는 프랑스인이 오스만 군대 내에 수학 학교를 설립했다.[16]

유럽과 오스만제국 간 인식의 '역전'이 보이기 시작하던 시기에 유럽인들이 주목한 타자는 중국이었다. 대항해를 통해 유럽은 주로 선교와 교역을 위한 새로운 대상으로서 중국을 주목하기 시작했는데, 마테오 리치로 대표되는 초기 선교 단계에서는 중국에 대한 관심이 원시유학을 중심으로 중국의 문화와 학술을 기독교와 접목해보려는 '적응주의' 차원에서 주로 이루어졌다.[17] '세 개의 기둥'이라고 불린 양정균(楊廷筠, 1557~1627), 서광계(徐光啓, 1562~1633), 이지조(李之藻, 1565~1630)가 개종한 것은 이들이 모두 지적으로 유교와 기독교의 조화를 추구했기 때문이다. 그 후 페르비스트(Ferdinand Verbiest, 1623~1688)의 호소에 호응한 루이 14세의 명을 받아 페르비스트 사망 직후 북경에 도착한 5인의 프랑스 예수회원들, 즉 퐁타니(Jean de Fontaney, 1643~1710), 제르비용(Jean-François Gerbillon, 1654~1707), 르콩트(Louis-Daniel Lecomte, 1655~1728), 부베(Joachim Bouvet, 1656~1730), 비들루(Claude de Visdelou, 1656~1737)로부터 시작된 '프랑스 예수회 동아시아학 시대'에 이르러서는, 원시유학 경전뿐 아니라 중국 역사, 신유학, 도가, 민속, 문학, 과학기술 등을 포괄함으로써 중국에 대

에게 보내는 명령서에 항상 쓰인 문구였다. 오가사와라 히로유키, 앞의 책, 19·145쪽.

16 피터 왓슨, 앞의 책, 469·853·854쪽.
17 적응주의는 다른 교파들과 구별되는 예수회의 특징적 태도로서, 문화가 깊고 타 종교를 굳이 필요로 하지 않는 아시아의 상황에 맞게 계획된, '대화'를 통한 선교 방법이었다. 김혜경, 『예수회의 적응주의 선교』, 서강대학교출판부, 2012, 7쪽.

한 이해가 크게 높아졌으며 저술의 성격도 비교적 자유로워졌다.

이 시기 중국에 온 프랑스 예수회원들은 대부분 수학자, 천문학자, 자연사학자, 지리학자, 지도학자, 생물학자, 의학자인 동시에 언어학자, 철학자, 역사학자였으며, 화가도 포함되었다.[18] 이들은 유럽의 종교와 학문을 중국에 접목시키는 동시에 중국의 학문과 문화를 유럽에 전하는 역할도 담당했는데, 이들이 전한 지식은 유럽에 큰 반향을 일으켰다. 대표적으로 예수회 선교사들이 본부에 정기적으로 보낸 보고서들의 모음집인『교훈적이며 흥미로운 서간집』(1702~1776)을 들 수 있다. 이 모음집은 고비엥(Charles Le Gobien, 1653~1708), 뒤 알드(Jean-Baptiste Du Halde, 1674~1743) 등이 편집했는데 몽테스키외나 볼테르 등이 즐겨 인용했다. 예수회 선교사들의 원고를 바탕으로 출간된 뒤 알드의『중국과 이민족 중국 제국의 지리, 역사, 연대기, 정치, 자연에 대한 서술』(1735)도 중국 이해에 큰 영향을 끼쳤다.[19]

예수회는 '적응주의'라는 선교적 사명 때문에 중국의 철학적 전통을 상세하게 연구함으로써 중국인들이 기독교 복음을 수용할 수 있을 만큼 충분히 계몽되었다는 것을 유럽인들에게 증명할 수 있다고 믿었다. 그 결과 중국인을 이성의 기반 위에서 도덕성과 사회질서에 관한 기초적인 철학적 원리들을 만든 사람들, 윤리적·정치적으로 정교한 사회체제 속에서 현명하고 교육받은 군주에 의해 통치되는 사람들로 묘사했다.[20] 따라서 예수회의 중국 이해는 본 의도와 무관하게도 이신론(理神論)적 관점에서 기독교 전통을 비판하면서 유럽의 변화를 꿈꾸던 계몽주의 지식인들의 문제의식에 잘 부

---

[18] 전홍석,『초기 근대 서구지식인의 동아시아상과 지식체계』, 동과서, 2018, 211~215쪽.
[19] 쟈끄 제르네, 이동윤 역,『중국사통론』, 법문사, 1985, 451~454쪽; 정해수,「타자를 바라보는 18세기 프랑스 지식인의 두 가지 태도 그리고 한국」,『한국프랑스학논집』62, 2008, 259~260쪽; 정철웅,「장-밥티스트 뒤 알드의『서술』과 18세기 프랑스 중국학」,『동양학』64, 2016
[20] J. J. 클라크, 장세룡 옮김,『동양은 어떻게 서양을 계몽했는가』, 우물이 있는 집, 2004, 66쪽.

합하여 유럽 지성계에 큰 영향을 주었다.²¹ 라이프니츠는 부베로부터 『주역』의 64괘 방원도를 얻어 이미 그가 발명한 이진법과 연관시켰고,²² 유럽은 가지고 올 수 있는 중국의 모든 것을 가져와야 한다며, 중국의 문화와 언어를 가르칠 인물 및 자연신학의 적용과 실천을 가르칠 선교사가 파견되기를 희망했다.²³ 라이프니츠의 중국관은 제자인 볼프(Christian Wolff, 1679~1754)에게 그대로 이어져서²⁴ 볼프와 프랑스 계몽주의자들은 유교를 통해서 이상적인 정부 형태를 만들 수 있다는 생각과 기독교 없이 도덕을 갖출 수 있다는 생각을 굳혔다.²⁵

예수회원들의 저서를 통해서 중국을 이해하였던 볼테르는 중국의 문화와 정치에 매료되어 중국을 가장 현명하고 개화된 질서를 지닌 국가로 평가했는데, 특히 일관되게 유교적 소양과 문화적 역량을 가진 중국 문신관료 행정, 사법제도를 긍정한 것은 프랑스 관료제와 사법제도를 비판하기 위함이었다.²⁶ 요컨대 18세기 중엽까지 유럽 지식인들은 여러 측면에서 중국에 대한 긍정적 이미지를 창출하고 있었는데, 이는 타자를 통한 유럽의 변화와 비판을 의도한 것이었고 이 점에서 중국을 비롯한 타자는 우월하거나, 혹은 동등한 문명적 존재로서 인정되었다고 볼 수 있다. 라이프니츠가 유럽과 중국을 동등하게 보면서도 중국을 좀 더 높이 평가한 것,²⁷ 볼테르

---

21 중국을 폄하하면서 그리스 문화를 더 중시한 대주교 페늘롱(François de Salignac de La Mothe-Fenelon, 1651~1715)에게서 보이듯 모두가 중국을 높이 평가한 것은 아니었다. 주겸지, 전홍석 옮김, 『중국이 만든 유럽의 근대』, 청계, 2010, 211~212쪽.
22 안종수, 「부베와 라이프니츠」, 『철학논총』 52-2, 2008.
23 라이프니츠, 이동희 편역, 『라이프니치가 만난 중국』, 이학사, 2003, 18·45쪽.
24 크리스티안 볼프, 이동희 옮김, 『중국인의 실천철학에 대한 연설』, 길, 2019.
25 데이비드 문젤로, 김성규 옮김, 『동양과 서양의 위대한 만남』, 휴머니스트, 2009, 203쪽.
26 장세용, 「보편사적 문화사의 전망-볼테르의 『국민들의 습속과 정신론』」, 『서양사론』 115, 2012, 281~282쪽.
27 라이프니츠, 앞의 책, 45쪽. "나는 어떤 현자가 우리들이 인간의 한계를 넘어서는 것, 즉 신의 선물인 기독교라는 한 가지 측면에서 중국인들을 능가한다는 점을 제외하고,

가 종교의 동등성이라는 보편주의 위에서 세속적 보편사를 수립하는 동시에 타자성을 포용하는 지구사의 전망을 세운 것,[28] 볼테르의 친구 다르장송(Jean-Baptiste de Boyer, Marquis d'Argens, 1703~1771)이 중국인의 눈을 통해서 유럽을 풍자할 수 있었던 것도[29] 이 때문이다.[30] 중국에 비해서는 적지만 인도문명에 대한 열광주의도 존재했다.[31]

그런데 18세기 후반이 되자 중국에 대한 평가가 갑자기 변화했다. 칸트에게 중국은 강력한 적국을 지니지 않은 지리적 이점으로 인해 모든 자유를 상실하고 역사의 진보를 이루지 못한 존재였다. 헤르더는 전제적 정치제도와 노예적 문화제도로 인해 고대 이래로 거의 변화가 없는 정체 상태가 중국의 본질이라고 여겼다. 볼프에 의해서는 현실에 구현된 플라톤의 이상국가로까지 찬양된 중국은 헤르더에게는 '방부 처리된 미라'로 취급되었을 뿐이다. 헤겔은 부자유의 상태에서 만인의 자유의 상태로 전개되는 세계사의 과정을 변증법적인 발전으로 정식화했는데, 그때 중국이나 인도는 세계사에 편입되지 못한 채 늘 정체된 상태로 머물러 있는 존재였다.[32] 콩도르세는 인류 진보의 역사 10단계에서 중국이 전제주의와 미신 탓에 3

여신들의 미를 심판하는 것이 아니라 어느 백성이 더 우수한가를 심판한다면 그는 중국인에게 황금 사과를 줄 것이라고 믿는다."

28 장세용, 앞의 논문, 272쪽.
29 『중국인의 편지』(1739~1740)를 말한다.
30 중국문명 전반에 대한 호의적 평가 속에서도 과학 분야에서만큼은 비판적이었다. 마이클 에이더스, 김동광 옮김, 『기계, 인간의 척도가 되다』, 산처럼, 2011, 113~120쪽.
31 위의 책, 129~144쪽.
32 이상의 설명은 다음을 참조. 김기봉, 「독일 역사철학의 오리엔탈리즘」, 『담론201』 7-1, 2004; 임마누엘 칸트, 이한구 편역, 『(개정판)칸트의 역사철학』, 서광사, 2009, 196~197쪽; 안성찬, 「크리스티안 볼프의 중국과 헤르더의 중국」, 『인문논총』 68, 2012; 나종석, 「헤겔과 동아시아」, 『헤겔연구』 40, 2016. 단 헤겔의 절대정신 지평에서는 세계사가 민족이나 국가라는 특수성에 제한되지 않으리라는 점에서 그의 역사철학을 유럽중심주의라는 관점에서만 해석할 필요는 없다는 의견도 존재한다. 서정혁, 「헤겔의 철학에서 '세계사'의 의미」, 『철학연구』 114, 2016.

단계 이상 발전하지 못했다고 평가했다.[33]

인식 변화의 원인으로는 여러 가지를 생각해볼 수 있다. 우선 타자에 대한 유럽의 우월적 시선 발현 가능성은 계몽주의자들이 동양을 유럽 비판을 위한 도구로서 설정했을 때부터 내재하고 있었던 것 같다. 즉 유럽은 자기 성찰을 위해 필요한 만큼만 동양을 호명했기 때문에 유럽과 동양은 이미 대등한 위상에 있지 않았고 동양은 그 의도를 충족시키는 선에서만 존재 의의가 인정되었다고 보이는 것이다.[34] 『법의 정신』에서는 아시아의 권력은 항상 전제적일 수밖에 없으며, 자유로운 정신을 특징지을 만한 흔적을 조금도 찾을 수 없다면서 부정적인 인식을 표출했던[35] 몽테스키외가 페르시아인의 눈을 통해서는 프랑스 사회를 풍자하던[36] '모순'적 모습은 이런 측면에서 일정하게 이해된다.

유럽이 기독교를 절대화해서 타자를 바라보던 유산은 '이교도'를 야만시하는 시각의 형성에도 기여했다. 대항해 이후, 초기 유럽 여행자들은 인도인의 신앙을 미신과 같은 것으로 간주하면서 '사티' 같은 풍습에 경악했다.[37] 아메리카 원주민에 대한 부정적 인식은 무엇보다 식인 관행과 밀접한 연관이 있었다.[38] 특히 부갱빌(Louis Antoine de Bougainville, 1729~1811)로 대표되는 18세기 유럽인들의 많은 여행기들은 이교도에 대한 야만적 이미지를 대량 생산하는 계기를 마련하였으며, 동시에 그에 대비되는 프랑스(혹은 유럽)의 '문명'을 이분법적으로 설정하는 관념을[39] 강화했던 것 같다. 이와 병행

---

33 마이클 에이더스, 앞의 책, 128쪽.
34 김정현, 「『페르시아인의 편지』의 오리엔탈리즘 연루에 대해」, 『코기토』 67, 2010, 115쪽.
35 몽테스키외, 이재형 옮김, 『법의 정신』, 문예출판사, 2015, 186쪽.
36 몽테스키외, 이수지 옮김, 『페르시아인의 편지』, 다른세상, 2002.
37 마이클 에이더스, 앞의 책, 66쪽.
38 이영효, 「아메리카 원주민에 대한 스페인의 초기 인식과 태도」, 『역사학연구』 31, 2007, 147쪽.

해서 여기에는 지식의 발전을 통한 제도, 교육, 법률의 개선이라는 계몽적인 목적을 궁정사회에서부터 좀 더 넓은 계층으로 확산시켜 현존 풍속을 개량하고자 했던 프랑스 내 진보 중산층 개혁운동의 지적 흐름이 내부 배경으로 함께 존재하고 있었다. 이들에게 문명화됨은 하나의 상태일 뿐 아니라 진행되어야 할 과정이었다.[40]

결국 1756년 미라보(Victor Riqueti, Marquis de Mirabeau, 1715~1789)는 『인간의 벗, 혹은 인구론』에서 'Civilisation'이라는 신조어를 언급했고, 1770년 초반에 『백과전서』의 기고자들이 이 신개념을 자주 호명하자 문명이 나아갈 길과 인류의 진보가 하나의 지평으로 열린다는 생각이 널리 퍼졌다.[41] 『사회체계』(1773)에서 돌바크(Paul-Henri Dietrich, baron d'Holbach, 1723~1789)는 "사려 깊지 못한 군주들이 언제나 휘말리는 지속적인 전쟁보다 공공의 행복, 인간 이성의 진보, 인간의 전체 문명에 더 커다란 장애물은 없을 것이다."라고 말했다.[42]

또한 지리적 확장의 경험이 '비동시적인 것의 동시성', 즉 공간적으로 인접해있지만 상이한 문화를 관찰하다가, 공시적 비교를 통시적으로 정렬하면서 세계사를 '진보'라는 관념에서 비교하게 이끈 것도[43] 영향을 미쳤다고 보인다. 인류의 역사를 단일하고 보편적인 목적지를 향한 선형적이고 단계적 과정으로 보면서 유럽을 최고 '진보'로 확신할 수 있었기 때문이다. 여기에는 물론 인종주의적인 편견도 자리 잡고 있었기에, 1749년 뷔퐁(Georges-Louis Leclerc, Count de Buffon, 1707~1788)은 피부색과 문명의 발전 정도는 대응한다고 보았고 흄도 백인만이 문명화되었으며 나머지 인종은 백인에게 미치지 못

---

39 정해수, 앞의 논문, 265~270쪽.
40 노르베르트 엘리아스, 박미애 옮김, 『문명화과정 I』, 한길사, 1996, 149~168쪽.
41 박근갑, 「문명의 시간」, 『문명과 경계』 1, 2018, 148~150쪽.
42 노르베르트 엘리아스, 앞의 책, 164쪽.
43 라인하르트 코젤렉, 한철 옮김, 『지나간 미래』, 문학동네, 1998, 360~362쪽.

한다고 주장했다.⁴⁴ 엘리아스가 문명이 그 이전의 사회들, 또는 '더 원시적인' 동시대 사회들에 대한 '서구의 자아의식'을 표현한다고 언급한 것은 탁견이다.⁴⁵

다만 18세기 말 이래 동양을 압도한 서양의 헤게모니 우산 아래서, 또한 그 서양의 도전할 수 없는 중심성으로부터 하나의 동양적 세계가 나왔다는⁴⁶ 사이드(Edward Wadie Said, 1935~2003)의 언급을 기억한다면, 이상의 요인들은 과학과 기술에 기반한 유럽의 군사적 패권이 분명해지던 18세기 말 이래의 역사적 조건과 긴밀히 연결된 것이었다. 산업혁명의 결과 과학과 기술이라는 기준이 대부분의 유럽 사상가들의 핵심적인 관심사가 되면서, 중국의 과학과 기술이 지닌 후진성은 중국문명 전체에 대한 의문으로까지 이어졌고 한때 유럽의 모델이었던 중국은 상업을 지향하고 부르주아가 지배하는 자유주의 국가의 반(反)명제로 급전직하했던 것이다.⁴⁷

따라서 38,000명의 군대와 함께 167명의 학자·예술가들을 대동하여 이집트를 프랑스 학문의 일부로 만들어 버린⁴⁸ 나폴레옹의 '이집트 원정'(1798)을 유럽과 동양의 관계가 새롭게 감지된 결정적 계기이자 오리엔탈리즘에 하나의 무대를 제공한 사건으로 사이드가 주목한 것은⁴⁹ 탁월하다. 주지하듯 이 원정을 계기로 『이집트지(誌)』가 출간되었고 위대한 샹폴리옹(Jean-François Champollion, 1790~1832)은 히에로글리프를 해독했으며 마리에트(François Auguste

---

44   데이비드 문젤로, 앞의 책, 213쪽.
45   노르베르트 엘리아스, 앞의 책, 106쪽.
46   에드워드 사이드, 박홍규 옮김, 『오리엔탈리즘(개정증보판)』, 교보문고, 2015, 26~27쪽.
47   마이클 에이더스, 앞의 책, 164~165쪽.
48   1976년 람세스 2세의 미라가 파손되기 시작하자 이 문제를 해결하기 위해 공수된 곳이 다름 아닌 파리의 국립인류박물관이었다는 사실은 상징적이다. 『루브르 박물관』, 한국일보사, 1985, 151쪽.
49   에드워드 사이드, 앞의 책, 85쪽.

Ferdinand Mariette, 1821~1881)는 테베 등 유명 유적 대부분을 발굴하였다. 마리에트가 1858년 이집트 정부의 고고국장(考古局長)으로 임명된 이후 그 직은 프랑스인이 맡는다는 전통이 생겼다. '이집트학'은 이렇게 탄생되었고 끝내 레셉스(Ferdinand-Marie, Viscomte de Lesseps, 1805~1894)의 수에즈 운하를 낳았다. 처음에 총재정부의 명령에 따라 수에즈를 답사한 나폴레옹은 수에즈 지협 관통에 대한 연구를 르 페르(Jacques-Marie Le Père, 1763~1841)에게 맡겼다. 몇 차례의 현지 조사를 행한 르 페르는 나일강을 매개로 한 간접적인 연결을 내용으로 하는 보고서를 작성했지만, 홍해와 지중해를 직접 연결하는 운하의 가능성도 강조했다. 세월이 지나 1832년 이집트에 도착한 레셉스는 르 페르의 보고서에 매료되었고, 두 개의 바다를 잇는다는 발상은 그를 떠나지 않았다.[50]

이집트 원정을 계기로 유럽 외의 지역은 '오직' 유럽인들에 의해서만 파악될 수 있다는 관념이 보편화되었고, 관찰자인 유럽과 관찰 대상인 나머지라는 명확한 이분법에 의해 대치되는 두 세계가 창조되었다.[51] 인류 세계는 '우월한 유럽'과 '열등한 나머지'로 간단하게 구획되었으며 오리엔탈리즘은 바뀔 수 없는 두 세계 사이의 뿌리 깊은 구별을 설정하였다.[52] 그리고 기조(François Pierre Guillaume Guizot, 1787~1874)의 『유럽문명사』 등에 힘입어 유럽의 문명은 드디어 하나의 시대적 개념으로서 유럽 역사와 유럽인이라는 자의식과 우월감의 표상이 되었다.[53] 산업혁명의 성취는 유럽과 북미문화 전체가 다른 문화와 구별되는 별개의 종류라는 생각을 강화했다. 문화의 모든 측면이 '금속 대 나무', '과학 대 미신', '진보 대 정체', '산업사회와 산업화 이전 사회'라는 이분법과 결부됐다.[54] 고비노(Joseph-Arthur, comte de Gobineau,

---

50　로베르 솔레, 이상빈 옮김, 『나폴레옹의 학자들』, 아테네, 2003, 121~139쪽.
51　에드워드 사이드, 앞의 책, 87쪽.
52　위의 책, 84쪽.
53　박근갑, 앞의 논문, 151~153쪽.

1816~1882)는 모든 문명은 백인종에서 유래했으며, 그 어떤 문명도 이 인종의 도움 없이는 존재할 수 없다고 1853년에 자신했다.[55]

사회진화론도 이런 관념을 정당화하는 데 기꺼이 활용되면서 인간 사회도 원시적인 형태에서 복잡한 문명으로 진보한다고 여기게 되었다.[56] 유럽인들이 역사적 단계를 주술·종교·과학으로 구분하든, 애니미즘·다신교·일신교로 구분하든, 야만·미개·문명으로 구분하든 초점은 마지막 단계에 있었고, 당연히 그 단계는 유럽만이 도달한 속성이자 성취였다. 콩트는 "서양성은 참된 인간성에 이르기 위한 마지막 포석일 뿐이다."라고[57] 하였고, 마르크스는 『정치경제학비판』 서문에서 아시아적·고대적·봉건적·근대 부르주아적 생산양식이라는 계기적 발전 도식을 대놓고 드러내는 방식으로[58] 유럽과 아시아를 서열화했다.[59] 문명이라는 개념과 서구라는 개념은 서로 뒤바꾸어놓을 수도 있는 것이 되었다.[60] 유럽만이 최고 단계의 문명적 가치를 독점한 유일한 '완전태'의 위상을 지녔다고 확신하지 않았다면 베버는 아래의 발언을 자신 있게 내뱉을 수 없었을 것이다.

---

54 마이클 에이더스, 앞의 책, 188쪽.
55 알랭 뤼시오, 우무상 옮김, 『백인의 신념』, 경북대학교출판부, 2021, 54쪽.
56 스펜서(Herbert Spencer, 1820~1903)는 사실 개인주의적 사회진화론에 방점을 두었기에 국가 간섭의 강력한 형태였던 제국주의는 그의 개인주의적 진화론과 대립하였다. 하지만 스펜서의 이론은 단명하였고 그 자리는 곧 집단주의적 이론이 차지하였다. 피어슨(Karl Pearson, 1857~1936)의 진화론은 이런 변화를 보여준다. 서정훈, 「19세기 말 영국의 사회진화론들」, 『부산사학』 32, 1997.
57 알랭 뤼시오, 앞의 책, 131쪽.
58 양해림, 「동양과 서양의 생산양식 구성은 어떻게 이루어졌나?」, 『동서철학』 90, 2018, 390~391쪽. 아시아적 생산양식에 대한 자세한 논의는 다음을 참조. 애리프 더리크, 「아시아적 생산양식론과 시대구분론」, 『중국사시대구분론』, 창작과비평사, 1984; 페리 앤더슨, 김현일 옮김, 「아시아적 생산양식」, 『절대주의 국가의 계보』, 현실문화, 2014.
59 물론 마르크스가 다원적 역사발전관을 지지했다는 사실을 보여주는 다른 저술은 사적유물론으로 아시아 사회를 설명하는 데 있어 논란을 가중시켰다. 애리프 딜리크, 「1930년대의 마르크스주의 사학과 혁명」, 『중국의 역사인식 하』, 창작과비평사, 1985, 736쪽.
60 알랭 뤼시오, 앞의 책, 131쪽.

근대 서구 문화의 후계자로 태어난 우리 서구인들이 세계사의 제 문제를 연구하고자 할 때, 항시 다음과 같은 의문을 제기하게 되는 것은 타당한 일이다. 즉 우리 서구인들이 흔히 말하는 바와 같이 보편적 의의와 가치를 지닌 발전 방향을 취한 문화현상이 서구에서, 그리고 오직 서구에서만 생성되었다는 사실은 어떤 여건에 기인한 것인가 하는 문제이다. 우리가 오늘날 타당하다고 인정하는 발전 단계에 달한 과학은 서구에만 존재한다. (…중략…) 중국의 역사서에는 투키디데스적 프라그마가 없다. (…중략…) 아시아의 정치학에는 아리스토텔레스적 체계성과 합리적 개념이 대체로 결여되어 있다. (…중략…) 합리적 체계적인 학문의 전문적 연구, 즉 훈련된 전문가의 배양은 (…중략…) 서구에만 존재했다. (…중략…) 서구는 (…중략…) 여타 지역에서는 결코 성립된 일이 없는 독특한 종류, 형태, 방향의 자본주의가 발생했다는 사실이다. (…중략…) 근대 서구 외에 세계에서는 합리적 노동 조직의 발생이 전무했고 (…중략…) 시민의 개념은 서구 외 어느 곳에서도 발견할 수 없었으며 (…중략…) 계급으로서의 프롤레타리아 또한 없었던 것은 당연한 일이다.[61]

유럽인들이 유럽을 완전태로 확신하였다는 사실은 나머지 지역은 '결여태'로 확신하였다는 것을 동시에 의미했다. 오스만제국이 정점을 지난 17세기 말 오스만제국, 페르시아, 무굴제국을 여행했으며, 아우랑제브의 주치의가 되었던 베르니에(François Bernier, 1620~1688)는 오스만제국 및 무굴제국의 한계와 문제점을 토지의 사적소유권 결여에서 찾았다.[62] 그랜트(Charles Grant, 1746~1823)는 벵골인들이 유례를 찾을 수 없을 만큼 진실성과 정직함, 건전한 믿음을 결여하고 있기 때문에, 인도 사회를 바꿀 수 있는 방법은 기독교를 전파하고 서구식 교육을 확대하는 길뿐이라고 믿었다.[63] 파라(Frederic

---

61   막스 베버, 양회수 옮김, 「『종교사회학논문집』 서언」, 『사회과학논총』, 을유문화사, 1998, 145~152쪽.
62   페리 앤더슨, 앞의 책, 592쪽.

William Farrar, 1831~1903)는 종교에서 정치에 이르는 중국의 모든 업적에 '진보성'·'열광'·'열정'·'활력'이 결여되었다고 보았고, 귀츨라프(Karl Friedrich August Gützlaff, 1803~1851)는 서양의 영향을 받아 치유되지 못하면 중국에는 벨이나 파스퇴르 같은 인물이 나오지 못할 것이라고 했다.[64]

마르크스도 아시아적 사회가 토지에 대한 사적 소유도, 계급투쟁도, 개인의 자유도, 시장도, 부르주아적 제도도 결여되었으며, 중간계급과 독립도시도 미발전한, 중앙집권적 국가의 지배로 인해 '정체'된 공간이라고 규정하면서 문명화된 유럽의 자본주의가 침투했을 경우만 비로소 해체될 수 있다고 보았다. 따라서 아시아적 생산양식을 이론적으로 완성한 퇴케이에 의하면 중국 사회는 사회주의 단계에 이르러서야 인류 발전의 과정에 비로소 편입될 수 있었던 '반야반문(半野半文)'의 존재일 뿐이었다.[65] 인도인들은 헤겔에 의해 아예 '역사 없는 사람들'로 치부되었다.[66]

이제 비유럽 지역의 결여 원인이 무엇인지를 묻는 것이 세계를 '관찰'하는 유럽인들에게는 당연한 수순이 되었다. 자신만을 문명·완전태로 간주한 위에서 보편사를 저술하려면 특수성의 원인을 고찰해야 할 필요가 있었기 때문이다. 르 봉(Gustave Le Bon, 1841~1931)은 인도인의 정확성 결여가 힌두 사상의 애매하고 우유부단한 특성에서 기인한다고 주장했고,[67] 메인(Henry Maine, 1822~1888)은 같은 아리안의 후예이면서도 인도가 유럽처럼 민족국가를 발전시키지 못한 원인을 카스트 제도에서 찾으려 했다.[68] 베버가 카스

---

63 이지은, 「인돌로지, 식민지 지식, 그리고 인도 근대역사학의 형성과 극복」, 『사림』 42, 2012, 97쪽.
64 마이클 에이더스, 앞의 책, 250~253쪽.
65 양해림, 앞의 논문, 386쪽.
66 라나지트 구하, 이광수 역, 『역사 없는 사람들』 삼천리, 2011, 27~28쪽. '역사 없는 사람들'이라는 관념은 아메리카 '발견' 이래 '정복자'들이 아메리카 원주민을 규정한 용어였는데 이 생각을 인도인에게까지 적용한 것이었다.
67 마이클 에이더스, 앞의 책, 341쪽.

트, 부족, 경제윤리 등이 동양을 자본주의에 적합하지 않은 온상으로 만들었다고 여긴 것도 유명하다. 노스럽(Filmer Stuart Cuckow Northrop, 1893~1992)의 설명에 따르면 직관에서 얻어진 개념만을 용납하는 문화에서는 형식 논리와 연역적 과학을 필요로 하지 않기 때문에 동양에서는 자연과학이 박물학 단계 이상으로 발전하지 못하게 된다.[69] 유럽인들은 본격적으로 "중국에는 왜 과학혁명이 없었는가?" "왜 아시아에는 시민혁명이 없었는가?"를 묻고 답하기 시작했는데 이 방식은 '결여태'인 비유럽인들에게도 곧 '전염'되었다.[70] 이 질문이 '이행 서사[transition narrative]'를 전제하고 있었기 때문이다. 처음에는 유럽에, 이어서 나머지 지역에 근대성이 관철된다는 '이행 서사'에서는 역사가 모든 민족이 제 차례를 기다리는 대기실로 변하게 된다. 이 서사를 공유하게 되면 제국주의적 사고에서든 민족주의적 사고에서든 인도는 언제나 '결여태[figure of lack]'일 뿐이다.[71] 그러나 방해 요인으로서의 결여·부재를 내세우는 것은 결국 실제로 일어나지 않은 어떤 사건을 그곳에 없었던 어떤 요인이 방해했다고 말하는 셈이 된다.[72] 이런 이해 방식의 한계와 어리석음을 인식하기까지는 오랜 시간이 걸렸다.

> 얼마나 많은 서양 여행자들이 동방에서 '중세'를, 2차 대전 전의 베이징에서 '루이 14세 시대'를, 또 오스트레일리아와 뉴기니의 원주민에게서 '석기시대'를 보곤 합니까. (…중략…) 이런 가짜 진화론은 매우 위험합니다.

---

[68] 이지은, 앞의 논문, 101쪽.
[69] Hu Shih, "The Scientific Spirit and method in Chinese Philosophy", *Philosophy and Culture : East and West*, University of Hawaii Press, 1962(호적, 「중국사상 속의 과학정신과 과학방법」, 박성래 편저, 『중국과학의 사상』, 전파과학사, 1978, 41~42쪽).
[70] Yu-Lan Fung, Why China Has No Science, *International Journal of Ethics* 32-3, 1922.
[71] Dipesh Chakrabarty, *Provincializing Europe: Postcolonial Thought and Historical Difference*, Princeton University Press, 2000, pp.6~32.
[72] 김영식, 『동아시아 과학의 차이』, 사이언스북스, 2013, 68쪽.

(…중략…) 두 사회는 동일한 발전선상에서 한쪽이 다른 쪽을 따라가는 것이 아니라, 오히려 평행하는 길을 따라가면서 역사의 매 순간마다 반드시 일치하지는 않는 선택을 한다고 봐야할 것입니다.[73]

내게 중요한 것은, 우리가 자주 가정하는 것처럼 서양의 모델이 목적론적으로 고대 사회에서 근대 세계로 이어진다고 하는 것을 받아들일 수 없다는 점이다. (…중략…) 더욱이 동양을 진보에 실패한 사례로 보는 것은 실수이다. 그리고 그들 문화의 차단 요인들을 찾기 위해 오리엔트 사회를 둘러보고, 유리한 요인들을 찾기 위해 서양 사회를 보는 것도 실수이다.[74]

3. 결여태인 아시아의 모색

서구는 자신들의 욕망과 의지를 물리력을 통해서 비서구에 관철하고자 했다. 스스로를 완전태로 여겼다는 점을 고려하면, 이런 행위는 자신들의 완전함을 결여태에게 전수하기 위한 행위였기 때문에 서구인들은 '사명'이라고 불렀다. 위고(Victor-Marie Hugo, 1802~1885)는 1841년 알제리 총독에 임명된 토마 로베르 뷔죠에게 세계를 환히 밝히는 일이 우리가 해야 할 일이라면서 우리의 사명이 완수되고 있다고 말했다.[75] 나이폴(Sir Vidiadhar Surajprasad Naipaul, 1932~2018)의 지적대로 유럽인들은 자신들이 노예를 위해서 좋은 일을 하는 사람이라는 것을 보여주는 '기념상(記念像)'도 동시에 가지고 싶어했던 것이다.[76] 문제는 비서구의 반응이었다.

---

[73] 클로드 레비스트로스, 류재화 옮김, 『레비스트로스의 인류학 강의』, 문예출판사, 2018, 124~125쪽.
[74] 잭 구디, 김지혜 옮김, 『잭 구디의 역사인류학 강의』, 산책자, 2010, 56쪽.
[75] 알랭 뤼시오, 앞의 책, 153쪽; 후쿠다 도쿠조(福田德三, 1874~1930)도 선진문명인 일본이 한국사회에 적극 개입하는 것을 사명으로 여겼다. 조기준, 『한국자본주의성립사론』, 고려대학교 아세아문제연구소, 1973, 6쪽.

중국인들은 초기에는 '털북숭이 오랑캐'가 가한 '충격'이 믿기지 않아서 아편전쟁에서의 패배를 영국인들이 바다에서 장기를 부린 탓으로 이해하기도 했지만[77] 1860년 원명원의 약탈은 중국인들로 하여금 자신들의 운명에 대해 더 깊이 근심하게 만들었다. 1829년 그리스를 독립시킨 데 이어 1830년 프랑스에게 알제리를 침략당하고, 1839년 제국의 일부인 이집트군에게 패배해 무함마드 알리에게 세습권까지 넘긴 오스만제국의 사정도 비슷했다. 이 시기 오스만제국과 중국의 지배층은 군사·과학기술이라는 유럽의 '장점'을 도입해 기존 체제 안에서 공존시킨다면 대응할 수 있을 것이라는 기대를 품었고, '양무운동'과 '탄지마트'는 그런 기대의 결과물로 평가된다.[78]

하지만 1885년 청불전쟁·1894년 청일전쟁의 패배, 1878년 러시아와의 궤멸적인 전쟁 직후 체결된 산스테파노 조약 및 이것을 수정한 베를린 조약이 초래한 심각한 위기와 치욕은 이 같은 분석과 노력이 충분치 않다는 판단을 불러왔다. 이미 1877년 마건충(馬建忠, 1845~1900)이 최근 백 년 서구인의 재부(財富) 요령은 기계업의 흥성에만 있는 것이 아니라 상회(商會) 보호를 근본으로 삼는 데에 있다는 사실을 알게 되었다고 고백했고, 또 정관응(鄭觀應, 1842~1922)도 서구 부강의 근본은 군함과 대포에만 있는 것이 아니라 의회제도로 상하가 한마음이 되고 학교를 개설하고 기예를 중시하고 철로를 부설하고 상품이 원활히 소통되는 것 등에 있다고 하면서 양무운동을

---

[76] 폴 A. 코헨, 이남희 옮김, 『학문의 제국주의』, 산해, 2003, 288쪽.
[77] 신승하, 『근대 중국의 서양인식』, 고려원, 1985, 22~23쪽.
[78] 양무운동은 단지 군사기술의 도입이나 기계공업의 진흥에 그치지 않고 정치, 경제, 사회, 문화 모든 방면에 걸친 넓고 깊은 운동으로 이해되기도 하며, 탄지마트 역시 사회변화를 위한 지적 체계까지도 서구의 것을 차용하고자 했던 점에서 피상적 모방이 아닌 근본적인 개혁이었다고 평가되기도 한다. 미조구치 유조, 서광덕·최정섭 옮김, 『(개정판) 방법으로서의 중국』, 산지니, 2020, 69쪽; 이은정, 「19세기 오스만제국의 위기와 '이슬람적 근대화'」, 『서양사연구』 42, 2010, 79쪽.

질책하였지만 이들은 이론적으로 중체서용 사상과 근본적으로 분리되어 있지는 않았다.[79]

하지만 1895년 당시 상황을 '수천 년 동안 없었던 변국(變局)'이라고 표현했던[80] 강유위(康有爲, 1858~1927)는 중체서용적 사고와는 본질적인 차별을 드러내는 '탁고개제(託古改制)'의 기치 아래에서[81] 서양이 부강한 이유는 군사, 무기에 있지 않고 궁리권학(窮理勸學)에 있으며, 지금 서양은 옛 오랑캐와 달리 다스리는 법을 가지고 경쟁하고 지혜로운 학문을 가지고 서로 높인다고 평가한 후[82] 그 위에서 변법의 이론적 기초를 정립했다. 공자를 옛것에 기탁하여 제도를 개혁한 유신운동의 창시자, 민권평등 사상의 창도자로 묘사하거나,[83] 무술변법 시기까지 주로 프로이센형 의회제도의 적용을 모색했던 것은 그 때문이었다.[84] 같은 시기 엄복도 지금의 오랑캐는 이전과 같지 않으며, 서양의 장점은 형이하의 말단에 있는 게 아니라 자유라는 가치와 진리·공공성의 숭상에 있다는 생각을 하고 있었다.[85]

러시아와의 전쟁 직후 오스만제국에서는 샤리아에 어긋나는 개혁을 무효화시키자는 과격한 흐름 외에도 '범이슬람주의'가 등장했는데, 대표적 인물로서 이미 러시아와의 전쟁 전에도 "문명화된 국가들의 선례를 받아들이지 않아야 할까요?"라며 유럽인이나 사용할 법한 어휘를 사용했던[86] 알아프

---

79 리쩌허우, 임춘성 옮김, 『중국근대사상사론』, 한길사, 2005, 119~144쪽.
80 임부연, 「캉유웨이의 정교관계 담론」, 『종교와 문화』 38, 2020, 139쪽.
81 리쩌허우, 앞의 책, 168쪽.
82 이영란·고재휘, 「무술변법시기 캉유웨이의 서양인식」, 『한국동북아논총』 66, 2013, 235쪽.
83 리쩌허우, 앞의 책, 294~295쪽.
84 1895년 이전의 강유위는 영국, 독일, 일본의 입헌군주제를 선호했다가 중국에 적용하는 과정에서 영국을 제외하고 독일과 일본 제도의 모방을 구상했다. 이춘복, 「무술변법시기 강유위의 의회제도 설립 구상과 입헌사상」, 『동양사학연구』 139, 2017.
85 양일모, 「옌푸의 근대성 인식」, 『동양철학연구』 52, 2007, 52~53쪽.
86 판카지 미슈라, 이재만 옮김, 『제국의 폐허에서』, 책과함께, 2013, 106쪽.

가니(Jamāl al-Dīn al-Afghānī, 1838~1897)는 "방어를 위한 연대를 이루어야 하며, 유럽식의 기술 발전을 이루고 유럽의 힘의 비밀을 배워야 한다."고 주장했다.[87] 유럽은 완전하거나 불완전하거나 간에 맞서기 위해서라도 총체적으로, 혹은 부분적으로 닮아야 할 전범(典範)이 되어갔으며, 특히 사회진화론은 이런 판단을 이론적으로 정당화했다. 전범을 닮는 데에는 대략 두 가지 정도의 방법적 모색이 가능했다.

첫 번째는 자신의 전통은 대부분 무가치하므로 버리거나 완전히 갱신해야 한다는 입장인데, 이 경우는 문명이 유럽 고유의 것이거나 그들에게 독점되었다는 현실 인식 속에서 등장하기 쉽다. 따라서 문명으로의 이행은 상대적으로 단절적이다. "정신적이든 세속적이든 간에 사람이 가져야 할 세상의 모든 것을 전능하신 신께서는 유럽에, 특히 영국에 주시었다."라고 영국을 방문하던 1869년에 언급한[88] 사이드 아메드 칸(Sayyid Ahmad Khan, 1817~1898)의 시각이라면 유럽의 것을 이식하는 게 가장 효과적이다. 칸은 인도에서 서구식 교육을 강조하는 대표적인 친영파가 되었다. 호적(胡適, 1891~1962), 진서경(陳序經, 1903~1967) 등이 전통을 비판하면서 '전반서화(全盤西化)'를 외치고[89] 전현동(錢玄同, 1887~1939) 등이 한문 폐지를 주장한 것,[90] 오스만제국 내 '새로운 언어' 주창자들이 아랍문자를 버리고 라틴문자로 전환하자고 한 것도[91] 이 유형에 가깝다.

---

87 이은정, 「19세기 후반 오스만 제국에서 무슬림 집단 감정의 부상」, 『동양사학연구』 136, 2016, 112~114쪽.
88 자와하를랄 네루, 정민걸·김정수 옮김, 『네루 자서전』, 간디서원, 2005, 491쪽.
89 진서경과 달리 호적에게 전반서화는 행동의 지침이었을 뿐 목적은 아니었다고도 평가된다. 그럼에도 전목은 평생 호적의 국학을 비판했다. 신승하, 「호적과 서양문화의 수용」, 『이화사학연구』 20·21, 1993, 413~415쪽.
90 상형문자 이상으로 발전하지 못한 중국의 언어가 중국의 정체를 표상한다는 프레더릭 파라의 언급이 상기된다.(마이클 에이더스, 앞의 책, 250쪽) 최현배에게도 한자는 조선민족의 망국적 문자였다. 崔鉉培, 『朝鮮民族更生의道』, 東光堂書店, 1930, 60쪽.
91 이은정, 앞의 논문, 2010, 85쪽.

이대조(李大釗, 1889~1927) 역시 힘을 다해 서구문명의 특장(特長)을 받아들여, 정지된 우리문명의 빈궁함을 구제해야 한다고 주장했고 오치휘(吳稚暉, 1865~1953)는 서방의 모든 것을 전반적으로 수용해야 한다고 주장했다. 진독수(陳獨秀, 1879~1942)도 문예부흥 이후 유럽문명이 분명 중국문명보다 뛰어나니 유럽문명을 수입하지 않고 고유의 문명으로 생존경쟁에서 살아남을 수 있을지를 물었다.[92] 진독수는 중국의 윤리, 법률, 학술, 예속을 봉건제도의 유물로 보면서 백인의 그것과 비교하면 같은 시대의 인간이면서도 사상발달의 차이가 일천 년이나 된다고 여길 정도였다.[93] 호적의 아래 발언은 첫 번째 유형의 사고를 집약적으로 보여준다고 하겠다.

> 우리는 우리 스스로가 모든 일에 있어 남만 못하다는 것을 반드시 승인해야 한다. 물질기계 면에서 남만 못할 뿐 아니라 정치제도도 남만 못하고, 게다가 도덕도 남만 못하고, 지식도 남만 못하고, 문학도 남만 못하고, 음악도 남만 못하고, 예술도 남만 못하고, 신체도 남만 못한 것이다.[94]

두 번째는 고유의 전통과 가치 속에서 서구문명의 기능적 등가물을 발견함으로써 그것을 자양분 삼아 유럽과 동등한 수준의 문명을 이룩하자는 입장인데, 이 경우는 문명이 보편적인 것이므로 유럽이 독점한 것이 아니라 단지 유럽이 먼저 도달한 것이라는 인식 속에서 등장하기 쉽다. 이 같은 논리 구조는 조화(造化)의 영(靈)을 빌려서 백성의 쓰임을 이롭게 하는 기수(器數)의 학문은 결코 서양인이 독점할 수 있는 것이 아니고 천지 사이의 공공(公共)의 이치임을 강조했던 설복성(薛福成, 1838~1894)에게서도 이미 보였다고

---

92 노장시, 「5·4 신문화운동 시기의 '전반서화론' 시탐」, 『동아인문학』 9, 2006, 276~277쪽.
93 천두슈, 심혜영 옮김, 「삼가 청년에게 고함」, 『천두슈 사상선집』, 산지니, 2017, 58쪽.
94 호적, 「스스로의 사상을 소개함」, 민두기 편역, 『호적문선』, 삼성미술문화재단, 1972, 161쪽.

할 수 있는데,⁹⁵ 따라서 문명으로의 이행은 상대적으로 승계적이다.

알아프가니가 이슬람의 본래 가르침은 근대 합리주의와 합치했지만, 그 이후로 변질된 것이므로 이슬람을 근대 세계와 조화시킬 마르틴 루터가 필요하다고 생각한 것,⁹⁶ 서구적이라며 찬양되는 가치인 개인의 자유, 존엄, 정의, 이성의 사용, 애국심은 대부분 『꾸란』에서 승인하는 것이라고 청년 오스만회가 역설한 것,⁹⁷ 나미크 케말(Namik Kemal, 1840~1888)이 언론 자유, 권력 분립, 의회민주주의에 부합하는 『꾸란』의 재해석을 목표로 신문 『자유(Hürriyet)』를 발간한 것,⁹⁸ 강유위가 프랑스혁명이 제창한 자유·평등·박애 중 박애는 『논어』의 인(仁)에, 평등은 『대학』의 평천하(平天下)에, 자유는 『논어』의 서(恕)에 대응시킨 것,⁹⁹ 망명 전의 양계초가 서양 그리스·로마 의원은 귀족제로서 서구에서의 민주(民主)도 백 년 이래 발흥한 것이며, 중국과 서구는 시간의 차이가 있을 뿐이라고 엄복에게 답한 것¹⁰⁰ 등은 이 유형에 가깝다. 망명 전의 양계초가 보기에 민정(民政)은 서구의 독점물이 아니었으며 중국에도 수천 년 이래 자치의 전통이 있었다.¹⁰¹

흥미로운 것은 이 두 가지 유형의 모색은 중국·오스만제국이 결여되었다는 전제하에 진행되었다는 점이다. 이는 자신들이 결여태라는 서구인들

---

95 민두기, 「중체서용론고」, 『동방학지』 18, 1978, 183쪽.
96 판카지 미슈라, 앞의 책, 151쪽.
97 위의 책, 104쪽.
98 피터 왓슨, 앞의 책, 1,020쪽.
99 임부연, 앞의 논문, 162쪽. 반면 진독수는 유학의 민본주의와 서구 민주주의는 근본이 다른 것이라고 강조했으며 원시유학을 송명이학과 구별하려는 시도에 대해서도 반대했다. 그에게 강유위의 설명은 잠꼬대와 같을 뿐이었다. 리쩌허우, 김형종 옮김, 『중국현대사상사론』, 한길사, 2005, 184~186쪽.
100 조병한, 「양계초의 국민국가론과 민권·민족관념(1896-1902)」, 『서강인문논총』 22, 2007, 324쪽.
101 양계초는 망명 후 근대 민권론의 성격이 유교 민본주의와는 본질적 차이가 있다는 인식에 도달했다. 위의 논문, 326·328·336쪽.

의 평가에 대체로 수긍하였기 때문으로, 다만 전자의 경우는 유럽의 '개입', '지도'와 비서구의 '학습', '전면 수용'을 통해서 비서구의 결여가 매워질 수 있다고 여긴 반면 후자의 경우는 서구문명에 유비되는 전통의 재발견・재해석을 통해 결여태에서 완전태가 될 수 있다고 여긴 점이 구별될 뿐이었다. 그러니까 이런 자세는 모두 서구문명론을 전제한 모색이었고 학문적이라기보다는 정치적 성격을 띤 운동에 가까웠다.

알아프가니가 우리에게도 다른 나라가 도달한 지식의 마지막 단계와 향상의 정점에 도달할 수 있는 모든 수단이 있는데 오직 나태와 어리석음과 무지만이 걸림돌이라고 했을 때,[102] 이는 부지런함과 지식이 결여되었다는 말이었다. 강유위가 보기에 중국에는 서구 치강(治强)의 근본인 기독교 같은[103] 교(敎)가 결여되어 있었다. 채원배(蔡元培, 1868~1940)가 1921년 3월 독일로 가서 접촉한 아인슈타인이 자신의 제안을 받아들여 중국에 발을 들인 것만으로 기뻐한 것은[104] 중국에 현대과학이 결여되었다고 느꼈기 때문이다. 망명 후의 양계초가 보기에 근대 중국 쇠잔의 주원인은 애국심을 일으킬 국민국가가 결여되었기 때문이었으며,[105] 또한 중국은 서구와 달리 천부인권과 삼권분립이 불완전한 상태였다.[106] 엄복이 보기에 유교에는 자유에 해당하는 개념이 없었다.[107] 진독수 같은 『신청년』 중심의 지식인들이 보기에 중국 정체의 원인은 민중, 특히 청년의 정신적 각성이 결여되었기 때문이었다.[108] 『신청년』 중심의 지식인들은 전통의 역할에 부정적이었기 때

---

102 판카지 미슈라, 앞의 책, 106쪽.
103 양계초, 이기동・최일범 역, 『청대학술개론』, 여강출판사, 1987, 90쪽.
104 제임스 포스켓, 김아림 옮김, 『과학의 반쪽사』, 블랙피쉬, 2023, 361~362쪽.
105 조병한, 앞의 논문, 353쪽.
106 이춘복, 「청말 양계초의 정치사상에 대한 인식 변화」, 『한국사학사학보』 27, 2013, 143~144쪽.
107 조정란, 『중국 근현대 사상의 탐색』, 삼인, 2003, 234쪽.
108 조경희, 「신문화운동에 나타난 반유교전통정신」, 『중국어문논총』 3, 1990, 181쪽.

문에 유교전통 타파, 백화문학 운동, 심지어 한자 폐지까지 주장하면서 급격한 서구화를 추구하였지만, 나머지 경우는 전통 속에서 서구문명의 기능적 등가물을 발굴해 재해석하거나 결여 극복을 위한 운동을 추구하는 경향을 드러냈다.

강유위는 변법운동 시기부터 신해혁명 이후까지 지속적으로 공자를 신비화하고 공자를 교주로 승격시키려 하면서 공자 제사 전례의 부활, 천단의 하늘제사 거행, 공교의 국교화 선언 등을 이루어냈다.[109] 양계초는 황종희 · 고염무 · 왕부지 · 안원 등의 학풍에 경세치용, 상무임협(尙武任俠), 과학실험의 요소가 있음을 강조하거나,『명이대방록』의 정치사상을 루소와 연결해 찬양하였다.[110] 풍우란(馮友蘭, 1895~1990)은 박사논문 작성 시부터 동서의 문화를 가치표준의 차이가 아니라 시대의 차이로 인식했는데, 이런 견해에 따르면 인류는 같은 본성을 지니고 있기 때문에 중국 철학의 내용은 서구 철학사 안에도 있고, 그 반대도 성립되는 것이었다. 이런 점에서 풍우란은 공자를 소크라테스에 견주었다.[111] 다만 중국은 근대화를 이룬 서구와는 달리 아직 중세시대에 있기에 근대철학은 없는 것이었다. 즉 근대는 서구가 먼저 도달하였을 뿐 중국 역시 도달할 수 있는 인류 공통의 지향점이었고, 나아가 회통할 가능성도 생기는 것이었다.[112]

웅십력(熊十力, 1885~1968)도 전통문화와 사상 속에서 과학과 민주의 단서를 찾고, 이를 바탕으로 서구문명을 수용하여 신문화를 건설하는 기초로 삼고자 했다. 그에 따르면 육경은 이미 과학과 민주에 관한 단서를 내포하고 있

---

[109] 이상화,「근대 중국의 계몽, 그 의미와 한계」,『대동문화연구』74, 2011, 369쪽.
[110] 조병한,「양계초의 계몽주의 역사관과 국학」,『한국사학사학보』16, 2007, 140쪽.
[111] 풍우란, 정인재 역,『중국철학사』, 형설출판사, 1977, 77쪽. 호적 역시 공자를 소크라테스에 견주었다. 호적,「중국철학에 있어서의 과학정신과 방법」, 민두기 편역,『호적문선』, 삼성미술문화재단, 1972, 232쪽.
[112] 이승모,「풍우란의 중서문화관에 대한 일고찰」,『범한철학』51-4, 2008, 150~153쪽.

었는데 그것이 진·한대를 거치면서 소실되었기 때문에 서양의 것을 흡수하여 끊어진 것을 다시 이을 수 있다고 주장했다.¹¹³ 그의 후학들인 당군의 (唐君毅, 1909~1978)와 모종삼(牟宗三, 1909~1995) 역시 중국문화가 지닌 어떤 내재적 요인에 의거하여 과학과 민주가 중국에서도 성취될 수 있다는 주장을 굽히지 않았다.¹¹⁴ 그들이 보기에 이런 자세는 불교로 야기된 문화적 위기를, 옛것의 내부로부터 새것을 이끌어냄으로써 극복하였던 송명이학의 선례 및 '온고이지신' 같은 유학 본래의 창조 정신을 따르는 것이기도 했다.¹¹⁵ 그런 의미에서 주체성의 확립이라는 실천적 성격을 강하게 띠었지만 과학, 민주라는 서구문명의 보편성을 부정할 수는 없었다.¹¹⁶ 중국인과 서양인이 원래 각기 다른 방향으로 달려왔기 때문에 근본적으로 접근할 만한 점이 없다는 것은 결코 받아들일 수 없다고 웅십력이 발언한 것은¹¹⁷ 그 때문이다.

요컨대, 결여 상태를 극복하기 위한 비서구의 지적 모색은 크게 볼 때 두 가지 유형으로 구분할 수 있을 듯하지만, 그럼에도 불구하고 이 구분은 대체로 서구를 완전태로, 비서구를 결여태로 간주하는 전제를 공유한 점에서 경계선이 뚜렷하지는 않다. 즉 전면적인 서구화를 추구하던 인물들도 자기 전통 속에서 서구문명의 기능적 등가물을 찾거나 전통의 창조적 계승을 주장할 수 있으며, 반대로 자기 전통 속에서 서구문명의 기능적 등가물을 확인하던 인물들이 전통의 폐기 위에서 전면적인 서구화를 추구할 수도 있는 것이다.

---

113 연재흠, 「당대 중국의 문화보수주의에 대한 철학적 조명」, 『중국학보』 63, 2011, 409~410쪽.
114 송종서, 『현대 신유학의 역정』, 문사철, 2009, 123~124쪽.
115 위의 책, 122쪽.
116 당군의, 모종삼, 서복관, 장군매 4인이 1958년에 발표한 「爲中國文化敬告世界人士宣言」에서도 중국의 문화에 서구의 민주제도와 과학기술이 결핍되었음을 강조하였다. 위의 책, 277쪽.
117 위의 책, 127쪽.

예를 들면, 신문화운동에 참여했던 주요한 인물들 중 마르크스주의를 받아들인 인물들과 그 후예들은 전통의 폐기와 단절을 추구하였지만 그런 한편으로 사회구성체론에 입각해서 중국사의 전개 과정을 설명하려고 시도하였는데 이는 서구의 역사발전 단계가 중국사에서는 어떻게 구현되었는지를 총체적으로 확인하려 했다는 점에서 서구 역사의 기능적 등가물을 중국사 속에서 발굴하려는 자세로 볼 수 있다. 1930년대 '중국사회사논전'의 쟁점은 당대 중국이 자본주의사회인지 아니면 봉건사회인지에 대한 판단 문제였지만 중국사 전체의 역사 단계를 재조명하는 것으로 이어졌다. 도희성(陶希聖, 1899~1988) 중심의 '신생명파(新生命派)'나 엄영봉(嚴靈峰, 1904~1999) 중심의 '동력파(動力派)'가 중국의 자본주의적 성격을 강조한 반면 왕학문(王學文, 1895~1985), 반동주(潘東周, 1906~1935) 중심의 '신사조파(新思潮派)'는 중국 사회의 봉건성을 강조했다.[118] 그러므로 이택후(李澤厚, 1930~2021)가 5·4처럼 전통을 내던지는 것이 아니라 전통 속에서 자신을 발견하고 인식하여 자신을 바꾸어가는 수밖에 없다거나,[119] 청산과 쇄신은 중국 전통 속의 긍정적인 요소를 계승하는 것이라고 주장하는 것도[120] 어색하지 않다.

비서구인들이 서구에 대한 뿌리 깊은 열등감을 극복하지 못한다면 두 가지 방향의 모색은 반복될 운명이었지만, 달리 생각해보면 비서구인들이 서구에 대한 열등감이 극복되는 시점을 맞이할 경우에는 정반대로 비서구를 완전태로 상정하면서 인류의 미래가 비서구의 전통 속에 존재한다고 주장할 가능성도 상존한다. 문명과 야만이라는 관념 속에서는 우·열 및 완전·결여가 항상 전제되기 때문이다. 1차 대전 이후 양계초가 상황이 반전되었

---

[118] 김대환·백영서 편, 『중국사회성격논쟁』, 창작과비평사, 1988.
[119] 리쩌허우, 김형종 옮김, 앞의 책, 91~92쪽. 이택후도 그의 선배들을 따라서 여전히 다음과 같이 말했다. "중국의 전통에는 모든 것을 자신의 독립적인 분투·모험정신에 의지하는 적극적이고 진취적인 개인주의가 결여되어 있다." 같은 책, 95쪽.
[120] 위의 책, 98쪽.

으니 중국문화가 적극적으로 서구문화를 구원해야 한다고 주장한 것은[121] 21세기 '대국굴기'를 꿈꾸는 중국의 최근 국학열이 앞으로 견지할 모습을 미리 보여 준 예고편은 아니었을까?[122]

이상과 같은 방향의 모색과는 전혀 다른 지적 행보를 보인 인물도 없진 않았는데 대표적으로 전목과 양수명(梁漱溟, 1893~1988)을 꼽을 수 있다. 전목은 유럽과 중국의 근본적인 차이점을 지적하면서 중국 역사에 유럽의 경험을 적용시키려는 시도 및 중국 전통을 반대하고 말살하려는 시도 모두를 비판했다.

> 오늘날 우리 자신이 중국의 전통을 반대하고 우리 스스로의 2천 년 역사를 말살시키려고 하고 있으나 역사는 이미 역사로서 되어 있는데 어떻게 한번에 말살할 수가 있겠는가? 다른 나라는 다른 나라의 역사가 있는데 우리 자신이 또 어떻게 다른 나라의 역사적 전통에 마음대로 삽입할 수가 있겠는가?[123]

따라서 전목에게 당대 중국이 봉건사회인지 자본주의사회인지에 대한 질문은 불필요했다.[124] 양수명 역시 중국문화의 진로는 민주주의·과학·자본주의와 전혀 다른 길이어서 아직 과학으로, 아직 자본주의로, 아직 민주주의로 나아가지 못한 것이 아니라 '이미' 나아갈 수 없다고 여겼다.[125] 하지만 이런 생각을 가진 이들은 소수였다.

---

121 송종서, 앞의 책, 56쪽.
122 감양(甘陽)은 21세기 중국이 서구적 민족국가에서 문명국가 건설로 전환해나가야 한다면서 양계초가 제기한 역사적 연속성을 지니는 거대한 중화문명 개념에 기반하여 문명대국으로서 미래 중국의 비전을 구상하고 있다. 이종민, 「양계초의 중국몽과 『신중국미래기』」, 『중국학보』 71, 2015, 188쪽.
123 전목, 신승하 역, 『중국역대정치의 득실』, 박영사, 1974, 259쪽.
124 김택중, 「전목의 통사연구론」, 『한국사학사학보』 16, 2007.
125 송종서, 앞의 책, 94쪽; 량수밍, 강중기 옮김, 『중국문화요의』, 산지니, 2020, 76쪽.

4. 아시아도, 결여태도 아닌 일본

19세기 초에도 서구에 대해 비교적 정확한 정보를 접하고 있던 일본에서 양이론은 쇄국론보다는 내정개혁 주장으로 이어졌고, 그나마도 시모노세키 전쟁이 마무리된 1864년 이후로는 양이를 표방할 수도 없게 되었다. 대신에 거의 모든 정치세력은 국제사회에 참여하면서 부국강병과 해외 진출을 이루어야 한다는 공감대를 형성했다.[126] 아편전쟁의 충격, 페리 내항 이후 상호 전쟁에 돌입한 서구의 상황, 문치 관료가 아닌 사무라이가 지배계급이었다는 점이 일본의 기민한 대응을 가능케 했다고 평가되기도 한다.[127] 사쿠마 쇼잔(佐久間象山, 1811~1864)의 동도서예론(東道西藝論)에[128] 영향받은 요시다 쇼인(吉田松陰, 1830~1859)도 '오랑캐의 사정을 알지 못하면서 어찌 오랑캐를 물리칠 수 있으랴'는 절박함으로 여러 차례 밀항을 시도하기도 했고, 그 결과 양이의 최선봉에 선 조슈번은 서양 탐구에도 최선봉이 되었다.[129] 쇼잔은 기본적으로 해방론(海防論)에 머물렀던 반면 쇼인은 적극적으로 해외에 진출해야 한다는 주장을 개진했다. 물론 서구문명의 적극적인 수용을 일본 사회의 대세로 이끄는 데 가장 앞장선 인물은 『서양사정외편』에서 'Civilization'을 '세상의 문명개화'로 번역한 후쿠자와 유키치(福澤諭吉, 1835~1901)였다.

그가 저술한 『문명론의 개략』에서는 인류가 마땅히 경과해야 할 단계로서 야만, 반개(半開), 문명이라는 범주가 제시되었다. 이때 현 단계에서의 문명은 구체적으로는 유럽과 미국이었고 일본은 터키, 중국 등과 함께 반개였는데,[130] 후쿠자와가 참여했던 계몽사상가들의 결사, 메이로쿠샤(明六社)

---

126 박훈, 『메이지 유신은 어떻게 가능했는가』, 민음사, 2014, 98~99쪽.
127 마루야마 마사오·가토 슈이치, 임성모 역, 『번역과 일본의 근대』 이산, 2000, 15~26쪽.
128 사쿠마 쇼잔이 견지한 해방론의 핵심은 해방을 위해 서구문명의 수용을 불가피하게 여겼다는 점에 있다. 송석원, 「사쿠마 쇼잔의 해방론과 대 서양관」, 『한국정치학회보』 37-5, 2003, 34쪽.
129 가노 마사나오, 김석근 옮김, 『근대 일본사상 길잡이』, 소화, 2004, 23쪽.

의 제창자였던 모리 아리노리(森有禮, 1847~1889) 역시 야만, 반화, 개화로 이어지는 인류의 발전과정을 설명하고 있었다.[131] 따라서 서구문명이 현재 세계인이 도달한 최고의 단계이므로 서구문명을 목표로 해서 논의의 기준을 정하고, 이 기준에 의거해서 사물의 이해와 득실을 이야기해야 한다는 후쿠자와의 입장이나[132] 영어 채용에 관한 모리의 구상은[133] 기본적으로 이 같은 문명론에서 도출된 것이었다. 『메이로쿠잡지』에 가장 많은 글을 게재한 쓰다 마미치(津田眞道, 1829~1903)도 기독교를 도입해서 일본의 개화 진보를 돕자거나 문명국이 되기 위해서 고문의 폐지를 주장했는데,[134] 이런 사례들은 메이지유신 초기 일본 지식인들도 일본을 '결여태'로서 바라보면서 서구를 닮거나 이식하려는 모색을 하고 있었음을 잘 보여준다.

실제로 나카무라 마사나오(中村正直, 1832~1891)는 1872년 「서양인을 닮자는 의견서」를 작성했고,[135] 이와쿠라 사절단의 『특명전권대사미구회람실기(特命全權大使米歐回覽實記)』는 항상 구미와 비교해 일본이 부족한 이유가 무엇인지를 생각한다는 관점을 취했다.[136] 즉 메이지 일본의 자기상은 서양적 지를 섭취하는 정도에 따라 측량되며, 끊임없이 서양의 시선을 통해서 자기의 위치를 재확인하려는 충동에 직면하게 되었다.[137] 따라서 그들에게 일본의 과거는 격렬하게 부정해야 할, 그리고 절연해야 할 대상이 되었다.[138]

130　福澤諭吉, 松澤弘陽 校注, 『文明論之槪略』, 岩波書店, 1995, 25쪽.
131　박양신, 「근대 초기 일본의 문명 개념 수용과 그 세속화」, 『개념과 소통』 2, 2008, 48~49쪽.
132　福澤諭吉, 앞의 책, 29쪽.
133　이연숙, 고영진·임경화 옮김, 『국어라는 사상』, 소명출판, 2006, 32쪽.
134　박양신, 앞의 논문, 50~51쪽.
135　이에나가 사부로, 수유+너머 일본근대사상팀 옮김, 『근대 일본 사상사』, 소명출판, 2006, 49쪽.
136　다나카 아키라, 강진아 옮김, 『소일본주의』, 소화, 2002, 33쪽.
137　나카네 타카유키, 건국대학교 대학원 일본문화언어학과 옮김, 『'조선' 표상의 문화지』, 소명출판, 2011, 48쪽.

물론 자유민권파 나카에 조민(中江兆民, 1847~1901)의 경우 서구문명을 보편적 문명으로 여기기보다는 특수한 문명으로 상대화하면서 동양의 복권을 도모했기에, 민권이라는 것은 서구에만 있는 것이 아니라, 맹자와 유종원도 일찍이 간파한 것이었다. 우에키 에모리(植木枝盛, 1857~1892)가 보기에도 사회계약설은 루소 고유의 것이 아니라 사토 잇사이(佐藤一齋, 1772~1859)나 맹자에게서도 발견되는 것이었다.[139] 하지만 일본이 완전한 문명국이 되기 위해서는 서구와 같은 입헌제를 실시해야 한다고 여겼던 점에서,[140] 또 동양 문명도 문명의 범주에 속한다고 본 다구치 우키치(田口卯吉, 1855~1905)가 서구문명이 가장 선진적이라는 점을 인정한 것에서 보이듯[141] 자유민권파 인물들에게도 일본이 결여 상태에 있다는 사실은 다르지 않았다. 문명개화라는 도도한 시대사조 속에 잠겨있던 당대의 지식인들에게 나쓰메 소세키(夏目漱石, 1867~1916)와 같은 인식을 기대하기에는 많은 무리가 따랐다.[142]

그런데 흥미로운 것은 일본의 경우, 서구를 전범으로 삼고 그것의 모방에 노력하면서도, 점차 서구를 경쟁상대로도 여기기 시작했다는 점이다. 이런 특징은 중국, 조선과 달리 문명화에 성공했다는 자신감 및 1874년 대만 침공, 1875년 운요호 사건, 1879년 류큐 처분 등 침략적 자세의 정립과 유관한 것 같다. 즉 이웃한 지역을 '공략'과 '획득'의 대상으로 여기기 시작하면서 일본은 아시아를 사이에 둔 경쟁자로서도 서구를 바라보게 되었던 것이다. 후쿠자와는 대만 침공 이후 일본이 장래 서양 제국과 함께 우뚝 솟을 수 있게 되어야 한다는 전망을 그려냈고, 1882년에는 중국이 외국인들

---

138 가노 마사나오, 앞의 책, 47쪽.
139 위의 책, 72~73쪽.
140 함동주, 「근대일본의 문명론과 그 이중성」, 『근대계몽기 지식 개념의 수용과 그 변용』, 소명출판, 2004, 374쪽.
141 함동주, 「근대일본의 형성과 역사상」, 『역사학보』 174, 2002, 183쪽.
142 미요시 유키오, 정선태 옮김, 『일본문학의 근대와 반근대』, 소명출판, 2002, 119쪽.

의 손에 떨어진다면 일본인도 함께 중원을 차지하기 위해 경쟁할 뿐이라는 의향을 드러냈다.143 이런 인식은 불평등조약 개정 추구 및 일본을 아시아의 일원이 아니라, 서구의 일원으로 간주하는 인식을 낳았고,144 그 전형을 후쿠자와「탈아론」(1885)에서 확인하게 된다.145 갑신정변 직후에 작성된 이 글에서 그는 일본은 이미 아시아의 고루에서 탈피하여 서구문명으로 옮겼다고 주장하면서 중국과 조선을 일본에 털끝만큼도 도움이 되지 않는 이웃으로 규정하더니,146 끝내는 청일전쟁을 '문명과 야만'의 전쟁으로 여겼다.147 도쿠토미 소호(德富蘇峰, 1863~1957)도 같은 시기 상고사에서 로마가 지녔던 천직이 근세사에서 일본이 지닌 천직이라고 간주하고 있었고,148 심지어 위대한 우치무라 간조(内村鑑三, 1861~1930)조차도 청과 일본 간의 전쟁을 페르시아와 그리스, 카르타고와 로마, 스페인과 영국 간의 전쟁과 유비하고 있었다.149 '아시아 연대론'의 대표자 타루이 토키치(樽井藤吉, 1850~1922)의 조선과 일본 합방 구상조차도 팽창주의적 발상을 내재한 것이었으며 주종

---

143 야스카와 주노스케, 이향철 옮김,『후쿠자와 유키치의 아시아 침략사상을 묻는다』, 역사비평사, 2011, 104 · 173쪽.

144 서구문명론에 포섭된 채로 약간의 서구화를 이룬 비유럽 지역 인물들이 자국을 서구로 여기는 자세는 다른 곳에서도 보인다. 이집트의 헤디브, 이스마엘 파샤(Ismaïl Pasha, 1830~1895)도 자기 나라는 아프리카가 아니라 유럽에 속한다고 여겼다. 판카지 미슈라, 앞의 책, 113쪽.

145 福澤諭吉,「脫亞論」,『時事新報』1885.3.16.「脫亞論」은 중국 및 아시아에 대한 멸시와 대외 강경책을 강하게 드러낸『時事小言』(1881)을 이은 것이다. 야스카와 주노스케, 앞의 책, 141~144쪽.

146 야스카와 주노스케, 앞의 책, 176~177쪽.

147 福澤諭吉,「日清の戰爭は文野の戰爭なり」,『時事新報』1894.7.29.

148 德富蘇峰,「羅馬人と日本人」, 草野茂松 · 並木仙太郎 編,『蘇峰文選』, 民友社, 1915, 392쪽.

149 内村鑑三,「世界歷史に徵して日支の關係を論ず」,『小憤慨錄』下, 少年園営業部, 1898, 252~269쪽. 아리스토텔레스는『정치학』에서 그리스인과 페르시아인을 '자유'와 '굴종'으로 대비하였고 이 구도는 서구의 지적 전통에 계승되었다. 강정인,『서구중심주의를 넘어서』, 아카넷, 2004, 157~162쪽.

관계의 연대를 의미하는 것이었다.150

요컨대 메이지 초기와 달리 '문명화'의 성취와 아시아에 대한 침략은 서구와의 동등성과 경쟁의식을 추구하는 경향으로 일본을 이끈 듯한데, 이 새로운 경향은 연쇄적으로 일본 사회에 몇 가지 특징들을 낳았다고 보인다. 첫째, 서구와 경쟁할 수 있는 토대로서 일본의 고유성을 새롭게 주목하면서 국수의 보존과 발전을 추구하는 운동의 등장이다. 1888년에 설립된 정교사(正敎社)는 이런 운동을 대표하는 듯한데, 시가 시게타카는 특수한 지리환경에 적응하는 과정에서 형성된 일본 고유의 것들을 국수로 정의했고, 그 보존과 발전을 우승열패의 민족경쟁에서 활보횡행하기 위한 기반으로 보았기에,151 일본이 서구에 동화되는 것이 아니라, 서구문명을 일본의 국수인 위(胃)로 씹어서 소화한 후 신체에 동화시켜야 한다고 여겼다.152

둘째, 프랑스 계몽주의에 경도되었던 메이지 초기와 달리 독일을 전범으로 여기기 시작했다는 사실이다. 이와쿠라 사절단이 서구를 시찰했을 때만 해도 프로이센은 근대 일본의 창출을 위한 여러 선택지 가운데 하나였을 뿐이지만153 1880년대에 들어서 조선에서부터 중국으로까지 야망의 시야를 넓히면서 프로이센의 길을 선택하게 된다.154 이는 프로이센이 소국에서 대국으로의 길을 성공적으로 걸어간 모범이라고 보았기 때문이다. 1881년 이노우에 고와시(井上毅, 1844~1895)가 "오직 프로이센만이 우리나라에 가깝다."라고 발언하거나155 흠정헌법의 모델을 찾기 위해 이토 히로부미(伊藤博

---

150 이규수, 「근대 일본의 동아시아 인식체계」, 『사림』 39, 2011, 103쪽; 타루이 토키치에 대한 좀 더 자세한 설명은 다음을 참조. 旗田巍, 이기동 역, 『일본인의 한국관』, 일조각, 1983.
151 우지엥잉, 「중국의 국수파와 일본의 국수주의」, 『한국문화』 41, 2008, 163~164쪽.
152 가노 마사나오, 앞의 책, 87쪽.
153 다나카 아키라, 앞의 책, 56쪽.
154 위의 책, 77쪽.
155 이에나가 사부로, 앞의 책, 69쪽.

文, 1841~1909)가 1882년 1월 프로이센으로 떠난 것도 이 때문이었다. 초기의 민권론적 경향을 버리고 극단적인 국가주의로 전향한 가토 히로유키(加藤弘之, 1836~1916)도 독일학의 선구자였다.

셋째, '동양사' 등장이다. 청일전쟁이 시작된 1894년 기존 유럽사 위주의 세계사에 반발하여 그것을 동양사와 서양사로 나누고 동양사의 비중을 높이자는 주장이 중등교육계에서 제기되었는데 이는 세계사가 사실은 서양사일 뿐이라는 인식이 등장했기 때문이었다.[156] 이후 1910년 동경대에서 지나사학과가 동양사학과로 개조되면서 국사·동양사·서양사학과의 삼사학과 체제가 확립되었다. 여기에는 청일전쟁, 러일전쟁, 조선병합의 연쇄적 침략 과정 속에서 동양의 과거와 현재에 대한 지식을 생산, 보급할 필요성이 배경으로 자리잡고 있었다.[157] 동시에 이는 동양사를 일단 분리시킴으로써 서구와 동등한 위치에 둔 것이었고, 일본을 또 동양에서 구별해낸 것이었다. 즉 서구와 동등한 동양이 설정되었지만 그것은 일본을 서구와 동등하게 취급하기 위한 예비 절차로 이해되며 초점은 일본을 서구와 동등하게 만드는 것이었다고 여겨진다. 이렇게 되면 일본은 유럽과 마찬가지로 결여태인 아시아를 지도할 수 있는 자격을 지녔음을 학문적으로 증명할 수 있다고 여겼기 때문이다. 게다가 청일전쟁, 러일전쟁의 승리 및 영일동맹은 일본의 이런 자신감을 확신하게 만들었다. 이제 일본은 결여태가 아니었다.

삼사학과 체제 수립 과정에서 결정적 기여를 한 시라토리 구라키치(白鳥庫吉, 1865~1942)와 그의 동료들은 서구와 나란히 진행하는 역사를 개발했다.[158] 세계사의 기본적 문화유형을 군사적인 북과 문화적인 남으로 나누어서 상

---

156 스테판 다나카, 박영재·함동주 옮김, 『일본 동양학의 구조』, 문학과지성사, 2004, 80쪽.
157 백영서, 「'동양사학'의 탄생과 쇠퇴」, 『한국사학사학보』 11, 2005, 171쪽.
158 스테판 다나카, 앞의 책, 145쪽.

호 간의 길항을 축으로 역사 전개를 설명한 것인데, 이 남북·문무의 대립항은 그대로 진보성의 유무, 문명-미개의 대립 도식에 겹쳐진다. 이때 일본은 영국과 함께 전자로 간주되었고, 이는 일본이 '특수 동양', 즉 준(準)서구적 위치에 서서 '기타 동양'을 바라보는 구조를 그가 창출했음을 의미한다.[159] 따라서 '지나'에서 역사가 정지한 것과는 대조적으로 시라토리에게 일본의 역사는 진행 중이고 끊임없이 진보하는 과정이었다.[160]

우치무라 간조에게도 일본은 서구 기독교 국가와 마찬가지로 훌륭한 정신의 소유자들을 배출할 수 있는 나라였기에 사이고 다카모리(西鄕隆盛, 1828~1877)를 아퀴나스, 크롬웰과 같은 인물들에 비견했다.[161] 이 과정에서 우치무라는 사이고를 양명학자로 간주했는데, 이는 에도막부의 체제교학으로서의 주자학에 대항하는 반체제적 성격의 양명학을 상정하면서 양명학을 서양 기독교에 유비하기 위함이었다.[162] 이노우에 테쓰지로 역시 가마쿠라시대부터 에도시대 이전까지를 서양의 암흑시대에 방불하는 '중세'로 규정하고 에도시대의 도래를 '르네상스'로 불렀는데 고학파가 등장했기 때문이라는 것이다. 이노우에가 보기에 주자학의 맹점은 사람으로 하여금 도덕적 실천으로 나아가기 어렵게 하는 사변성에 있었다. 그리고 이 사변성은 고학파에 의해서 타파가 시도된 것이었다.[163]

---

[159] 미쓰이 다카시, 「일본의 동양사학은 어떻게 형성되었는가?」, 『역사학의 세기』, 휴머니스트, 2009, 164~165쪽.
[160] 스테판 다나카, 앞의 책, 174쪽.
[161] Kanzo Utimura, *Representative Men of Japan*, Keiseisha, 1908(조양욱 옮김, 『대표적 일본인』, 기파랑, 2011, 46·65쪽).
[162] 이새봄, 「이노우에 테쓰지로의 '유학 삼부작'」, 『한국사상사학』 61, 2019, 9~10쪽. 오카쿠라 텐신(岡倉天心, 1863~1913)이 『무사도』를 영어로 집필한 것도 기독교 같은 보편적인 도덕이 일본에도 있었음을 알리기 위해서였다.
[163] 이새봄, 앞의 논문, 19~20쪽. 이런 한편으로 이노우에는 양명학을 중시하였는데 이는 양명학을 신도와 연결시킴으로써 국가적 정신을 지탱하는 데 활용할 수 있다고 여겼기 때문이다.

하라 가쓰로(原勝郎, 1871~1924)는 일본문명 발달의 온전한 출발점을 가마쿠라시대로 규정하였는데, 이는 로마제국의 쇠락과 게르만의 융성, 유럽 중세의 형성 등 유럽사 전개와 유사한 전개를 일본에서 찾아낸 것이었다.[164] 미우라 히로유키(三浦周行, 1871~1931)는 유럽 중세를 특징짓는 봉건 관계의 기능적 등가물을 가마쿠라막부와 어가인무사(御家人武士)와의 주종 관계에서 발견하려고 노력했다. 즉 가마쿠라막부와 어가인무사와의 관계를 중세 유럽 봉건제에 유비한 것이다.[165] 이렇게 봉건제는 일본과 서구를 병렬로 놓는 담론으로서 기능한 동시에 중국에 대한 일본의 발전을 증명함으로써 중국을 경시하는 담론으로 기능했고, 후쿠다 도쿠조(福田德三, 1874~1930)에게서 보이듯 조선의 후진성을 설명하는 도구로 바로 전용됐다.[166]

마르크스주의 역사학에서도 이런 경향은 동일하게 나타났다. 1927년에 창간된 『노농』 및 『일본자본주의발달사강좌』(1932~1933)로 상징되는 일본 마르크스주의 역사학에서 중요하게 논쟁되었던 주제들은 메이지 유신이 부르주아 민주주의 혁명인지 절대주의인지의 여부, 따라서 전략적 목표가 사회주의 혁명인지 2단계 혁명인지의 여부, 기생지주제하의 고액 현물 소작료가 과도적일 망정 자본제적 지대(地代)인지 반봉건적 지대인지의 여부 등이었는데, 이 같은 논쟁은 당연히 서구의 역사 전개를 보편적인 것으로 전제한 위에서 일본의 역사를 서구의 그것에 총체적으로 유비하는 과정에서 이루어진 것이었다.[167] 또한 아시아에서의 '일본예외주의'와 같은 인식이

---

164 나가하라 게이지, 하종문 옮김, 『20세기 일본의 역사학』, 삼천리, 2011, 64쪽.

165 新田一郎, 『中世に国家はあったか』, 山川出版社, 2004, 33쪽.

166 봉건제가 동아시아 사회의 근대 발전을 평가하는 척도로서 식민주의와 반식민주의 모두의 전략이 된 것은 이 때문이다. 이훈상, 「의도적 망각과 단선적 역사서술」, 『진단학보』 88, 1999, 340~341쪽.

167 이 시기 일본자본주의 논쟁에 대해서는 다음을 참조. G. A. 호스톤, 김영호·류장수 옮김, 『일본자본주의논쟁』, 지식산업사, 1991; 조관자, 「'사회과학·혁명논쟁'의 네트워크」, 『한림일본학』 17, 2010.

공유되면서 전제국가와 농업공동체로 대별되는 중국사회에 비하여, 에도시대 일본은 서구의 봉건제와 유사하다는 설명이 대세를 이루었다. 여기에는 비트포겔(Karl August Wittfogel, 1896~1988) 등의 학설이 영향을 주었다고 평가된다.[168] 그러므로 마르크스주의 역사학이 사학사적으로 보면 계몽사상이나 문명사와 연결되는 지점이 있다는 설명은[169] 정곡을 찔렀다.

요컨대 서구를 완전태로 여기면서 자신을 결여태로 여기던 경향은 메이지 초기 계몽주의적 문명론의 유행에서 보듯 일본이라고 다르지 않았다. 하지만 문명화에 성공하였다고 여긴 자신감은 침략적 자세로 이어지면서, 스스로를 다른 아시아와는 구별되는 존재로 설정하게 하였고, 서구와 유사한 일본의 역사상을 확인하려는 자세로 이끌었다. 이 자세를 견지한 것은 마르크스주의 역사학도 마찬가지였는데, 보편적인 진보에 대해 확신하면서 역사의 의미를 추구한다는 점에서 계몽주의적 문명사관의 한 갈래였기 때문이다. 서구의 침략에 속절없이 굴복하였던 중국의 모색이 서구와 유사하게 보이는 요소들을 중국사 속에서 힘들게 찾아서 보편의 가능성을 뒤늦게나마 '발굴'해보려던 것에 가까웠다면, 일본의 모색은 총체적으로 일본사를 유럽사에 대칭함으로써 예부터 내재한 보편을 '확인'하는 것에 가까웠다.

이렇게 되면 서구문명론을 전제한 중국 지식인들의 경우 자기 전통을 총체적으로는 긍정하기 어려웠던 데 반해, 일본 지식인들은 서구문명론을 전제하면서도 자기 전통을 총체적으로 긍정하는 경향이 나타날 수 있었다. 일본 전통은 특수한 것이면서도, 동시에 서구문명과 비견되는 보편적인 것이 되기 때문이다.[170] 일본사의 문명사적 전망과 민족주의적 해석은 이 점

---

[168] 1935년 비트포겔이 일본에 초청되었는데 마르크스주의 지식인들은 비트포겔이 중국과 일본의 역사발전을 근본적으로 다르게 보고 있다는 점을 비중 있게 소개하였다. 이후 일본만이 보편적 역사발전 단계를 밟아왔다는 인식은 학설로서 자리잡았다. 이석원, 「국민사상과 제국」, 『인문과학』 54, 2014, 141쪽.

[169] 나가하라 게이지, 앞의 책, 103쪽.

[170] 계몽주의와 낭만주의를 공존시키는 것 같은 이런 모색은 프랑스에서 먼저 나타났는데,

에서 공존할 수 있는 가능성을 확보하였던 것 같다. 국민사상이라는 주제에 천착한 쓰다 소기치(津田左右吉, 1873~1961)가 서구문명적 발전사관에 입각해서 아시아에서 일본만이 사회 내적 원동력을 통해 역사적 전환을 이루어 낸 반면, 중국 및 아시아 여러 나라들은 근본적으로 변하지 않는 사회라고 여기면서 세계문명의 보편적 담지자로서의 일본을 강렬하게 지향했던 것은[171] 이런 이유 때문 아니었을까? 그런데 이 맥락에서 보면 자유민권파에 가까운 논객이었던 도쿠토미 소호가 삼국간섭 이후 국권론으로 태도를 전환하였던 것이[172] 실은 대단한 전신(轉身)이 아닐 수도 있다는 점에서 불길한 그림자를 드리웠다.

과거의 전범이었던 서구와 직접 충돌하는 상황을 맞이하여 더 이상 서구를 전범으로 대우할 수 없게 된 1930년대 이후에 문제는 복잡해졌다. 서구에 유비되는 일본의 특징들을 총체적으로 확인하려는 자세를 폐기하면서 일본만의 고유성을 강조하는 것이 더 중요하다는 논리가 나타날 수 있었기 때문이다. 서구와의 관련성을 긍정하면서 일본문화의 독자성을 찾으려 한 쓰다 소기치를 비판하면서 '대팔주(大八洲)의 신국'인 일본 내에 원초적으로 존재하는 우수한 문화의 고유성을 발견하는 것이 중요하다던[173] 미노다 무네키(蓑田胸喜, 1894~1946)나 새로운 일본은 서구에 대한 모방을 넘어서 일본 내부에서부터 이루어져야 한다며 일본정신을 강조했던[174] 오카와 슈메이(大

기조에 의하면 프랑스 국민은 인류의 문화를 만들어내고 전파시키는 전달자가 된다. (이진일, 「근대 국민국가의 탄생과 '국사'」, 『한국사학사학보』 27, 2013, 293쪽) 마치 니가 이탈리아를 통해서, 미츠키에비츠가 폴란드를 통하여 세계의 고통받는 인민들은 자유로 인도될 것이라고 여긴 것은 여기에서 파생된 인식이다. 에릭 J. 홉스봄, 박현채 · 차명수 역, 『혁명의 시대』, 한길사, 1984, 193~194쪽.

171 이석원, 앞의 논문, 150쪽.
172 가토 요코, 윤현명 · 이승혁 옮김, 『그럼에도 일본은 전쟁을 선택했다』, 서해문집, 2018, 144쪽.
173 노병호, 「미노다 무네키[蓑田胸喜]의 '원리일본'과 1930년대의 일본」, 『동북아역사논총』 41, 2013.

川周明, 1886~1957)는 이 지점 가까이에 서있던 것 같다. 이 두 사람은 일본의 고유성을 발견하는 방법상에서의 차이점을 드러냈지만 결과적으로 더 견고하고 완성미를 갖춘 통합 구조로서 모순되지 않는 '일본적 아이덴티티=천황주의'를 함께 만들어냈다.[175] 특히 미노다는 '일본'을 변혁과 창조의 대상이 아니라 유지와 보호, 신앙의 대상이자, 이미 확립된 세계문화의 단위로 여겼다.[176] '문화유형론'의 입장을 견지한 와쓰지 데쓰로(和辻哲郎, 1889~1960)가 유럽적 보편성을 지역적 특수성으로 되돌리는 한편으로 일본문화의 고유성을 구축해간 것도 지적 모색의 측면에서 공유점이 보인다. 와쓰지는 가장 높은 형태로 인류의 법을 체현하는 일본과 국민을 자기 서술적인 이념사로 서술했다.[177]

일본 국민뿐 아니라 막다른 길에 봉착한 개인주의 타개를 위해 고투하는 세계 인류를 위해서도 편찬되었다는[178] 『국체의 본의』가 발행된 것도 이때였다. 그러므로 『국체의 본의』에 따르자면 일본이 청일전쟁, 러일전쟁, 한국병합, 만주국 건국 등의 행보를 보인 것은 건령(乾靈)께서 나라를 내리신 덕에 보답하고 사해에 위엄을 빛내고자 하는 마음의 표현이었으며, 그 결과 동양의 평화를 유지하고 인류의 복지를 유지·증진할 책임 있는 지위에 오른 것이었다.[179] 결국 진주만 공습과 싱가포르 함락으로 '귀축(鬼畜)영미'가 일시적으로 물러나고 '대동아'가 펼쳐지자, 인류의 미래를 이끌 새로운 가치를 서구가 아니라 일본에서 찾으려던 이른바 '근대의 초극'이라는 모색의 등장은[180] 자신을 보편으로 여기는 추세의 극단적 양상을 보여주는 것이

---

[174] 鄭毅·전성곤, 「'상대적 객관성' 구조와 '동양' 표상의 곤란성」, 『인문논총』 74-3, 2017, 273~275쪽.
[175] 鄭毅, 「일본 내부 '우익'의 차이성과 천황국가론」, 『한일관계사연구』 51, 2015, 330쪽.
[176] 노병호, 앞의 논문, 435쪽.
[177] 고야스 노부쿠니, 김석근 옮김, 『일본근대사상비판』, 역사비평사, 2007, 171쪽.
[178] 文部省 編纂, 『國體の本義』, 內閣印刷局, 1937, 6쪽.
[179] 위의 책, 28·141쪽.

었다. 그간 서구가 주도하고 일본이 동참하는 양상으로 보편을 이해했다면 이제 서구는 보편이라는 지위를 일본에게 넘겨주면서 뒤안길로 사라지고 일본만이 보편적 위상을 지닌 완전태가 된 듯한 분위기가 조성된 것이다. 야나이하라 다다오(矢內原忠雄, 1893~1961) 같은 인물들은 겨우 존재할 뿐이었다.

그러나 일본의 패전은 일본의 지성계에서 '근대의 초극'이라는 주제를 폐기시켜 버렸다. 그리고 근대를 '초극'하는 것이 아니라 근대를 온전하게 '완성'하는 것이 시급한 일이라는 반성을 불러왔다. 이는 서구가 전범의 위치를 회복했다는 것을, 동시에 일본은 다시 결여태의 지위로 추락해버렸음을 의미했다. 마에다 나오노리(前田直典, 1915~1949)가 중국·한국·일본의 고대를 같은 차원에서 파악해야 한다고 주장한 것도 일본을 아시아로 귀속시킬 수밖에 없다는 문제의식의 소산으로 이해된다.[181] 마루야마 마사오는 일본의 근대를 일본 역사의 내재성이 발현된 결과로 해석하면서, 쇼와 시대의 파시즘 체제는 그러한 필연을 거스르는 역행이었으며, 예외적 상황이라고 보았다. 이는 근대와 문명에 대한 자신의 믿음을 유지하기 위해 고안한 궁여지책이면서, 동시에 일본을 일시적인 결여태, 혹은 이탈로 간주한 것이었다.

오규 소라이(荻生徂徠, 1666~1728)의 『태평책』을 마키아벨리의 『군주론』에 비견할 만큼,[182] 마루야마가 보기에 일본의 국학은 근대를 예비하는 사상이었는데 천황 절대주의는 그 본래의 필연적 귀결이 시대적 한계에 부딪혀 일시적인 분출구를 찾은 것이었다.[183] 즉 일본은 잠시의 이탈에서 돌아와

---

[180] '근대의 초극'이란 담론은 1942년 『文學界』가 특집으로 마련한 좌담회를 계기로 한 시기를 풍미했으나 야스다 요주로, 니시다 기타로, 고바야시 히데오에 의해서 1935년을 전후하여 완성된 형태로 이미 제시되었다고 보기도 한다. 가라타니 고진, 「근대의 초극에 대하여」, 히로마쓰 와타루, 김항 옮김, 『근대초극론』, 민음사, 2003, 241쪽.

[181] 민두기 편, 『중국사시대구분론』, 창작과비평사, 1984, 11쪽.

[182] 마루야마 마사오, 김석근 옮김, 『일본정치사상사연구』 통나무, 1995, 196~198쪽.

[183] 강정인·장원윤, 「마루야마 마사오의 정치사상에 나타난 서구중심주의와 일본중심주

본궤도를 찾으면 되었다. 마루야마가 후쿠자와를 '훌륭한' 민주주의의 선구자로서 높이 평가하면서 민주화의 계몽을 시작한 것이나[184] "일본에서 근대적 사유는 '초극'은커녕 진정으로 획득된 적조차 없다는 사실은 그리하여 점차로 누가 보더라도 분명하게 드러났다."라고 말한 것은[185] 이런 측면에서 이해된다. 주목되는 점은 일본 파시즘에 대한 마루야마의 설명이 독일사에서 히틀러는 '우연의 산물'이므로 전후 근본적인 재교육은 필요 없으며, 다만 과제는 독일의 '불멸의 본질'이라고 할 수 있는, 괴테로 대표되는 문화주의적 흐름에 젖줄을 대는 것이라고 본 『독일의 파국』(1946)에서의 마이네케 설명과 거의 똑같다는 사실이다.[186] 흥미롭게도 마루야마는 1930년대 후반에서 1940년대에 걸쳐 마이네케의 고전적 저작 『국가권력의 이념사』를 숙독하고 깊은 감명을 받았다고 증언했다.[187]

마르크스주의 역사학자들도 화려하게 부활했다. 일본 사회의 전근대적인 특징을 예리하게 파헤치면서 파시즘 체제에 저항했던 이들의 행적으로 말미암아 그들의 논리에는 부정하기 어려운 정당성이 부여됐기 때문이다. 그러다 보니 마르크스가 『정치경제학비판』 서문에서 언급한 역사 전개를 보편적인 것으로 전제한 위에서 일본의 역사를 서구의 그것에 유비하려는 형태를 띠지 않을 수 없었다. 따라서 전후 마르크스주의 역사학은 일본 역사의 제 단계를 마르크스가 언급한 지적을 원용해 시대구분하려는 지향을

의」, 『정치사상연구』 14-2, 2008, 18쪽.
184 야스카와 주노스케, 앞의 책, 57쪽.
185 고야스 노부쿠니, 앞의 책, 208쪽.
186 김인석, 『역사주의 연구』, 청사, 1991, 99·228쪽. 이런 설명 유형의 좀 더 오래된 기원은 중세를 인류의 삶에서 '하나의 질병, 일시적인 기억상실증'으로 치부한 퐁트넬(Bernard Le Bovier sieur de Fontenelle, 1657~1757)까지 소급할 수 있다. 황수영, 「서양 근대 사상에서 진보와 진화 개념의 교착과 분리」, 『개념과 소통』 7, 2011, 111쪽.
187 나카노 도시오, 서민교·정애영 옮김, 『오쓰카 히사오와 마루야마 마사오』, 삼인, 2005, 131쪽.

드러냈다.[188] 장원제 사회의 역사적 성격 논쟁, 태합검지(太閤檢地) 성격 논쟁 등이 이루어진 것도 이 때문이었다. 이런 연구 자세는 일본의 현 단계를 어떻게 규정하든 '해결'해야 할 단계로 본다는 점에서 일본의 근대가 영국의 근대와 무엇이, 왜 다른지를 추적하며 '위로부터의 왜곡된 근대'를 '정상적' 근대로 변혁시키는 문제에 골몰했던 오쓰카 히사오(大塚久雄, 1907~1996)나[189] 마루야마와 마찬가지로 실천적 전망을 담고 있는 것이었고 동시에 일본을 일단 결여태로 상정한 것이었다.

일본을 완전태의 일원으로 재정립하려는 시도도 부활했다. 마르크스주의자 핫토리 시소(服部之總, 1901~1956)는 중국, 조선과 달리 일본은 막말에 이미 자본의 매뉴팩처 단계를 잉태하고 있었기에 자본주의적 발전을 성취할 수 있었다고 설명했다.[190] 근대 유럽의 '산업혁명(Industrial Revolution)'에 비유해, 근세 일본의 경제발전을 '근면혁명(Industrious Revolution)'이라고 명명한[191] 하야미 아키라(速水融, 1929~2019)는 근대 서유럽과 에도 일본의 공업화 과정에서 보이는 경제적 조건의 근본적인 차이점을 전제하면서도 일본은 외부로부터의 임팩트가 오자 '근면혁명'이라는 역사적 배경 탓에 공업화에 대해 충분한 적응력을 보여줄 수 있었다는 방식의 설명을 유지함으로써, 핫토리와 마찬가지로 일본을 서구에 견주어보려는 자세를 끝내 벗어버리지 못했다.[192]

---

188 나가하라 게이지, 앞의 책, 189쪽.
189 염운옥, 「'근대의 표상'으로부터의 이탈과 다원화」, 『한국사학사학보』 17, 2008, 159쪽.
190 服部之總, 『近代日本のなりたち』, 日本評論社, 1949, 133~135쪽. 핫토리의 견해는 이미 1928년의 『明治維新史』에서 표출된 바 있다. 이헌창, 「조선 후기 자본주의맹아론과 그 대안」, 『한국사학사학보』 17, 2008, 98쪽.
191 하야미 아키라, 조성원·정안기 공역, 『근세 일본의 경제발전과 근면혁명』, 혜안, 2006.
192 개항 전 시장 발전, 제도와 사회적 역량 등은 조선이 산업혁명으로 진입할 역량을 갖추지는 못하였으되, 경제 근대화를 준비하는 기반을 닦고 있었음을 보여준다는 설명은(이헌창, 앞의 논문, 121쪽) 어느 정도 하야미의 논리를 닮았다.

가장 주목되는 의견은 다케야마 미치오(竹山道雄, 1903~1984)의 주장이다. 다케야마는 16세기를 경계로 해서 일본과 서양에 있어서는 종교의 지배가 뒤바뀌어서 정신의 현세화, 세속화라는 현상이 일어났고, 그런 정신 태도가 근대적인 경제제도와 정치제도를 만들었다고 보았다. 이런 점에서 볼 때 일본과 서양을 제외한 지역은 종교적으로 성스러운 것에 궁극적인 가치를 두었기 때문에, 현세에 있어서 세속적인 활동을 중시하지 못하였고 따라서 근대화=산업화를 할 수 없었다는 것이다.[193] 이 정도 설명이면 서구와 일본만이 완전태라는 문명론을 완벽히 복구한 동시에 베버를 거의 옮겨온 것이었다. 일본의 고도성장과 '태평'의 지속은 이런 경향이 지속되는 배경을 제공했다.

물론 중국·한국과 달리 일본만 근대화에 성공하였다는 시각을 수용하지 않고 새로운 인식틀로 동아시아 근대사를 설명하려는 노력도 일찍부터 학계에서 진행되었고 지금도 진행되고 있다. 예를 들어 우에하라 센로쿠(上原專祿, 1899~1975)는 모든 민족과 문명이 저마다 독자적으로 역사적 형성의 걸음을 내딛으면서 다원적인 문명을 발전시켜 왔다는 점을 세계사 인식의 근간으로 삼았고, 야스마루 요시오(安丸良夫, 1934~2016)는 이념화된 서구형 근대를 기준으로 하는 '전후역사학'의 경향을 근원적으로 비판하는 시각에서 민중사상을 분석했다. 또한 미조구치 유조(溝口雄三, 1932~2010)는 유럽회로의 눈에 입각해 아시아에서 유럽적, 혹은 의사(擬似)유럽적인 것을 발견하려 하면서 일본·중국의 근대를 우열·선후 관점에서 파악하거나, 반대로 중국의 특수성을 '초근대'로 격상시키려는 시도 등을 모두 비판하면서 중국의 '이적(異的)' 전근대와 근대의 전 과정을 장기적으로 투시해야 한다고 주장했다. 나아가 미조구치는 세계를 새롭게 해석하기 위해 중국을 방법으로 삼아야 한다는 목표까지 제시했다.[194] 하지만 아직 그런 노력이 학계를 넘어

---

[193] 야스마루 요시오, 남춘모 역, 『방법으로서 사상사』, 대왕사, 2010, 236쪽.

선 부문까지 충분히 파급되진 못한 것 같다. 2020년 G7 정상회담을 확대해 한국 등을 참여시키자는 구상에 대해서 일본이 매우 부정적 입장을 드러낸 것은[195] 서구와 일본만이 완전태라는 기본 시각과 무관치 않을 듯하다.

서구인들도 유사한 시각을 드러내곤 했다. 1961년부터 5년간 주일 미 대사를 역임했던 라이샤워(Edwin Oldfather Reischauer, 1910~1990)는 일본이 비서구 국가 중 유일하게 근대화에 성공하였다고 평가했고,[196] 비서구 국가들 중에 일본만이 근대 산업국가로 탈바꿈하기 위해 서구문화로부터 필요한 것을 매우 급속하게 섭취할 수 있었다고 여긴 벨라(Robert Neelly Bellah, 1927~2013)는 서구 자본주의의 이념적 동력으로 기능했다는 프로테스탄티즘의 유사한 역할을 일본의 경우 에도시대의 정토진종(淨土眞宗)이 수행했다고 여겼다. 예를 들어 근면과 절약을 강조하면서 아미타불에 대한 신앙을 현세에서의 윤리적 행위로 드러내라고 가르친 진종의 선생들은 상업상의 이윤 추구를 자신과 다른 사람들 모두에게 이익이 되는 '자리이타원만(自利利他圓滿)'의 설로 합리화하였다는 것이다.[197] 앤더슨(Perry Anderson)도 아시아에서는 예외적으로 일본이 자본주의로의 이행을 이루었다는 사실에 주목해, 유럽과 일본 봉건제의 유사성과 차별성 모두를 비교해 보았다.[198]

요컨대 일본의 문명론과 자타인식은 일본이 확보하게 되는 현실적인 지위 속에서 규정될 가능성이 높아 보인다. 즉 태평양이 '미국의 호수'인 한에서는 일본의 자타인식은 서구와 일본만을 완전태로 여기는 관념 속에서 머무를 가능성이 높다. 하지만 미국의 위상이 변화되고, 동아시아 지역에서

---

194 나가하라 게이지, 앞의 책, 198·227쪽; 미조구치 유조, 앞의 책; 요나하 준, 최종길 옮김, 『중국화하는 일본』, 페이퍼로드, 2013, 129~131쪽.
195 https://www.khan.co.kr/politics/defense-diplomacy/article/202006282048035.
196 장세진, 「라이샤워(Edwin O. Reischauer), 동아시아, '권력/지식'의 테크놀로지」, 『상허학보』 36, 2012, 106쪽.
197 로버트 엔. 벨라, 박영신 옮김, 『도쿠가와 종교』, 현상과 인식, 1994, 150~154쪽.
198 페리 앤더슨, 김현일 옮김, 「일본의 봉건제도」, 『절대주의 국가의 계보』, 현실문화, 2014.

의 영향력이 감소하게 된다면, 일본만을 완전태로 여겼던 인식의 유산이 변형된 형태로나마 부활할 가능성은 남게 된다. 전후에 도쿠토미 소호가 나카소네 야스히로(中曾根康弘, 1918~2019)에게 한 말은 그런 점에서 주목된다.

> 나는 1950년 무렵 도쿠토미 선생한테서 정치활동에 대단히 큰 영향을 받았다. (…중략…) 당시 일본이 취해야 할 국가전략에 대해 '중국대륙에 손을 댈 때는 신중하지 않으면 안 된다. 도요토미 히데요시, 대동아전쟁 모두 실패의 역사다. 잘못을 되풀이하지 않으려면 일본은 당분간 아메리카와 손잡아야 한다. 다만 아메리카는 지혜가 없으므로 일본이 여러모로 가르쳐 줄 필요가 있다.'라고 말해 주어 큰 참고가 됐다.[199]

5. 결여태에서 벗어나고 싶은 한국

17세기 말 이래 '중화의 유일한 계승자'로 자처해온 조선의 경우 서구는 굳이 관계를 맺을 필요가 없는 이적이었고, 메이지 유신 이후의 '달라진' 일본도 그 범주에 포함되었다. 특히 통상을 통한 관계의 수립은 생존에 필수적인 물화의 유출을 야기한다는 점에서 매우 권장할 수 없는 일이었다.[200] 하지만 조선의 의사는 별로 중요하지 않았고 조선에는 서구와 일본의 강요를 뿌리칠 수 있는 물리력이 없었다. 결국 대원군 실각 후 체결된 조일수호조규를 통해 조선은 세계체제 속에 강제 편입되었고, 이후로 조선 내에서도 변화된 시대에 대응하기 위한 여러 가지 모색이 다양하게 전개되었다. 가장 먼저 등장한 모색은 이른바 '동도서기론'의 방향이었다고 할 수 있다. 1881년 조사시찰단의 수원(隨員)으로 일본에 갔다 온 안종수(安宗洙, 1849~1896)가

---

[199] 정일성, 『도쿠토미 소호』, 지식산업사, 2005, 297쪽.
[200] 崔益鉉, 『勉菴集』 권3 疏 「持斧伏闕斥和議疏」; 黃玹, 『梅泉野錄』 권1 上(임형택 외 옮김, 『역주 매천야록·상』, 문학과지성사, 2005, 155쪽).

서양의 근대농법을 소개한 『농정신편』은 이런 방향을 보여준다. 서문을 작성한 신기선(申箕善, 1851~1909)은 때에 합하고 민에 이로우면 이적의 법이라도 시행할 수 있으며, 우리의 도를 행하는 것은 정덕의 방법이고 저들의 기(器)를 본받는 것은 이용후생의 방법이라고 하였다.[201] 신사척사운동, 임오군란으로 '개화 정책'의 심한 저항에 직면하였던 고종도 서양의 교는 배척하겠지만 이용후생을 위한 기(器)라면 자강의 원천으로 삼겠다는 입장을 공식적으로 드러냈는데,[202] 이때 저들의 기를 본받지 않고는 저들의 침략을 막을 수 없다는, 위원(魏源, 1794~1857)과[203] 요시다 쇼인을 연상시키는 논리도 전개하고 있었다. 고종이 윤음을 내린 이후 '개화' 상소가 봇물 터지듯 올라왔다.

이런 상황이었음에도 불구하고 곧 갑신정변이 일어난 것을 보면, 정변 주체들의 구상은 동=도와 서=기의 관계가 본말론적 논리에서 전개된 동도서기론에[204] 만족하지 못했던 것으로 보인다. "일본이 동방에 영국 노릇을 하려 하니 우리는 우리나라를 아세아의 불란서로 만들어야 한다."라고 했다던 김옥균(金玉均, 1851~1894)의 발언은[205] 일본의 '변화'에 대한 충격이 새로운 사상적 모색으로 그들을 이끌었음을 짐작하게 하는 동시에 서구문명론에 경도된 인상을 준다. 김윤식(金允植, 1835~1922)에 따르면 김옥균, 박영효(朴泳孝, 1861~1939) 등은 유럽을 매우 높이면서 요순공맹을 깎아내려 인류의 도를 야만이라고 하고 서양의 도로써 우리의 도를 바꾸어 나가는 것을 개화라고 했다고 한다.[206] 유길준(俞吉濬, 1856~1914)의 경우 1881년 조사시찰단의

---

201 安宗洙, 『農政新篇』 「農政新篇序」(국립중앙도서관, 古9105-8) "苟合於時 苟利於民 雖夷狄之法 可行也 書曰 正德利用厚生惟和 行吾之道 所以正德也 效彼之器 所以利用厚生也 此所謂竝行而不相悖者也"
202 『承政院日記』 壬午(高宗 19년) 8월 5일 戊午.
203 최소자, 「위원(1794~1857)과 『해국도지』」, 『이화사학연구』 20·21, 1993, 425쪽.
204 배항섭, 「동도서기론의 구조와 전개양상」, 『사림』 42, 2012, 7쪽.
205 徐載弼, 卞榮魯 譯, 「回顧甲申政變」, 『東亞日報』 1935.1.1.

일원으로 방문했던 일본에서 막 돌아온 시점인 1883년경의 저술『세계대세론』을 통해서 이미 후쿠자와 유키치 및 우치다 마사오(內田正雄, 1838~1876)의 문명 단계설을 공감하면서 소개했고, 미국과 유럽을 경험한 후에 정리한『서유견문』에서는 자신의 시각으로 받아들였다.[207] 박영효도 1888년 작성한「건백서」에서 서구문명 지향을 드러냈다.[208] 동도서기론의 입장이었던 고종이나 김윤식, 신기선과는 달리 개신교를 긍정적으로 인식했던 모습에서도[209] 이들이 서구문명론에 가까웠음을 알 수 있다.

갑신정변 주체 중에서 서구문명론에 가장 경도된 인물은 단연 일본을 거쳐 미국으로 건너갔던 필립 제이슨(Philip Jaisohn, 1863~1951)이었을 것이다. 그러므로 그를 통해서 서구문명의 추구라는 두 번째 모색의 전형을 볼 수 있다. 청일전쟁의 경험과 갑오개혁을 통해 문명에 대한 논의가 촉진되던 시점에 귀국한 그는 조선말과 조선 이름을 사용하지 않을 정도로 완벽한 서구인으로서 행동하였고『독립신문』을 통해서 서구문명론을 설파하는 데 주력했다. 그에게 조선 백성은 세계에서 '제일 불쌍한' 백성이었기 때문이다.[210] 『독립신문』은 철저히 서구적 관점에서 문명의 단계를 넷-문명국, 개화국, 반개화국, 야만국-으로 나눈 전제 위에서[211] 전 사회적 부분에서 조선

---

206 권오영,「동도서기론의 구조와 그 전개」,『한국사시민강좌』7, 1990, 83쪽.
207 박한민,「유길준『세계대세론』(1883)의 전거와 저술의 성격」,『한국사학보』53, 2013, 60쪽.『세계대세론』(1883)에서는 4단계(야만→미개→반개→문명)였다가『서유견문』(1889)에서는 3단계(미개→반개→개화)로 변화했다. 이기백,『한국사학사론』, 일조각, 1999, 137쪽.
208 박영효,「개화에 대한 상소」,『근대한국명논설집』, 동아일보사, 1979.
209 이광린,「개화파의 개신교관」,『역사학보』66, 1975, 24~25쪽.
210 「논설」,『독립신문』1897.6.10. "세계 인민 즁에 데일 불샹흔 빅성은 죠션 빅성인디"
211 「나라등슈」,『독립신문』1899.2.23. "현금 동 셔양 각국이 다 등슈가 잇스니 데 一등은 문명국이요 그 다음에는 기화국이요 그 다음에는 반 기화국이요 그 다음에는 기화 못흔 야만국이라 대개 셰계에서 말ᄒ기를 영길리와 미리견과 불란셔와 덕국과 오디리 등 나라는 데一등 문명국라 ᄒ며 일본과 이틔리와 아라샤와 뎡말과 하란등 나라는 기화국이라 ᄒ며 대한과 쳥국과 셤라와 파사와 면젼과 토이긔와 익급등 나라는 반 기화

의 '개혁'을 촉구하였다. 위생, 청결, 시간 개념, 부지런함, 운동을 강조하였으며[212] 유학을 버리고 개신교를 수용할 것을 적극 권유했다.

『독립신문』의 시각에서 볼 때 신앙을 실천하기 위해 학교와 병원을 세운 서구 개신교도들은 은혜로운 존재들이었으며 나아가 개신교의 신앙 여부는 문명과 야만의 구분이기도 했다. 조선은 김치와 밥 대신에 소고기와 빵을 먹는 것으로 바꾸어야 할 정도로[213] 총체적인 결여태였다. 심지어 1907년 『대한매일신보』조차 한 가지 살 길은 예수교를 믿는 데 있다고 말하는 실정이었다.[214] "조선인은 미래도 없고, 그들의 기질에서 보존할 가치가 있는 단 하나의 요소도 없다."라고 1894년 11월 1일에 기록한[215] 윤치호나 1905년 자신의 유학 동기가 '짐승 같은 저열 상태'에 빠져 있는 한국인의 도덕 수준을 개신교에 바탕한 국민 교육을 통해 향상시키는 데 있다고 고백한 이승만도 같은 시각을 공유하고 있었음은 물론이다.[216]

하지만 유학을 숭상하는 지배층들의 무능과 비실용적 자세로 인해 대난국에 이르렀다는 '과격한' 주장에 대해서 이견이 등장하는 것은 조선에서도 마찬가지였다. 사실 수천 년의 전통 속에 가치 있는 것이 없다고 확신하는 것이 더 어려워 보인다. 따라서 전통 중에서 서구문명에 유비되는 것들을 재발견하고 계승함으로써 서구와 나란한 문명에 도달하자는 세 번째의 입장이 등장한 것은 자연스러웠다. 물론 이 입장도 서구가 지금의 문명이라는 점은 대개 인정하고 있었다.

이른바 '개신유학자'라는 범주 속에서 이해되는 인물들은 동도서기론의

국이라 ᄒ며"
[212] 최규식, 「우승열패의 역사인식과 '문명화'의 길」, 『사총』 79, 2013, 133~140쪽.
[213] 노대환, 「1890년대 후반 '문명' 개념의 확산과 문명 인식」, 『한국사연구』 149, 2010, 256~262쪽.
[214] 박명수, 「한말 민족주의자들의 종교 이해」, 『한국기독교와 역사』 5, 1996, 22~23쪽.
[215] 『윤치호일기 3』, 국사편찬위원회, 1974, 398쪽.
[216] 유영익, 「이승만의 건국이상」, 『한국사시민강좌』 17, 1995, 7쪽.

입장과 구별되는 동시에 독립협회 계열이 추구했던 총체적인 서구화와도 구별되는 서구문명의 수용 방식을 고민하였던 것 같다. 1898년 창간된 『황성신문』의 입장이 주목되는 것은 이 맥락이다.[217] 『황성신문』은 논설의 곳곳에서 서구문명을 지향하면서도 지금은 서구가 문명국이나 과거 동양도 문명국이었다는 점을 언급하였다. 이런 접근 방식은 서구문명을 거부하는 보수층을 설득하기 위함이었겠지만, 동시에 대한제국도 문명이 될 수 있다는 가능성을 열어두기 위한 것으로도 이해된다. 즉 우리도 한때 문명이었다는 관점을 견지할 경우, 현재의 '결여' 상태가 초래된 이유나 결여된 내용을 찾아서 회복할 필요성이 부각될 뿐 아니라 결과적으로는 문명으로의 '복귀' 가능성도 함께 제고되기 때문이다.

서구문명에 기울었던 만큼 『황성신문』이 보기에 우리의 과거에서 회복할 가치가 있는 것들은 시문이나 철학 논쟁이라기보다는 실용적인 것들, 예를 들면 간의대, 혼천의, 거북선 등이었다. 『황성신문』이 가장 심혈을 기울였던 부분은 과거 역사 속에서 서구문명과 유사해 보이는 것들을 찾아내어 재정립하는 것이었다.[218] 그것은 우리가 다시 문명의 일원이 될 수 있는 가능성의 보고이기도 했기 때문이다. 즉 과거 조상들이 해냈듯 우리도 할 수 있다는 논리였다.[219] 이렇게 보면 청일전쟁 이후인 1902년의 김윤식이

---

[217] 「舊學問과 新知識의 關係」, 『皇城新聞』 1907.5.15./16.에서는 당시의 유파를 '舊學固執派', '舊學爲體新學爲用派', '舊學一切摧陷而廓淸派', '新舊學斟酌損益派'로 정리한 후 "願我同胞는 務新學ᄒᆞ며 發新知ᄒᆞ며 造新國ᄒᆞ며 作新民ᄒᆞ야 以立於新世界ᄒᆞ고 無但作守舊之鬼哉어다"라고 결론을 맺었는데 글의 논지로 볼 때 네 번째 유파를 자처하면서 新學에 방점을 둔 것 같다. 「廣文社新刊牧民心書」, 『皇城新聞』 1902.5.19.에서 좀 더 명확하게 볼 수 있다. "韓人之獘ㅣ 頑固者는 必曰禮樂文物을 一倣殷周古法이라야 可以做三代至治라ᄒᆞ고 開化者는 必曰政治敎術을 一遵歐米新法이라야 可以致富强基業이라ᄒᆞᄂᆞ니 是不過虛談之士而已라 夫時移世變에 古今判異 則三代文物이 迂濶於今矣오 風氣俗習이 彼此迥殊 則泰西良法도 柄鑿於我矣니 毋論東西古今ᄒᆞ고 但取其便良ᄒᆞ야 叅酌折衷ᄒᆞ야 務須適合於時措之宜而已니"

[218] 이상의 설명은 다음을 주로 참조. 김진숙, 「문명의 재구성 그리고 동양 전통 담론의 재해석」, 『근대계몽기 지식의 발견과 사유 지평의 확대』, 소명출판, 2006.

박지원의 『연암집』에 이미 평등겸애지론, 군학(群學), 철학, 농학, 공학, 상학, 광무지학(礦務之學) 등이 들어 있다고 설명한 것도²²⁰ 그가 초기에 견지했던 입장으로부터 서기 수용에 좀 더 적극적인 자세를 취하는 쪽으로, 동도의 우월한 지위가 동요하는 쪽으로 미묘하게 변해 가고 있었음을 보여주는 것으로 이해될 수 있다.²²¹ 1910년의 김윤식이 대동의 이념을 오히려 서양이 제대로 깨닫고 실천하는 것에 비해 중국과 대한제국은 소강의 정치에 머물러서 대동을 구현하지 못하고 있다고 지적한 것은²²² 이 맥락에서 주목된다. 여하튼 『황성신문』이 추구했던 모색은 서구문명에 경사되기는 했지만, 그래도 민생국계(民生國計)에 보탬이 되는 경제지책을 고안한 인물들로 이이, 조헌, 이식을 김육, 유형원, 이익, 정약용, 박지원과 함께 언급하였던 것을²²³ 고려하면, 아직 개신유학자들은 성리학과 구별되는, 혹은 대립하는 학문을 설정해야 할 필요성까지는 느끼지 않았던 것 같다. 그들에게 성리학은 아직 완전 폐기의 대상은 아니었기 때문이다.

요컨대 대한제국기 서구문명론을 수용한 지식인들은 대부분 성리학으로 대표되는 전통의 완전한 폐기 위에서의 총체적인 서구화라는 모색과 서구문명과 유사한 전통을 재발견하고 계승하려는 모색 사이에서 방황하고 있었다고 보이는데,²²⁴ 1910년 국망을 계기로 전자 쪽으로 기울어갔다고 할 수 있다.²²⁵ 국망의 책임을 지울 대상으로서 성리학보다 더 적절하고 구체

---

219 앙드레 슈미드, 정여울 옮김, 『제국 그 사이의 한국』, 휴머니스트, 2007, 222쪽.
220 金允植, 『雲養集』 권10 序 「燕巖集序」. 김윤식은 박지원을 몽테스키외와 루소에 비겼는데, 이는 양계초가 황종희를 루소와 연결해 이해한 모습과 같다.
221 김문용, 「동도서기론의 논리와 전개」, 『한국근대 개화사상과 개화운동』, 신서원, 1998, 237~238쪽; 배항섭, 앞의 논문, 14쪽.
222 유권종, 「운양 김윤식의 문명관」, 『한국인물사연구』 24, 2015, 25쪽.
223 「警告儒林(續)」, 『皇城新聞』 1905.9.16.
224 예를 들어 이기(1848~1909)의 모색이 전자에 기울었다면, 장지연의 모색은 후자에 기울었다가 전자로 이동한 듯하다. 李沂, 「一斧劈破」, 『湖南學報』 1·2, 1908(『한국 산문선, 근대의 피 끓는 명문』, 민음사, 2019, 383쪽); 노대환, 앞의 논문, 274쪽.

적인 실체는 쉽게 찾기 어렵기 때문이다. 특히 국망의 원인을 내부로 돌리게 된 배경에는 사회진화론의 영향이 컸다. 사회진화론의 입장에서 보면 국민의 경쟁력이 국가의 운명과 직결되기 때문에 국가가 번성하든, 망하든 이는 모두 내부의 원인에서 초래된 것이 된다. 『파란말년전사(波蘭末年戰史)』의 서문에 따르면 폴란드국은 폴란드인이 스스로 망한 것이지 러시아·프로이센·오스트리아 세 나라가 망하게 한 것이 아니었다.[226] 양계초가 약소국이 스스로 망하였다는 논리를 편 것도 중국은 강자가 되어서 멸망을 막아야 한다는 주장을 펴기 위함이었다.[227] 양계초의 이런 입장은 조선의 지식인들에게 큰 영향을 주었기에 박은식과 신채호의 성리학 비판은 이런 배경에서 잘 이해된다.[228] 특히 이 과정에서 신채호는 성리학은 물론 유학에 대비되는 고유의 '낭가사상'을 설정해서는 유학과의 대결에서 패배한 낭가사상의 소멸로써 국권 상실의 내부 요인을 찾고 있었다. 신채호의 논리를 따라가게 되면, 국권 회복을 꾀하기 위한 한 방법으로 성리학과 유학에 대비되는 고유사상을 부활시켜야 할 필요성이 높아지게 된다.

신채호의 역사인식은 동료와 후배들에게 큰 영향을 주었지만, 유학을 완전히 폐기한 위에서 고유한 사상을 찾는다는 것이 학문적으로는 별로 가능해 보이지 않았다. 그러므로 신채호의 동료와 후배들이 유학의 전통 속에서 서구문명과 유사한 것들을 재발견하였던 개신유학자들의 모색을 계승

---

[225] 신·구학논쟁에서도 한일병합 전후 시기에 이르러 신학은 완전히 학계를 장악했다. 이광린, 「구한말 신학과 구학과의 논쟁」, 『동방학지』 23·24, 1980, 16쪽.
[226] 이기백, 앞의 책, 152쪽.
[227] 전동현, 「청말 양계초의 대한제국기 한국 인식」, 『근대계몽기 지식의 발견과 사유 지평의 확대』, 소명출판, 2006.
[228] 사회진화론의 시각에서 보면, 한국에서의 유교문명과 중국 지배는 부적자(不適者), 비(非)자연선택의 결과이므로 유교문명과 중국 지배를 벗어나야 한다는 결론에 이를 수 있다. 실제로 이 의견은 일본에 사회진화론을 전파한 주역인 모스(Edward Sylvester Morse, 1838~1925)가 직접 표명했다. 우남숙, 「사회진화론의 동아시아 수용에 관한 연구」, 『동양정치사상사』 10-2, 2011, 123쪽.

하면서도 이때 재발견한 학풍과 학문을 유학과는 점차로 대립적인 존재로서 의미 규정하려는 절충적 자세를 취한 것을 잘 이해할 수 있다. 즉『황성신문』의 모색, 그리고 신채호의 모색은 조선학운동 안에서 수렴되었던 것이다.

조선학운동의 지적 수원(水源)이 이렇듯 복합적이었기에 운동의 주체들은 유사한 문제의식을 공유하면서도 각자의 배경에 따라 조금씩 차별성을 띠기도 했다. 교목세가 출신으로 외국 유학 경험이 없던 정인보가 전통 속에서 서구문명에 견줄 만한 가치를 발견하려는 자세도 보였지만 그보다는 성리학의 갱신에 좀 더 관심을 기울이면서 박은식과 마찬가지로 양명학을 주목하는 경향을 보였다면, 개신교의 영향이 강력한 서북 출신으로서 일본 유학 경험이 있고 조선왕조의 지배층 출신이라고 할 수는 없는 문일평과 현상윤은 성리학에 대한 부정적인 인식을 강하게 드러내면서 서구문명에 견줄 만한 가치 발굴에 몰두했다. 일본 유학 경험이 있고 조선왕조의 지배층 후예라고는 할 수 없는 안재홍 역시 후자에 가까웠다. 이미 이런 모색은 안확(安廓, 1886~1946)이 과거 정치사 속에서 근대 정치적 요소를 찾기 위해 저술한『조선문명사』(1923)를 통해서 그 선례를 보여준 바 있었다.[229]

더 흥미로운 사실은 백남운, 김태준, 홍기문, 신남철같이 마르크스주의를 받아들인 학자들 일부도 조선학운동에 참여하고 있었다는 점이다. 이것은 민족주의자의 조선학을 '과학적' 입장에서 비판적으로 수용했기[230] 때문이라기보다는 중국과 일본의 경우에서 살펴본 대로, 마르크스주의 역시 서구를 완전태로 여기는 관점 위에서 비서구의 역사 전개를 서구의 그것에 유비하려는 자세를 견지하고 있었기 때문이다. 백남운, 김태준, 홍기문, 신남철은 세계사적 전개에 비추어 조선을 연구해야 한다는 입장에서 자신들

---

229 안외순,「안확의 조선 정치사 독법」,『온지논총』20, 2008.
230 방기중,『한국근현대사상사연구』, 역사비평사, 1992, 118~120쪽.

의 작업을 과학적이라고 여겼다.231 즉 조선학운동이 기본적으로 서구문명을 지향하면서 이른바 '봉건' 성리학에 대해 부정적인 자세를 전제하고 있는 한 마르크스주의자들과 공유될 지점은 처음부터 존재했다.232

결국 조선학운동의 주체들은 『황성신문』 단계에서 드러낸 개신유학자의 모색과는 달리 망국에 책임이 있는 듯한 성리학과는 구별되는 새로운 학문을 과거 역사에서 설정하는 방법을 모색했다. 그들은 그 실마리를 장지연과 최남선이 주목했던 조선후기 몇몇 인물들의 경세론에서 찾으면서 실학이라고 부르기 시작했다.233 따라서 『황성신문』에서는 성리학의 경세론을 잇는 인물들이었던 유형원, 이익, 정약용, 박지원은 성리학과 거리가 있는 존재로서 별도로 계열화되기 시작했으며 이들로 인해, 특히 정약용으로 인해서 실학은 성리학의 공리 편중에 대한 반동으로 생겨난 새로운 학풍이자 근대 서구사상과 유비되는 지적 유산으로 이해되기 시작했다. 이런 서사는 당사자들의 의식과는 무관하게 나카에 토쥬(中江藤樹, 1608~1648), 쿠마자와 반잔(熊澤蕃山, 1619-1691), 오시오 헤이하치로(大塩平八郎, 1793-1837), 요시다 쇼인 등을 실행에 노력하며 실용적 측면이 강하다는 양명학파의 계통 속에 위치

---

231 조형렬, 「1930년대 마르크스주의 지식인의 학술문화기관 구상과 '과학적 조선학' 수립론」, 『역사학연구』 61, 2016. 마르크스주의자들에게서 세계사적 '보편'과 조선의 '특수'라는 문제의 해결이 하나의 유형으로 간단히 정리되기 어렵다는 점을 잊어서는 물론 안 된다. 홍종욱, 「1930년대 마르크스주의 역사학의 아시아 인식과 조선 연구」, 『한국학연구』 61, 2021.

232 조선학운동의 주체들과 일본 식민주의자들은 기본적으로 서구문명론의 시각을 공유하고 있었다는 점에서 조선학운동이 식민주의적 조선학을 극복할 수 있었는지는 의문이다. 오히려 조선학은 '조선적인 것'에 대한 욕망을 제도적 틀 안에 묶어두고 제국과 식민지 사이의 적대성을 순화시키는 일종의 '정류 장치'의 역할을 한 것으로 평가되기도 한다. 김병구, 「고전부흥의 기획과 '조선적인 것'의 형성」, 『'조선적인 것'의 형성과 근대문화담론』, 소명출판, 2007, 23쪽.

233 실학 용어가 사용된 배경에 대해서는 내·외적인 차원에서 검토가 진행되고 있다. 류준필, 「대한제국기 학과제도 구상과 장지연의 실학」, 『퇴계학논총』 15, 2009; 노관범, 「대한제국기 실학 개념의 역사적 이해」, 『한국실학연구』 25, 2013; 이경구, 『실학, 우리 안의 오랜 근대』, 푸른역사, 2024.

시키거나, 야마가 소코(山鹿素行, 1622~1685), 이토 진사이(伊藤仁齋, 1627-1705), 오규 소라이 등의 학문을 계열화하여 주자학의 사변성을 타파한 '고학파(古學派)'로 규정한 이노우에 테쓰지로의 서사와 아주 닮았다. 특히 쿠마자와에 대해서 양명학을 숭상하면서도 반드시 양명학이 아닌 것처럼 공언했다는 설명은 양명을 말하지 아니하되 그 주장의 주뇌(主腦)되는 정신을 보면 분명 양명학임을 알 수 있는 자로서 홍대용을 꼽은 정인보의 설명 방식과 거의 같다.[234]

그들은 이 지적 유산이 이어졌더라면 서구의 물질문명이 훨씬 일찍 수입되었을 것이라는 아쉬움을 토로하는[235] 동시에 이 유산을 재발굴하여 계승한다면, 앞선 서구를 따라잡을 수 있으리라는 기대를 숨기지 않았다.[236] 「조선인의 단처를 논하여 반성을 촉하노라」는 연재물을 게재한[237] 『동아일보』나 조선민족의 '병세(病勢)'를 의지의 박약, 용기의 없음, 활동력의 결핍, 의뢰심의 많음, 저축심의 부족, 과거의 추억을 일삼음, 신념의 부족, 자존심의 부족, 도덕심의 타락으로 명쾌하게 정리한 최현배와 마찬가지로[238] 이들이 보기에도 조선은 분명 결여태였지만[239] 실학을 재발견하고 계승한다면 분명 서구문명의 단계, 즉 완전태가 될 수 있다고 믿었다. 물론 이들과는 달리 갑신정변 주체들과 독립협회의 모색, 즉 전통과는 정반대의 방향을 지향하자면서 기독교를 조선에 서광을 준 은인으로 여기는 입장도 남아있었고[240] 조선인의 아침 중시 식습관을, 오트밀로 아침을 간단히 때우고 저녁

---

[234] 나카무라 슌사쿠, 「근대일본의 학지와 유교의 재편」, 『사림』 32, 2009, 75~79쪽; 정인보, 『양명학연론(외)』, 삼성미술문화재단, 1972, 148·183쪽.
[235] 玄相允, 「李朝學術史上의 丁茶山과 그 位置」, 『東亞日報』 1935.7.16.
[236] 文一平, 「世界文化의 先驅(4)-世宗大王은 朝鮮人의 大宗師(3)」, 『朝鮮日報』 1933.7.20.
[237] 「朝鮮人의 短處를 論하야 反省을 促하노라(1~7)」, 『東亞日報』 1920.8.9./10./17./18./19./20./23.
[238] 崔鉉培, 앞의 책.
[239] 玄相允, 「朝鮮人의 三大缺點」, 『學之光』 8, 1916.

을 중시하는 미국식으로, 또 식사 방식은 먹고 싶은 것만 한 그릇에 덜어 먹는 일본식으로 바꾸는 게 좋겠다던[241] 입장도 다른 쪽에 남아있었다.

해방과 분단, 그리고 전쟁 속에서도 전통의 재발견을 통해서 완전태, 즉 서구문명을 추구하던 조선학운동의 지적 유산은 사라지지 않았고, 특히 경제적 '부흥'이라는 국가적인 목표와도 잘 공명하였다. 1956년 시점의 한국이 19세기 유럽이나 아메리카 사회에 해당한다고 한 신상초(申相楚, 1922~1989), 한국을 포함한 아시아의 공통된 특징이 '역사적 정체성'이라던 한태연(韓泰淵, 1916~2010), 한국에는 고대 씨족 체제적 요소가 혼재하고 있다던 양회수에게서 보이듯[242] 대한민국은 여전히 결여태였기 때문이다. 조기준(趙璣濬, 1917~2001)이 한국 경제가 내포하고 있는 비근대적 요소를 제거하는 데 관심이 집중돼야 한다고 주장한 것은[243] 같은 인식을 공유했기 때문이다. 다만 폐허가 된 유럽이 아니라 '재조지은'을 베푼 미국으로 전범이 바뀌었다는 점 정도가 차이점이었기에[244] 대한민국은 거의 모든 부문에서 급속한 '미국화'를 추구하였고 미국 역시도 유사한 국가전략을 펼쳤다.

미국은 한국을 미국 주도 세계 질서에 공고히 통합되는 '전선국가(前線國

---

240 孤舟,「耶穌敎의 朝鮮에 준 恩惠」,『靑春』9, 1917 "그러나 培材學堂 一派와 其他 少數 人士는 能히 西洋文明의 一端을 理解하얏소. 獨立協會 갓흔 政治運動은 그 反響이라고 할 만하지요. 아모러나 朝鮮에 新文明의 曙光을 준 者가 耶穌敎會라 함은 否認치 못할 事實이외다.";李春園,「民族改造論」,『開闢』23, 1922 "虛僞되고, 空想과 空論만 즐겨 懶惰하고 서로 信義와 忠誠이 업고 臨事에 勇氣가 업고 利己的이어서 社會奉仕心과 團結力이 업고 極히 貧窮하고, 이런 意味로 보아 이 改造는 朝鮮民族의 性格을 現在의 狀態에서 正反對 方向으로 方面을 變換하는 것이라 할 수 잇슴니다."

241 崔鉉培, 앞의 책, 270~271쪽.
242 홍정완,『한국 사회과학의 기원』, 역사비평사, 2021, 295~300쪽.
243 조기준,「한국경제의 근대화과정」,『사상계』67, 1959, 56쪽.
244 『신세계』(1962.1.1.)에 게재된 홍승면『동아일보』논설위원의 글「하사 정도는 된다」의 요지는 이렇다. "부자 나라라면 역시 미국이겠다. 미국을 대장으로 치자 (…중략…) 선진 국가들은 장관급이다. (…중략…) 일본은 대위나 중위 정도가 아닐까 (…중략…) 우리는 하사 정도일까." 김종태,『선진국의 탄생』, 돌베개, 2018, 151쪽.

家)'로 만들기 위해 국가적으로 개입했는데, 여기에는 '팽창주의적 미국문명'이 도달한 극단으로서의 경계라는 의미도 포함되었다. 즉 미국은 그들이 쌓은 '제도 및 가치'의 전파를 통해서 한국사회가 미국의 이해를 자신의 이해로 받아들이는 곳이 되도록 힘 쏟았던 것이다.[245] 따라서 '미국식' 개신교의 교세와 영향력이 놀랄 만큼 확장된 것은 자연스러운 결과였다. 여기에는 개신교 교회가 미국 유학자 집단의 압도적 다수를 포함하고 있었다는 조건도 작용하고 있었다.[246] 개신교 영향력의 급속한 확대는 분단과 전쟁으로 인해 이미 그 필요성이 크게 높아진 서북 출신 월남인들이 더욱 중요한 역할을 담당할 수 있는 배경을 제공했으며, 그 위에서 서북 출신 개신교 계열 인사들이 중심이 된 『사상계』는 서구 지향의 근대화론을 주도했다.

자유와 평등을 근본이념으로 하는 근대적 과정을 거치지 못하고 봉건사회에서 직접 제국주의 식민지사회로 이행한 우리 역사는 세계사의 조류와 격리된 채 삼십육 년간 암흑 속에서 제자리걸음을 하였다. (…중략…) 그러나 모든 자유의 적을 처부수고 진정한 민주주의 사회를 이룩하기 위하여, 또다시 역사를 말살하고 조상을 모욕하는 어리석은 후예가 되지 않기 위하여, 자기의 무능과 태만과 비겁으로 말미암아 자손만대에 누를 끼치는 못난 조상이 되지 않기 위하여, 우리는 이 역사적 사명을 깊이 통찰하고 지성 일관 그 완수에 용약매진해야 할 줄로 안다. (…중략…) 본지는 순정무구한 이 대열의 등불이 되고 지표가 됨을 지상의 과업으로 삼는 동시에 종(縱)으로 오천 년의 역사를 밝혀 우리의 전통을 바로잡고 횡(橫)으로 만방의 지적 소산을 매개하는 공기로서 자유, 평등, 평화, 번영의 민주 사회 건설에 미력을 바치고자 하는 바이다.[247]

---

245 허은, 『미국의 헤게모니와 한국 민족주의』, 고려대학교 민족문화연구원, 2008, 18~20쪽.
246 강인철, 『한국기독교회와 국가·시민사회』, 한국기독교역사연구소, 1996, 199쪽.
247 『사상계』 25, 1955.8. 卷頭.

1955년 8월에 장준하(張俊河, 1918~1975) 명의로 발표된 '헌장'에는 『사상계』 그룹이 추구하던 지향과 그것을 이루기 위한 방법이 선언적으로 제시되었다. 모두에서부터 스스로를 '결여태'로 상정한 위에서 '어리석은 후예'뿐 아니라 '못난 조상'도 되지 않겠다는 다짐이 특히 의미심장한데, 전자는 전통을 모조리 부정하면서 서구문명을 추구한 모색을, 후자는 전통의 고수에만 집착하였던 보수 계열의 모색을 동시에 겨냥하고 있는 것으로 읽히기 때문이다. 그러므로 이들이 오천 년의 역사를 밝힘으로써 전통을 바로잡는 것을 근대를 완수하기 위한 방법적 차원으로 언급한 것은 자연스러웠으며, 바로 이 지점에서 사상계 그룹의 지향은 전통 속에서 서구문명에 유비되는 것을 재발견하고 계승하는 방법을 추구했던 조선학운동과 연결되었다.[248] 대한제국, 식민지 조선에 이어 대한민국도 이들에게는 여전히 문명이라는 역사적 사명을 완수해야 할 결여태일 뿐이었다. 다만 『사상계』 그룹은 대부분 6·25를 겪은 서북 출신의 개신교 계열 인사들이었다는 점에서 친미·반공적인 성격이 뚜렷했고[249] 반면 민족주의적 성향은 옅었다.[250] 따라서 독립협회의 모색과 유사한 경향도 옅게 남았으며[251] 백남운, 최익한, 김태준까지는 기억하지 않았다.

　이런 점에서 4·19의 민족주의적 경향은 백남운 등의 지적 유산을 부활시켰으며 동시에 문명의 내재적 요인을 좀 더 강조하는 시각의 연구를 견

---

[248] 『사상계』 3·4호와 14호에는 수십 년 전 『동아일보』에 게재되었던 정인보의 「陽明學演論」과 「李星湖와 藿憂錄」이 실렸으며, 10호에는 최남선의 「檀君古記箋釋」이 실렸다. 53호는 육당기념호로 발간되었으며 홍이섭이 문일평과 정인보를 회고한 글도 107호와 115호에 실렸다. 『사상계』 그룹은 문화주의의 이념적 계승자라고 평가된다. 김건우, 『『사상계』와 1950년대 문학』, 소명출판, 2003, 70~71쪽.

[249] 김상태, 「1950년대~1960년대 초반 평안도 출신 『사상계』 지식인층의 사상」, 『한국사상과 문화』 45, 2008.

[250] 김성식, 「병든 민족주의」, 『사상계』 1, 1953.

[251] 독립협회의 모색은 이광수를 거쳐서 『사상계』에도 그 흔적을 남겼다. 안병욱, 「이광수의 『민족개조론』 - 민족 100년 대계를 구상한 대경륜의 서」, 『사상계』 165, 1967.

인했다고 할 수 있다. 60년대 이래 이른바 '내재적 발전론'으로 총칭된 연구 경향이 학계를 주도한 것도 이 때문이다. 그런데 이 연구 경향을 대표하는 토지국유론 비판, 봉건제 해체론, 자본주의 맹아론, 조선후기 신분제 해체론, 그리고 시대구분에 이르는 많은 연구들[252] 역시 기본적으로 서구의 역사 전개를 보편적인 것으로 상정하고 자국의 역사를 거기에 대응시키면서 유사함의 정도를 확인하려던 자세를 견지하였다는 점에서 앞에서 본 바와 같이 중국, 일본의 지적 모색과 궤를 같이 하면서 서구문명론을 전제한 것이었다.

철저한 고증적 자세로 유명했던 한우근조차 "이조후기 사회와 사상에 관한 철저한 연구는 오늘날 한국의 현실과 관련하여 생각하여서도 국사학도의 초미의 급무라고 하지 않을 수가 없다. 그것은 한국이 하루바삐 근대사회로 전환·발전되었어야 할 시기에 있어서 도대체 어떤 역사적·사회적 조건이 우리나라의 사회 발전을 저해하여 왔는가 하는 문제에 대하여 우리는 명확하고도 올바른 해답을 얻어야 하겠기 때문이다."라고 고백하는 상황이었음을[253] 고려하면 해방 이후 좌우를 막론하고 서구를 완전태로, 근대를 목적지로 여긴 후 전통 속에서 서구문명에 유비할 만한 것들을 발굴하면서, 우리 역시 완전태가 될 수 있다고 기대하지 않는 이는 드물었다. 사회진화론적 시각을 거부했던 안병무(安炳武, 1922~1996)는 예외적 존재였다.[254]

이병도(李丙燾, 1896~1989)는 4·19 이전에 신라의 화백회의, 고려의 도병마사회의, 조선의 비변사회의 등을 예로 들면서 원시사회부터 이어진 민주주의적 요소의 유풍을 역설했고,[255] 박종홍(朴鍾鴻, 1903~1976)은 개인의 자각을

---

252 권내현,「내재적 발전론과 조선 후기사 인식」,『역사비평』 111, 2015.
253 한우근,『이조후기의 사회와 사상』, 을유문화사, 1961, 2쪽. 한우근도 서북 출신으로『사상계』의 편집위원이었다.
254 이상록,「1960~70년대 비판적 지식인들의 근대화 인식」,『역사문제연구』 18, 2007, 244~245쪽.

통한 인간 존엄성의 추구는 서양인들만의 사상이 아니며 우리에게도 그 싹이 있은 지 오래라고 하더니[256] 후배 연구자들 역시 이런 자세를 이어받아 한국사 속에서 '문예부흥', '종교개혁', '절대왕정', '민주주의', '민족주의', '상업도시', '중상주의', '계몽주의', '토지 사적 소유', '부르주아적 법제' 등에 유비될 만한 기능적 등가물을 발굴하는 데 골몰하였다. 갑신정변, 갑오개혁, 독립협회, 광무개혁, 계몽운동의 부르주아적 성격 등을 놓고 이견이 있었던 것은[257] 서구 역사에 구한말 역사를 유비하던 자세와 연관된 결과였다. 시대구분을 통해서 중세와 근대의 기점을 찾으려고 노력한 것은[258] 한국사를 '세계사'라는 이름의 서구 역사에 총체적으로 대응시킴으로써, 특히 봉건제를 검출함으로써 동아시아 사회 정체성의 근거로 활용된 '봉건제 결여론'을 이론적으로 극복하는 동시에, 고대에서 중세로, 또 중세에서 근대로의 이행을 설명하기 위함이었다.[259]

『사상계』 필진 이광린(李光麟, 1925~2006)은 필립 제이슨을 한국의 '볼테르'로 간주하는 것에 동의했고,[260] 안병태(安秉珆, 1931~1976)가 갑신정변을 부르

---

255 이병도, 『국사상으로 본 우리의 지도이념』, 국민사상지도원, 1952, 40~41쪽.
256 박종홍, 「한국에 있어서의 근대적인 사상의 추이」, 『대동문화연구』 1, 1963.
257 역사문제연구소 민족해방운동사 연구반, 『민족해방운동사』, 역사비평사, 1990, 99~128쪽.
258 강진철, 「한국사의 시대구분에 관한 시론」, 『진단학보』 29·30, 1966 ; 하현강, 「한국의 노예제사회와 봉건제사회의 문제」, 『한국사의 반성』, 신구문화사, 1969 ; 한국경제사학회, 『한국사시대구분론』, 을유문화사, 1970 ; 양병우, 「우리나라에도 봉건제도가 있었는가」, 『역사교육』 14, 1971. 이 점은 북한에서도 마찬가지였다. 武田幸男, 「奴隷制と封建制」, 朝鮮史研究會·旗田巍 編, 『朝鮮史入門』, 太平出版社, 1966.
259 봉건제 결여론을 극복하기 위한 노력은 주로 토지제도를 중심으로 전개되었는데, 가장 큰 이유는 봉건제 결여론과 토지국유론, 즉 공전론(公田論)이 논리적으로 결합되어있었기 때문이며, 이 토지국유론을 식민주의사학자들뿐 아니라, 마르크스주의사학자들도 견지하고 있었기 때문이다.(강재언 외, 편집부 역, 『봉건사회 해체기의 사회경제구조』, 청아출판사, 1988, 13쪽) 단 마르크스주의자들은 아시아적 봉건사회의 특질로서 봉건적 토지국유론을 견지한 탓에 한국 봉건사회의 존재를 부정하지는 않았다.
260 이광린, 「서재필의 개화사상」, 『동방학지』 18, 1978.

주아 '변혁'으로 규정한 것은[261] 서구 부르주아 혁명을 염두에 둔 것이었다. '탕평군주'의 정치사상이라며 '민국론(民國論)'을 유교적 정치사상의 근대적 지향이라고 규정하거나[262] 정조(正祖)의 통치를 총체적으로 '근대를 향한 전진'이었다고 평가한 것은[263] 이런 자세의 변주들이었다. 그러므로 실학이 중세 사상인 성리학과는 대립하면서 근대를 지향한 조선후기의 새로운 사상,[264] 즉 '개신' 유학으로서 정의된 것은[265] 자연스러웠다.

요컨대 조선후기에 서구문명에 유비되는 기능적 등가물이 있었음을 확인하려던 오랜 모색 속에서 설정되기 시작했던 실학은 드디어 반성리학이자 자생적 근대화론이라는 역사적 위상을 확보했다. 물론 이런 서사는 주자학에 대결하는 양명학을 설정한 우치무라 간조, 주자학의 사변성을 타파한 존재로서 고학을 부각한 이노우에 테쓰지로, 근대를 예비하는 사상으로서의 국학을 설정한 마루야마 마사오의 관점과도 꼭 닮았다. 이는 일본의 학계와 한국의 학계 모두 기본적으로 서구의 역사 전개를 전범이자 보편으로 보면서, 자국의 역사를 그 전범에 끼워 맞추려다가 벌어진 현상이었기 때문에, 일본인들이 이 논리 위에서 오직 서구와 일본만이 완전태라는 주장을 할 수 있었다면, 이제 한국인들도 한국이 완전태가 될 수 있다고 주장할 수 있는 논리를 갖게 되는 셈이었다. 그런 점에서 조기준과 김영호의 가설은 한 개인에게만 국한된 인식은 아니었다고 보인다.

> 근대사학에 있어서의 발전사관은 인간이 본질에 있어서 단일성을 가지

---

[261] 안병태, 『한국근대경제와 일본제국주의』, 백산서당, 1982, 191쪽.
[262] 이태진, 「18세기 한국사에서의 민의 사회적·정치적 위상」, 『진단학보』 88, 1999, 262쪽.
[263] 한영우, 『정조의 화성행차 그 8일』, 효형출판, 1998, 80쪽.
[264] 김용섭, 「조선후기의 농업문제와 실학」, 『동방학지』 17, 1976, 60쪽.
[265] 천관우, 「한국실학사상사」, 『한국문화사대계 6』, 고려대학교 민족문화연구소, 1970, 1,044쪽.

고 있다는 관조(觀照)를 전제로 하는 것이다. 이러한 관조에 입각한다면 19세기의 선진국이나 20세기의 동양의 모방국은 다만 발전의 선후, 즉 발전단계의 차이를 의미하는 것이지 발전가능성의 결여를 뜻하는 것은 아닌 것이다. (…중략…) 유럽의 근대문화의 모체가 된 르네상스 및 종교개혁 이래의 새로운 문화양상은 유럽인과 접촉하기 이전의 많은 동양 민족국가의 역사과정에서도 비록 맹아의 형태였을 망정 이미 체험하고 있었던 것이다. 유럽의 근대문화가 동양이라는 불모지에 이식된 것은 결코 아니다. (…중략…) 근대적이라고 표현되는 유럽의 19세기 및 20세기의 시대상은 동양인이 유럽인과 접촉하지 않았더라도 그들의 역사과정에서 언젠가는 도달할 수 있었던 것이라고 보아야 할 것이다.[266]

식민지로 전락되기 전에 이미 기술교육을 비롯한 근대교육의 일반화, 실학사상을 기반으로 하여 성장한 실용주의 정신과 민족주의 정신의 팽창, 공업에 대한 투자의 증가와 근대기술의 산업에의 응용, 근대기계의 자립적 생산이 이루어져 이미 도약(Take-off)을 위한 준비가 진행되고 있었던 것이다. 그러므로 한국이 독립의병전쟁에서 일본군민 물리칠 수민 있었디라면 머지않아 스스로 산업혁명을 수행할 수 있었으리라는 것은 충분히 가능한 일이었다고 할 수 있겠다.[267]

조기준과 김영호의 가설이 앞서 본 문일평과 현상윤, 그리고 "우리 조선민족은 정상적인 역사법칙의 궤도를 지나온 것이고 금후 걸어갈 갱생에의 동향(動向)도 또한 역사법칙의 운동과정에 의할 것"이라던 백남운의 인식을[268] 잇고 있다는 점은 어렵지 않게 알 수 있다. 마찬가지로 4·19 직후 장준하가 이제 만방의 자유애호 인민들 앞에 떳떳이 얼굴을 내어 놓을 수 있

---

266 조기준, 『한국자본주의성립사론』, 고려대학교 아세아문제연구소, 1973, 19쪽.
267 김영호, 「한말 서양기술의 수용」, 『아세아연구』 31, 1968, 343쪽.
268 白南雲, 『朝鮮社會經濟史』, 改造社, 1933, 447쪽.

게 되었다고 기뻐한 것도, 유진오가 이번 '혁명'으로 한국인은 민주제도를 위하여 서구 사람들과 완전히 동등한 자격이 있음을 보여주었다고 평한 것도, 안병욱(安秉煜, 1920~2013)이 근대 서구사회가 200년 전에 치른 혁명을 이제 치른 것으로 여긴 것도[269] 시민혁명이라는 '역사적 결여'를 채울 수 있는 하나의 근거를 확보했다는 기쁨의 환호이자 완전태에 가까워졌다는 사실에 대한 자부심의 표현이었던 것으로 보인다.

결국 이 사례들은 서구문명의 기능적 등가물을 전통 속에서 찾으려던 국학 연구자들이 취할 자세를 잘 보여준 것으로 이해해도 크게 틀리지 않는다. 즉 우선 자국의 과거 속에서 서구문명에 유비되는 기능적 등가물을 지속 발굴하여, 자국 역시 서구와 동일한 역사적 경로를 지나왔다는 '과학적' 서사를 구축, 강화하는 것이다. 이때 서구와 시간 차이가 나게 된 주요한 원인으로서는 일제의 침탈이 가장 크게 상정된다. 또한 현실 속에서 '역사적 결여'를 채울 수 있다고 여겨지는 운동-예를 들면 민주주의, 민족주의-에 적극 참여하는 '실천적' 자세이다. 그러므로 천관우, 이우성, 정창렬 등 조선후기의 실학을 전제하고 탐구했던 대표적 연구자들이 군사정권에 의해 해직, 투옥 등의 경험을 공유하게 된 것이 이상하지 않다.[270]

만약 역사적 결여로서 '산업화'에도 주목하게 되면, 군사정권의 경제부흥 정책에 동참할 가능성도 생긴다. 5·16 쿠데타 초기에 장준하가 공산주의와 대결하면서 자유, 복지, 문화의 방향으로 국가를 재건해야 할 민족적 과업이 크다고 '당부'했던 것도[271] 그가 민주주의 못지않게 산업화를 문명의

---

[269] 이상록, 『한국의 자유민주주의와 『사상계』』, 고려대학교 민족문화연구원, 2020, 111~114·150쪽.

[270] 이 말이 실학을 전제하지 않는 연구자들은 현실 참여를 하지 않는다는 의미로 해석돼서는 안 된다. 한국 현대사에서의 현실 참여는 맥락은 개인마다 다르기 때문에, 현실 참여의 논리가 하나일 수는 없다. '지조의 상징' 조동탁의 현실 참여는 그의 가풍, 가학에 따른 선비의 우국적 자세에 가깝다. 근대 서구문명에 대한 모방을 경계했던 이상은의 현실 참여 역시 유사한 맥락에서 이해된다. 이황직, 『군자들의 행진』, 아카넷, 2017.

가치로 중시하고 있었고, 그 산업화를 통해서 복지가 이루어진다고 여겼기 때문이었다.[272] 즉 해방 후 '실학이라는 생각'은 조선후기라는 과거를 이해하기 위한 시각이나 방법에서 머무는 것이 아니고 현재 삶의 방향을 규정하는 이정표의 위상을 지니게 되었다. 따라서 '실학이라는 생각'의 지류에 있는 이들의 시각에서 볼 때 실학은 계승, 발전시켜야 할 유산이었다.[273]

그런데 오스만제국, 중국 등에서도 보았듯이 비서구 역사 공동체가 서구문명론을 견지하는 한 내부에는 서구문명의 길로 나아갈 수 있는 가능성이 부재하므로 외부적인 이식과 자극을 기대할 수밖에 없다고 주장하는 입장이 함께 존재하는 것은 거의 필연적으로 보인다. 이것은 실증의 문제라기보다는 인식의 문제이기 때문이다. 『사상계』에도 독립협회의 총체적 개조론을 계승한 흔적이 남았음을 앞에서 간략히 언급했지만, 그 이유를 숙고해보자면 『사상계』가 서북 출신의 개신교 계열 인물들 중심으로 구성되었다는 사실을 간과할 수 없다. 수백 년 동안 소외되었던 '변방' 출신으로서 반(反)성리학적 정서 위에서 개신교를 수용한 이들이 보기에 '복음'이 외삽(外揷)되기 전에는 내부에 유의미한 것이 있기는 어렵다. 만약 내부에 가치 있는 것이 있다면 개신교는 복음일 수가 없기 때문이다. 그러므로 이광린이 전통 속에서는 민주적 요소를 찾기 어렵고, 민주주의의 이념은 미국 교육자, 의사들이 선교 사업을 목적으로 신식 교육기관을 만들고 새로운 교육을 시작한 데 기인한 점이 컸다고 여긴 것은[274] 그의 개신교 신앙에 근거한 평가에 가깝다.

---

271 「권두언 : 5·16 혁명과 민족의 진로」, 『사상계』 95, 1961.
272 한편 차기벽(1924~2018)은 산업화가 우선적으로 추진되어야 한다며 민주주의를 유보시킬 수도 있다는 입장을 취했고 안병직도 산업혁명을 거치지 않은 한국의 현실에 보통선거는 맞지 않는다고 여겼다. 이상록, 앞의 책, 243쪽; 홍정완, 앞의 책, 329쪽.
273 김용흠, 「유교 문화에 대한 오해와 이해」, 『내일을 여는 역사』 77, 2019, 172쪽.
274 이광린, 「한국의 민주주의 발전에 대한 사적 고찰」, 『한국사의 반성』, 신구문화사, 1969, 285~286쪽.

교회에서 가장 강조하는 가르침이 개인의 '거듭남'이라는 점도 개신교가 전통을 폄하하는 경향을 강하게 띠는 이유를 설명해주는 주요한 요소이다. 만약 '거듭남'이라는 신앙적 가치를 공동체 차원으로 확대하면 전통의 완전한 폐기에 기초한 총체적인 근대화를 '국가의 거듭남'으로 받아들이면서 신앙적으로 정당화할 수 있는 가능성이 높아지기 때문이다. 그런 점에서 국무총리까지 지낸 김황식이 개신교 전래 이전을 '흑암'으로 규정하거나[275] 박근혜 정부에서 국무총리로 지명되었던 문창극이 공짜로 놀고먹는 게 아주 몸에 박혀 있었던 이조 말기의 게으른 습성을 선교사님들이 변화시켰다고 발언한 것은[276] 한국 개신교 주류가 필립 제이슨과 이승만의 충실한 후예임을 보여주는 사례가 되며, 외부 개입에 의한 근대화만이 가능하다는 학술적 입장이 유지될 수 있는 이유를 이해하는 실마리가 된다.

후진국은 선진국의 자본주의의 충격에 의하여 비로소 자본주의화의 과정을 밟게 된다는 최문환(崔文煥, 1916~1975)의 설명,[277] 한국사의 근대는 서유럽적 근대가 개항 이후에 이식되었음을 주요 계기로 한다는[278] 이영훈의 논리도 이런 사례에 어느 정도 적합해 보인다. 특히 이영훈이 사용한 "마치 개구리가 점프하듯이 그러한 도약이 가능했던 것" 같은 표현은[279] 전통과 근대의 단절을 강조하는 점에서 '흑암에서 광명으로'라는 김황식의 인식과

---

[275] "주님은 그 크신 사랑으로 흑암에 싸여 있던 동방의 작은 나라에 복음의 빛을 비춰주시고 어려운 역사의 고비마다 우리 민족을 도와주시고" 「2008.5.15. 제40회 국가조찬기도회에서의 김황식 기도문」(https://www.khan.co.kr/politics/politics-general/article/201009161903151).

[276] "우리나라, 이조 말기의 그 우리 민족들의 피에는, 공짜로 놀고먹는 게 아주 그냥 몸에 박혀 있었다 이거야. 여하튼 이런 나라였어요. 이 게으르고, 일하기 싫어하고, 그런데, 그런 나라에 선교사님들이 와서, 이 변화를 주신 거다." 「문창극 총리 후보자 온누리교회 강연 전문(2011년 6월)」(https://www.newsnjoy.or.kr/news/articleView.html?idxno=196944).

[277] 홍정완, 앞의 책, 236쪽.

[278] 이영훈, 「한국사에 있어서 근대로의 이행과 특질」, 『경제사학』 21, 1996, 77쪽.

[279] 이영훈, 「조선후기 이래 소농사회의 전개와 의의」, 『역사와 현실』 45, 2002, 34쪽.

일맥상통하고, 그런 점에서 최근 개신교에 대한 이영훈의 긍정적인 언급이 주목된다.

> 개인이나 자유와 같은 말은 그 이전 조선후기 사회에는 없던 개념이었습니다. 당시 성리학을 바탕으로 하던 시대에선 그런 범주가 아예 존재하지 않았습니다. 삼강오륜이란 무엇입니까? 임금과 신하, 아버지와 아들, 남편과 아내, 형과 동생, 친구와 친구, 즉 그것은 개인이 아닌 상호관계 개념이었습니다. 이렇게 상하의 위계 관계를 통해 규정되는 윤리에서는 절대적으로 자유로우면서 독립적인 존재인 개인은 존재하지 않습니다. 때문에 개인이나 자유라는 말조차 없었죠. 극단적인 절망 속에서 그 이전 500년 동안 지속되어 오던 성리학의 기초가 거의 해체된 상황이었어요. 여기에 기독교 선교사들이 가지고 온 개인의 자유라는 개념은 절망에 빠진 인간들을 소생시키고 단합시켰던 하나의 커다란 정신적 충격이었습니다.[280]

그가 세종을 극렬히 비판한 것도[281] 전통 속에서는 의미 있는 것이 있을 수 없다는 소신이 세종이라는 '자랑스러운' 전통에 집중 투사된 것으로 볼 수 있다. 그러므로 이영훈에게 실학이란 근대화의 가능성을 지니고 있던 자생적인 지적 유산이 아니라 18세기 소농사회를 유지하기 위한 성리학적 합리주의의 고양 형태였을 뿐이다.[282] 흥미로운 점은 김황식·문창극·이영훈의 발언은 백 년 전 이광수 발언의 재생일 뿐 아니라,[283] 정체된 아시아가

---

[280] 「위기의 한반도, 그 속에서 기독교의 역할을 묻다/[특집 인터뷰] 전 서울대 경제학과 이영훈 교수」, 『크리스천투데이』 2017.10.1.(https://www.christiantoday.co.kr/news/304467).

[281] 이영훈, 『세종은 과연 성군인가』, 백년동안, 2018.

[282] 이영훈, 「18~19세기 소농사회와 실학」, 『한국실학연구』 4, 2002.

[283] 孤舟, 「耶穌敎의 朝鮮에 준 恩惠」, 『靑春』 9, 1917 "耶穌敎會가 朝鮮에 入한지 于今 三十餘年이오, 耶穌敎會는 實로 黑暗하던 朝鮮에 新文明의 曙光을 傳하여 준 最初의 恩人이며 兼하야 最大한 恩人이오 (…중략…) 儒敎道德은 個人意識을 沒却케 합니다. 이

구미 자본주의를 만나 붕괴하는 모습을, 박제된 미라가 외부 공기를 쐬자마자 부스러지는 모습에 빗댄 마르크스의 인식과도 닮았다는 사실이다.[284]

요컨대 한국 학계가 서구문명론을 견지하는 한 서구문명에 유비될 수 있는 기능적 등가물이 전통에 존재했으므로 그것을 계승·발전시켜야 한다는 주장과 내부에는 서구문명의 길로 나아갈 수 있는 가능성이 부재하므로 외부로부터의 이식과 자극을 기대할 수밖에 없다는 주장 사이의 논쟁은 앞으로도 지속될 것이며, 양자를 넘나드는 사람들도 있을 것이다.[285] 유교자본주의 논쟁이나 『공자가 죽어야 나라가 산다』류의 서적도 사실 이 과정에서 등장한 부산물이다. 그러므로 한 세기 넘는 기간 동안 다양한 형태로 변주되면서 지속된 이 학술적 동향에 참여해서 자신의 신앙을 호교(護敎)하기보다는 좀 멀리 떨어져서 그 학술적 동향을 하나의 현상으로 보고 설명하려고 노력하는 것이야말로 그 현상의 역사성을 파악하는 데 가장 필요한 자세가 아닐까? 진정한 역사적 사고는 자신의 역사성을 함께 사유하는 것이라는 가다머의 통찰은[286] 그때 도움이 될 것이다.

個人意識의 沒却이 思想의 發達을 沮害함이 多大하외다. 그러나 耶穌敎會는 各 個人이 祈禱와 思索으로 하나님을 보고 하나님을 차즘으로 各 個人의 靈生을 어들 수 잇다 합니다. 그럼으로 各 個人의 標準은 各 個人의 靈魂이외다. 各人은 各各 個性을 具備한 靈魂을 가진다 함이 實로 個人意識의 根柢외다."

[284] 칼 맑스, 「중국 혁명과 유럽 혁명」, 『칼 맑스·프리드리히 엥겔스 저작 선집 2』, 박종철출판사, 1991, 404쪽.

[285] 천관우는 1950년대 저술에서 조선왕조에는 근대화의 요인이 될 만한 내적요인이 '결여'되어 있으므로 '밖으로부터의 근대화' 길만 남았다고 단정했다가 후에 생각을 바꾸었다. 반대로 이청원은 한국사의 내재적 발전을 강조하다가 1936년에 들어서 아시아적 정체성론으로 전환했다. 1934년 백남운의 『조선사회경제사』를 높이 평가했던 그는 1937년에 와서는 공식주의라고 비판했다. 허태용, 「천관우의 시대구분과 조선시대 연구」, 『백산학보』 107, 2017; 홍종욱, 앞의 논문, 56쪽.

[286] 한스게오르크 가다머, 임홍배 옮김, 『진리와 방법②』, 문학동네, 2012, 183쪽.

IV. 북학을 중상주의에 견줄 수 있다는 생각

1. '실학이라는 생각'의 첫 번째 각론

본 장에서는 '실학이라는 생각'에서 파생된 첫 번째 각론이라고 할 수 있는 북학이 중상주의에 견주어진다는 생각을 검토한다. 북학이라는 이해틀은 구한말 사회진화론과 문명개화론이 확산되는 지적 분위기하에서 주목되기 시작한 조선후기 일부 인물들의 학풍을 식민지시기에 실학으로 명명할 때 함께 등장했다. 그런 만큼 실학 연구가 진행되는 것에 발맞추어서 북학 연구도 진행되면서 조선후기의 사상적 특징을 이해하는 데 기여한 것으로 평가된다. 특히 실학을 근대 서구문명의 기능적 등가물로 간주하려는 거대한 학술적 모색 속에서 북학은 근대 서구문명의 대표적인 특징인 자본주의의 주요한 동력인 중상주의(Mercantilism)에 비견되는[1] 조선후기 내

---

1   중상주의에 대한 혼란스럽고 많은 정의를 여기서 반복할 필요는 없을 것이므로, 월러스틴의 요령 있는 정리를 제시하고자 한다. 그에 따르면 17세기 중상주의에 대한 많은 설명들 중에서도 두 측면에 대해서는 거의 의견이 일치한다. 중상주의란 (화폐, 즉 금은이 부라는 인식에 기초를 두고 국부를 증진시키기 위한) 경제적 민족주의의 국가정책을 포함하며, 그 핵심은 금은의 움직임에서 보든, 무역 차액의 창출에서 보든 (이윤

부의 지적 유산으로 주로 조명되었다. 즉 각론으로서의 북학을 중상주의에 견줄 수 있다면 총론으로서의 실학을 근대 서구문명의 기능적 등가물로 간주하려는 거대한 학술적 모색은 한층 탄력을 받을 수 있게 되는 셈이었다.

오랜 세월 동안 수많은 연구들에서 북학자들로 간주된 인물들이 근대를 열어젖힐 선구자적 위상을 지닌 인물로 평가된 것은 그 때문이었다. 하지만 북학론자들이 생산과정이 아니라 유통과정에서 이윤이 발생한다고 여긴 중상주의의 기본적인 개념에 견줄 만한 이론적 토대를 지니고 있었는지를 꼼꼼하게 확인했다고 보이지는 않는다. 오히려 북학자로 간주된 인물들의 사상적 유산 속에서 근대 서구문명과 관련되었다고 믿어지는 부분만을 '선택적'으로 발굴하다 보니 박제가의 중국어 사용 주장, 홍대용의 정학·이단론같이 그들에게 여전히 남아있는 중화주의적이고 전통적인 부분들은 잘 언급되지 않았다. 심한 경우는 홍대용의 화이관 '극복', 박지원의 이용후생 관념, 박제가의 상업 중시와 같이 한 개인에게서만 드러나는 부분적 측면들을 맥락에 상관없이 개별적으로 모아서 하나로 종합하는, 이른바 '모자이크 방식'과 같은 연구 방법도 유행하였다.[2] 그 결과 수레와 벽돌의 사용, 농기구의 개량, 대외무역의 장려, 서양 선교사의 초빙과 같은 주장들이 18세기 후반 조선의 상황 속에서 적절한 것이었는지, 구체적인 시행 방안이

이 기본적으로 생산과정이 아닌 유통과정에서 발생된다고 여겼기에) 상품유통에 대한 관심이었다는 것이다. 그는 중상주의의 역사적 배경으로 네덜란드의 우위를 밀어내고 그 자리를 차지하려던 '핵심부 열강' 사이의 치열한 투쟁을 꼽았는데 이 점에서 영국의 항해조례, 곡물법, 공업보호 및 프랑스의 콜베르주의가 중상주의를 대표한다고 보았다. 다만 월러스틴은 중상주의 경쟁에서의 성공은 무엇보다도 생산적 효율에 달렸다는 것, 모든 중상주의 정책의 중기적 목적은 생산부문에서 전반적인 효율을 높이는 데 있었다는 점을 강조하는 특징도 드러냈다. 임마누엘 월러스틴, 유재건 외 옮김, 『근대세계체제 II』, 까치, 1999, 62~139쪽. 괄호 내용은 필자가 보충함.

2 허태용, 「북학사상을 연구하는 시각의 전개와 재검토」, 『오늘의 동양사상』 14, 2006, 346~347쪽.

제시된 현실성 있는 개혁 방안이었는지에 대해서는 꼼꼼하게 따져보기 힘들었고, 「양반전」과 「허생전」의 주제는 성급하게 결론 내려졌다. 북학에서 논의되었던 주장들이 18세기 후반의 조선왕조에서 지니는 역사성은 여전히 모호한 상태로 남아있는 것이다.

본 장에서는 19세기 말부터 오늘날까지 각 시대의 조건 속에서 북학이라는 이해틀이 어떻게 탄생하고 활용되었는지를 검토하고, 북학이라는 틀이 갖는 연구 시각으로서의 한계를 검토해보고자 한다. 이를 통해서 북학을 20세기 한국의 '욕망'이 아닌 18세기 후반 조선의 맥락에서 역사적으로 이해하는 실마리를 찾기 바라며, 나아가 18세기 후반의 조선을 새롭게 이해하기 위한 학문적 모색을 시도할 수 있기를 기대한다.

2. 자강론의 전개와 전통의 재발견

1880년대 이후 갑신정변을 주도한 인물들에 의해 수용되기 시작한 것으로 보이는 문명개화론은 갑오개혁을 거쳐 대한제국 초기에 절정에 달하였다.[3] 이 시기의 문명개화론은 언제나 사회진화론에서 유래한 복잡한 사유들과 연관되어 있었는데, 문명개화론과 마찬가지로 사회진화론도 시공간적 보편성을 가진 것으로 여겨졌다. 사회진화론 역시 국가들 간의 강한 위계질서를 상정하고 있었는데, 그 위계질서는 문명의 위계질서와 완벽하게 포개지는 것이었다. 특히 1905년 이후 문명개화론의 이중적인 성격이 점점 명백해짐에 따라 신문 필자들은 사회진화론을 활용하는 쪽으로 방향을 선회했다.[4] 사회진화론의 유행은 그 방법론으로서의 자강론을 탄생시키게 되는데 사회진화론의 측면에서 볼 때 진화하여 승자가 되기 위해서는 내부의

---

[3] 김도형, 「대한제국 초기 문명개화론의 발전」, 『한국사연구』 121, 2003, 173쪽.
[4] 앙드레 슈미드, 정여울 옮김, 『제국 그사이의 한국』, 휴머니스트, 2007, 119~120쪽.

경쟁력을 키우는 것이 가장 중요했기 때문이다. 자강론 내에는 현실인식과 운동 노선의 차이에 따라서 구별되는 여러 입장들이 존재하였다고 평가되는데[5] 그 가운데에서 개신유학자들의 입장, 즉 '구본신참(舊本新參)'에 입각한 자강론을 견지하던 『황성신문』 계열은 앞 장에서 본 바와 같이 서구문명에 기울면서도 전통과의 '접점'을 찾아보려는 모색을 추구하였기에 성리학적 전통과 유산을 새 시대에 적합하게 재해석해보려는 자세를 지녔다. 『황성신문』이 『지봉유설』, 『용재총화』 등에서 발췌한 고사를 게재하거나, 고전 출판과 수집을 위한 광고를 내면서 『삼국유사』, 『고려도경』, 『연려실기술』, 『반계수록』, 『성호사설』 등을 수집한 것은[6] 이런 맥락 위에서 가능한 일이었다고 보인다.

특히 김육, 유형원, 이익, 박지원, 정약용 등의 인물들이 언급되는 가운데 '경제정치학'의 측면에서 정약용이 가장 많은 저서를 남긴 것으로 주목되면서 『흠흠신서』, 『목민심서』, 『아방강역고』 등 그의 대표적인 저서가 간행되고 있는 상황이 특기되기도 하였고,[7] 이익의 『곽우록』, 박제가의 농학론 등도 지면에 소개되었다.[8] 전통과의 접점을 통해서 문명과 자강을 이루고

---

5 도식적이지만 박찬승은 ① 보호정치하에서의 실력양성을 주장하던 대한자강회와 대한협회 계열, ② 유교개혁을 주장하면서 점진적인 실력양성을 주장하던 『황성신문』 계열, ③ 실력 양성만이 아니라 민족의식의 고취, 독립전쟁의 모색을 주장하던 『대한매일신보』 계열, ④ 민족 개인의 인격 수양과 단체 생활의 훈련을 주장한 청년학우회 계열의 네 계열로 구분하였다. 박찬승, 『한국근대정치사상사 연구』, 역사비평사, 1992, 19쪽.

6 이지원, 『한국 근대 문화사상사 연구』, 혜안, 2007, 50쪽.

7 「廣文社新刊牧民心書」, 『皇城新聞』 1902.5.19. "國朝自中古以來로 言政治家者ㅣ有金潛谷堉氏柳磻溪馨遠氏李星湖瀷氏丁茶山若鏞氏朴燕岩趾源氏四五先輩ᄒ야 以經濟政治學으로 皆表表著稱이로되 最其立言著書之富는 惟茶山公이 爲尤ᄒ니"; 「題雅言覺非後」, 『皇城新聞』 1903. 12. 2. "今去公之沒이 迨八十餘年而公之遺書ㅣ稍稍 刊行于世矣라 欽欽心書난 玄白堂采氏가 刊佈之하고 牧民心書난 梁牙■在舊氏가 刊佈之하고 我韓疆域考난 本記者ㅣ增補之하야 與金一鑑■翼氏로 鳩財印刊하야 功已告訖矣라."

8 「論星湖先生藿憂錄」, 『皇城新聞』 1903.6.25. "先生之論이 誠百世之藥石也라 今其藿憂錄中 立法一篇을 揭載如左하야 使天下之人으로 窺知先生之學問케 하노니"; 「農學研究의 必要」, 『皇城新聞』 1907. 8. 22. "昔者에 楚亭朴齊家氏가 普發憤言之日 今我國貧

자 하는 입장에서 볼 때 후대에 '실학파' 내지 '북학파'라고 불리게 되는 인물들의 사상과 저술은 구학, 즉 성리학의 전통 중에서 가장 주목할 필요가 있는 대상이었던 것이다. 그 이유는 다음의 인용문을 통해서 좀 더 잘 확인할 수 있다.

> 대개 일찍이 선정선유의 주장과 글월을 보면, 이이가 소차에서 경제의 대책을 심오하게 진술하면서 개혁의 마땅함을 통렬하게 논한 것이 얼마나 빼어나며, 서얼을 소통하고 노비 매매를 금지하며 과부 재가를 허락하자는 조헌의 주장과 공경의 자제들도 고르게 군적에 예속시키자는 이식의 주장과 김육의 대동법 실행과 유형원의 『수록』과 정약용의 『경세유표』가 모두 시의에 통달하고 경제에 심오하거늘, 오늘날의 세상 물정에 어두운 선비가 시의를 말할 때, 양을 부지하고 음을 억눌러야 한다거나 성리를 논할 때 호론, 낙론이라고 하는 수많은 말들이 어찌 민생국계에 조금이라도 보탬 되는 게 있는가?[9]

당시의 유림이 무용한 허문(虛文)에만 빠져 있다고 경고하는 글 속에서 『황성신문』의 필자들은 과거에는 민생국계(民生國計)에 보탬이 되는 '경제의 대책'을 고안해낸 뛰어난 인물들이 있었음을 강조하면서 구체적으로 이이, 조헌, 이식, 김육, 유형원, 정약용을 차례대로 언급하였다. 이들의 시각에서 볼 때 조선시대 현실의 문제를 해결하고자 노력하였던 실천적인 인물들의 유산은 국망의 위기가 닥쳐오는 당시의 상황 속에서 가장 먼저 주목되어야 할 전통이었던 셈이다. 그에 비하면 성리설이나 문장은 현실에 보탬 되지

---

[9] 弱之故는 無他라 驅聰明才智之士ᄒ야 錮耳目於無用浮華之學ᄒ고 乃其殖産之源을 專任於蚩蚩之氓ᄒ며 其農理之說은 但以老農老圃로 爲天降聖師ᄒ나니 彼老農이 亦安知리오 以蛙聲으로 占雨晴ᄒ고 以上元月로 驗豊凶ᄒᄂᆫ 等 虛誕之說而已라 ᄒ니 我國農業沈滯不進之由를 只此數語에 足以驗之로다." 「警告儒林(續)」, 『皇城新聞』 1905.9.16.

않는 허망한 유산이었다. 후대의 관점에서는 실학파로서 구별되는 존재인 유형원과 정약용은 아직까지는 이이 이래 성리학의 '경제지책'[10] 계보 속에서 파악되었다고 보인다. 박제가의 경우 상업론이 아니라 농학론이 주목된 것 역시 이 때문이었다. 아직 이들은 훗날과 달리 박제가를 통해서 근대 자본주의를 직접 '욕망'하고 있지는 않았다.

요컨대 『황성신문』 계열에서 볼 때 훗날 실학파로 규정되는 인물들뿐 아니라 경세론을 남긴 인물들은 성리학의 전통을 재발굴하고 재해석할 때 가장 먼저 주목된 실천적 가치를 지닌 인물들이었다고 할 수 있다. 서구문명에 기울었지만 전통이 모두 부정될 필요는 없었으며, 일부의 전통을 접점으로 해서 서구문명과 동등한 위상에 도달할 수 있다고 여겼다. 따라서 인용문의 말미에 유림에 대한 바람으로서 "각종 실학에 마음을 두고 연구해서 실업을 발명하며"라고[11] 권면할 때의 실학이란 고유명사로 사용되는 오늘날과는 구별되는 보통명사에 가까웠고 북학이라는 용어도 등장하지 않았다.

러일전쟁과 을사조약 이후, 국망의 위기가 심화되는 와중에 창간된 『대한매일신보』 계열 역시 자수자강(自修自强)의 입장에서 전통의 재발견을 추구하였다. 『대한매일신보』 역시 『황성신문』과 마찬가지로 수신 공부만 있고 이용후생의 실업이 결핍된 현실 속에서 국력의 허약한 원인을 찾고 있

---

10 성리학에서의 경제란 서무를 처리하고 중생을 구제한다는 의미이다. 洪萬選,『山林經濟』,「山林經濟序」"蓋經者經理庶務 濟者普濟羣品 廊廟而有廊廟之事業 則是廊廟之經濟也 山林而有山林之事業 則是山林之經濟也 所處之地雖異 其爲經濟則一也"

11 「警告儒林(續)」,『皇城新聞』1905. 9. 16. "惟願儒林中 徊翔世路ᄒᆞᄂᆞᆫ 者ᄂᆞᆫ 平日 獵官干祿의 妄想을 一切 斷置하고 隱伏草野ᄒᆞᆫ 者ᄂᆞᆫ 固執不變ᄒᆞᄂᆞᆫ 謬見을 改悟ᄒᆞ야 慨然히 大丈夫의 澄淸世道하고 匡濟時艱ᄒᆞᄂᆞᆫ 大事業으로써 身上에 擔着ᄒᆞ야 先히 現世歷史를 涉獵하야 大局의 情形을 攷察하고 各種 實學에 留心硏究하야 實業을 發明ᄒᆞ며 學校를 設立ᄒᆞ야 子弟를 敎育ᄒᆞ며 社會를 團結하야 同胞를 親愛하며 人民을 勸諭하야 發達에 引進하되 時刻을 放過치 말고 急急히 着手ᄒᆞ야 自己의 生命保存과 國家의 獨立基礎를 完全鞏固케 ᄒᆞ여야 一般 人士가 奴隷之辱을 免ᄒᆞ리니 念之哉 勉之哉이다."

었기에¹² 내부 경쟁력을 제고할 실천적인 방안을 모색하는 유사한 모습을 띤 것은 자연스럽다. 그런데『대한매일신보』의 경우 이전에는 사용되지 않던 '국수(國粹)'라는 개념을 설정하고 국수 보전의 필요성을 강조하였다는 점에서 차별성을 지녔다. 그리고 이 맥락 위에서 국난을 극복한 위인을 현창하거나, 기자(箕子)가 탈락된 단군 이래의 국사 및 국어 교육을 강조하면서 민족주의의 모습을 띠어가고 있었다. 신채호의『독사신론』은 바로 이 시점에서 탄생한 것이었다.

신채호에 의하면 국수란 자국에 전래하는 종교, 풍습, 언어, 역사, 관습상의 일체 수미(粹美)한 남은 규범으로서¹³ 선성(先聖) 석현(昔賢)의 심혈의 응취(凝聚), 거유(巨儒) 철사(哲士)의 성력(誠力)의 결습(結習), 조종(祖宗) 선민(先民)의 제반 업력(業力)의 훈염(薰染)이었다.¹⁴ 따라서 전래하던 아름다운 것인 국수는 부식(扶植)해야 할 필요성이 시급했다.¹⁵ 그렇지 않고 모두 파괴할 경우 국민의 정신을 유지하며 애국심을 환기할 기초가 없어질 것이기 때문이다.¹⁶ 따라서 신채호는 특별히 기억하고 계승할 과거의 유산들을 구체적으로 언급하였는데 주목되는 것은 신채호가 국수의 보전을 주장하면서 조광조와 이황을 언급하고 있었다는 점이다.¹⁷ 유교적 도덕을 나라를 멸망케 할 도덕이라고 하였던¹⁸ 신채호가 조선의 성리학을 상징하는 조광조와 이황을 국수의 차원에서 언급하였다는 것은 조선왕조와 유교에 대한 그의 인식이 부정 일변도만은 아니었다는 사실을 일부 보여주는 것이지만, 여기서 주목

---

12 「警告大韓全國人民 二」,『大韓每日申報』1905.9.27.
13 『단재신채호전집 6』,「國粹」, 독립기념관 한국독립운동사연구소, 2008, 544쪽.
14 『단재신채호전집 6』,「國粹保全說」, 독립기념관 한국독립운동사연구소, 2008, 645쪽.
15 『단재신채호전집 6』,「國粹」, 독립기념관 한국독립운동사연구소, 2008, 544쪽.
16 『단재신채호전집 6』,「國粹保全說」, 독립기념관 한국독립운동사연구소, 2008, 645쪽.
17 위의 글, 646쪽.
18 『단재신채호전집 7』,「도덕」, 독립기념관 한국독립운동사연구소, 2008, 163~165쪽.

해야 할 점은 이런 인식의 맥락 위에서 유형원과 정약용이 함께 언급되고 있었다는 사실이다. 신채호는 국가의 위기적 상황을 타개하기를 바라는 충정을 강하게 표출한 또 다른 글에서 도덕에서의 조광조·이황, 경세에서의 정약용·유형원, 장수의 지략에서의 이순신·곽재우, 문장에서의 최립·유몽인을 구체적으로 언급하면서 이 같은 성대한 기운을 다시 만회할 수 있기를 바라고 있었다.

> 성대하다 열조열종(列朝列宗)이여 도덕에는 조광조, 이황이며 경세에는 정약용, 유형원이며 장수의 지략에는 이순신, 곽재우며 문장에는 최립, 유몽인이니 이 같은 성대한 기운을 오늘날에 다시 만회할 수 있을까[19]

요컨대 신채호에게서도 유형원과 정약용은 경세에서의 장점을 지닌 인물들로서 주목되었지만 크게 볼 때 조광조·이황, 이순신·곽재우, 최립·유몽인과 더불어서 보전하거나 회복해야 할 조선시대 국수의 상징으로서 파악되었을 뿐 후대의 시각에서처럼 다른 이들과 역사적으로 구별되는 별도의 위상을 지녔던 것은 아니었다. 따라서 국수의 보전과 계승을 위해 신채호가『연암집』,『여유당집』,『반계수록』을 주목했을 때『조야집요』,『택리지』,『동국통감』,『징비록』,『동국이상국집』등을 함께 주목한 것은[20] 당연한 일이었으며, 한백겸, 유형원, 이익, 정약용, 박지원 등을 모두 고대 정전제를 고민함으로써 당대의 폐해를 구하고자 한 인물로 본 것 역시[21] 훗날의 시각처럼 그들만을 구별해서 의미 규정하려던 것은 아니었다. 그러므로『대한매일신보』계열에서 사용된 실학의 개념도 고유명사로 사용되는

19　『단재신채호전집 6』,「大韓의 希望」, 독립기념관 한국독립운동사연구소, 2008, 495쪽.
20　『단재신채호전집 6』,「舊書刊行論」, 독립기념관 한국독립운동사연구소, 2008, 659쪽.
21　『단재신채호전집 5』,「天鼓 2권 2호-조선 고대의 사회주의」, 독립기념관 한국독립운동사연구소, 2008, 402~403쪽.

오늘날과는 구별되었으며 『황성신문』 계열에서 사용한 용법과 유사했다.[22] 북학이라는 용어도 등장하지 않았다.

3. 조선학운동과 북학의 탄생

1910년 대한제국의 멸망은 상황을 변화시켰다. 자강론의 측면에서 볼 때 국망 이후 스스로를 부적자(不適者)로 인식하게 되었다면 고유의 장점에 대한 계승을 통해 자강을 이룩하려는 방법을 모색하기보다는 저항력을 잃은 채 근대 서구문명 가치에 급속히 경도되는 것도 쉽게 도달할 수 있던 하나의 귀결이었기 때문이다. 이 길은 장기적으로 볼 때 일본에 의존하거나 일본과 합일됨으로써 문명을 성취하자는 입장, 즉 '친일'의 길을 의미하는 것이었기에, 끝내 이 길에 동참할 수 없었던 자강론의 후예들이 선택할 수 있는 거의 유일한 길은, 박은식과 신채호처럼 자강론을 극복하고 새로운 사상을 모색하면서[23] 직접 투쟁의 길에 나서는 것이 아니라면, 근대 서구문명의 모습으로 발전될 가능성이 좀 더 있다고 보이는 유산들에만 집중하며 그 가치를 재조명하는 것이었다.

이렇게 되면 앞 시기 『황성신문』이나 『대한매일신보』에서는 재발견해야 할 전통, 보전해야 할 국수로서 같이 언급되었던 조광조, 이황, 이이 등은 제외되면서, 이건방에게서 몽테스키외[孟德斯鳩]와 루소[盧梭]에 비견되었

22　신채호에게서의 실학이라는 개념은 전통적인 개념, 즉 허위와 허학의 대립항으로서의 의미였던 것 같기도 하다. 『단재신채호전집 6』, 「儒敎擴張에 對흔 論」, 독립기념관 한국독립운동사연구소, 2008, 676쪽. "嗚呼라 所謂 儒敎擴張家여 儒敎를 擴張코즈 ㅎ면 儒敎의 眞理를 擴張ㅎ야 虛僞를 棄ㅎ고 實學을 務하며 小康을 棄ㅎ고 大同을 務ㅎ야 儒敎의 光을 宇宙에 照ㅎ지어다."

23　신채호가 모색한 길은 국망의 원인을 고대 이래 고유의 가치를 상실한 것에서 찾는 방식이었는데, 나철(1863~1916)도 마찬가지였다. 이들이 낭가사상과 단군을 강조한 것은 이 때문이었다.

던²⁴ 정약용과 김윤식에 의해 역시 몽테스키외[蒙氏]와 루소[盧氏]에 유비된²⁵ 박지원을 중심으로 새로운 학술 운동이 펼쳐진 것은 꽤 자연스런 일이었다. 앞에서 이미 언급한 대로 김윤식의 동도서기론적 입장이 서기 수용에 좀 더 적극적인 자세를 취하는 쪽으로 미묘하게 변해 가고 있었다고 평가된 것은 바로 김윤식의 이런 측면에서 비롯된 것이다. 이른바 1930년대 조선학운동의 분위기는 이렇게 조성되었다고 이해된다. 이미 1910년대 광문회를 통해서 『열하일기』와 『경세유표』 등을 간행했고²⁶ 1922년과 1927년에 걸쳐서는 조선학 수립을 선언했던²⁷ 최남선은 이때 양난 이후 유형원에서 이익을 거쳐 정약용에 이르는²⁸ 조선후기 신학풍을 실학으로 명명하였고,²⁹ 동시에 박지원, 홍대용, 이덕무(李德懋, 1741~1793), 박제가의 주장을 '북학론'으로 구별해서 별도로 명명하였다.

조선을 구하려 하면 먼저 경제적으로 손을 써야 할 것이고, 그러기 위해

---

24 李建芳, 『蘭谷存稿』 권3 序 「邦禮草本序」(청구문화사, 1971).
25 金允植, 『雲養集』 권10 序 「燕巖集序」.
26 오영섭, 「조선광문회 연구」, 『한국사학사학보』 3, 2001, 116쪽. 최남선은 『時文讀本(訂正合篇)』(1918)에 『熱河日記』의 일부를 번역해서 싣기도 했다.(제3권 「瀋陽까지」, 「許生」; 제4권 「幻戲記」) 임상석, 「『시문독본』의 편찬 과정과 1910년대 최남선의 출판 활동」, 『상허학보』 25, 2009, 76~78쪽.
27 김인식, 「1920년대와 1930년대 초 '조선학' 개념의 형성 과정」, 『숭실사학』 33, 2014, 117~125쪽.
28 유형원, 이익, 정약용으로 이어지는 학문적 계보에 대한 인식은 이른 시기부터 보인다. 黃玹, 『梅泉野錄』 권1上 "丁茶山 (…중략…) 而比柳磻溪李星湖之學 抑亦益大以肆者也"; 「論星湖先生藿憂錄」, 『皇城新聞』 1903.6.25. "嗚乎 自黨禍以來로 英材俊傑이 皆沈屈泯滅者ㅣ 固何限이리오마난 如柳磻溪馨遠로 丁茶山若鏞과 及先生이 最其尤者也라"
29 崔南善, 「朝鮮歷史講話(25), 第33章 文化의 振興, 97 學風이 變함」, 『東亞日報』 1930.2.8.; 최남선이 조선후기의 신학풍을 실학으로 명명한 이유에 대해 내부 학문 유산 외에, 일본으로부터의 영향 가능성도 언급되고 있다. 권순철, 「'실학'을 다시 생각한다」, 『전통과 현대』 11, 2000; 정출헌, 「국학과 '조선학' 논리구성과 그 변모양상」, 『열상고전연구』 27, 2008, 31쪽.

서는 외국인의 실제 생활상의 장점을 배우고 특히 그 진보한 교통무역의 실제를 본받자고 하는 일파이니 우선 북으로 중국에게서 배우고자 했기에 이들의 주장을 북학론이라고 부른다. 북학론자는 박지원(연암), 홍대용(담헌), 이덕무(아정), 박제가(초정) 등 당시에 있어서 식견과 문학으로 한 시대의 뛰어난 인물들이고 또 중국 땅을 답사하여 우열을 변증하였는데 불행하게도 그 실현이 크지 못하였다. 그러나 일대의 인심을 자극한 효과가 적지 않았다. 북학파의 대표적 의견은 박지원의 『열하일기』와 박제가의 『북학의』에 실려있다.[30]

최남선이 의도했는지는 알 수 없지만, 최남선의 정리 이후 실학과 북학은 조선후기에 등장한 특정한 신학풍만을 구체적으로 가리키는 고유명사처럼 후학들에 의해 활용되기 시작하였다. 최남선의 정리는 몇 가지 점에서 중요한 의미를 지닌다고 생각되는데 첫째, 북학이라는 독자적인 개념과 범주가 그에 의해서 규정되었다는 점이다. 최남선 이전에 박지원, 박제가 등은 앞에서 보듯이 별도로 범주화되기보다는 유형원, 이익, 정약용 등과 더불어서 재발견해야 할 전통의 유산으로 언급되거나, 아니면 선유(先儒)나 통유(通儒)로서 이들과 병칭되는 것이 일반적이었다.[31] 심지어 정인보는 박지원을 성호 학풍으로 보면서 「한민명전의」를 이익의 원안(原案)에서 탈화(脫化)한 것이라고 언급하고 있었고,[32] 김태준도 박지원의 소설은 『반계수록』

---

[30] 崔南善,「朝鮮歷史講話(25), 第33章 文化의 振興, 99 北學論」,『東亞日報』1930.2.8.; 崔南善,『朝鮮歷史』, 東明社, 1931, 74쪽.

[31] 「辨帝國新聞誤解救荒策之說」,『皇城新聞』1903.7.2. "日前에 有所謂 救荒策一篇 而實非本記者之創論也오 據春秋傳藏文仲勸分之術 而參互於朱晦庵丘瓊山已行之法하며 又採國朝列聖以來賑恤之政과 及先儒李星湖丁茶山朴燕岩諸公之論하얌";「황성신문구황칙을직변홈」,『제국신문』1903.7.3. "차호라 황셩긔자의 예를 죠와함이여 권분ᄉ건을 의론홀터이면 쟝문즁 쥬부ᄌ 리셩호 뎡다산 박연암 졔위션ᄉᆡᆼ 계신곳에 말삼ᄒ면 미우 됴흘듯ᄒ오";卞榮晩,『山康齋文抄』,「星湖僿說序」(『변영만 전집 중』, 성균관대학교 대동문화연구원, 2006, 102~103쪽) "儒有通者 有曲者 (…중략…) 星湖李先生 (…중략…) 上以接磻溪氏之緖 而所裁弘亡等 下以啓順菴茶山燕巖輩之風尙 而德性獨巍"

과 『성호사설』에 나타난 실학의 영향을 받은 것이라고 설명하고 있었다.³³

또한 박지원의 경우는 경세론보다는 문학의 차원에서 좀 더 주목받는 경향이 짙어서 『황성신문』에서는 영웅인 을지문덕·강감찬, 대현인 이황·이이, 정치가인 유형원·정약용과 더불어서 문학가로서 박지원을 장유와 병칭하였고,³⁴ 변영만(卞榮晩, 1889~1954) 같은 이도 김정희의 필법, 김택영의 시상(詩想), 신채호의 사식(史識)과 함께 박지원의 문장을 특기하였다.³⁵ 이런 분위기를 감안할 때 문학보다는 경세론에 강조점을 두면서 북학이라는 범주를 설정하여 그들의 학풍과 학문을 다른 이들의 그것과 구별한 것은 사실상 최남선에 의해서 처음 이루어졌다고 볼 수 있다.

둘째, 외국인의 실제생활상에서의 장점과 진보된 교통무역의 실제를, 우선 중국을 통해 배워 본뜨자는 것으로 북학의 개념을 정리하였다는 점이다. 최남선 이전에 박지원과 박제가 사상의 핵심을 이렇게 정리한 경우는 찾아보기 힘들다. 아마 이런 정리는 '문명'을 통해서 '근대'와 '보편'를 이루고자 하면서도, '문화'로서의 '조선학'을 연구함으로써 '주체'와 '특수'를 보존하려던 최남선의 학문적·현실적 문제의식이 특정 인물들에게 투사된 결과로 이해된다. 일찍이 우리보다 이상되는 우리로 진화되기 위해 노력해야 하는 '성품'을 지녀야 하며 이 성품이야말로 문명인의 특징이라고 밝히면서

32　鄭寅普,「李星湖와 藿憂錄(1)」,『東亞日報』1929.12.22. 정인보는 후에 홍대용 역시 안으로는 이익의 영향을 받았으며 위로는 유형원까지 거슬러 올라갔다고 설명하였다. 洪大容,『湛軒書』,「湛軒書序(1939)」"知先生之學 內實漸潰星湖 以上溯磻溪"; 훗날 김용덕도「限民名田議」는 그대로 이익의 균전론에서 나온 것으로 설명했다. 김용덕,「경세제민의 석학, 이익」,『인물한국사 4』, 박우사, 1965, 119쪽.

33　金台俊,「朝鮮小說史(46) 大文豪 朴趾源(燕巖)과 그의 作品(3)」,『東亞日報』1931.1.27.

34　「我國將來에人物觀」,『皇城新聞』1909.1.15. "今日 我韓社會의 恒言이 日 至今은 人物이 降衰ᄒ야 乙支文德姜邯贊과 如훈 英雄도 無ᄒ고 退溪栗谷과 如훈 大賢도 無ᄒ고 柳磻溪丁茶山과 如훈 政治家도 無ᄒ고 張谿谷朴燕岩과 如훈 文學家도 無ᄒ고 西山四溟과 如훈 名釋도 無ᄒ니"

35　卞榮晩,「學窓餘屑」,『靑年』107, 1931(『변영만 전집 하』, 성균관대학교 대동문화연구원, 2006, 161쪽).

프랭클린(Benjamin Franklin, 1706~1790)의 자서전 등 서구인의 전기와 경구를 통해서 근대적 덕목을 지속적으로 소개하였을 때, 또 스마일즈(Samuel Smiles, 1812~1904)의 「자조론(自助論)」을 번역함으로써 자본주의 근대와 개인의 역할을 강조하는 빅토리안 가치관을 소개했을 때,[36] 외국인의 장점과 진보된 문명은 조선 역시 성취해야 할 가치였다. 이런 시각에서 박지원, 박제가의 주장 일부는, 그 주장의 본래 의미와는 무관하게 최남선에게 문명으로의 진화를 가능하게 하는 '노력하는 성품'의 기능적 등가물로 특별하게 다가왔던 것이다.

셋째, 최남선의 정리는 홍대용과 이덕무, 특히 홍대용을 전면에 등장시켰다는 점이다. 앞서 보았듯이 박지원은 물론이고 박제가도 여러 맥락 속에서 꾸준하게 언급되어온[37] 반면 홍대용의 경우는 그 둘에 비하면 상대적으로 주목되지 않았다.[38] 그런데 최남선은 홍대용을 박지원, 박제가와 더불어서 북학의 대표적인 인물로 병칭한 것이다. 최남선에게서 홍대용이 부각된 구체적인 이유는 좀 더 살펴봐야 할 문제이지만 최남선의 정리는 이후 북학의 구성원에 대한 기본 상식으로 자리하기 시작했다. 예를 들어 현상

---

[36] 최남선의 문명관과 학문 방법론에 대한 좀 더 자세한 분석과 설명은 다음을 참조. 류시현, 『최남선 연구』, 역사비평사, 2009.

[37] 박제가의 경우는 다음의 언급도 들 수 있다. 「유의유식ᄒᆞᄂᆞᆫ 쟈ᄂᆞᆫ 국민의 도적」, 『대한매일신보』 1909.1.19. "정묘죠 명신 경제학 대가 박졔가씨가 이를 크게 개탄히 녁여 굴ㅇ딕 신이 목하에 국가 형셰를 보건딘 날노 빈약ᄒᆞᆫ 딘로 나아갈 뿐이라 이제 각 도 각 군 각 면에 동리마다 션비라 명식ᄒᆞᄂᆞᆫ 쟈ㅣ 잇ᄂᆞᆫ딘 이ᄂᆞᆫ 농수도 아니ᄒᆞ고 쟝수도 아니ᄒᆞ여 놀고 먹기만 일습으니"

[38] 1921년 『동아일보』에서 정조조의 대표적인 인물로 홍대용을 박지원, 안정복 등과 함께 언급하거나 장지연이 유형원, 정약용, 박지원, 홍대용, 이덕무 등은 유학으로 '經濟考據之學'을 겸했다고 평한 적은 있다. 권덕규도 『朝鮮留記』(1926)에서 홍대용의 泰西地震說을 소개했다. 조광, 「개항기 및 식민지시대 실학연구의 특성」, 『한국실학연구』 7, 2004, 226쪽; 張志淵, 『朝鮮儒敎淵源』, 匯東書館, 1922(『조선유교연원(하편)』, 삼성미술문화재단, 1979, 597쪽); 노관범, 「한국 통사로 보는 '실학'의 지식사 시론」, 『한국문화』 88, 2019, 222쪽.

윤의 경우 북학이라는 용어를 사용하지도 않았지만 박지원, 홍대용, 이덕무, 박제가 네 사람을 정확하게 최남선과 같은 순서대로 나열하였다.[39]

북학에 관한 기본적인 이해틀을 구성하는 데 정인보의 역할도 빼놓을 수 없다. 그는 1931년 3월 『동아일보』에 홍대용의 『담헌서』를 소개하면서, 특히 「의산문답」이 북학의 제창(提唱)을 은영(隱映)한 것이라고 설명하였다. 주목되는 점은 정인보 역시 실옹(實翁)을 역외, 즉 외국에서 구했다는 것에서 북학의 특징을 잡아냈다는 사실이다.[40] 이는 최남선의 북학 이해와 매우 상통한다. 정인보는 최남선에게서 북학이라는 용어를 수용했고, 또 『담헌서』를 심층 소개함으로써 홍대용의 존재를 더 부각시켰지만, 거기서 머물지 않고 더 나아가서 박지원의 『열하일기』는 홍대용 『연기』의 지시를 받은 것이며 박제가의 『북학의』 또한 여기에서 준도(濬導)된 것으로 볼 수 있다고 함으로써[41] 북학에 있어서 홍대용의 위상을 선구자같이 높여 놓았다. 동 시기에 활동한 백남운이 여전히 홍대용 언급 없이 현실학파라는 이름으로 유형원, 이익, 이수광, 정약용, 서유구, 박지원을 병칭하고 있었던[42] 상황을 감안할 때 북학 연구에 있어서 최남선과 정인보 두 사람, 특히 최남선의 역할은 매우 중요했다고 할 수 있다.

1932년 권덕규가 은근히 대명의리를 부수었다고 박지원을 평가한 것,[43] 1937년 홍기문이 박지원을 단순한 고문가만이 아니라 조선 사상사에서 커다란 지위를 점령한다고 평가한 것,[44] 1938년 문일평이 실사구시의 근본정

---

39 玄相允,「李朝儒學과 丁茶山先生」,『新朝鮮』6, 1934, 35쪽.
40 鄭寅普,「朝鮮古典解題(12) 洪湛 軒大容의『湛軒書』」,『東亞日報』1931.3.23. "구타여 實翁을 域外에 求함은 全國的으로 改新이 잇서야 할 것이매 北學의 提唱을 隱映한 것이오"
41 위의 글.
42 白南雲,『朝鮮社會經濟史』, 改造社, 1933, 2쪽.
43 權悳奎,「朴燕巖의 許生傳을 評함」,『批判』12, 1932
44 洪起文,「朴燕巖의 藝術과 思想 4」,『朝鮮日報』1937.7.30.

신은 홍대용이 대명의리를 부인한 것에 이르러 잘 표시되었다고 높게 평가하였던 것,[45] 1939년 박지원, 박제가 두 사람 모두 단순한 문학가가 아니라 학문의 혁신과 '쇄국의 타파'를 남보다 먼저 주장한 인물로 평가될 수 있었던 것에는[46] 최남선의 영향을 고려하지 않을 수 없을 듯하다.

물론 최남선의 영향력은 사실, 조선의 역사에서 서구문명의 기능적 등가물을 찾고자 하였던 그의 기본 문제의식이 그만의 문제의식이 아니었다는 사실에서 기인하는 것이기도 하다. 정인보가 임금은 상신(相臣)을 가리고 상신 이하는 각기 그 요속(僚屬)을 가려야 한다고 홍대용이 논한 것을 거의 근세의 책임정부제와 합치된다고 언급하였을 때,[47] 안재홍이 정약용의 사상을 근대 국민주의의 선구라고 칭찬하면서 모간(Lewis Henry Morgan, 1818~1881) · 루소와 비교하거나[48] 그의 정책은 근대 선진 여러 나라의 사회정책 그대로요, 현대 경제적 민주주의자의 이데올로기 그대로라고 평가했을 때,[49] 또 최익한이 정약용의 사상을 루소, 벤담(Jeremy Bentham, 1748~1832), 케네(François Quesnay, 1694~1774) 등과 유비하고 있었을 때[50] 이런 사실은 여실히 드러났다. 즉 조선학운동의 참여자들은 서구문명에 유비될 만한 것이 우리의 전통 속에서도 발견될 수 있음을, 따라서 그것을 발견하고 계승함으로써 우리 역시 자강할 수 있다는 확신을 각자의 연구를 통해서 확인하고 있었던 셈이다. 아래 현상윤의 발언은 누구보다 이 점을 솔직하게 드러낸 것으로 보인다.

> 그러므로 모처럼 일어났던 실학운동도 결국은 소수 불우한 학자들의 일

---

45 文一平,「李朝文化史의 別頁 實事求是派의 學風 上·下」,『朝鮮日報』1938.1.3./5.
46 「實用實学의 先驅者들」,『東亞日報』1939.1.1.
47 洪大容,『湛軒書』,「湛軒書序」"其論君擇相 相以下各擇其屬 幾合於近世責任內閣之制"
48 安在鴻,「現代思想의 先驅者로서 茶山 先生 地位」,『新朝鮮』12, 1935.
49 安在鴻,「우리 文化의 大河流, 現代에 빗나는 偉業, 茶山先生의 大經綸」,『朝鮮日報』1935.7.16.
50 崔益翰,「與猶堂全書를 讀함」,『東亞日報』1938.12.9.~1939.6.4.

시적 허황된 꿈과 허튼소리로 변하고 말았으며 퇴계에게 건축된 주자학의 성첩은 의연하게 난공불락의 견고한 울타리가 되고 말았다. 그러나 이때에 만일 이 실학운동이 계속되고 성공했더라면 필연적으로 구미의 물질문명은 훨씬 용이하게 또는 일찍 조선에 수입되었을 것이다.[51]

4. 근대화론의 풍미와 북학 연구

조선학운동의 기초를 놓았던 최남선은 1930년대 중반 이후 세계적 보편성을 지녔다고 인식한 서구문명에 압도되면서 이것을 조선적인 특수성보다 우위에 놓았고 따라서 그 문명을 '선취'한 일본과 합일되고자 하는 자세를 취함으로써 '친일'의 길에 들어서게 되었다. 따라서 1945년의 해방은 자강론을 견지하면서도 최남선과는 달리 조선의 전통 속에서 서구문명의 기능적 등가물을 발견하여 그것을 주체적으로 계승하려는 문제의식을 계속해서 견지한 자들에게 학문 활동을 더욱 적극적으로 전개할 수 있는 문을 활짝 열어주었다. 첫째로는 억압적 굴레가 벗겨진 만큼 주체적으로 문명을 이룰 수 있다는 가능성과 자신감이 한층 높아졌기 때문이고, 둘째로는, '식민주의 사학'을 극복하려는 방법을 모색해야 했기 때문이다. 이렇게 되면 친일 담론만이 제거된 자강론이 다시 유행하는 것과 보조를 같이하면서 실학 연구도 더욱 확대될 것이었다. 차이점이 있다면 분단 이후 좌파 계열의 지식인이었던 김태준, 최익한, 백남운 등을 언급하기 힘들어졌다는 정도다.

---

51 玄相允,「李朝學術史上의 丁茶山과 그 位置」,『東亞日報』1935.7.16. 현상윤의 발언은 대원군의 양이(攘夷)가 없어서 기독교가 자유롭게 통용되었더라면 조선은 삼십 년 전에 이미 신문명의 세례를 받아서 지금 많은 진보가 있었을 것이라는 이광수의 1917년 발언과 논리 구조가 유사하다.(孤舟,「耶穌敎의 朝鮮에 준 恩惠」,『靑春』9, 1917, 13쪽); 안재홍도 대원군이 남종삼(1817~1866) 등의 건의를 받아들였다면 조선 중흥의 위업을 달성했을 것이라고 말했다. 安在鴻,「朝鮮民의 運命을 反映하는 丁茶山 先生과 그 生涯의 回顧」,『新東亞』36, 1934.

이때 정약용과 더불어서 홍대용, 박지원, 박제가가 가장 부각되었는데 이는 그들의 주장이 근대 서구문명과 가깝다고 확신한 조선학연구의 유산이 해방 후의 국가적 과제와 공명(共鳴)하였기 때문이다. 1948년 김성칠(金聖七, 1913~1951)이 박지원을 우리나라 역사에서 처음 보는 시민사상을 과감히 제창한 혁명가로 규정하면서 그 새로운 흐름이 이어지지 못해 나라가 패망하였다고 주장하였던 것이나,[52] 1949년 오장환(吳璋煥)이 "(북학론자)들은 막연한 실학주의에서 한 걸음 더 나가서, 청의 문물을 수입하여 가장 현실적이고 혁신적인 정치와 학문을 부르짖은, 가장 진보적인 문인이요, 정치가들이었다."라고 정리한 것은[53] 이 점을 잘 보여준다. 특히 이 시기의 대표적 한국사, 한국유학 개설서인 『국사교본』, 『조선사개설』, 『조선유학사』에서 정약용까지 북학에 포함시켜 서술하거나,[54] 홍이섭에 의해 이익까지 북학에 포함된 것은[55] 실학 연구에 있어서 북학의 비중이 얼마나 커졌는지를 단적으로 보여준다.

그런데 북학에 대한 개념 규정에는 변화가 일어나지 않았으면서도[56] 최남선에게서는 우선 중국으로 예시된 배움의 대상이 서구 여러 나라로 바뀌어 간 모습을 주목할 필요가 있다. 예를 들어 현상윤은 북학의 대상을, 서구의 신문명을 많이 수입하여 다른 동방의 나라들보다 진보되었던 청조의 문화라고 하면서 서구의 영향을 강조하더니,[57] 김양선(金良善, 1907~1970)은 북

---

52 金聖七, 「燕岩 朴趾源」, 『民主朝鮮』 3, 1948. 한편 그가 말하는 시민사회란 동시에 자본주의사회를 의미하기도 한다. 金聖七, 「燕巖의 熱河日記」, 『學風』 2-2, 1949, 79쪽.
53 吳璋煥, 『中等文化史-우리나라의 문화-』, 正音社, 1949(김정인, 「중등문화사-우리나라의 문화-」, 『한국사학사학보』 1, 1999, 296쪽).
54 震檀學會 編, 『國史敎本』, 軍政廳 文敎部, 1946, 133~135쪽; 서울大學國史硏究室, 『朝鮮史槪說』, 弘文書館, 1949, 531~535쪽; 玄相允, 『朝鮮儒學史』, 民衆書館, 1949(『기당 현상윤 전집 1-원전 조선유학사』, 나남, 2008, 382쪽).
55 홍이섭, 「북학파의 사람들」, 『연세춘추』 122, 1958(『홍이섭 전집 2』, 연세대학교 출판부, 1994, 464쪽).
56 金思燁, 『朝鮮文學史』, 正音社, 1948, 284쪽; 현상윤, 앞의 책, 382쪽.

학이 중국을 배우는 데만 그치지 않고 서양의 과학과 기술을 배워야 한다는 것으로 이해했고,[58] 홍이섭은 아예 북학론의 핵심은 명말 청초에 전래된 서양 과학이었다고 정리했다.[59] 이런 변화는 1950년대 지성계를 지배하던 근대화론의 강력한 자장 속에서 이해될 수 있을 듯하다.

식민주의 시기 유럽의 패권을 문명론이 떠받쳤다면, 탈식민화된 전후에는 미국 중심의 새로운 국제 질서를 정당화하는 인식틀로서 발전론과 근대화론이 부상했다. 발전론은 위기에 빠진 유럽 주도의 문명론을 효과적으로 대체하며 서구의 패권을 지탱하였는데, 이전의 야만은 '저발전'으로, 이전의 문명은 '발전'으로 규정되며 우월성을 지킨다는 점에서 구조적으로 유사하다. 문명론이 강제적이었다면, 발전론은 '저발전국'의 자발성에 의존한다는 점에서 더 효율적이라고 할 수 있다.[60] 또한 근대화론은 마르크스-레닌주의 역사 해석에 맞설 대응 이론이 요구되던 배경 속에서 등장하였기 때문에 논리 계발의 방법과 목적이 계급 혁명 없이 역사가 단계적으로 발전할 수 없는지, 근대 자본주의 세계는 유럽과 미국 이외에는 역사적으로 달성한 적이 없는지에 초점이 맞추어졌고[61] 이 점에서 반공주의자들의 열렬한 환영을 받을 충분한 조건을 지녔다.

1953년 서북 출신의 개신교 계열 인물들이 중심이 되어서 창간한 『사상계』로 대표되는 이 시기 지성계는 반공에 기초한 근대를 새 국가의 나아갈 길로 천명하는 데 주저함이 없었다. 김준엽(金俊燁, 1923~2011)에 따르면 『사상계』의 편집 방침은 민족통일, 경제발전, 자유민주주의, 새 문화창조, 복지

---

57 현상윤, 앞의 책, 361쪽.
58 김양선, 「한국실학발달사」, 『숭대학보』 5, 1955(「한국실학발전사」, 『매산국학산고』, 숭전대박물관, 1972, 152쪽).
59 홍이섭, 앞의 논문, 465쪽.
60 김종태, 『선진국의 탄생』, 돌베개, 2018, 48·105·155쪽.
61 박영재, 「동아시아 근대화와 '근대화론'에 대한 비판적 검토」, 『아세아문화연구』 2, 1997, 140쪽.

사회 건설로 요약될 수 있는데,[62] 이는 전형적인 근대화론의 추구를 드러낸 것이었다. 김준엽 자신의 학문적 문제의식도 아시아, 특히 중국이 왜 근대화 과정에서 낙후되었는지를 설명하는 것이었다.[63] 이 시기 『사상계』에는 근대가 서구에서 이루어진 것이었으며 동양의 근대화는 서양화를 떠나서는 생각할 수 없다는 글이 게재되었고,[64] 1960년에는 로스토우(Walt Whitman Rostow, 1916~2003)의 「비공산당선언-경제성장단계설」이 연재되었다.[65]

로스토우의 근대화론은 미국, 소련을 포함하여 근대의 전 과정을 '전통사회→도약준비→도약→성숙→대중소비'라는 단계론의 형태로 파악하고 미·소가 어디서 분기했는가에 대한 설계도를 내놓았다. 이에 따르면 소련은 1차 대전의 타격으로 좌절했고 일본은 서구와 닮은 형태로 '도약'에 성공한 아시아의 유일 사례가 된다.[66] 로스토우는 경제발전의 전략과 단계를 체계화함으로써 제3세계의 자본주의 성장 가능성을 주장하였을 뿐 아니라 1960년대 한국의 경제개발계획 실행에 결정적인 역할을 했다.[67] 따라서 장준하를 위시한 『사상계』 그룹이 장면 정부 수립과 함께 '국토건설단 사업'을 주도한 것은 자연스러웠으며 이 점에서 『사상계』가 중심이 된 서구적 근대화론은 새 시대의 자강론적 성격을 지니고 있었다. 『사상계』 편집위원인 성창환(成昌煥, 1917~2009)과 이정환(李廷煥, 1919~2008)이 1962년 1월 경제기획원이 제출한 제1차 경제개발 5개년 계획 성안 과정에 참여한 것도 이런 맥락에

---

62 김준엽, 『장정 4』, 나남, 1990, 101~102쪽.
63 서진영, 「김준엽과 중국연구, 그리고 한반도 통일문제」, 『김준엽과 중국』, 나남, 2012, 629쪽.
64 천관우, 「갑오경장과 근대화」, 『사상계』 17, 1954.
65 로스토우, 「비공산당선언-경제성장단계설(상·중·하)」, 『사상계』 78·79·80, 1960.
66 나가하라 게이지, 하종문 옮김, 『20세기 일본의 역사학』, 삼천리, 2011, 213쪽.
67 박태균, 『원형과 변용』, 서울대학교출판부, 2007, 135~158·265·367쪽. 1965년 로스토우는 박정희의 성장주의 정책을 칭찬했다. 임대식, 「1960년대 초반 지식인들의 현실인식」, 『역사비평』 65, 2003, 327쪽.

서 이해된다.68 이들은 한국을 서구, 일본과 마찬가지의 도약에 성공하는 사례로 만들고자 했던 것이다. 물론 근대화의 방점은 이른바 '경제성장', 즉 산업화에 찍혀있었다.

이렇게 볼 때 서북 출신이며 목사의 아들이자 『사상계』의 편집위원이었던 홍이섭과69 역시 서북 출신이면서 목사이기도 했던 김양선이 북학론의 핵심을 서구의 과학과 기술을 배우는 것으로 파악한 것은 결코 우연이 아니었다. 이들에게 근대화는 당대의 과제인 동시에 '신앙'이었기 때문에 북학은 마땅히 서구문물 수용의 '선행적 양상'을 보여주는 것이어야만 했던 것이다. 특히 홍이섭의 경우 이미 해방 전부터 실학 발생의 요인으로 내재적인 요인과 외부적인 요인을 함께 아우르면서 서학 탄압을 과학기술 쇠퇴의 주요한 요인으로 보았던 것을70 감안하면 그의 설명은 서구를 통한 과학기술의 수용과 발전이 지금 추구되어야 한다는 현실인식의 학문적 표현이었다고 보인다. 박지원을 실학파의 근대적 요소를 가장 대표적으로 집약해서 체계를 이룬 선구자로 규정한 문학 측의 연구71 역시 이 시기의 시대적 상황을 반영한 셈이다. 이런 분위기는 1960년대 이후로도 지속되어서 『사상계』 필진이었던 김용덕(金龍德, 1922~1991)은 박제가를 '근대를 향한 거화(炬火)를 드높인 선각자'이며, 그의 견해는 '이조봉건사회의 기반을 흔드는 선각적 식견이자 근대를 향한 빛나는 횃불'이라고 규정하기도 하였다.72

---

68 『사상계』 그룹은 '민생'에 초점을 두었다면 쿠데타 세력은 '민족과 국가의 부흥'이라는 전체주의적 가치에 초점을 둔 것으로 평가된다. 정진아, 「1950년대 후반~1960년대 초반 '사상계 경제팀'의 개발 담론」, 『냉전과 혁명의 시대, 그리고 『사상계』』, 소명출판, 2012.

69 홍이섭은 배재고보에서는 문일평에게, 연희전문에서는 정인보에게 배움으로써 민족주의적인 관점이 중요하게 자리잡고 있었지만, 그에게 민족사관은 위험한 폐쇄적인 경향을 탈피한, 세계사적 보편성을 띠어야 하는 것이었다. 원유한, 「홍이섭」, 『한국의 역사가와 역사학 하』, 창작과비평사, 1994.

70 洪以燮, 『朝鮮科學史』, 三省堂出版株式會社創立事務所, 1944, 387~396쪽.

71 김일근, 「연암소설의 근대적 성격」, 『경북대학교 논문집』 1, 1956

1960년대 『사상계』의 지면에서도 근대 지향의 자세는 거침이 없었다.[73]

한편 1960년 4·19와 '한일국교정상화회담'을 계기로 민족문제가 정면으로 제기되면서 민족주의 담론이 학계를 풍미하기 시작했다. 흥미로운 것은 이런 분위기를 조성하는 데 『사상계』도 동참하고 있었다는 사실이다. 117호(1963. 2)에서 특집으로 '한국사를 보는 눈: 한국사 씸포지움, 한국사관은 가능한가?-전환기에서 본 민족사안(史眼)'을 마련해서 천관우·이기백·김용섭의 글과 함께 천관우·한우근·홍이섭·최문환·조동탁(사회: 신일철)의 좌담회 내용까지 수록했던 것이다. 사실 4·19 이전까지 『사상계』 지면에서 민족주의는 조심스럽게 소개되었는데 냉전기라는 세계사적 체제를 최전선에서 느끼면서 '친미' 성향을 지닐 수밖에 없던 지식인들의 곤혹스러움 때문이었다.[74] 그 결과 서북 출신 김성식(金成植, 1908~1986)이 「병든 민족주의」란 글을 『사상계』 창간호에 게재한 것에서[75] 보이듯 1950년대 『사상계』의 역사 담론은 서양사학계가 주도하면서 서구적 민주주의의 전파에 노력했다.[76] 4·19가 상황을 변화시킨 셈이다. 민족주의의 고조는 실학 대두 배경으로서 내재적인 요인이 좀 더 강조되어야 한다는 의견과 결합되면서[77] 조선후기의 사회경제를 완만하게나마 근대사회의 방향으로 나아가고 있었다는 시각에서 새롭게 정립하려는 경향으로 이어졌다.[78]

---

72 김용덕, 「박제가의 사상」, 『한국사상』 5, 1962, 72쪽; 김용덕, 「북학사상과 동학」, 『사학연구』 16, 1963, 114~115쪽.

73 배성룡, 「유교의 반민주성」, 『사상계』 161, 1966, 210쪽. "서양식의 新國家를 건설하고 서양식의 신사회를 조직하고 그에 의하여 현대의 生存에 적당하게 하려면 그 근본문제로서 서양식의 新國家의 기초인 人格平等의 新信仰을 수입해야 할 것이요"

74 김주현, 「『사상계』 동양 담론 분석」, 『냉전과 혁명의 시대, 그리고 『사상계』』, 소명출판, 2012, 262쪽.

75 김성식, 「병든 민족주의」, 『사상계』 1, 1953.

76 이경란, 「1950~70년대 역사학계와 역사연구의 사회담론화」, 『동방학지』 152, 2010, 351~353쪽.

77 김용섭, 「최근의 실학연구에 대하여」, 『역사교육』 6, 1962, 135쪽.

민족주의의 고조는 실학·북학 연구에 있어서 이전과는 다른 설명과 해석이 추구될 수 있는 가능성을 일단 열어놓은 셈이 되었지만 그렇다고 근대화론의 분위기 속에 이미 뿌리 내린 실학과 북학 연구의 방향이 크게 바뀐 것은 아니었다. 『사상계』 그룹들에게서 극명하게 보이듯, 민족주의가 '반공'과 '민주주의'와 '산업화'를 견지하기만 한다면 근대화론과 얼마든지 공존할 수 있다고 보였기 때문이다. 5·16 쿠데타 직후 발행된 『사상계』에는 그것을 국가의 진로를 바로잡으려는 민족주의적 '군사혁명'이라고 규정한 권두언이 실렸는데, 여기서 『사상계』는 쿠데타 세력에게 '공산제국주의'와 대결하면서 자유, 복지, 문화의 방향으로 국가를 재건해야 할 민족적 과업이 크다고 '설교'하였다. 그리고 혁명공약을 실천하면 국군의 위대한 공적은 민주주의 역사상에 빛날 것이며 많은 후진국 국민들의 모범이 될 것이라고 격려하였다.[79] 여기서 말한 자유는 '정치적 민주주의'를, 복지는 '경제적 산업화'를, 혁명공약은 '반공'을 각각 의미하는 것으로 이해할 수 있다. 한국 공산주의 운동사에 관한 선구적 업적을 쌓게 되는 김준엽도 쿠데타 세력의 반공 표방에 주목하면서[80] 쿠데타 세력이 반미주의로 흐르지 않도록 하겠다는 생각으로 국가재건최고회의 의장 고문직을 수락했다.[81] 민중만이 혁명을 할 수 있다면서 5·16을 비판하던 함석헌은 예외에 속했다.[82]

게다가 1950년대의 지성계를 이끌던 『사상계』의 주도력은 감소되었지

---

78 정창렬, 「실학사상 연구의 쟁점과 과제」, 『한국사상의 심층연구』, 우석, 1982, 313쪽.
79 「권두언 : 5·16 혁명과 민족의 진로」, 『사상계』 95, 1961.
80 김준엽, 『중국공산당사』, 사상계사출판부, 1961, 6~7쪽. "반공이라고 하는 것이 요새처럼 더 절실히 느껴지는 때는 없었을 것이다. (…중략…) 이제 반공을 혁명과업의 제일 공약으로 들고 나온 정권이니만치 이에 대한 충분한 고려와 대책이 있을 것으로 믿는 바이지만"
81 김준엽, 『역사의 신』, 나남, 1990, 408쪽. 민정 이양을 저버리고 '원칙 없는' 한일회담을 추진하거나 '서구적' 민주주의에 관심 없던 박정희 정권과 장준하는 결국에는 대립하게 된다. 김준엽 역시 박정희 정권으로부터 통일원 장관직을 제의받았으나 거절했다.
82 임대식, 앞의 논문, 314쪽.

만 『사상계』의 영향력은 다른 측면에서 여전히 남아있었다. 『사상계』의 후원자였던 백낙준이 1948년 설립한 연희대학교 동방학연구소와 『사상계』의 주간이었던 김준엽이 주도해서 1957년 설립한 고려대학교 아세아문제연구소의 역할 때문이다. 이 두 학교는 정인보와 현상윤이 재직하던 곳이라 1930년대 조선학운동의 유산과도 연결되어 있었다. 정인보와 함께 『여암전서』 등 고전 간행을 주도했던 김춘동(金春東, 1906~1982)도 1946년부터 고려대학교 국문과에 재직했다.[83] 동방학연구소가 1967년부터 '실학공개강좌'를 개최함으로써, 아세아문제연구소가 『실학사상의 탐구』(1974)라는 제목으로 기존 실학 연구를 정리하는 연구서와 『육당최남선전집』(1973~1975)을 간행함으로써 실학 연구를 이어가게 된 것에는 이런 역사적 맥락이 있었다.

특히 아세아문제연구소의 경우는 1965년에 '아시아의 근대화 문제'란 주제로 대규모의 국제 학술회의를 개최하였는데 이 회의에는 포드 재단의 지원으로 9개국에서 66명의 참석자, 9명의 참관인이 참여했다. 이 회의는 미국의 근대화 개념과 이론이 한국에 본격적으로 전파되는 중요한 계기가 되었다.[84] 이듬해에도 아세아문제연구소는 '아시아에 있어서 공산주의 문제'라는 국제회의를 개최하였다. '반공'에 기초한 근대화론은 여전히 영향력을 잃지 않았기에 1960년대 이후로도 북학 연구는 이전 시대 유산의 영향을 받고 있었다. 그래서 유형원·이익의 목표는 봉건적 개량주의였다거나[85] 그들의 학문은 과도기의 실학이라고 평가되기도 하였던 반면에,[86] 북학은 중상주의와 비길 만한 것이라고 계속 규정되거나[87] 근대적 사상으로 발전할

---

83 박성규, 「운정 김춘동 선생의 생애와 학문」, 『어문논집』 55, 2007; 김춘동을 초빙한 이는 구자균(1912~1964)이었다고 한다. 김태준·소재영 엮음, 『스승』, 논형, 2008, 290쪽.
84 손열, 「1960년대 한국근대화 논쟁」, 『냉전기 한국사회과학 개념사』, 대한민국역사박물관, 2018, 197쪽.
85 김용덕, 「고려·조선사회의 비교-한국근대화과정 연구서설」, 『사상계』 134, 1964, 222쪽.
86 조기준, 「이조후기 실학사상과 사회경제적 배경」, 『한국사의 반성』, 신구문화사, 1969, 178쪽.

수 있는 풍부한 가능성을 내포한 계몽사상으로서의 초기적 성격을 지녔다고 평가되었다.[88] 요컨대 북학은 18세기 후반 실학의 발전을 대표하는 존재로서[89] 더 주목되었던 것이다.

하지만 아무리 상황이 그렇다고 해도 민족주의의 거대한 흐름이 학계에 자극을 주지 않을 수는 없는 일이었다. 고려대학교 민족문화연구소가 『한국문화사대계』(1964~1972)를 편찬하고 그 1책에 『사상계』 편집위원이었던 조동탁(趙東卓, 1921~1968)이 「한국민족운동사」를 집필해 수록한 것, 『사상계』가 침체되던 시점인 1966년 창간된 『창작과비평』이 『사상계』가 끝까지 견지하던 냉전 이데올로기를 넘어선 것은 이 점을 잘 보여준다. 이제 김태준, 백남운, 최익한 등의 학문 유산은 민족의 이름으로 재발굴될 가능성이 열렸고 박제가 사상의 원류는 내재적인 차원에서 본격적으로 검토되기 시작하였다.[90] 영남 출신인 이우성은 물론이고 서북 출신의 개신교도인 이광린조차도 북학의 개념과 대상을 설명할 때 서구의 과학기술을 언급하지 않았으며,[91] 유득공의 역사인식은 '유교사관'을 탈피하는 신기운이거나 북학의 민족의식을 보여주는 한 예로서 받아들여지기 시작했다.[92] 홍대용 사상의 중요한 특징도 화이관의 극복을 통한 민족적 자각과 국가평등 관념에서 찾았다.[93] 북학은 산업화를 지향하는 근대화론에 가장 가까우면서도 민족주

---

87 이성무, 「박제가의 경제사상」, 『이해남박사화갑기념사학논총』, 일조각, 1970; 이영협, 「이조후기의 경제사상에 관한 연구」, 『아카데미논총』 3, 1975.
88 姜在彦, 「朝鮮実学における北学思想」, 『近代朝鮮の変革思想』, 日本評論社, 1973, 53쪽.
89 姜在彦, 『朝鮮近代史研究』, 日本評論社, 1970(『신편 한국근대사연구』, 한울, 1982, 38~39쪽).
90 김용덕, 「중봉 조헌 연구」, 『아세아학보』 1, 1965; 김용덕, 「북학파 사상의 원류 연구」, 『동방학지』 15, 1974.
91 이우성, 「18세기 서울의 도시적 양상」, 『향토서울』 17, 1963, 34쪽; 이광린, 『한국개화사연구』, 일조각, 1969, 25쪽.
92 한영우, 「실학자들의 사관」, 『독서생활』 7, 1976; 김용덕, 「실학파의 민족사관」, 『통일정책』 3-4, 1977.

의적인 요소를 함께 구비한 존재로 반짝이고 있었다.

흥미로운 것은 『사상계』 그룹인 홍이섭, 김준엽의 제자이자[94] 아세아문제연구소의 간행물인 『아세아연구』에 실학 관련 주요 논문을 발표함으로써 근대화론을 수용하고 있던 강만길(姜萬吉, 1933~2023)이 『창작과비평』을 통해서는 '분단시대'의 역사학이 갖는 한계성을 극복하고 통일된 민족국가의 수립을 요청하는[95] 학문적 활동을 펼쳤다는 점이다. 김준엽이 중국공산당을 인류의 평화를 위협하는 '커다란 괴물'이라고 표현하였음을 상기해본다면,[96] '반공' 민족주의를 '통일' 민족주의로 수정하면서도 민주주의와 산업화라는 다른 근대적 가치는 인정함으로써 1950년대 이래 한국 지성인들의 문제의식을 여전히 계승하고 있었던 셈이다. 즉 강만길은 1950년대와 1960년대의 역사적 유산을 모순되지 않게 자신의 학문 속에서 함께 녹여내고 있었다. 따라서 그가 『사상계』, 『아세아연구』, 『창작과비평』의 필진이었던 김용섭과 더불어 백남운을 재발견하고[97] 조선후기 상업관의 선구성을 북학에서 찾은 것은 예상된 결론이었다.[98]

강만길이 이전 세대의 담론을 일부 수정해서 근대화론과 민족주의를 공존시켰다면 천관우는 과거의 자신을 갱신해 근대화론과 민족주의를 공존시켰다는 점에서 좀 더 극적이다. 『사상계』의 필진이었던 1950년대에는 실학·북학 발생의 외부 요인으로서 연행을 통한 서양문물·중국문화의 유입과 영향을 꼽았던[99] 그는 끝내 서학·천주교, 청대 고증학의 영향을 회의적

---

93 조광, 「홍대용의 정치사상연구」, 『민족문화연구』 14, 1979.
94 강만길은 홍이섭에게 배웠다. 강만길, 『역사가의 시간』, 창비, 2010, 177쪽.
95 강만길, 「〈민족사학〉론의 반성」, 『창작과비평』 39, 1976.
96 김준엽, 앞의 책, 1961, 8쪽.
97 김용섭, 「일본·한국에서의 한국사서술」, 『역사학보』 31, 1966, 141쪽; 강만길, 앞의 책, 175쪽.
98 강만길, 『조선후기 상업자본의 발달』, 고려대학교출판부, 1973, 23쪽.
99 천관우, 「반계 유형원 연구(하)」, 『역사학보』 3, 1953, 427~430쪽.

으로 보았으며,¹⁰⁰ 초기와 달리 홍대용을 '민족의식'의 소유자로 이해하기 시작했다.¹⁰¹ 물론 그의 가장 극적인 자기 갱신은 실학에 대한 아래의 규정에서 보다 명확하게 드러났다.

> 조선후기 실학은, 첫째로 전근대의식에 대립되는 근대의식 내지 근대지향의식, 둘째로 몰민족의식에 대립되는 민족의식을 척도로 하여 재구성된 조선후기 유학의 개신적(레포메이슌) 사상으로서 '조선후기에 일어난 개신유학'이라고 부를 만한 것이다. 그 두 척도는 서로 별개의 것이 아니라, 민족의 존립 번영을 전제로 한 근대지향, 근대지향을 전제로 한 민족의 존립 번영이라는 일체의 관계에 있는 것이다.¹⁰²

'부패 경화(硬化)해 가는 이조 봉건사회의 사상적 여천(餘喘)인 동시에, 그 속에 태동하는 신단계로의 사상적 지향'이라거나,¹⁰³ '영조·정조시대를 중심으로 한 전후 일정한 시기에 일어났고 발전했던 시대의 사조요 학풍'¹⁰⁴ 정도로 실학을 모호하게 정의하던 그가 1970년의 시점에서 '근대의식과 민족의식을 내용으로 하는 개신유학'으로 명확하게 재규정한 것은 1950년대와 1960년대의 한국 학계를 풍미한 근대화론과 민족주의가 그에게서 극적으로 '랑데부'하였음을 보여준다.¹⁰⁵ 이제 실학·북학은 근대화론과 민족주

---

100 천관우, 「한국실학사상사」, 『한국문화사대계 6』, 고려대학교 민족문화연구소, 1970, 1,021~1,022쪽 및 1,042~1,044쪽.
101 허태용, 「천관우의 시대구분과 조선시대 연구」, 『백산학보』 107, 2017, 69쪽.
102 천관우, 「한국실학사상사」, 『한국문화사대계 6』, 고려대학교 민족문화연구소, 1970, 1,044쪽.
103 천관우, 「반계 유형원 연구(상)」, 『역사학보』 2, 1952, 170쪽.
104 천관우, 「반계 유형원」, 『사상계』 65, 1958, 203쪽.
105 천관우, 「조선후기 실학의 개념 재검토」, 『한국사의 반성』, 신구문화사, 1969, 164쪽. "近代化와 民族主義의 관점에서 그 역사적인 源流를 傳統思想 가운데서 찾아볼 때 朝鮮 후기의 實事求是 사상이 視界에 떠오르고 그럼으로써 이를 '實學'이라 부르기까지에 이르렀다 하면"

의에 완전히 착근(着根)한 것이었다. 북학에서 개화사상으로,[106] 개화사상에서 갑신정변으로, 또 독립협회로의 역사적 연결이 적극적으로 시도된 것도[107] 근대의 모습을 선취한 북학을 내재적인 시각에서 보려던 또 다른 결과물이었다고 할 수 있다.

5. 새로운 연구 시각의 대두

1990년대 이른바 '냉전체제'의 종식은 새로운 방향의 학문적 모색을 이끌었다. 냉전체제의 종식은 세계 질서의 다극화로 이어졌고, 이는 동아시아라는 지역적 전망을 가능케 하면서 이른바 '동아시아 담론'을 탄생시켰다. 여기에는 분단체제 극복을 학문적으로 추구하였던 『창작과비평』 그룹의 역할이 컸던 것으로 보이는데[108] 이들은 민족주의를 넘어선 동아시아 시각의 방향에서 대안문명 건설을 제시하였다. 이는 민족주의와 서양 중심의 근대관을 성찰한다는 비판의식과 관련된 학문적 모색이었기에, 물론 그 담론의 전개는 너무도 다양하고 복잡해서 여러 함의가 혼재된 결과 하나의 정형을 찾기는 어렵지만,[109] 근대화론 및 민족주의에 착근하고 있던 실학 연구에도 새로운 문제의식을 던져주었다고 할 수 있다.

1990년대 이후로 기존에는 거의 주목되지 않았던 예학에 대한 연구를 통해서 조선에서 전개된 실학의 경세론이 지향하였던 바가 근대를 향해가는 세계상이 아니라 인류사회를 보다 안정적으로 구축할 수 있는 것에 있었음

---

106 김영호,「실학과 개화사상의 연관문제」,『한국사연구』8, 1972; 김영호,「실학의 근대적 전회」,『이을호박사정년기념실학논총』, 전남대출판부, 1975.
107 姜在彦, 앞의 책, 1970·1973; 신용하,『독립협회연구』, 일조각, 1976.
108 최원식,「탈냉전시대와 동아시아적 시각의 모색」,『창작과비평』79, 1993.
109 동아시아 담론에 대한 종합적인 평가는 다음을 참조. 윤여일,『동아시아 담론』, 돌베개, 2016.

을 이야기하려고 하거나,[110] 조선후기의 학술적 흐름을 중국, 일본 등에서 진행되었던 학술적 흐름과 연동해서 파악하려는 시도들이 본격화된 것은 이런 변화를 잘 반영하는 것으로 보인다. 1990년 서울에서 개최된 제1회 실학국제학술회의에서 한국 연구자들은 한국에서 시작된 실학 연구의 외연을 확장함으로써 동아시아 차원에서 실학을 논의할 수 있을 것이라는 기대를 숨기지 않았다.[111] 특히 전자의 경우는 아무래도 경학과 예학 관련 저술을 풍부하게 남겨 놓은 인물을 중심으로 논의가 진행될 수밖에 없었기에 정약용에 대한 검토가 다른 누구보다도 집중적으로 진행되었다. 따라서 북학 연구는 '생태주의'나 '도가철학'적 가치를 발견하려고 한 시도들도[112] 일부 진행되었으나, 그보다는 후자의 맥락에서 북학파 인물들과 중국, 일본의 인물을 개별 비교하거나[113] 연행사행 및 통신사행에 집중하는[114] 경향을 띠기 시작했다.

좀 더 거시적으로 보면 북학은 실학 중에서도 근대화론에 가장 밀착한 개념이었기에 서구적 근대에 대한 성찰이라는 비판의식 속에서는 연구 대상으로서 가치가 상대적으로 감소하였다고 할 수 있다. 그리고 북학 연구

110 이봉규, 「실학 연구 회고와 전망」, 『한국학연구』 47, 2017, 114쪽.
111 『제4회 동양학 국제학술회의 논문집-동아시아 삼국에서의 실학사상의 전개』, 성균관대학교 대동문화연구원, 1990, 8쪽.
112 송영배, 「홍대용의 상대주의적 사유와 변혁의 논리」, 『한국학보』 74, 1994; 박희병, 『한국의 생태사상』, 돌베개, 1999; 박수밀, 「21세기 문명과 박지원의 생태 정신」, 『동아시아문화연구』 47, 2010; 이종성, 「연암 박지원의 철학사상에 나타난 장자 제물론의 사유방식」, 『동서철학연구』 87, 2018.
113 조동일, 「安藤昌益과 박지원의 비교연구 서설」, 『철학사상』 5, 1995; 박희병, 「淺見絅齋와 홍대용-중화적 화이론의 해체양상과 그 의미」, 『대동문화연구』 40, 2002; 김명호, 「홍대용과 만촌 여유량」, 『민족문화연구』 77, 2017.
114 임형택, 「계미통신사와 실학자들의 일본관」, 『창작과비평』 85, 1994; 이혜순, 『조선통신사의 문학』, 이화여자대학교 출판부, 1996; 한태문, 「이언진의 문학관과 통신사행에서의 세계인식」, 『문창어문논집』 34, 1997; 구지현, 「계미통신사 사행문학 연구」, 보고사, 2006; 김현미, 『18세기 연행록의 전개와 특성』, 혜안, 2007; 차혜원, 「열하사절단이 체험한 18세기 말의 국제질서」, 『역사비평』 93, 2010.

를 견인했던 시대의 목적의식, 혹은 규정력이 감소한 환경은 내재적 시각에서 북학을 바라볼 수 있는 기회를 좀 더 부여한 듯하다. 북학의 철학적인 특징을 집중적으로 고찰하기 시작한 것은 이런 모색의 일단을 보여준다.[115] 주로 경세론에 치중되어 있던 기존 연구를 극복하고 철학과 경학의 측면에서 북학을 구명해보고자 하였기 때문이다. 특히 북학과 낙론계 성리설과의 연관관계가 집중적으로 점검되면서 북학의 철학적 측면에 관한 폭넓은 검토가 이루어진 것은[116] 성과라고 할 수 있다. 북벌과 북학의 관계를 역사전개 속에서 새롭게 이해하려는 시도 역시[117] 이 과정에서 도출된 나름의 성과다.

그러나 무엇보다 과학사 연구들이 북학 연구와 관련되면서 본격화된 것이 가장 주목할 현상이다. 이미 1940년대 홍이섭에 의해서 과학사와 사상사의 불가피한 연관성이 확인되었음에도 불구하고 비로소 뒤늦게 본격화된 것이다.[118] 조선에서 『역상고성』으로 대표되는 서양 천문학을 소화하고 독자적인 논의를 전개할 수 있게 된 것이 1654년 시헌력의 채택 이후 한 세기가 지난 18세기 중엽 이후부터였다는 점이 확인된 위에서 전문적 과학 소양을 지닌 인물들이 주목받았다. 이익, 서명응·서호수 부자, 이벽(李檗, 1754~1785), 이가환(李家煥, 1742~1801), 정철조·정후조 형제, 남병철·남병길 형

---

[115] 이 점에서의 선구는 다음의 연구들이 될 것이다. 윤사순, 「실학사상의 철학적 성격」, 『아세아연구』 56, 1976; 유봉학, 「북학사상의 형성과 그 성격」, 『한국사론』 8, 1982.

[116] 류인희, 「홍대용 철학의 재인식」, 『동방학지』 73, 1991; 허남진, 「홍대용(1731-1783)의 과학사상과 이기론」, 『아시아문화』 9, 1993; 김용헌, 「서양과학에 대한 홍대용의 이해와 그 철학적 기반」, 『철학』 43, 1995; 유봉학, 『연암일파 북학사상 연구』, 일지사, 1995; 이상익, 「낙학에서 북학으로의 사상적 발전」, 『철학』 46, 1996; 김도환, 「북학사상과 낙론의 관계」, 『한국학논집』 32, 1998.

[117] 김명호, 『열하일기 연구』, 창작과비평사, 1990; 김문식, 「18세기 후반 서울 학인의 청 학인식과 청 문물 도입론」, 『규장각』 17, 1994; 허태용, 「17·18세기 북벌론의 추이와 북학론의 대두」, 『대동문화연구』 69, 2010.

[118] 임종태, 「조선후기 과학사 연구의 쟁점과 과제」, 『역사학보』 191, 2006, 451쪽.

제, 홍길주(洪吉周, 1786~1841), 최한기(崔漢綺, 1803~1879) 등이 대표적인데[119] 이 때 홍대용 역시 빠질 수 없었다.[120]

그런데 이 연구들은, 물론 모두 동일한 것은 아니지만, 서구의 과학이 실학과 북학의 근대지향적 사유를 형성하는 데 영향을 미쳤다는 전통적인 이해와는 다소 결을 달리하고 있었다. 이 시기 과학사 연구자들은 서구과학의 승리가 확정된 19세기 후반 이후의 상식을 그 이전 시기로 소급 적용해서는 안 된다는 공감대 위에서, 조선후기 지배층들에게 서구과학은 낡고 잘못된 전통적 지식에 대비되는 근대적 지식이 아니라 몇몇 장점과 문제점을 동시에 가지고 있는 새롭고 이질적인 지식이었을 뿐임을 주장했다. 이런 이해 속에서 조선후기 지배층들은 서구의 과학 중에서 합리적이라고 여겨지는 것들을 선별한 뒤에 이것을 이용해서 전통적 요소를 보완하거나 개량했다는 결론을 도출했다.[121]

예를 들어 이익은 『중용』에 이미 언급된 지구설을 서양인들이 재발견하였다고 이해함으로써 전통적인 세계관을 유지할 수 있었으며, 김석문(金錫文, 1658~1735)은 주역의 세계관 속에서 태극의 원리를 바탕으로 지전설을 주장했고, 홍대용은 장재(張載)의 기론적(氣論的) 우주론을 활용해서 지구가 움직인다고 주장할 수 있었다는 것이다. 또한 최한기는 기륜설(氣輪說)이라는 전통적 이론 체계를 수립한 후 그것에 근거하여 뉴턴 역학과 천문학을 읽

---

119 박권수, 「서명응의 역학적 천문관」, 『한국과학사학회지』 20-1, 1998; 문중양, 「18세기 말 천문역산 전문가의 과학활동과 담론의 역사적 성격-서호수와 이가환을 중심으로」, 『동방학지』 121, 2003; 문중양, 「최한기의 기륜적 서양과학 읽기와 기륜설」, 『대동문화연구』 43, 2003; 전용훈, 「19세기 조선 수학의 지적 풍토-홍길주(1786~1841)의 수학과 그 연원」, 『한국과학사학회지』 26-2, 2004; 이노국, 『19세기 천문수학서적 연구: 남병길·남병철 저술을 중심으로』, 한국학술정보, 2006.

120 한영호·이재효·이문규·서문호·남문현, 「홍대용의 측관의 연구」, 『역사학보』 164, 1999; 한영호, 「서양 기하학의 조선 전래와 홍대용의 『주해수용』」, 『역사학보』 170, 2001; 임종태, 「무한우주의 우화-홍대용의 과학과 문명론」, 『역사비평』 71, 2005.

121 임종태, 앞의 논문, 2006, 458쪽.

었다고 보았다. 즉 조선후기 지배층들은 대개의 경우 전통적 세계관을 부정하거나 비판하면서 서양 과학의 성과를 받아들인 것이 아니라 전통적인 세계관을 견지하면서도 서양 과학의 성과를 포섭할 수 있는 방법적 모색을 추구하였다고 이해한 것이다. 오랫동안 상식화되었던 내용을 전복하는 듯한 이런 주장들이 가능했던 이유는 근대화론과 민족주의의 '자장'으로부터 멀리 떨어진 시간과 공간 속에 과학사 연구자들이 존재했기 때문이다. 과학사 연구들은 학계의 오래된 연구 자세를 냉정하게 정리했다. 다음의 언급은 그 점을 잘 보여준다.

> 20세기 근대민족주의의 도래는 홍대용의 사유에 내재한 긴장이 특정한 방향으로 해소되는 과정이었다. 근대와 전근대, 과학과 미신, 서구와 동양(중국)의 이분법이 득세하면서 홍대용의 사유는 서구적 근대와 과학의 진영에 강제로 귀속되었다. 그 이분법의 단순화된 스펙트럼은 방이지, 웅명우, 매문정, 이광지, 이익, 서명응 등이 만들어낸 문화적 혼종을 아예 포착하지 못했고, 그 결과 우리의 기어에서 망각되었다. 그런 점에서 근대의 맹아로서 조선후기 실학을 부각한 지난 세기 민족주의자들과 역사학자들은 과거의 인물에게서 자신이 보고 싶은 측면만을 본 것이다. 근대민족의 존재를 과거로 소급한 '실학'의 역사서술이 근대민족국가 건설을 위해 이념적으로 훌륭히 기여한 것은 맞겠지만 진지한 역사학으로서는 실패한 것이다.[122]

근대화론과 민족주의의 자장에게서 멀리 떨어져 있었던 연구자들을 주목하고자 한다면 과학사 연구자들만큼이나 동양사학자 민두기(閔斗基, 1932~2000)와 한학자 성백효의 글을 주목해야 한다. 일찍이 박지원의 생애와 사상과 문학을 철저히 사료에 입각해서 체계적이고 논리적으로 정리한 민두기에 따르면 박지원은 화이론자이며 황명숭배론자이지만 이용(利用)과 그것을 통

---

[122] 임종태, 『17,18세기 중국과 조선의 서구 지리학 이해』, 창비, 2012, 362쪽.

해 이루어진 후생(厚生)이 이룩된 후에라야 정덕(正德)이라는 유가의 이상이 실현될 수 있다는 입장을 지닌 점에서 당시의 정치가, 사대부와 구별되는 인물이었다. 즉 그는 주자학에서 말하는 격물(格物)의 정도(正道)를 주장한 것이었고, 이 점에서 그가 바란 것은 양반의 몰락이 아니라 순정한 양반이었다. 성백효는 박지원에 대한 연구가 이용·후생 위주의 소개와 『열하일기』를 위시한 소설류에 편중한 채 그의 학문사상 전반에 관한 연구는 거의 없는 상태이며, 있다고 해도 20세기 서구문명에 영합하려는 일부 학자들에 의하여 잘못 소개되고 있다고 일갈했다.[123] 박지원에 관한 당시까지의 연구들이 비발디의 협주곡이라면, 이 두 글은 베토벤의 교향곡이다.

6. 18세기 후반의 맥락에서 본 북학

지금까지의 논의를 거칠게 요약하자면, 북학이라는 이해틀은 탄생부터 현재까지 근·현대 한국의 시대적 목적의식에 학문적으로 호응하기 위해서 고안·활용되었다고 할 수 있다. 구한말과 식민지시기를 거쳐 해방 후의 시기까지 사회진화론과 문명개화론의 세례를 받은 한국 근·현대의 지성들은 내부 전통 속에서도 근대 서구문명에 견줄 수 있는 유산을 발굴해서 계승하려는 모색을 일관되게 추구했고, 그중에서 북학은 자본주의화를 견인할 수 있었던 사상적 움직임으로 간주되면서 중상주의에 견주어졌다. 이 점에서 북학은 실학을 대표하면서 문명과 근대를 상징하는 존재로서 자리매김되었다고 말할 수 있겠다. 하지만 북학 연구는 시대의 목적의식에 견인되면서 적지 않은 문제를 드러냈다. 시대의 목적의식에 맞도록 북학의 내용을 '각색'하거나 '조정'하는 현상이 수반되었기 때문이다.

---

[123] 민두기, 「풍간의 필봉, 박지원」, 『인물한국사 4』, 박우사, 1965; 성백효, 「연암의 학문적 경향」, 『우전신호열선생고희기념논총』, 창작과비평사, 1983, 542쪽.

박제가의 중국어 사용 주장은 가급적 감춰졌으며, 그의 기술도입론이 지닌 한계는 거의 언급되지 않았다. 기술은 배우고 기독교만 막자는 박제가의 생각이 순진하다면서, 그의 기술도입론은 구체성을 뛰어넘어 그것에 바탕을 둔 추상화에 이르지 못하였기에 사상가로 불리기는 부족하다는 정도의 상식적 언급조차도[124] 쉽게 눈에 띄지 않는다. '근대적 세계관'을 보여주는 것으로 믿은 홍대용의 「의산문답」은 앞을 다투어서 무수한 연구자들이 고찰한 반면, 그만큼 중요한 저작이지만 저술의 목적을 파악하기 힘든 「주해수용」은 거의 조명되지 않았다. 「허생전」을 통해서 박지원의 상업관을 부각하려다 보니, 허생이 벌어들인 은 백만 냥 중 절반을 물에 던져버리고 나머지도 대부분 빈민구제에 써버린 모습은[125] 과감하게 생략하거나, 아니면 은을 화폐로 사용하지 않고 국외로 '허랑히' 유출시키는 조선 조정의 '우매한' 경제정책을 반증적으로 풍자한 것이라는 억지 설명이 시도되었다.[126] 북학의 지향 이념이라는 이용후생의 차별적 의미를 강조하기 위해 박지원이 "이용한 연후에야 후생할 수 있고 후생한 연후에야 정덕할 수 있다."라고[127] 소개한 구절을 들면서, 그의 입장은 정덕을 첫째 목적으로 삼고 이용과 후생을 차선의 목표로 삼은 전통적인 관념과 구별되는 한편으로, 여기서의 이용은 일상생활의 도구 등을 '과학적'으로 만들어 '생산성'을 향상시키는 일을, 후생은 '생산기술'의 혁신을 통해 '국민'의 경제생활을 더욱 윤택하게 만드는 일을 의미한다고 용감하게 설명하지만,[128] 박지원이 다른 곳에

---

[124] 박성래, 「박제가의 기술도입론」, 『진단학보』 52, 1981.

[125] 김영민은 이 모습을 통해서 조선후기 지식인들에게 근대란 갈 수 있었지만 일부러 가지 않았던 길일지도 모른다고 이해했다. 김영민, 「근대성과 한국학」, 『오늘의 동양사상』 13, 2005, 147쪽.

[126] 최익한, 『실학파와 정다산』, 국립출판사, 1955, 162쪽.

[127] 朴趾源, 『燕巖集』 卷1 「洪範羽翼序」.

[128] 오수경, 『(수정증보판)연암그룹연구』, 월인, 2013, 114쪽. 정작 이 구절은 박지원의 말이 아니라 숙사(塾師)의 말이며, 사실 이 구절이 전통적인 관념과의 차별성을 드러내

서 "이용후생은 또한 반드시 정덕으로 근본을 삼아야 한다."라고 직접 언급하였다는 사실은[129] 잘 말하지 않는다.

무엇보다 가장 큰 문제는 북학이 오랫동안 시대적 목적의식에 복무하면서 하나의 관용적 의미를 지닌 고유명사가 되었다는 점이다. 즉 북학은 하나의 '기표(記表)'로서 그것을 언급하거나 생각하는 사람들에게 특정한 '기의(記意)'를 떠올리게 하고,[130] 그 결과 18세기 특정한 인물들의 사상에 대한 정확한 이해나, 18세기에 대한 새로운 평가를 시도하기 어렵게 만들어 버린다는 점이다. 정말 18세기 후반의 조선후기 학계를 선각적인 소수의 '근대지향 경세론'과 다수의 '고식적 변통론' 간의 대립으로 이해해도 괜찮은 것일까? 그리고 그 대립에서 끝내 승리하지 못한 선각자들의 처지를 한탄하면서 조선의 어리석음과 낙후함을 비난해도 괜찮을까?

박지원이나 박제가는 주로 짧은 자루 호미를 이용한 농사일의 비효율성을 극렬하게 비난하면서 한심하게 여긴 반면, 중국식 긴 자루 호미의 편리함과 효율성을 극찬하였다. 그리고 농기구를 모방하는 것만으로는 충분하지 않으므로 기경(起耕)과 파종의 방식 등 농업기술체계 전반을 중국식으로 전환해야 한다고 주장하였다. 그에 비해서 『천일록』의 저자인 우하영은 조선식 호미를 활용한 잡초 제거의 중요성을 강조하면서 호미질을 많이 함으로써 흙덩이가 부드럽게 되고 곡식의 뿌리가 잘 퍼져나간다고 설명하였다. 또한 홍천 유생 이광한(李光漢)은 벌판의 고을에서는 호미의 쇠날이 길고 자루가 짧아야 하며, 산골의 땅에서는 쇠날이 짧고 자루가 곧아야 한다면서

는 것인지도 의문이다. 오히려 이용후생을 주장하는 근본 목적이 오직 정덕이었음을, 이용후생은 정덕을 위한 필수 선행조건이어야 한다는 점을 강조한 것으로 이해되어야 할 것 같다. 성백효, 앞의 논문, 545쪽; 강명관, 「실학」과 과거의 해석」, 『사이間SAI』 23, 2017, 23쪽.

129 朴趾源, 『燕巖集』 卷17 別集 『課農小抄』 「播穀」.
130 북학이 떠올리는 기의의 가장 대표적 예는 다음과 같은 저술이다. 이헌창, 『(조선시대 최고의 경제발전안을 제시한) 박제가』, 민속원, 2011.

구체적 환경에 부합되는 농기구의 활용을 강조했다. 본디 긴 자루 호미는 지표면 위의 풀을 제거하면서 흙을 움직여 토양 내 수분 증발의 통로가 되는 모세관을 차단하는 한편, 지표면 아래의 흙은 건드리지 않음으로써 땅속의 수분을 유지하려는 목적으로 사용된다. 이것으로는 땅을 뒤집어엎음으로써 잡초를 뿌리까지 제거하거나 흙덩이를 연화시키는 효과는 기대하기 어렵다. 박지원, 박제가의 비난에도 불구하고 오늘날까지 한반도에서 단연 짧은 자루 호미 사용이 대세를 이루고 있는 점은 무엇을 말하고 있는가?[131]

박지원과 박제가는 청나라처럼 수레 사용을 확대함으로써 지역 간의 극심한 가격 차이를 해소하고 민간의 이로움을 제공할 뿐 아니라 국가 재정을 확충시키자고 주장하였다. 그런데 이런 주장은 그들에게서만 보이는 것은 아니다. 조선전기 국가적 차원의 수레 보급 노력은 논외로 해도, 17세기 이후 김육과 남구만 등은 평안도 지역에서의 수레 사용을 통해서 화물 운송체계의 문제점을 해결하려고 시도하였다. 또한 18세기의 조현명, 박문수 등도 노동력 절감을 위해 화물용 수레를 개발하고 활용하자는 주장을 펼친 결과 18~19세기에는 군영 등에서 제작한 화물용 수레가 토목공사 현장에 투입되기도 하였다. 정조대 후반에는 연행 경험이 있는 관료들을 중심으로 수레 사용을 주장하는 상소가 여러 차례 출현하기도 하였다.[132] 그럼에도 불구하고 수레의 사용이 부진하였던 것은 기본적으로 산지가 많은 지리적 조건 및 해로와 수로를 위주로 한 운송체계가 발달해 있던 조건과 관련이 깊은 결과였다.[133]

즉 수레를 통한 육로 운송은 전국적이든 지역적이든 폭이 넓은 도로망의

---

[131] 이상의 설명은 다음에 의지함. 안승택, 「18,19세기 농서에 나타난 경험적 지식의 의미 변화와 분화」, 『한국사상사학』 49, 2015.
[132] 김문용, 「18세기 북학론의 문명론적 함의에 대한 검토」, 『태동고전연구』 19, 2003, 84쪽.
[133] 이상의 설명은 다음에 의지함. 윤용출, 「조선후기 수레 보급 논의」, 『한국민족문화』 47, 2013.

구축과 유지·보수는 물론, 수레를 끌 많은 소나 말의 확보가 전제되지 않는 한[134] 엄두를 내기 어렵다는 것은 명확했다. 설령 말이 확보되었다고 해도 이중환(李重煥, 1690~1756)이 묘사한 대로[135] 먼 거리가 아니면 물품을 그냥 말에 싣고 가는 게 효율적이었고, 먼 거리라면 선박을 이용하는 것이 나았다. 도로가 외침에 사용될 위험성에 대한 군사적 측면에서의 고려도 있어야 했다. 18세기의 유럽도 이 점에서 다른 지역과 별로 차이가 없었다. 도로 사정도 중요한 대도시와 항구를 잇는 몇몇 고속도로를 제외하면 일반적으로 대단히 빈약한 상태에 놓여 있었다. 영국에서 '유료도로' 붐이 일기 시작했던 것은 18세기 중엽부터였다. 그 이전의 도로 사정은 영국 전역에 걸쳐서 대단히 나빴기 때문에 통행하기조차 힘들었으며, 물건을 운송하는 것은 대단히 어려웠다. 수레 같은 것은 거의 사용될 수 없었다.[136] 중세 이슬람에서 바퀴를 이용한 교통수단을 거의 이용하지 않은 것도 도로망의 문제에 기인한다고 보인다.[137]

따라서 3면이 바다이며 내륙 수로도 비교적 잘 연결되어 있는 조선에서 막대한 재정과 노동력이 투입되어서도 그 효과를 장담할 수 없는 모험에 뛰어드는 것은 그다지 합리적으로 보이지 않는다. 숙종대 영의정 김수항(金壽恒, 1629~1689)이 우리의 지세로는 수레를 사용하기 어렵고 물력만 소비할 것이라고 말한 것은 이 점을 지적한 것이었다.[138] 박지원과 박제가가 수레 사용의 확대를 강하게 주장하려면 이런 점들에 대한 종합적인 고려가 전제

---

[134] 성종대에 약 4만 필에 달하였던 마필수는 현종대에는 약 2만 필, 순조대에는 8,377필, 고종대에는 4,646필로 계속 감소하고 있었다. 남도영, 『한국마정사』, 한국마사회 마사박물관, 1996, 241~242쪽.
[135] 李重煥, 『擇里志』「卜居總論-生利」.
[136] 앤서니 기든스, 진덕규 옮김, 『민족국가와 폭력』, 삼지원, 1991, 206~207쪽.
[137] 리처드 플레처, 박홍식·구자섭 옮김, 『십자가와 초승달, 천년의 공존』, 21세기북스, 2020, 68쪽.
[138] 『肅宗實錄』 권3 1년 4월 己酉(21).

되어야 하지, 막연하게 한번 호령하면 될 일이라든가,[139] 수레가 도입되면 도로는 저절로 만들어진다고 할[140] 문제는 아니었다. 이덕무가 박제가에 대해서 우리와 현격히 다른 중원의 풍속을 사모하는 것이 한스럽다고 경계하였던 것이나,[141] 북학의 후배 세대를 대표하는 인물로 평가되는 서유구가 사람이 사는 지방은 제각각 다르고 습속도 다르기 때문에 필요에 따라 사용할 것을 조달하는 데에도 옛날과 지금의 격차가 있고 안과 밖의 나뉨이 있다면서, 중국의 농업기술을 도입할 때도 그 기준은 오직 조선의 현실에 적용 가능한지의 여부에 두어야 한다는 입장을 견지했음을[142] 감안하면, 연암일파가 동일한 지향점을 지닌 학문공동체였는지, 박지원·박제가의 생각이 얼마나 현실성을 지니고 있었는지에 대한 평가에는 신중한 접근이 필요하다.

이덕무의 산문 대부분은 박지원을 만나기 이전에 지어졌고, 박지원과 유득공 사이에는 역사인식에서도 차이가 보인다.[143] 박지원은 중농적농업입국론자(重農的農業立國論者)였고 박제가는 중상적통상입국론자(重商的通商立國論者)였다면서 사상적으로 많은 차이가 있기에 박제가를 '연암학파'에 포함시킬 수 없다는 주장도 있었다.[144] 홍대용이 천문역산에 관해 정철조(鄭喆祚,

---

139 柳得恭, 『古芸堂筆記』 권4 「用車」.
140 朴齊家, 『北學議』 內篇 「車」; 朴趾源, 『燕巖集』 권12 別集 『熱河日記』 「馹汛隨筆-車制」.
141 李德懋, 『雅亭遺稿』 권7 文 「與朴在先齊家書」. 이덕무는 생각과 도량(度量)은 중국에게서 배우면 되지만 언어, 의복, 풍속, 법제 등은 조선의 것을 따라야 한다고 주장했다. 李德懋, 『靑莊館全書』 권48 「耳目口心書 1」.
142 염정섭, 「『임원경제지』의 편찬과 구성 체제 및 주요 내용」, 『풍석 서유구와 임원경제지』, 소와당, 2011, 22~23쪽.
143 송준호, 『유득공의 시문학 연구』, 태학사, 1985, 58쪽; 강명관, 「이덕무와 공안파」, 『민족문학사연구』 21, 2002; 이철희, 「유득공의 연행과 동아시아 소통의 문학」, 『실학과 문학 연구』, 사람의 무늬, 2012, 257~259쪽.
144 김용덕, 「다산의 상업관 연구」, 『역사학보』 70, 1976.

1730~1781)와 이야기를 주고받을 때 박지원은 알아듣지 못하여 줄 만큼 두 사람은 천문학 지식을 공유하지는 못했다. 홍대용은 확실히 1769년까지는 이덕무를 만난 적이 없으며 그에 대해서 부박하고 화려한 글을 쓰는 사람이라고 평가 절하했다.[145] 그럼에도 불구하고 이들을 단일한 학문공동체로 선험적으로 간주한 후, 수레를 사용하자거나 중국에서 좋은 말을 들여와 종자를 개량하자는 주장을[146] 높이 평가하고 싶다면 무거운 짐을 (말보다) 멀리 싣고 갈 수 있는 낙타(駱駝)를 수입해서 운송에 투입하자던 성종(成宗) 임금의 주장을[147] 먼저 높이 평가하고 나서, 20년 후에 해도 늦지 않을 듯하다.

또한 북학이라는 '기표'는 조선왕조가 중화계승의식에 심취한 나머지 청나라가 도입한 서학 및 청나라의 학문·기술 등을 전혀 받아들이지 않았다는 착각과 오해를 일으킨다. 그런데 정작 조선왕조는 명청교체 직후인 효종대에 시헌력을 받아들인 것을 시작으로 그 이후 한 세기 넘게 시헌력을 정확히 이해하고 자국에 적용하려는 지난한 노력을 경주하고 있었다. 결국 1708년에 와서 처음으로 일월식과 다섯 행성의 위치 계산에 『서양신법역서』를 적용할 수 있었고, 청나라가 1726년에 오차를 수정한 『역상고성』 체제로 전환하자 조선도 『역상고성』의 새로운 계산법에 따라 일월식과 다섯 행성의 위치를 계산하기 위한 노력을 또 다시 경주하였다. 1742년 청나라에서 케플러와 카시니(Jean Dominique Cassini, 1625~1712)의 최신 성과를 반영한 『역상고성후편』 체제로 전환하자 이 내용을 습득하고 적용하기 위한 조선 측의 노력은 18세기 후반에도 계속되었다.

그 결과 정조대에 이르면 시헌력 계산법을 완전히 습득하게 되어서 청나

---

[145] 강명관, 「한문학 연구자의 평전 쓰기에 관한 몇 가지 생각」, 『한국한문학연구』 67, 2017, 41~46쪽.

[146] 朴趾源, 『燕巖集』 권12 別集 『熱河日記』 「太學留舘錄」 "及今兩國昇平之日 誠求牝牡數十匹 大國必無愛此數十匹 若以外國求馬 私養爲嫌 則歲价潛購 豈無其便 擇郊甸水草之地 十年取字 漸移之耽羅及諸監牧 以易其種"

[147] 『成宗實錄』 권195 17년 9월 辛酉(19).

라에서 보내온 역서에 적혀있는 일출입시각(日出入時刻)과 절기시각을 그대로 따르지 않을 정도의 기술력을 보유하게 되었다.148 청나라로부터 끊임없는 천문 관련 학문과 지식을 배워오지 않았다면 가능하지 않은 일이었다. 천문 관련 학문은 단순 실용 기술이 아닌 우주관·세계관의 변화를 야기할 수도 있는 문제였는데도, 때로는 명나라 때 만들어진 역법이라는 논리를 들면서까지149 청으로부터 관련 학문과 지식을 최선을 다해 배워왔다. 물론 이런 상황 속에서도 서양의 천문, 역학이 외이(外夷)에게서 나온 것이라는 이유로 배척하는 경우는 남아있었으며150 천주교와 관련된 문제가 불거질 경우에는 홍문관 소장의 서양서를 소각하도록 조치하는 등 서학 수용의 모습은 다양한 양상을 띠었다. 그러나 진산사건 이후 서학서를 정리하는 과정에서도 서기 관계 서적에는 손을 대지 않았다.151

아악(雅樂)과 궁중 연회에 필요한 생황(笙簧)의 경우에서도 마찬가지의 모습을 확인할 수 있다. 양난 이후 생황이 사라지거나 제 소리를 내지 못하자 조선 조정은 여러 차례 중국에서 생황을 들여왔으며, 그것을 기준으로 삼아 국내에서 생황을 제작하려고 꾸준히 노력하였다. 특히 영조는 1742년 이연덕(李延德, 1682~1750)으로 하여금 연경에서 구입해온 석경(石磬)과 생황을 이용해서 아악을 이정(釐正)하게 하였고,152 1765년에는 연행하는 악공들에게 생황과 당금(唐琴)의 음(音)을 배워오도록 명하였다.153 하지만 이후로도

---

148 안대옥, 「18세기 정조기 조선 서학 수용의 계보」, 『동양철학연구』 71, 2012; 박권수, 「조선의 역서 간행과 로컬사이언스」, 『한국과학사학회지』 35-1, 2013; 전용훈, 「정조시대 다시보기-천문학사의 관점에서」, 『역사비평』 115, 2016
149 김영식, 『중국과 조선, 그리고 중화』, 아카넷, 2018, 84~85쪽.
150 전용훈, 「17~18세기 서양과학의 도입과 갈등」, 『동방학지』 117, 2002.
151 노대환, 「정조시기 서기 수용 논의와 서학 정책」, 『정조시대의 사상과 문화』, 돌베개, 1999, 241쪽.
152 『英祖實錄』 권55 18년 6월 癸卯(16);『英祖實錄』 권56 18년 7월 辛酉(4).
153 『英祖實錄』 권106 41년 11월 癸酉(2).

국내 생산보다는 여전히 수입에 의존하였고 수입이 빈번해지면서는 풍류의 필수 악기로 인식되기까지 하였다.[154] 17세기 말 기근이 지속되자 청나라에 쌀을 청해 수입해 온 것이나[155] 역관들의 생계 대책과 전황(錢荒) 해소를 위해 1792년 청나라 동전의 수입을 결정한 것도[156] 같은 맥락에서 이해된다.

정조가 음악의 고제(古制) 회복을 목표로 1791년에 편찬한 어정서(御定書) 『악통(樂通)』에는 강희제의 어정서인 『어제율려정의(御製律呂正義)』가 참고되었으며,[157] 정약용의 『마과회통』에도 청나라의 의서들인 『마과휘편(痲科彙編)』, 『두과석의(痘科釋意)』, 『의종금감(醫宗金鑑)』, 『두진백문(痘疹百問)』, 『숭애존생서(崇崖尊生書)』, 『사진방(沙疹方)』, 『낭비결(囊秘決)』 등 상당수가 인용되었다. 『마과회통』에서 인용한 조선 의학서 중 가장 비중 있게 다루어진 이헌길(李獻吉)의 『을미신전(乙未新詮)』 역시 청의 의술을 깊이 받아들인 책이었다.[158] 정조가 즉위 직후에 『사고전서』의 수입을 추진했다가 그것이 여의치 않자 대신 『고금도서집성』을 구입한 것도[159] 잘 알려진 일이다.

명·청 교체기의 정치적 상황 속에서 청화안료[回回靑]의 수입이 불가능해져 조정의 연향(宴享)에 사용되는 화준(畵樽)조차 청화백자로 제작되지 못하는 상황에 직면한[160] 17세기 전반의 조선 조정은 철화백자를 제작해 대체하는 한편으로, 이미 중원을 장악한 청나라에게서 청화안료를 수입하기 위한 노력도 지속하지 않을 수 없었다. 청화안료의 원료인 산화코발트는 국내에서는 채취가 불가능한 광석이었기 때문이다. 결국 17세기 후반부터 청화백

---

154 송혜진, 「조선 후기 중국 악기의 수용과 정악 문화의 성격」, 『동양예술』 5, 2002, 138쪽.
155 『肅宗實錄』 권32 24년 1월 辛卯(15).
156 『正祖實錄』 권36 16년 10월 辛未(6).
157 송지원, 『정조의 음악정책』, 태학사, 2007, 101~102쪽.
158 김호, 「조선시대 두진 의학의 완성, 『마과회통』」, 『정조대의 예술과 과학』, 문헌과해석사, 2000, 265쪽.
159 『正祖實錄』 권3 원년 2월 庚申(24).
160 『光海君日記』 권127 10년 閏4월 辛酉(3).

자의 사용이 사대부 계층에서는 확산된 것으로 보이며,[161] 18세기 중엽에는 청화백자의 제작이 사치한 것이니 용준(龍樽)을 제작할 경우를 제외하고는 엄금하라는 하교가 내릴 정도로 청화백자가 철화백자를 대체해갔던 듯하다.[162] 청나라가 강력하게 금수(禁輸) 조치를 내렸던 염초(焰硝)의 경우는 심지어 밀수를 통해서 도입하다가 1657년(효종 8)과 1666년(현종 7)에 발각되어 큰 곤경에 처하기도 했다.[163] 그렇다면 이 경우 청화안료와 염초는 '중화'인 명나라의 남은 재료인가? 아니면 '이적'인 청나라의 재료인가? 청나라의 조총 성능에 영향을 받아서 대(大)조총, 천보총(千步銃)이 생산되었고 청의 화기인 홍이포도 1731년에 자체적으로 제작되었다.[164]

청나라 학문, 제도, 기술의 도입이 국가적 차원의 현상이었다면 민간 차원에서는 명청 소품과 이서(異書), 의식(衣飾), 기명(器皿), 집물(什物) 등이 크게 유행하였다. 정조가 문풍이 비속해진다며 사행길에 당판(唐板)을 들여오지 말도록 박종악(朴宗岳, 1735~1795)에게 전교했던 것이나[165] 국왕부터 박길원(朴吉源) 같은 신료들까지 광범위한 중국풍의 수용을 '당학(唐學)'이라고 부르며 경계하고 있었던 모습은[166] 이런 사실을 보여주는 것이었다.

이런 상황을 볼 때 문제는 자신들의 필요 여부였지 조선이 천하에서 유일하게 남은 '중화의 계승자'인지 아닌지, 혹은 청나라가 '이적'인지 아닌지의 여부가 최우선적인 고려사항이었는지는 의문이다. 조선에 필요하지 않

161　이슬찬, 「조선 17세기 청화백자의 제작과 확산」, 『미술사학연구』 302, 2019.
162　『英祖實錄』 권82 30년 7월 甲午(17).
163　허태구, 「17세기 조선의 염초무역과 화약제조법의 발달」, 『한국사론』 47, 2002, 233~235쪽.
164　강석화, 「17, 18세기 조선의 청 군사 기술 수용」, 『조선시대사학보』 67, 2013, 344~345쪽.
165　『正祖實錄』 권36 16년 10월 甲申(19).
166　正祖, 『弘齋全書』 권177 日得錄 17 訓語 4; 『承政院日記』 乙卯(正祖 19년) 8월 23일 辛丑.

은 것이라면 '우리 것'만으로도 충분하다고 이야기하면서도, 필요한 것이라면 그것은 청이 보유하고 있을 뿐인 '중화의 유제'라거나, 고대 중국에서 서양으로 전해진 기술이라고 설명하는 방식이[167] 등장하였던 것은 자연스럽다. 19세기에 한송학 절충론을 통해서 고증학의 성과를 흡수하고 있었던 모습에서도 유사한 경향을 확인할 수 있다.[168] 그러므로 박지원, 박제가의 언설은 청나라 학문·제도·기술이 이미 다양한 방면에서 수용되고 있는 현실을 정당화해주는 논리를 정교하게 제공하였다는 점에서 그 역사적 의미를 찾는 것이 적절해 보인다. 이 논리를 통해서 그들은 북벌론을 견지하지 않으면서도 중화의식을 견지할 수 있었던 것으로 보인다. 물론 조선에 꼭 필요하다고 그들이 강조한 몇몇 기술들은 대다수에게는 필요 없는 것이었다. 다분히 의도적인 정약용의 발언을[169] 확대 해석해서 18세기 후반의 조선은 게으르게 수백 년 동안 중국에서 배운 것이 없어 낙후되었다고 이해할 필요는 없어 보인다.

요컨대, 그동안의 많은 연구들은 조선후기의 북학이 무엇이었는지를 연구하였다기보다는 무엇이어야만 한다는 당위를 부여하는 데 더 노력한 것으로 보이며, 이는 20세기 북학 연구가 학술적 연구의 성격을 띠기보다는 목적 지향의 실천이자 운동에 가까웠다는 점을 보여준다. 따라서 우리는 20세기의 북학 연구를 통해서 18세기의 조선보다는 20세기 한국의 지성사를 정확하게 이해할 수 있을 것이다.[170] 만약 18세기의 조선을 이해하고자

---

167 김문식, 앞의 논문, 34~35쪽; 노대환, 「조선 후기 '서학중국원류설'의 전개와 그 성격」, 『역사학보』 178, 2003.

168 노대환, 「19세기 전반 지식인의 대청 위기인식과 북학론」, 『한국학보』 76, 1994.

169 丁若鏞, 『與猶堂全書』 第1集 第11卷 詩文集 論 「技藝論 一」 "我邦之有百工技藝 皆舊所學中國之法 數百年來 截然不復有往學中國之計 而中國之新式妙制 日增月衍 非復數百年以前之中國 我且漠然不相問 唯舊之是安 何其懶也" 그런데 정약용은 정작 다른 곳에서는 성인의 정치와 학문이 조선으로 옮겨왔다고 자부한 위에서 청나라로부터 취할 바가 거의 없고 우리 것만으로 충분하다고 말했다. 丁若鏞, 『與猶堂全書』 第1集 第13卷 詩文集 序 「送韓校理(致應)使燕序(時爲書狀官)」.

한다면 북학이라는 이해틀의 유용성을 진지하게 재검토하는 작업부터 시작할 필요가 있겠다. 무엇보다 북학파, 연암일파 등으로 불리는 일련의 구성원들이 단순한 교유망을 넘어서는 공통의 경세론적 지향을 모두 함께 지니고 있었는지, 그리고 그 지향이 설득력이 있는 것이었는지에 대한 신중한 재검토가 필요하다.

---

170 지난 수십 년 동안을 풍미했던 서구 근대화론 및 민족주의에 크게 이끌리지 않고 내재적인 접근으로 북학을 바라보았던 국학 연구자도 있었는데, 이가원과 송찬식(1936~1984)의 연구는 이런 측면에서 재조명될 필요가 있다고 생각한다. 이가원은 박지원이 주자학에 기초하되 이용후생적인 학에 치중하였다고 정리하였고, 송찬식은 박지원이 양반 사대부들은 물론이고 농민이나 상인에 대해서도 기대하지 않았다면서, 그는 허생과 같이 양심적 지식인으로서 숨어서 세상을 개탄한 인물이었다고 규정했다. 이가원, 「연암 박지원의 생애와 사상」, 『사상계』 63, 1958; 송찬식, 「연암 박지원의 경제사상」, 『창작과비평』 7, 1967.

V. 동국의식을 민족주의에 견줄 수 있다는 생각

1. '실학이라는 생각'의 두 번째 각론

본 장에서는 '실학이라는 생각'의 두 번째 각론이라고 할 수 있는, '동국의식'을 근대 민족주의에 견줄 수 있다는 생각을 집중적으로 검토해 보고자 한다. 여기서 사용한 동국의식이란 전근대 인물들이 지니고 있던 '역사계승의식'을 의미하는데, 고려시대 이후부터 구한말에 이르기까지 왕조를 넘는 자기 정체성을 표현하는 용어로서 동국(東國)이 가장 대표적인 용어였기 때문이다. 단군 이래의 통사를 다룬 조선시대 및 구한말 대부분의 사서명이 동국, 혹은 그것에서 파생된 해동(海東), 대동(大東) 등으로 시작되었다는 점에서도 이 점이 잘 드러나는데, 신채호조차도 『동국거걸 최도통』(1909), 「동국고대선교고」(1910) 등에서 보이듯 국망 이전에는 동국이라는 용어를 사용하였다.

자국사를 단군으로부터 단절 없이 계보적으로 이해하는 역사인식의 강화를 근대 민족주의의 선행적 양상으로 평가하려는 경향의 연구는 조선후기 역사학 관련 연구에서 중요한 비중을 차지하고 있는데, 이런 시도가 성공할 수 있다면 실학을 근대 서구문명의 기능적 등가물로 간주하려는 거대한 학술적 모색은 한층 탄력을 받을 수 있게 되기 때문이다. 그런데 시야를 좀 더 넓혀서 살펴보면 근대 민족국가의 기원이나 원천을 근대 이전의 역사에서 찾으려는 시도는 서구에서도 긴 학문적 전통을 지니고 있다. 헤르더를 비롯한 주로 독일의 학자들에게서 두드러지듯이 대개 이런 노력들은 언어, 종교와 같은 '문화'적 요소 및 혈연적 요소에 기초한 특정한 공동체인 '민족'(Volk)을 상정하고, 그 기반 위에서 개인의 민족적 정체성이 이미 존재하고 있는 공동체에 의해서, 개인의 의지와 무관하게 비인격적으로 결정된다는 입장을 견지했다.

마이네케가 근대 민족국가는 고유한 민족성을 지닌 민족이 식물과 같은 비인격적인 존재로 있다가 의식적 자각을 통해서 서서히 형성된 것으로 이해하면서 '문화민족'(Kulturnation)과 '국가민족'(Staatsnation)이라는 용어를 도입한 것도 바로 독일의 이 같은 학문적 맥락 위에서였다. 이런 학문적 설명은 단일한 영토 내 구체제와의 역사적 단절을 강조하면서 민족국가를 형성한 프랑스와는 달리, 나폴레옹의 정치적 지배와 '보편적인' 프랑스 '문명'에 대항해 고유의 '문화'를 강조하면서, 분열된 영토의 정치적 '통일'을 이룩한 독일의 역사적 경험이 고스란히 반영된 결과로 이해된다.[1]

한국의 경우는 프랑스, 독일의 두 유형과 달리 외세에게 빼앗긴 정치적 공동체를 되찾으려는 독립운동의 과정 속에서 근대 민족국가가 탄생한 것으로 이해되기 때문에 또 다른 유형으로 이해될 수 있겠지만,[2] 정치적 주권

---

1 이상의 설명과 관련된 보다 자세한 내용은 다음을 참조. 오토 단, 오인석 옮김, 『독일 국민과 민족주의의 역사』, 한울, 1996; 이사야 벌린, 이종흡·강성호 옮김, 『비코와 헤르더』, 민음사, 1997; 이상신, 「민족주의의 역사적 발전 국면과 그 기능」, 『서양에서의 민족과 민족주의』, 까치, 1999; 임지현, 「민족담론의 스펙트럼」, 『안과 밖』 8, 2000; 프리드리히 마이네케, 이상신·최호근 옮김, 『세계시민주의와 민족국가: 독일 민족국가의 형성에 관한 연구』, 나남, 2007.

2 시이더(Theodor Schieder, 1908~1984)는 민족국가의 성립을 프랑스처럼 내적 혁명으

의 상실이 지속되던 동안 상대적으로 문화적 요소의 '고유성'을 발굴하고 계승하려는 경향성을 드러냈다는 점에서[3] 프랑스보다는 독일 유형에 가까운 모습을 보였다고 할 수 있을 것이다. 민족의 문화적 고유성을 강조할수록 정치적 독립의 당위성도 제고될 수 있고, 문화적 동질성을 강조함으로써 정서적인 일체감 창출에도 유용했기 때문이다.[4] 한국 민족을 문화·인종적인 측면에서 주로 검토하면서 전근대시기부터 존재했다고 간주한 것은[5] 해방 이후에도 강고하게 남은 이런 저항 의식의 맥락 속에서 이해될 수 있을 것이다.

문제는 이런 접근 방식이 근대 민족의 형성을 이미 주어진 민족성이 스스로를 드러내는 과정으로 파악하기 때문에 전혀 다른 역사적 실체들인 부족, 봉건국가, 제국, 도시연맹체들과 근대 민족의 차별성을 간과하게 된다는 점이다.[6] 또한 이런 경우에 언급되는 언어, 종교, 혈연 등의 요소라는 것이 기준 자체가 모호하고 변화무쌍해서 그다지 쓸모가 없다는 홉스봄의 지적은[7] 논란의 여지가 있을 수 있겠지만, 문화적 경계는 때로는 명확하지만

로 성립한 경우, 독일이나 이탈리아처럼 통일에 의한 경우, 그리고 피지배민족이 독립하는 경우의 세 유형으로 나누었다. 물론 시이더가 고려한 세 번째 유형은 유럽 여러 제국의 피지배민족을 의미한 것이었다. 양병우, 「민족주의 사학의 제유형」, 『한국사시민강좌』 1, 1987, 139쪽; 이상신, 위의 논문, 17쪽.

3   민족문학사연구소 기초학문연구단, 『'조선적인 것'의 형성과 근대문화담론』, 소명출판, 2007.

4   박호성, 「유럽 근대민족 형성에 관한 시론」, 『역사비평』 19, 1992, 39쪽.

5   孫晉泰, 『韓國民族史槪論』, 乙酉文化社, 1948; 이병도, 『국사대관』, 백영사, 1953, 10~13쪽; 김정학, 「한국민족형성사」, 『한국문화사대계 1』, 고려대학교 민족문화연구소, 1964; 이홍직, 「한국인의 탄생」, 『인물한국사 1』, 박우사, 1965; 김정배, 『한국민족문화의 기원』, 고려대학교출판부, 1973; 노태돈, 「한국민족의 형성시기에 관한 검토」, 『역사비평』 19, 1992.

6   최갑수, 「서구에서의 근대 국민국가의 형성과 민족주의」, 『근대 국민국가와 민족문제』, 지식산업사, 1995, 14~15쪽.

7   E. J. 홉스봄, 강명세 옮김, 『1780년 이후의 민족과 민족주의』, 창작과비평사, 1994, 21쪽.

때로는 불명확하기 때문에 문화에 의한 민족의 정의는 너무 포괄적이라는 겔너(Ernest Gellner, 1925~1995)의 설명까지[8] 부정하기는 힘들다.

   2014년 필자가 방문했던 바르셀로나 공항의 안내판에는 'Sortida', 'Salida', 'Sortie'라고 쓰여 있었는데 이는 카탈루냐어, 스페인어, 불어의 순서로 출구를 의미한다. 철자만 보아도 'Sortida'는 'Salida'와 'Sortie'를 절반씩 섞어 놓았다는 사실을 알 수 있다. 프랑스와 스페인 사이에 놓인 카탈루냐의 지리적 특성을 고려하면 자연스런 모습이다. 그렇다면 'Sortida'는 'Salida'의 방언인가? 'Sortie'의 방언인가? 아니면 'Salida'와 'Sortie'가 'Sortida'의 방언인가? 혹시 아예 다른 언어인가? 그건 누가 결정하는가? 민족의 경계가 언어에 의해 결정된다고 주장한 피히테에 대해서 방언의 차이가 어디에서 언어의 차이로 되는지를 포퍼가 물은 것은[9] 이 때문이다.

   결국 가변적일 뿐 아니라 주관적 성격이 강한 문화·혈연적 요소에 기반한 특정한 공동체인 민족을 선험적으로 상정하다 보니 그것을 고정된 역사적인 실체로 설명하는 데 어려움을 겪게 되었고, 그 어려움을 극복하기 위한 하나의 모색으로서 민족을 더 이상 설명할 필요 없는 존재로 본질화하면서 그 역사적 전개 과정을 필연화하는 태도를 낳기도 했다. 민족을 역사의 처음부터 있었던 영존적인 존재이자 단절 없이 이어져온 불멸의 실체로 간주해버린 것이다. 헤르더가 민족은 거주한 땅만큼 오래되었다고 하거나 피히테가 '태고의 민족'으로서의 독일인을 주장한 것,[10] 20세기 초 한국의 지식인들이 단군을 강조하면서 한국 민족을 단군 이래의 혈연적 존재로 설정한 것은[11] 이 때문이었다.

---

8   어네스트 겔너, 최한우 옮김, 『민족과 민족주의』, Kuispress, 2009, 100쪽.
9   칼 R. 포퍼, 이명현 옮김, 『열린사회와 그 적들 II』, 민음사, 1982, 87쪽.
10   이광주, 「Herder와 문화적 민족주의」, 『역사학보』 89, 1981, 206쪽; 박용희, 「근대 독일 역사학의 민족사 기획」, 『한국사학사학보』 16, 2007, 191쪽.
11   신채호는 단군의 자손이 삼천 리 강토에서 4천 년을 함께 해왔다는 점을 강조하면서

이 같은 경향은 지금도 일정하게 남아있는 듯하다. 예를 들어서 스미스 (Anthony D. Smith)가 특정 영토와의 연계, 공동 조상, 공유된 기억, 하나 이상의 공동 문화요소를 소유한 인간 공동체로서 에스니(ethnie)를 상정하고는 이 에스니가 민족 형성에서 가장 중요하다고 주장하는 것은,[12] 에스니를 형성한다는 문화요소들의 구체적인 역사성을 구명해내지 못하는 한, 사실상 그가 구별되고자 하는 영존주의자와 그를 구별하기 힘들게 만든다. 에스니의 형성을 특정 시점과 공간 속에서 역사적으로 설명하지 못하는 한 에스니는 초역사적 존재로 간주될 소지가 커지면서 에스니에 토대를 둔다는 민족 역시 초역사적 성격을 띨 수 있기 때문이다. 또한 민족의 장기 지속적인 속성을 설명하기 위해, 민족의 가장 중요한 문화적 토대이자 전신(前身)으로서 에스니를 설정해야 한다면, 에스니의 가장 중요한 문화적 토대이자 전신인 다른 인간 공동체-이를 테면 준(準)에스니 같은-를 또 설정해야 하는 동일 과정이 반복될 수 있다.

게다가 에스니에서 민족으로 '이행'하는 계기와 경로에 대해 충분히 설명하지 못하게 되면 에스니와 민족의 경계가 모호해질 가능성이 높다. 스미스가 에스니에 대한 정의와 거의 '같은 말'로 민족을 정의하면서[13] 민족을 시간의 흐름에 따라 달라지는 과정들의 '침전물'로 간주한 것은[14] 이런 논리

가와 국이 하나임을 주장하였다. 『단재신채호전집 6』, 「國家는 一家族」, 독립기념관 한국독립운동사연구소, 2007, 642쪽.

[12] 앤서니 D. 스미스, 김인중 옮김, 『족류 상징주의와 민족주의』, 아카넷, 2016, 67~71쪽.

[13] 위의 책, 74쪽. "나는 민족을 이상형적으로, 그 구성원들이 공유된 기억, 상징, 신화, 전통, 가치를 배양하고, 역사적 영토나 고토에 거주하고 거기에 애착을 느끼며, 독특한 공공문화를 창조 및 전파하고, 공유된 관습과 표준화된 법률을 준수하는, 이름과 자기 인식을 지닌 인간 공동체라고 정의하고자 한다."

[14] 위의 책, 263쪽. 스미스의 설명은 김철준(1923~1989)을 떠올리게 한다. "삼국시대까지 우리 민족문화의 성장과정에서 얻어진 역량은 삼국의 통일만 가져온 것이 아니라, 그 위에도 민족문화가 발전할 수 있는 기반이 되어 왔던 것을 깨닫게 되는 것이다." "고려의 민족 재통일은 (…중략…) 이 새로운 전진에서 이루어진 문화는 고대적 한계성을 극복한 민족의 사회능력·문화능력을 자각하고 그러한 사회의식·문화의식의 토대 위

의 자연스런 귀결이 아니었을까? 물론 이 점에서 스미스는 에스니가 민족으로 이행하는 계기로 경제적 혁명, 정치 혁명, 문화·교육 혁명을 꼽았다. 하지만 이 설명을 그대로 취한다면, 민족을 가능하게 한 요인은 에스니에 내재하는 성질이 아니라 에스니의 외부 요인이 되므로, 에스니에 내재하는 성질로부터 민족의 출현을 설명하는 것이 더욱 어려워진다. 즉 에스니가 민족으로 자체 전환하는 것이라기보다는 민족이 스스로를 실현하기 위하여 에스니를 발굴하는 것으로 이해됨으로써 스미스 자신이 극복하려고 했던 홉스봄 등의 의견과 오히려 유사해져 버렸다.[15]

따라서 스미스의 주장은 근대 민족 형성에 전근대의 문화요소가 필요에 따라 나름의 역할과 기능을 함으로써 근대 민족은 전근대의 문화·인종적 요소와 무관하지 않다는 기본 상식을 강조한 것으로 받아들이면 충분하다. 민족국가는 인종, 혹은 문화적 집단의 궁극적인 목표가 아니라면서, 민족주의가 그 이전의 세계로부터 물려받은 문화적, 역사적, 그리고 기타 유산을 재료로 사용하는 것은 사실이지만, 그것은 새롭게 널리 확산되고 있는 환경에 적합한 단위의 결정체라는 겔너의 언급은[16] 아주 적절한 지적이었다고 할 수 있다.

본 장에서는 이러한 시각 위에서 전근대 동국의식의 성격을 재검토하려고 한다. 전근대시기, 특히 조선후기의 사상적 흐름 속에서 민족주의의 기원이나 원천을 발견하려는 시도는 오랜 세월 동안 한국 학계의 기본적인 자세였는데, 그 배경에는 문화·인종적 요소에 기반한 한국 민족이 오래전에 형성되었고 근대 민족의 형성과 민족주의는 한국 고유의 민족성이 당위

에서 민족의식을 확립시킨 것이었다." 김철준, 『한국사학사연구』, 서울대학교출판부, 1990, 42·76~77쪽.

15 오사와 마사치, 김영작·이이범 외 옮김, 『내셔널리즘론의 명저 50』, 일조각, 2010, 291~302쪽.

16 어네스트 겔너, 앞의 책, 92~93쪽.

적으로 발현된 결과라는 진화론적·목적론적 인식이 놓여 있다고 할 수 있다. 이러한 인식을 드러낸 대표적인 예를 몇 가지 들면 다음과 같다.

> 여기 말하여 둘 것은, 이 민족서사시의 경우의 민족이란 물론 〈폴크〉(Volk)적인 의미의 것이요 〈나찌온〉(Nation)적 의미의 것은 아니다. 그러나 〈나찌온〉은 결코 근대에 들어와서 돌발적으로 생긴 것이 아니다. 〈폴크〉 그 자체의 연장이며 발전의 결과다.[17]

> 조선후기의 역사의식과 역사인식은 민족과 민주, 그리고 과학화라는 세 가지 목표를 향해서 자기혁신을 거듭하면서 발전해가고 있었다. 이러한 사실은 근대적 역사의식과 역사인식, 즉 민족주의사학을 잉태하고 준비해가는 과정이었다는 점에서 중요한 의미를 갖게 된다.[18]

> 한국인의 생활 영역의 기본 틀이 고려 초에 사실상 거의 확정되었고, 언어적인 면에서도 중부 지역 방언이 오늘날의 한국어에 직결되는 중세어의 기본이 되었다. 이러한 면에서 고대국가 성립과 함께 그 형성의 단초를 연 이후 통일신라기를 거쳐 고려 초에 이르러 한국 민족이 형성되었다고 생각되어진다. 그 성격상으로 본다면 전근대 민족이 된다. 민족형성사적인 측면에서 보면, 이후의 한국사는 이 전근대 민족이 근대 민족으로서의 전환을 향해 움직여 나갔던 과정이라고 할 수 있다.[19]

이런 인식이 당연하게 받아들여진 결과 고려후기의 단군 인식에서 근대 민족주의의 연원을 찾거나, 조선후기의 '문화적 화이관' 및 단군에서 시작되는 정통론(正統論)을 통해서 근대 민족주의를 전망할 수 있다고 여겼다.[20]

---

17 이우성, 「고려중기의 민족서사시」, 『한국의 역사인식 상』, 창작과비평사, 1976, 148쪽.
18 한영우, 『한국민족주의역사학』, 일조각, 1994, 4쪽.
19 노태돈, 「한국민족형성시기론」, 『한국사시민강좌』 20, 1997, 180쪽.

후속 연구들을 통해서 이런 이해가 갖는 문제점이 지적되었지만 여전히 실학의 화이관과 중화주의적 화이관, 그리고 실학의 정통론과 중화주의의 정통론의 성격을 구분함으로써 실학적 사유 속에서는 '문화다원주의'나 '국가 대등성 인식'을 발견할 수 있다는 기존의 입장은 고수되고 있다.[21]

필자의 짧은 소견으로는 조선후기 실학이 견지하고 있었다는 '문화다원주의'나 '국가 대등성 인식'의 존재를 인정한다고 해도 이런 사유들은 근대 민족주의 성립의 필요조건일 뿐 충분조건이 될 수는 없다. 그리고 보다 근본적으로 생각해서, 근대 이후 어떠한 정체성이 주류가 될 것인지에 대해서는 여러 가지 가능성이 열린 상태로 놓여 있었고 근대 민족주의에 입각한 민족국가는 그 여러 가능성 중에 한 가지였을 뿐이라는 점을[22] 인식할 필요가 있다. 조선후기 문화적 화이관이나 단군 정통론에 입각한 동국의식이 고려·조선전기의 화이관과 동국의식의 필연적인 결과가 아니라 시대적 필요성에 따라 선택적으로 재구성된 결과물이었듯이, 조선후기 문화적 화이관과 단군 정통론에 입각한 동국의식 역시 단일한 지향을 가지고 있었던 것이 아니라 근대의 시대적 필요성에 따라 '질료'로서 선택적으로 사용될 수 있는 가능성이 충만했던 것으로[23] 이해하는 것이 좀 더 타당하다.

그러므로 조선후기 인물들에게서 근대지향적이라고 여겨지는 부분들만 부각하여 조명하고 그렇지 않다고 여겨지는 부분들은 애써 외면하거나 시대적 한계쯤으로 정리하는 방식은 더 이상 유효하지 않다고 보인다. 조선

---

20 이우성, 「이조후기 근기학파에 있어서의 정통론의 전개」, 『역사학보』 31 1966; 변원림, 「안정복의 역사인식」, 『사총』 17·18, 1973; 이만열, 「17·8세기의 사서와 고대사 인식」, 『한국사연구』 10, 1974.
21 정창렬, 「실학의 세계관과 역사인식」, 『한국실학사상연구 1』, 혜안, 2006.
22 신기욱, 『한국 민족주의의 계보와 정치』, 창비, 2009.
23 배우성은 신채호가 조선후기의 사상적 요소들을 자기 시대의 맥락에서 재해석함으로써 민족주의의 자양분으로 삼았음을 이미 잘 설명하였다. 배우성, 「조선후기 역사학과 신채호, 그리고 21세기」, 『한국학논총』 43, 2011.

후기의 동국의식을 근대 민족주의로 발전할 가능성을 내재하고 있던 사상적 토대나 원천으로서가 아니라, 이전 시대의 동국의식을 질료로 삼아서 조선후기라는 역사적 조건의 필요에 따라 새롭게 재구성된 의식으로 그 성격을 재검토하려는 의도는 여기에 있다.

본 장에서는 고려시대 이래의 동국의식이 시대적 상황에 따라서 다양하게 전개되는 양상을 구체적으로 살펴보면서, 각 시대의 동국의식이 이전의 동국의식을 형성한 요소들을 선택적으로 이용해서 자기 시대에 맞게 재구성한 것임을 살펴보려고 한다. 이러한 작업을 통해서 조선후기의 동국의식이 근대 민족주의의 선행적 양상이 아니라, 중화의식을 강화할 목적으로 재구성된 역사인식이었다는 점을 확인할 수 있을 것이다. 이 관점을 더 끌고 나아가면 근대 민족주의 역시 조선후기 동국의식을 형성한 요소들의 역사적 맥락을 해체한 후에 재구성한 결과물이었다는 점을 파악할 수 있게 될 것이다.

2. 고려시대 동국의식의 형성과 전개

개별 왕조를 넘어서서 한반도라는 공간 속에서 계승되는 자기 정체성에 관한 역사의식을 동국의식이라고 규정할 때, 한반도가 하나의 정치체로 구성되기 이전에 존재했던 삼국의 계보의식은 '출자의식(出自意識)'으로 부르는 것이 더 적절한 것 같다. 신라의 삼국 '통합' 이후에 활동했던 최치원에게서 보이는 '동국'이라는 표현도[24] 그가 마한과 고구려, 변한과 백제, 그리고 진한과 신라를 연결하고 있었던 점에서,[25] '일통삼한(一統三韓)' 의식과 연결해

---

24 崔致遠, 『孤雲集』 권2 碑 「無染和尙碑銘(幷序)奉敎撰」 "東國士流 不識大師之門 爲一世羞"
25 『三國史記』 권46 列傳6 崔致遠.

서 이해할 수는 있을지는 모르나[26] 동국의식으로 이해하기에는 충분하지 않다. 최치원을 비롯한 신라인들이 스스로를 고구려와 백제의 계승자로 여길 리는 없기 때문이다.[27] 아마 그 표현은 중국을 염두에 둔, 지리적 차원의 자기 인식에 가까운 것이었다고 보인다. 따라서 최치원에게서 보이는 신라 군자국 인식도 기자 개인에 한정된 관심이었을 뿐 기자조선의 역사로까지 확대된 것은 아니었으며, 좀 더 구체적으로는 발해와의 대결 속에서 나온 인식이었던 것 같다.[28] 이런 점을 종합적으로 고려할 때 고려왕조가 『구삼국사』라는 역사서를 편찬하고 삼국의 왕릉을 지나는 이들에게 말에서 내리도록 한 것은[29] 자신들이 삼국 모두의 역사와 영토를 계승하였다는 인식을 강렬하게 지녔음을 보여준다는 점에서 주목된다.

특히 12세기 중엽 『삼국사기』의 편찬은 고려왕조가 고구려, 백제, 신라 모두의 계승자라는 고려 지배층의 자기 정체성을 다시 강조했다는 점에서 뿐 아니라, 스스로를 해동(海東)으로 규정하고 기자(箕子)로부터 시작하고 있다는 점에서[30] 중요한 의미를 지닌다고 할 수 있다. 김부식은 기자가 주(周) 무왕(武王)에 의하여 조선에 봉해졌고, 예의와 문물로써 백성들을 가르쳐 교화하였다는 인식을 수용하고는 기자로부터 시작되는 역사적 자기 정체성

---

[26] 崔致遠, 『孤雲集』 권3 碑 「智證和尙碑銘(並序)」 "昔當東表鼎峙(三韓也)之秋 (…중략…) 昔之蕞爾(小也)三國 今也壯哉一家" 최치원이 삼한과 삼국을 일대일로 대응시킨 것은 삼국을 하나의 실체로 설정하고, 그들을 하나로 융합해낸 신라의 위상을 강조하고자 한 것일 뿐, 마한과 변한이 고구려와 백제에 어떻게 상응하는가에 대해서는 중요하게 인식하지 않았다고 한다. 즉 신라의 '일통삼한'을 매개로 진한-신라 중심의 고대 인식을 강조한 기술이라는 것이다. 이강래, 『삼국사기 인식론』, 일지사, 2011, 178·184쪽.

[27] 崔致遠, 『孤雲集』 권2 碑 「無染和尙碑銘(竝序)奉敎撰」 "偉矣哉 先祖(武烈大王)平二敵國(高麗百濟) 俾人變外飾(易服章)"

[28] 박대재, 「기자조선과 소중화」, 『한국사학보』 65, 2016, 25·33쪽.

[29] 『高麗史』 권4 世家4 顯宗 8年 12月.

[30] 『三國史記』 권29 年表 上 "海東有國家久矣 自箕子受封於周室 衛滿僭號於漢初 年代綿邈 文字疎略 固莫得而詳焉"; 서긍 역시 고려의 연원을 기자에게서 찾았다. 徐兢, 『高麗圖經』 권1 始封.

을 지녔던 것으로 이해되는데,³¹ 기자로부터 자기 정체성을 시작하는 유사한 인식은 이규보(李奎報, 1168~1241)에게서도 동일하게 발견된다.³²

자기 정체성을 기자로부터 시작하는 인식은 11세기부터 일부 드러났지만 유교적 가치가 더욱 중요하게 받아들여지고 있었던 12세기에 들어와서는 국가적인 차원에서 기자에 대한 인식이 강화되고 있었던 것이다. 1102년 우리나라의 교화예의(敎化禮義)가 기자로부터 시작되었다는 예부(禮部)의 건의에 따라 평양에 기자의 사당을 건립하고 제사를 지내기 시작한 것도³³ 이런 사정을 보여주고 있다고 할 수 있다. 다만 김부식은 삼국을 동등한 위상으로 보았다면³⁴ 이규보는 「동명왕편」에서 보이듯 고려의 고구려 계승성을 보다 강조하는 입장이었던 것으로 이해되기 때문에 구별되는 점이 있다고 할 수 있다.³⁵ 여하간 두 사람은 기자와 삼국을 거쳐서 고려에 이어지는 역사인식을 지녔다고 할 수 있는데 기자 이전 및 기자부터 삼국까지의 역사적 계승 관계에 대해서 어떤 인식을 지녔는지를 명확하게 알기는 어렵다.

발해의 경우 고려왕조의 지배층 속에서 일정하게 인식되었던 것은 확인할 수 있지만 스스로가 계승한 선대 국가로까지 받아들인 것으로 보기는 어렵다.³⁶ 고려왕조의 지배층에게 일통(一統)의 대상은 삼국일 뿐이었는데³⁷

---

31 『三國史記』권22 高句麗本紀 10 寶藏王 27년 "論曰 玄菟樂浪 本朝鮮之地 箕子所封 箕子教其民 以禮義田蠶織作 設禁八條 是以其民不相盜 無門戶之閉 婦人貞信不淫 飮食以籩豆 此仁賢之化也 而又天性柔順 異於三方 故孔子悼道不行 欲浮桴於海以居之 有以也夫"
32 『詩話叢林』권1 「白雲小說」(아세아문화사, 1973, 10쪽) "我東方 自殷太師東封 文獻始起 而中間作者 世遠不可聞"
33 『高麗史』권63 志17 禮5 吉禮小祀 雜祀.
34 고병익, 「삼국사기에 있어서의 역사서술」, 『한국의 역사인식 상』, 창작과비평사, 1976.
35 「東明王篇」의 인식은 경주를 중심으로 일어났던 반무신정권 운동과 신라부흥운동의 반작용으로도 설명된다. 박창희, 「이규보의 동명왕편 시」, 『역사교육』 11 · 12, 1969.
36 조인성, 「고려 초 · 중기의 역사계승인식과 발해사 인식」, 『이기백선생고희기념한국사학논집 상』, 일조각, 1994.
37 『삼국사기』에서의 삼국이란 전삼국과 후삼국을 모두 지칭한다. 이강래, 앞의 책, 60쪽.

만약 발해를 일통의 대상으로 설정한다면, 고려의 일통은 끝내 미완에 그치게 되기 때문이다. 즉 일통의 현실 논리를 위해 발해는 외면될 수밖에 없었다.[38] 12세기『삼국사기』로 구현된 고려왕조 지배층의 동국의식을 도식화하면 다음과 같이 정리할 수 있을 것이다.

> 기자조선 → 삼국 → 고려

한편 기자 이전의 존재인 단군은 민간에서의 신앙적 숭배 대상이었을 뿐,[39] 고려시대 내내 국가적인 치제 대상으로서 포함된 적은 없었다.『고려사』에서는 길례(吉禮)를 대사(大祀), 중사(中祀), 소사(小祀), 잡사(雜祀)로 구분하여 정리하였는데 기자에 대한 제사만이 잡사에 명시되었을 뿐[40] 단군에 대한 언급은 찾아볼 수 없다. 그러나 몽골제국과의 전쟁이 장기간 지속되어 국가적 위기감이 높던 시점부터는 단군에게서 시작되는 역사적 자기 정체성이 형성되어간 것으로 이해된다.[41] 원종대인 1264년 백승현(白勝賢)이 마리산(摩利山) 참성(塹城)에서 친히 제사를 친히 지내면 삼한이 변해 진단(震旦)이 되어 큰 나라가 조회할 것이라고 아뢴 것은[42] 고려의 역사인식이 삼한에서 고조선으로 확대되고 있음을 보여준 것이었다.[43] 즉 대몽항쟁 과정에서 엄청난 갈등과 시련을 경험한 고려왕조의 지배층들은 '삼국유민(遺民)'의

---

38 이강래, 앞의 책, 52~60쪽.
39 강만길,「이조시대의 단군숭배」,『이홍직박사회갑기념한국사학논총』, 신구문화사, 1969, 260쪽.
40 『高麗史』권63 志17 禮5 吉禮小祀 雜祀.
41 하현강,「고려시대의 역사계승의식」,『이화사학연구』8, 1975.
42 『高麗史』권123 列傳36 嬖幸1 白勝賢.
43 김성환,「고려 원종의 마리산참성 친초와 단군」,『민족문화논총』59, 2015.

식'을 초월한 일체감과 자주의식을 강화하고자 했는데 13세기 말이라는 동시기에 저술된 『삼국유사』와 『제왕운기』가 그러한 사실을 잘 보여준다고 할 수 있다.[44]

그래서 『삼국유사』의 불국토(佛國土) 사상은 이민족에 대한 강렬한 저항의식과 문화적인 우월성을 확인하고 호국신앙을 강조하려 했던 데에 그 목적이 있었다고 평가된다.[45] 또한 요(堯)임금과 같은 시기에 단군이 나라를 건국한 것으로 기술하거나[46] 중원과 구별되는 또 다른 세상을 상정한 후에[47] 단군으로부터 시작한 것은 나름 독자적인 자기 정체성을 드러낸 것이었다. 물론 『제왕운기』의 경우, 그것은 몽골제국이 다스리는 천하질서를 받아들이는 위에서 고려의 독자성 유지를 주장한 것이었다.[48] 이전에는 별 언급이 보이지 않던 위만조선, 삼한, 이부(二府), 낙랑, 대방, 발해, 가야, 부여, 옥저, 예맥 등에 대한 기록을 포함함으로써 고대사의 시야를 확장시켰던 점 또한 두 사서의 중요한 특징이고, 『삼국유사』의 경우 기자를 별도의 항목으로 처리하지 않고 단군조선을 설명하는 말미에 간략히 언급한 점도 기자부터 시작한 『삼국사기』와는 구별된다.

특히 『제왕운기』는 역사의 계승 관계를 다소 혼란스럽게 제시한 『삼국유사』와[49] 달리 신라, 고구려, 남북옥저, 동북부여, 예맥, 비류(沸流) 등을 모

---

[44] 민현구, 「고려중기 삼국부흥운동의 역사적 의미」, 『한국사시민강좌』 5, 1989, 102쪽.
[45] 김상현, 「『삼국유사』에 나타난 일연의 불교사관」, 『한국사연구』 20, 1978, 35~37쪽.
[46] 『三國遺事』紀異 「古朝鮮」 ; 『帝王韻紀』卷下.
[47] 『帝王韻紀』卷下 "遼東別有一乾坤 斗與中朝區以分 洪濤萬頃圍三面"
[48] 변동명, 「이승휴의 『제왕운기』 찬술과 그 사서로서의 성격」, 『진단학보』 70, 1990, 37쪽.
[49] 최상천은 기이(紀異)의 편목설정은 천강설화를 조선계, 부여계, 신라계, 가야계로 정리한 것과 관련된 결과로 보았다. 또한 고조선의 계승은 지역적 계승과 혈연적 계승의 이원적인 흐름이 혼재되었고, 북부여에서 고구려로의 계승 인식이 분명하며, 삼한이 모두 신라에 흡수된 듯이 기술되었다고 보았다. 김병곤은 『삼국유사』의 계승 관계를 정치적 계승 관계와 지리적 계승 관계, 그리고 인적 계승 관계로 구분했다. 최상천, 「『삼

두 단군의 후예로 적시함으로써 단군에게서 시작되는 계승의식이 좀 더 명확해졌고 동국사의 계보도 좀 더 구체화되었다. 『제왕운기』에서는 삼국의 서술 속에 궁예와 견훤을 포함하는 방식을 택하였는데, 이는 『삼국사기』의 처리 방식과 동일한 것으로서 신라의 문무왕이 아니라 고려 태조에게 삼국 통합의 위업을 돌리기 위한 정치적 의도로 이해된다. 거기에 발해의 귀부까지 더해진다면[50] 고려 태조의 업적은 한층 더 높아지게 되는 것이었다. 『삼국유사』에서 언급되었지만 고려왕조와의 관련성이나 계승성이 뚜렷하게 명시되지 못했던 발해가 『제왕운기』에서는 고려가 계승한 이전 왕조의 위상으로 동국사의 계보 속에 적극 포함된 이유를 정확하게 알기는 어렵다. 무신정권 종식 이후의 충렬왕대를 중흥을 이룰 수 있는 시기로 여긴[51] 이승휴(李承休, 1224~1300)의 현실인식이 '발해까지 아우른 고려왕조'라는 장엄한 서사로 구현된 것인지 모르겠다. 발해를 선대 왕조로 간주해도 일통의 위업이 손상될 가능성이 매우 낮아진 시점이기도 했다. 『제왕운기』의 동국의식을 간략하게 도식화하면 다음과 같이 정리할 수 있을 것이다.[52]

단군조선 → 기자조선 → 위만조선 → 사군 → 삼한 → 삼국·발해 → 고려

『제왕운기』는 원정(元貞) 연간(1295~1296)과 1360년에 각각 진주와 경주에서 간행되었다는 점에서 단군에게서 시작되는 독자적인 자기 정체성이 보

국유사』에 나타난 국가계승의식의 검토」, 『한국전통문화연구』 1, 1985; 김병곤, 「『삼국유사』 찬자의 상고기 정치체에 대한 계승 인식」, 『한국사학사학보』 23, 2011.
50 『帝王韻紀』卷下 "至我太祖八乙酉 擧國相率朝王京 誰能知變先歸附 禮部卿與司政卿"
51 변동명, 앞의 논문, 21쪽.
52 김인호, 「이승휴의 역사인식과 사학사적 위상」, 『진단학보』 99, 2005, 181쪽. 『帝王韻紀』의 자국사 계보를 위만조선과 사군을 제외하고 기자조선에서 기준의 삼한으로 이어진 것으로 이해하기도 한다. 변동명, 앞의 논문, 40쪽.

편화되는 데 큰 역할을 하였다고 보인다. 백문보(白文寶, 1303~1374)가 단군 이래의 계승의식을 드러낸 것,[53] 이색(李穡, 1328~1396)이 요임금 즉위년에 나라를 세운 단군과 요임금이 군신의 관계는 아니었다는 인식을 드러낸 것,[54] 그리고 이성계, 지용수(池龍壽)가 1370년 금주(金州)와 복주(復州)에 방문을 붙일 때 본국(本國)이 요임금과 같은 때에 건국하였다는 점을 강조했던 것[55] 등은 이런 배경 속에서 가능했던 셈이다.

3. 조선왕조의 건국과 동국의식의 재구성

동국의식은 조선왕조의 성립 이후 재구성되었는데, 이는 두말할 필요 없이 조선왕조가 삼국이나 고려가 아닌 기자조선을 계승한다는 역사인식을 직접 표방하였기 때문이다. 고려시대의 기자 인식에 비한다면 기자의 중요성이 좀 더 부각된 특징을 보이기 시작하였던 것이다. 국호와 관련되어 스스로의 정체성을 드러내고 있는 다음의 예문을 살펴보자.

> 해동은 그 국호가 하나가 아니었다. 조선이라고 일컬은 존재가 셋이 있었으니, 단군, 기자, 위만이다. 박씨·석씨·김씨가 서로 이어 신라라고 칭한 것, 온조가 앞에서 백제라고 칭하고, 견훤이 뒤에서 백제라고 칭한 것, 또 고주몽이 고구려라고 칭한 것, 궁예가 후고려라고 칭한 것, 왕씨가 궁예를 대신했기에 고려의 칭호를 그대로 계승한 것과 같은 것들은 모두 한 구석을 몰래 차지한 채 중국의 허락도 받지 않고서 스스로 명호를 세우고는

---

53 『高麗史』 권112 列傳25 白文寶 "吾東方自檀君至今 已三千六百年 乃爲周元之會"
54 李穡, 『牧隱藁』 文藁 권9 序 「送偰符寶使還詩序」. 이색은 기자의 경우도 비록 주(周)가 봉하였으나 신하로 대하지 않았다고 여겼다. 李穡, 『牧隱藁』 文藁 권8 序 「賀竹溪安氏三子登科詩序」.
55 『高麗史』 권114 列傳27 池龍壽 "本國與堯並立"

서로 침탈했을 뿐이니 비록 호칭한 것이 있다고 해도 어찌 취할 수 있겠는가? 단 기자만은 주 무왕의 명령을 받아 조선후(侯)에 봉해졌다. 지금 천자께서 "오직 조선이란 칭호가 아름다울 뿐 아니라, 그 유래가 오래되었으니 이 이름을 그대로 사용할 수 있을 것이다. 하늘을 본받아 백성을 다스리면 후손이 길이 창성하리라." 라고 명하셨는데, 아마 주 무왕이 기자에게 명했던 것으로 전하에게 명한 것이니, 명분이 이미 바르고 말이 이미 순조롭게 된 것이다. 기자는 무왕에게 홍범을 설명하고 홍범의 뜻을 부연하여 8조의 가르침을 지어서 나라 안에 실시하니, 정치와 교화가 융성하게 행해지고 풍속이 지극히 아름다웠다. 조선이란 이름이 천하 후세에 알려진 것이 이와 같았다. 이제 조선이라는 아름다운 국호를 그대로 사용하게 되었으니, 기자의 선정(善政) 또한 당연히 강구해야 할 것이다. 아! 천자의 덕도 주 무왕에게 부끄러울 게 없거니와, 전하의 덕 또한 어찌 기자에게 부끄러울 게 있겠는가? 장차 홍범의 학문과 8조의 가르침이 오늘에 다시 시행되는 것을 보게 되리라.[56]

이 인용문을 통해서 조선의 건국자들은 자신들이 건국한 새로운 나라가 사대 관계의 명분에서도, 영토적 완결성의 측면에서도, 상쟁(相爭)의 종식이라는 측면에서도 기존에 존재하였던 모든 국가들과는 질적인 차별성을 지닌다고 생각하였고, 오직 기자조선만이 비길 만하다는 자부심을 지녔던 것을 알 수 있다. 즉 조선이라는 국호의 결정은 새로운 왕조 수립의 의의와 당위성을 역사적으로 극대화하기 위한 정치적 의도에서 비롯되었다고 할 수 있다.[57] 그래서 기존의 동국의식을 구성했던 역사적 존재들의 위상을 조정하거나 재해석하여 동국의식을 재구성할 정치적 필요성이 발생했다.

자신들이 기자의 직접 계승자를 자처하였기 때문에 동국의식 재구성의

---

[56] 鄭道傳,『三峯集』卷7 朝鮮經國典上「國號」.
[57] 조선왕조의 국호 결정 과정이 갖는 정치적 의미에 대한 좀 더 자세한 설명은 다음을 참조. 허태용,「조선왕조의 건국과 국호 문제」,『한국사학보』61, 2015.

첫 번째 대상은 고려 후기 이래 중시된 단군이 될 수밖에 없었다. 그런데 태조 즉위 직후인 1392년 8월 11일에 예조전서 조박(趙璞, 1356~1408)이 드러낸 언급은 보다 공식적인 역사적 존재로서 단군을 자리매김하기 시작하였다는 점을 보여주고 있다. 그는 단군이 동방에서 처음으로 천명을 받은 임금이므로 치제의 대상으로 삼아야 한다고 주장했던 것이다.[58] 이런 변화는 고려시대 이래 강화되어 온 단군 인식이 새 왕조의 건국이라는 역사적 계기와 새 왕조 건국 주체들의 정치적 필요성에 의해서 보다 확대, 강화되었다는 점을 보여준다고 생각된다.[59] 이전 왕조들에서는 공인되지 못했던 가장 오래된 역사적 존재를 공인하고 그 존재를 계승한다는 역사인식의 창출은 새 왕조의 독존적 위상과 가치를 부각하는 대내적인 한 방법일 수 있기 때문이다. 따라서 1394년 도평의사사에서 상신(上申)하여 자국의 역사를 언급할 때 "단군 이래"라는 표현을 사용한 것은[60] 이런 변화상을 보여주었다고 할 수 있다.

그렇다면 조선의 건국자들은 단군과 기자의 관계를 어떻게 조정하였던 것일까? 일단 조선의 건국자들은 환인과 환웅 등을 가급적 언급하지 않음으로써 고려시대 동안 단군에게 씌워진 불교적 색채를 탈각시키고[61] 단군에게 역사성을 부여하여 인간 군주로 이해하려는 작업을 시도한 후,[62] 단군

---

[58] 『太祖實錄』 권1 1년 8월 庚申(11).

[59] 김성환은 단군이 국가 사전의례에 포함된 것이 건국 직후 불완전한 통치질서를 확립하기 위한 목적에서 민간에 만연되어 있었던 단군 숭배 전통의 기층문화와 연결을 가지려는 치자 계급의식의 소산으로 보았는데 음미할 만한 설명이라고 생각된다. 김성환, 「조선초기 단군인식」, 『명지사론』 4, 1992, 114쪽.

[60] 『太祖實錄』 권6 3년 8월 辛卯(24) "惟我東方 檀君以來 或合或分"

[61] 『應制詩』, 『東國世年歌』, 『三國史節要』, 『東國通鑑』 모두 동일하다. 다만 『應制詩註』와 『世宗實錄』에는 환인, 환웅, 단웅이 언급되었다. 『東史綱目』 附卷中 「怪說辨證」 "此所云桓因帝釋 出於法華經 及他所稱阿蘭佛迦葉原多婆羅國阿踰陁國之類 皆是僧談羅麗之代 尊崇釋教 故其獘至此"

[62] 서영대, 「단군관계 문헌자료 연구」, 『증보판 단군 그 이해와 자료』, 서울대학교출판부, 2001, 71~72쪽.

과 기자의 위상 문제를 역할 분담의 방식으로 해결하려고 한 것 같다. 먼저 조박은 단군을 처음으로 천명(天命)을 받은 임금으로, 기자를 처음으로 교화(敎化)를 일으킨 임금으로 간주했는데63 이와 유사한 인식은 다른 곳에서도 발견할 수 있다.

> 가만히 생각건대, 조선에 나라가 생긴 것은 단군이 땅을 개척하면서부터인데 처한 곳이 궁벽한 변방의 외부인지라 백성들이 도를 가르치는 방법에 무지하였다. 그렇다면 중고(中古) 이전에 누가 이륜(彛倫)의 차례를 알았는가? 성스러운 기자가 그로다. 때마침 은나라의 멸망을 당하여 주나라를 섬기지 아니하고 우리 동국에 봉해져서 8조의 떳떳한 교화를 베풀고 홍범구주의 근원을 부연해서는 풍속에 따라 백성 가르치기를 한결같이 선왕의 제도와 같이 하고, 도성을 구획하고 전야(田野)를 측량하기를 모두 중하(中夏)의 규식대로 하였다.64

태종과 세종대의 인물인 윤상(尹祥, 1373~1455)의 언급을 통해서도 단군과 기자는 역할 분담의 차원에서 인식되었음을 알 수 있다. "단군이 앞에서 나라를 열고 기자가 뒤에서 봉해졌다."라거나 "단군이 나라를 처음 세우고 기자가 봉함을 받았다." 같은 성종대의 수사(修辭) 역시65 이런 인식과 그 궤를 같이 하는 것으로 이해된다. 물론 역할 분담의 인식 속에서도 굳이 단군과 기자의 경중을 따지자면, 기자 사당에 단군이 합사(合祀)되어 배동서향(配東西向)하였던 것, 그리고 기자에게는 마련된 제전(祭田)이 단군에게는 마련되지 않았던 사실에서 보이듯66 단군보다 기자가 더 중시되었던 것을 부정하

63　『太祖實錄』 권1 1년 8월 庚申(11).
64　尹祥, 『別洞集』 권1 表箋 「禮曹請建箕子祠堂碑箋」.
65　『新增東國輿地勝覽』 「進東國輿地勝覽箋」 "檀君啓祚於前 箕子受封於後"; 『新增東國輿地勝覽』 「東國輿地勝覽序」 "念我東方自檀君肇國 箕子受封"
66　단군 사당이 별도로 건립된 것은 1429년(세종 11)인데 이때 동명왕도 합사하였다. 『世

기는 어렵다. 이는 기자를 계승하였다는 조선왕조의 자기 정체성과 관련되었기 때문이라고 보이는데 16세기 이후 이런 경향은 좀 더 강화된다.

조선왕조의 건국자들이 동국의식을 구성하는 과정에서 두 번째로 재조정한 역사적 대상은 발해였는데, 주목되는 점은 아예 동국의 계보에서 삭제해버렸다는 사실이다. 이 점에 대해서는 좀 더 고민이 필요하겠지만, 기존 국가의 모든 영토적, 도덕적, 외교적 한계와 문제를 극복한 새 왕조의 독존적 위상을 자부하던 입장에서 볼 때 영토의 대부분이 만주에 있던 발해를 동국의 계보에 넣게 되면 조선의 영토적 완결성을 훼손할 수 있었기 때문이라는 설명이 제시될 수 있을 것이다.[67] 조선 초의 역사지리서들에서 고조선과 고구려의 주요 지역이 한반도 이내로 비정된 것과 관련된 역사인식이었던 셈이다.

『동국여지승람』에서 환웅이 내려왔다는 태백산은 평안도 영변(寧邊)으로 추정되었고[68] 기자묘(墓)는 평양에 있다고 보았다.[69] 고구려 건국지인 졸본부여는 평안도 성천(成川)으로 비정되었으며[70] 국내성은 평안도 의주목으로 비정되었고[71] 안시성 역시 평안도 용강현(龍岡縣)으로 비정되었다.[72] 고조선과 고구려의 주요 지역이 압록강 이남으로 비정된 점은 앞선 시기에 편찬된 『고려사』「지리지」나 『세종실록』「지리지」 역시 마찬가지였다.[73] 『신당서』에서 동국 문물의 성대함을 이야기할 때 발해만을 이야기하고 삼한을

宗實錄』권154 地理志 平安道 平壤府.
67 허태용,「조선후기 '남북국론' 형성의 논리적 과정 검토」,『동방학지』152, 2010, 135쪽.
68 『新增東國輿地勝覽』권54「平安道-寧邊大都護府-古跡-太伯山」.
69 『新增東國輿地勝覽』권51「平安道-平壤府-陵墓-箕子墓」.
70 『新增東國輿地勝覽』권54「平安道-成川都護府-建置沿革」.
71 『新增東國輿地勝覽』권53「平安道-義州牧-古跡-國內城」.
72 『新增東國輿地勝覽』권52「平安道-龍岡縣-城郭-安市城」.
73 조성을,「세종실록 지리지와 고려사 지리지의 역사지리 인식」,『조선시대사학보』39, 2006.

이야기하지 않은 것이 부끄럽다고 양성지(梁誠之, 1415~1482)가 세조에게 상언하였던 것도[74] 이 맥락에서 이해할 수 있다.

조선왕조의 건국자들이 동국의식을 구성하는 과정에서 세 번째로 고려한 역사적 대상은 전조인 고려였다. 조선 건국의 정당성을 높이기 위해서는 고려왕조는 부정적인 위상으로 취급되어야 할 정치적 필요성이 높았음은 어렵지 않게 짐작할 수 있다. 『동국여지승람』에서 중기 이후 고려의 영토가 여진과 몽골제국에 의해서 심하게 축소되었던 점을 강조한 것이나,[75] 『고려사』에서 인종 이후 권신들에 의한 정치적 난맥상과 외적의 침입에 의한 백성의 고통을 강조하고[76] 몽골제국의 지배 이후 사실상 국가의 운영이 제대로 되지 못하였음을 부각하였던[77] 것은 이런 맥락에서 이해된다. 물론 삼국을 통합한 고려 태조나 유교적 제도와 문물을 정비한 성종 같은 임금들에 대해서는 일부 긍정적인 평가가 내려지기도 하였지만 그들의 결점 역시 지적되어야 했다. 고려 태조가 거란에서 온 사신을 유배하고 보내온 낙타는 굶어 죽인 사건에 대해 『동국통감』 찬자가 부정적으로 평가하면서 이런 행동이 후일 거란의 침입을 불러왔다고 비난한 것은[78] 충분히 이해되는

---

[74] 『世祖實錄』 권7 3년 3월 戊寅(15).

[75] 『新增東國輿地勝覽』「進東國輿地勝覽箋」"惟吾海隅之地 實是天作之邦 檀君啓祚於前 箕子受封於後 四郡虎爭而幅裂 三國蠻戰而土崩 逮王氏統合以來 得提封粗保 而有顧女眞雄據公險割地滋深 而胡元遙制耽羅 縮國盖久 屬玆麗季之鹿失 偉我太祖之龍飛 化家建丕基 地開闢而民改聚"

[76] 『高麗史』「進高麗史箋」"追後嗣之昏迷 有權臣之顓恣 擁兵而窺神器 一啓於仁廟之時 犯順而倒大阿 馴致於毅宗之日 由是巨姦迭煽 而置君如棊奕 强敵交侵 而刈民若草菅 順孝定大亂於危疑 僅保祖宗之業 忠烈昵群嬖於遊宴 卒構父子之嫌 且自忠肅以來 至于恭愍之世 變故屢仍 衰微益深"

[77] 『高麗史』 권76 志30 百官1 "大抵高麗之法 因時沿革 繁簡有異 當其立法之始 宰相統六部 六部統寺監倉庫 簡以制繁 卑以承尊 省不過五 樞不過七 宰相之職擧 而庶司百寮各供其職 及其弊也 省宰增至七八 自事元以來 事多倉卒 僉議密直 每於都評議司會議 而商議之名又起 與國政者 至六七十人 於是 六部徒爲虛設 百司渙散無統 而政事不復修擧矣"

[78] 『東國通鑑』 권13 高麗紀 太祖神聖王 壬寅 冬10月.

것이다. 고려 태조의 위상이 이성계와 같은 차원으로 설정될 수는 없는 일이었기 때문이다. 결국 조선전기 지배층들의 동국의식을 공식적으로 구현한 역사서인 『동국통감』에서는 동국의식이 다음과 같이 정리되었다.

> 단군조선 → 기자조선 → 위만조선 → 사군·이부 → 삼한 → 삼국 → 신라 → 고려 → 조선

『제왕운기』에서의 동국의식과 비교해 볼 때 발해가 사라지고 '통합'신라가 설정된 것이 눈에 띄는데, '통합'신라의 설정은 삼국 통합의 업적을 신라 문무왕에게 부여함으로써 고려 태조의 업적을 상대적으로 낮추려는 정치적 산물로서 이해된다. 또한 삼한 중 마한을 진한·변한과 구별해서 별도의 항목으로 설정한 후 기준(箕準)이 남하하여 세웠다는 점을 서술한 것으로 볼 때 결국 기자조선을 좀 더 강조하는 것으로도 이해될 수 있다. 여기에서도 조선 건국자들의 역사인식이 반영되고 있다고 하겠다.

요컨대, 조선의 건국자들은 자신들의 정치적 필요성에 따라 기존의 동국의식을 재구성하였다. 그 과정에서 단군과 기자는 창업의 군주와 교화의 군주라는 역할 분담의 관계로 규정되었지만 기자가 좀 더 중시되었음은 분명하다. 또한 조선의 영토적 완결성을 강조하기 위해 발해는 빼버렸으며 고려 태조의 위상을 상대적으로 낮추기 위해 '통합'신라가 새로 설정되었다. 이후로도 『동국통감』의 동국의식은 조선왕조의 공식적인 역사인식으로서 그 확고한 위상을 견지하였지만 역사적 상황의 변화에 따라서 동국의식은 새롭게 구성될 수밖에 없었고 그 과정에서 『동국통감』의 동국의식은 변주될 운명이었다.

4. 조선후기 동국의식의 중화론적 특징

조선후기 동국의식의 전개 과정에 가장 큰 영향을 준 역사적 조건은 병자호란과 뒤이은 명청교체라고 이야기할 수 있을 것이다. 특히 명청교체는 200여 년 동안 유지되어 왔던 기존의 동아시아 질서를 붕괴시켜 버렸기 때문에 동아시아 여러 나라들의 세계관 변화에 직접 영향을 주게 되었고, 이는 각국의 역사적 조건과 사상적 유산에 기초한 새로운 세계관의 형성으로 이어졌다.[79] 조선의 경우에도 이런 역사적 변화 속에서 체제 존립을 위한 정치적 노력과 새로운 세계관을 형성하기 위한 사상적 노력을 줄기차게 경주하였다. 초기에는 명나라의 회복을 고대하는 분위기가 이어졌으나 명나라의 회복이 불가능하다는 사실이 명확해진 17세기 말 이후로는 보다 근본적인 사상적 모색이 필요할 수밖에 없는 상황에 내몰리게 되었고, 결국 스스로를 '중화의 유일한 계승자'로 여기는 인식을 도출하게 되었다.[80]

조선 스스로를 중화로 규정하기 위해서는 지리, 종족, 문화를 모두 아울러서 규정하던 중화의 개념에 변화를 주지 않으면 안 되었는데 그것은 조선이 지리적, 종족적으로 별개의 존재였기 때문이다. 결국 문화적인 요소를 가장 강조하는 새로운 설명 방식을 강조하게 되었지만, 이렇게 되면 조선 이외의 다른 국가들 역시 중화를 자부할 수 있는 논리적 가능성이 동시에 열리는 문제가 발생할 수 있었다. 실제로『대의각미록』의 편찬에서 보이듯 청나라 옹정제는 조선왕조와 마찬가지로 문화를 강조하는 논리에 따라 스스로를 중화로서 자처하고 있었다.[81]

조선을 중화로 규정해야 하지만 동시에 다른 국가들은 중화가 되어서는

---

[79] 인하대학교 한국학연구소 편,『중국 없는 중화』, 인하대학교출판부, 2009.
[80] 허태용,「동아시아 중화질서의 변동과 조선왕조의 정치·사상적 대응」,『역사학보』221, 2014.
[81] 민두기,「〈대의각미록〉에 대하여」,『진단학보』25, 1964; 조나선 스펜서, 이준갑 옮김,『반역의 책』, 이산, 2004.

안 되는 논리를 새로이 구축해야 하는 상황이 유교 문물의 상징적 인물인 기자의 존재가 더 없이 부각될 수 있었던 맥락이라고 여겨진다. 다른 국가들과는 달리 기자의 존재만은 조선만이 독점하고 있는 것이었기 때문이다. 조선 건국 이래 기자를 중시하였던 전통과 16세기 사림들의 기자 존숭 인식이 이 시점 속에서 기자와 기자조선의 역사적 위상을 더욱 높이는 데 바탕이 되었던 것은 물론이다. 하지만 역사적 상황이 달라졌기 때문에 기자를 강조하는 방식과 그것을 통해 도출하려고 하였던 결론은 달라졌다.

앞에서 검토하였듯이 조선의 건국 직후 동국의 역사 속에서 기자를 강조한 이유는 주 무왕과 기자의 관계를 명 태조와 이성계의 관계로 유비함으로써 중국과의 '올바른' 관계 설정에 실패하였던 이전 왕조와는 구별되는 조선왕조의 역사적 차별성을 강조하기 위함이었다. 따라서 이성계가 명 태조의 제후이듯이 주 무왕이 기자를 조선에 봉했다는 사실에 별다른 의문을 제기하지 않았다. 엄연히 명나라가 존재하는 상황에서 기자가 주 무왕의 제후라는 사실을 부정하게 되면 조선의 임금이 명 황제의 제후라는 사실을 부정하는 현실인식으로 받아들여질 수 있기 때문이다.

하지만 17세기 후반 이후 기자가 존숭되고 강조된 이유는 조선왕조를 '중화의 유일한 계승자'로 규정하기 위함이었다. 이 과정에서 조선전기와는 달리 주 무왕이 기자를 조선에 봉했다는 사실에 의문을 드러내거나, 봉했다는 사실은 인정하더라도 기자를 무왕의 신하로 바라보지 않는 새로운 인식이 등장하기 시작하였다.[82] 주 무왕과 기자의 관계를 명나라와 조선의 관계

---

82 중국 기록에서 무왕과 기자의 관계를 설명하는 방식은 크게 세 가지 유형으로 나눌 수 있다. 『尙書大傳』 권2 周書 「洪範五行傳」에서는 무왕이 은나라를 이긴 후에 기자를 석방하였더니 그것을 부끄러워한 기자가 조선으로 달아났고 그 소식을 들은 무왕이 조선에 봉하자 신하의 예가 없을 수 없다고 여긴 기자가 무왕에게 조근(朝覲)하여 홍범을 전했다고 기록하였다. 『史記』 권38 「宋微子世家」 제8에서는 무왕이 은나라를 이긴 후에 기자를 방문해서 홍범을 듣고 이후 기자를 조선에 봉하였지만 신하로 대하지는 않았다고 기록하였다. 그리고 그 후에 기자가 조주(朝周)하였다고 기록했다. 이 두 기

로 유비할 필요성이 명나라가 존재하지 않는 시점 속에서는 없어졌기 때문이다. 오히려 이 시점에서 필요한 인식은 주 무왕에 대한 기자의 독자성과 유교적 가치를 더욱 강조함으로써 기자조선의 역사적 계승자인 조선왕조에게 '중화의 유일한 계승자'라는 위상을 어려움 없이 부여하는 것이었다.

홍여하(洪汝河, 1620~1674)가 『동국통감제강』에서 기자는 동인(東人)들에 의해서 왕으로 옹립되었으며 주 무왕과 기자의 관계를 군신이 아니라 빈주(賓主)로서 규정한 것,[83] 주 무왕이 기자를 조선에 봉한 사실 자체가 없다고 임상덕(林象德, 1683~1719)이 판단한 것,[84] 홍만종(洪萬宗, 1643~1725), 신경준(申景濬, 1712~1781), 이종휘(李種徽, 1731~1797)가 무왕이 기자를 신하로 대하지 않았다고 여긴 것은[85] 기자의 독자성을 강조하기 위한 맥락에서 이해할 수 있을 것이다. 또한 허목(許穆, 1595~1682)이 기자의 교화를 삼대(三代)에도 없던 것이라고 평가하거나[86] 박세채(朴世采, 1631~1695)가 기자를 성인으로 규정한 것은[87] 기자에게 높은 유교적 위상을 부여하려던 상황을 반영하고 있는 것으로 이해할 수 있을 것이다.

조선후기의 동국의식은 바로 이런 역사적 맥락 위에서 전개되었기 때문에 기존의 동국의식을 형성했던 역사적 존재들의 위상을 조정하거나 재해

록은 홍범을 전한 시점과 기자를 조선에 봉한 시점에서 차이가 있지만 큰 줄거리에서는 유사하다고 할 수 있다. 반면 『漢書』 권28下 地理志 第8에서는 은나라의 도가 쇠하자 기자가 조선으로 갔다고만 기록하였을 뿐 무왕이 기자를 조선에 봉하였다는 내용은 따로 없다. 대부분의 조선전기 기자 관련 기록에서는 『史記』의 설명을 주로 받아들이면서도 정작 기자를 신하로 대하지는 않았다는 구절은 별로 강조하지 않았다. 그러므로 조선후기의 기자와 무왕의 관계에 관한 새로운 인식은 『史記』 이외의 다른 자료를 좀 더 신뢰하거나, 기자를 신하로 대하지 않았다는 구절을 강조하는 모습으로 나타났다.

83 『東國通鑑提綱』 권1 朝鮮紀 上.
84 『東史會綱』 凡例下 附論辨諸條 「箕子封朝鮮之辯」.
85 『東國歷代總目』 「箕子朝鮮」; 「疆界考」 一 「後朝鮮國」; 李種徽, 『修山集』 권11 東史本紀 「箕子本紀」.
86 許穆, 『記言』 권32 外篇 東事 「箕子世家」.
87 朴世采, 『南溪集』 권34 書 「答李子文(辛未十二月二十四日)」; 권58 雜著 「記論著大旨」.

석해서 동국의식을 재구성할 필요성이 발생했다. 그 첫 번째 대상은 다름 아닌 단군이었다. 조선전기에는 나라를 처음 연 존재로서의 의미와 위상을 부여받았던 단군은 이 시점에서는 그 위상과 의미가 조정되어야 하는 상황에 직면하였다. 기자의 위상이 너무 높아지자 그에 연동되어 발생한 현상이었다. 다만 단군을 처리하는 방식이 일정하지는 않았다. 첫 번째 방식은 17세기 중엽 이후 본격적으로 동국사 서술에 적용되기 시작한 정통론의 논리 속에서 정통의 지위를 부여하지 않는 방식이었다. 정통은 기자부터 시작되는 것이었고 그에 비해 단군은 기자가 동쪽으로 오기 이전의 배경을 제공하는 존재일 뿐이라는 인식이었다. 홍여하가 『동국통감제강』의 조선기(朝鮮紀)에서 기자는 은태사(殷太師)라는 표제로 처리한 반면, 단군은 기자 서술 앞에 매우 간단히 언급한 것이 대표적인 예가 될 수 있다. 정약용이 단군의 존재를 회의적으로 바라본 것도[88] 이 유형에 포함될 수 있다.

그러나 이 시기 단군을 처리하는 보다 보편적인 방식은 단군에게 유교문명과 관련된 중화적 위상을 새로 부여하는 방식이었다. 즉 기자와 단군을 의미상 동질화시키는 방식이었는데[89] 이런 경향은 유교문명의 상징적 존재인 기자의 위상을 더욱 높이는 과정에서 단군의 위상과 의미가 기자에게 포섭되어버린 결과로 이해된다. 드물지만 남효온(南孝溫, 1454~1492)같이[90] 조선전기에도 이런 방식의 이해를 시도한 인물이 있었다. 홍만종은 단군이 백성들에게 편발(編髮)과 개수(盖首)를 가르쳤을 뿐 아니라 군신, 남녀, 음식, 거처의 기본적인 제도가 그에게서 시작되었다고 보았고[91] 이익 역시 단군

---

[88] 『我邦疆域考』 권1 「朝鮮考」 (고려대학교도서관 소장본, 貴425).

[89] 조선후기에 단군과 기자가 통합적으로 이해된 측면이 있다는 지적은 이미 있었다. 정재훈, 「조선후기 사서에 나타난 중화주의와 민족주의」, 『한국실학연구』 8, 2004.

[90] 南孝溫, 『秋江集』 권3 詩 「謁檀君廟庭」 "檀君生我靑丘衆 敎我彛倫洟水邊"

[91] 『東國歷代總目』 「檀君朝鮮」 "戊辰元年(唐堯二十五年)敎民編髮盖首(君臣男女飮食居處之制亦自此始云)"

시절에 이미 요순의 교화를 받아서 중화의 단계로 들어갔다고 보았다.[92] 따라서 단군이 동국사 속에서 정통의 지위를 갖는 것은 당연하였다.

이 같은 두 가지 유형의 단군 인식은 안정복(安鼎福, 1712~1791)에게서 하나로 수렴되었다. 『동사강목』의 범례에서 정통을 기자에서부터 시작한다고 한 것은[93] 홍여하의 인식이 계승된 것으로 이해된다. 반면에 「동국역대전수지도(東國歷代傳受之圖)」에서는 단군부터 정통을 시작한 것이나 단군이 백성들에게 편발과 개수를 가르치고 군신, 남녀, 음식, 거처의 제도를 만들었다고 기술하면서 단군 시기에 요순의 교화를 받아서 이미 관변조두(冠弁俎豆)에 '중하지풍(中夏之風)'을 갖고 있었다고 한 것은[94] 홍만종과 이익의 인식을 거의 그대로 계승한 것이었다. 이렇게 동국사에서 단군의 위상은 기자와 동질화되는 방식을 통해 다소 극적인 변화를 맞게 되었고 단군을 유교적 존재로 간주하는 인식은 보편적인 경향이 되었다.

이만운(李萬運, 1723~1797)은 『기년아람』에서 단군이 편발·개수를 시행하였다고 기록하였다.[95] 1786년 서형수(徐瀅修, 1749~1824)도 정조(正祖)에게 단군묘의 정비를 요청하면서 단군이 편발·개수의 제도와 군신 상하의 분수와 음식, 거처의 예절을 창시하였다는 사서의 기록을 인용하였으며,[96] 성해응(成海應, 1760~1839) 역시 단군이 백성들에게 의복, 음식, 편발, 개수의 제도를 가르쳤다고 이야기하였다.[97] 이규경(李圭景, 1788~1856)과 이유원(李裕元, 1814~1888) 역시 같은 입장이었다.[98] 특히 주목되는 것은 신좌모(申佐模, 1799~1871)의 언급이다.

---

92 李瀷, 『星湖僿說』 권6 萬物門 「髮髻」.
93 『東史綱目』 凡例 統系 "今正統始于箕子 而檀君附見于箕子東來之下".
94 『東史綱目』 第1上 己卯朝鮮箕子元年.
95 『紀年兒覽』 권5 檀君朝鮮 故實(奠國內山川 ○ 編髮盖首 ○ 遣子夫婁朝塗山).
96 徐瀅修, 『明皐全集』 권3 疏啓 「喉院請檀君墓置戶守護啓」.
97 成海應, 『研經齋全集』 外集 권42 傳記類 「食貨議 上編」.
98 李圭景, 『五洲衍文長箋散稿』 「人事篇-服食類-冠巾-笠制辨證說」; 李裕元, 『林下筆記』 卷36 扶桑開荒攷 「檀君朝鮮」.

대개 우리 조선이 조선이 된 것은 진실로 단군에게서 시작되었으며 기자가 8조의 가르침을 베풀어서 오랑캐 풍습을 크게 변화시켰다. 신라와 고려를 거쳐서 우리 조선에 이르기까지 크게 문명을 열어서 소화(小華)라고 불렸는데 백성들이 지금도 편발하고 개수하며 예의를 두텁게 숭상하는 것은 반드시 단군이 창도한 데에서 연유하지 않은 것이 없다.[99]

즉 신좌모가 보기에 단군의 여러 업적이야말로 조선이 이미 단군 시절부터 중화의 정체성을 지녔음을 증명하는 결정적인 내용이었다. 이는 '중화의 유일한 계승자'라는 정체성을 좀 더 오랜 시점으로 소급하기 위한 의도적인 노력의 결과로서 이해되기 때문에 기자를 부정하면서 국조(國祖)로서 단군을 부각하던 근대 민족주의 역사학의 입장과는 전혀 다른 맥락이었다.[100]

조선후기의 동국의식에서 위상이 재조정되어야 할 두 번째, 세 번째 대상은 위만조선과 마한이었는데 이 역시 기자조선과의 관련성 때문이었다. 위만은 기자조선을 멸망시킨 장본인이었고, 반면에 마한은 기자의 후예인 기준이 남쪽으로 내려가서 기자의 제사를 계승한 존재였다고 간주됐기 때문이다. 그러므로 조선후기의 동국의식 속에서 위만조선은 정통의 위치를 부여받을 수 없었으며 단군조선·기자조선과 병칭되던 조선전기의 인식방식도 사라졌다. 반면에 기준의 남하로 성립된 마한의 경우는 기자조선을 계승한 존재로 동국의 역사 속에서 굳건한 정통성을 확보하게 되었다. 홍여하가 『동국통감제강』 조선기(朝鮮紀)의 상(上)에서는 기자를 서술하고 하(下)에서는 마한을 서술한 것은 이런 인식을 가장 단적으로 보여주는 것이었다.

요컨대 이른바 '마한정통론'은 조선후기 동국의식의 특징을 가장 잘 드러

---

99 申佐模, 『澹人集』 권9 上言 「海西儒生請三聖祠增修崇奉上言」; 서형수, 성해응, 신좌모의 단군 인식에 관한 좀 더 자세한 설명은 다음을 참조. 하윤섭, 「조선 후기 단군에 대한 기억의 변화와 그 소인」, 『우리문학연구』 38, 2013, 266~268쪽.
100 위의 논문, 277~278쪽.

내는 논리라고 평가될 수 있을 만큼 많은 인물들에게 받아들여졌는데[101] 홍여하를 시작으로 홍만종과 이익을 거쳐서 안정복에게까지 그대로 계승되었다. 따라서 조선후기 역사의식을 대표하는 『동사강목』의 동국의식은 이상의 조건들을 고려한 위에서 다음과 같이 재구성되었다고 정리할 수 있을 것이다.

```
단군조선 → 기자조선 →  ┌ 위만조선 → 사군 → 고구려 ┐
                      └ 마한·진한·변한 → 백제·신라·가야 ┘  → 신라 → 고려 → 조선
```

이전 시기와 달리 동국사의 흐름을 이원적으로 정리한 것은 당시 역사지리 인식의 측면에서 광범위하게 받아들여지던 한백겸(韓百謙, 1552~1615)의 인식을 받아들였기 때문이다. 주지하듯이 한백겸은 삼한에 대한 새로운 지리 비정에 성공함으로써 "남자남(南自南) 북자북(北自北)"이라는 이원적인 동국사 인식의 문을 『동국지리지』를 통해 연 바 있었다.

한편 안정복은 삼국을 무통(無統)으로 처리하였기에 기준의 마한 이후로 기자의 혈연적 계승성은 단절된 것으로 이해되었는데 바로 이 지점이 새로운 형태의 동국의식을 등장시킨 조건이 되었다. 조선의 중화적 정체성은 단절되어서는 안 되므로 기자의 정통성을 담보할 존재를 새롭게 찾아야 하는 상황이 되었기 때문이다. 이종휘의 동국의식은 이 맥락에서 이해될 수 있다. 그는 고구려와 발해를 기자의 '지리적' 계승자로서 규정하면서 매우 중시하였다. 마한정통론에 따르자면 마한 멸망 이후 기자의 정통성이 단절된 것으로 간주되므로, 이 논리는 기자의 정통성이 고구려와 발해에게 이

---

101 물론 임상덕 같은 예외는 있었다. 『東史會綱』 凡例上 "一 東方檀君首出開國 箕子肇興文物 而載籍殘缺 無以編年紀事 故通鑑以三朝鮮四郡二府三韓 別爲外紀 今是書因乎通鑑 託始於新羅始祖元年"; 임상덕의 역사인식에 대한 자세한 설명은 다음을 참조. 이정일, 「숙종대 임상덕의 상고사 인식」, 『한국사연구』 156, 2012.

어졌다는 점을 강조함으로써 기자의 정통성을 좀 더 후대까지 연장한 특징을 지닌다. 그러므로 마한정통론보다 기자에 대한 관심과 존숭의 정도가 더 강한 인식으로도 이해될 수 있다.

이런 논리가 만들어질 수 있었던 데에는 『수서(隋書)』, 『당서』, 『요사』, 『속문헌통고』, 『대명일통지』 등 고구려가 옛 기자조선의 지역이라는 여러 기록들의 존재[102] 및 기자조선의 영토가 만주에 걸쳐있었다는 새로운 지리 고증의 성과가 받아들여지고 있었던 사정이 한 배경으로서 놓여있었다.[103] 즉 기자조선의 영토가 고구려와 발해로 이어졌다는 지리인식이 가능했던 것이다. 그러므로 이종휘에게 있어서 고구려와 발해는 기자의 예악과 문물을 그대로 간직한 역사적 존재로 재해석된 반면에[104] 지리적으로 멀리 떨어졌던 신라는 사람들이 예의를 듣지 못해서 황망하고 누추한 방외별국(方外別國)일 수밖에 없었다.[105] 이종휘는 단군을 기자와 동질의 중화적 존재로 바라보는 인식과 마한정통론을 그대로 계승하면서도[106] 새로운 역사인식을 만들어내는 데 성공한 것이다. 따라서 이종휘의 동국의식은 다음과 같이 재구성되었다고 할 수 있을 것이다.

단군조선 → 기자조선 → ┌ 위만조선 → 사군·이부 → 고구려 → 발해 ┐ → 고려 → 조선
　　　　　　　　　　　└ 마한·진한·변한 → 백제·신라·가야 → 신라 ┘

102　이 점은 6장에서 자세히 논한다.
103　허태용, 앞의 논문, 2010, 150~151쪽.
104　李種徽, 『修山集』 권12 東史 志 「高句麗刑法志」; 권11 東史 世家 「渤海世家-贊」.
105　李種徽, 『修山集』 권6 史論 「麗德王論」 "由是而益信箕氏遺民 爲高句麗渤海 而新羅乃方外別國 與朝鮮不相涉 宜乎其人之未聞禮也"
106　李種徽, 『修山集』 권11 東史 「檀君本紀」 "檀君之時 東夏無君長 百姓蚩蒙 禽獸與羣 於是檀君 乃教民編髮盖首 始有君臣男女之分 飮食居處之節"; 권2 叙 「靑丘古史序」 "其間馬韓雖遷一隅 而如江南之晉 巴蜀之漢 宜接箕氏之統"

요컨대 이종휘에게서도 조선의 중화적 정체성의 기원은 단군까지 소급될 수 있는 것이었고 그런 중화적 정체성은 기자조선, 마한, 고구려, 발해까지 이어진 것이었다. 조선후기의 지배층들은 조선의 중화적 정체성을 먼 과거의 시점까지 소급함으로써 당대의 중화의식을 강화할 수 있었다. 조선의 중화적 정체성을 과거의 존재로부터 계보적으로 설명하는 것은 중화의 유일한 계승자라는 조선의 자기 규정을 역사적으로 확인하는 가장 효과적인 방법 가운데 하나였기 때문이다.[107] 이익이나 이종휘가 스스로를 은나라 사람이라고 여길 수 있었던 것은 바로 이 맥락이었다.[108] 20세기 초 신채호가 중국과 항쟁하던 고구려, 발해를 강조하면서 근대 민족주의 역사학을 창출하던 맥락과는 전혀 다른 맥락이었다.

5. 역사인식의 계승과 단절에 대한 성찰

조선후기의 동국의식은, 조선전기의 동국의식이 고려시대의 동국의식을 활용한 방식과 마찬가지로, 조선전기의 동국의식을 당대의 문제의식에 기초하여 재구성하는 과정을 통해서 만들어졌다. 이 과정에서 여전히 유효한 요소들은 받아들였지만 유효하지 않다고 생각된 요소들은 위상을 조정하거나 재해석을 가하는 방식을 통해서 새롭게 재구성하였다. 조선후기 동국의식을 규정지었던 가장 중요한 현실 조건은 명청교체 이후 조선을 중화의 유일한 계승자로 규정하기 위한 중화계승의식이었다.

그들은 오직 조선만이 천하에 유일한 중화가 될 수 있다는 사실을 증명해주는 존재로서 기자를 더욱 존숭하였고, 기자 이전의 존재로서 나라를 개창한 인물로서만 이해되던 단군까지 기자와 동질의 중화적 존재로 변모

---

[107] 허태용,『조선후기 중화론과 역사인식』, 아카넷, 2009, 145쪽.
[108] 李瀷,『星湖僿說』권6 萬物門「髮髻」; 李種徽,『修山集』권1 序「送某令之燕序」.

시켰다. 이렇게 되면 조선의 중화적 정체성은 더 멀리 소급되면서 더욱 강화될 수 있었기 때문이다. 고려 말의 시점에서는 중국과는 구별되는 존재로서의 정체성을 강조하기 위해서, 조선전기의 시점에서는 개국의 정당성을 제고하기 위해서 단군이 활용되었다면 조선후기의 단군은 요임금과 동시기에 이미 조선에 중화문물이 구비되었음을 증명하는 존재로 그 의미와 위상이 변화되었다. 단군이라는 존재는 그대로 이용하면서도 전혀 다른 결론을 만들어냈던 것이다.

이런 역사적 맥락에 대한 고려 없이 고려시대의 동국의식은 조선전기의 동국의식으로 계승되었고, 조선전기의 동국의식은 조선후기의 동국의식으로 계승되었다고만 설명한다면 그것은 정확한 설명도 아닐 뿐더러 역사를 이해하는 데 별 도움이 되지 않을 것이다. 근대 민족주의 역사가들이 조선후기의 동국의식을 계승하였다고 설명한다면 그것 역시 마찬가지의 문제점을 드러낼 것이다. 신채호를 비롯한 민족주의 역사가들은 조선후기 동국의식의 역사적 맥락은 돌아보지 않고, 조선후기 동국의식을 구성하였던 요소들을 20세기 초의 맥락에 맞추어서 선택적으로 활용하거나 새로운 의미를 부여함으로써 전혀 다른 주장을 펼치는 근거로 사용하였다. 조선후기 동국의식에서 가장 중요한 위상이었던 기자는 부정되거나 대폭 그 위상이 하락하였고, 기자와 동질의 중화적 위상으로 이해되었던 단군은 중국과 구별된 독자적 기원의 상징으로 재해석되었다.

특히 신채호는 고구려와 발해를 중시한 이종휘를 높이 평가하면서 스스로도 고구려와 발해를 중심으로 하는 민족주의 역사학을 창출하였지만, 사실 이 과정은 이종휘의 맥락을 완전히 왜곡하거나 해체하면서 이루어진 것이지, 이종휘의 문제의식을 제대로 이해한 것도 계승한 것도 아니었다. 그러므로 이런 사정에 대한 정확한 검토와 이해 없이, 단지 표피적인 유사성만을 근거로 단군, 고구려, 발해를 중시하였던 조선후기 동국의식이 근대 민족주의로 이어진다고 이야기하는 것은 사료 오독에 가깝다고 할 수 있다.

VI. 유득공이 실학자라는 생각

1. '실학이라는 생각'의 보편적인 각론

　본 장에서는 유득공이 실학자라는 생각을 재검토한다. '실학이라는 생각'의 가장 보편적인 각론은 조선후기 특정 인물들을 실학자로 간주하는 생각이라고 할 수 있다. 실학이 조선후기 시점에 존재했던 역사적 실체라면 그것은 당연히 여러 실학자의 존재를 통해서 확인되어야 하기 때문이다. 그러므로 정약용, 박지원, 유형원, 이익 등과 같은 인물들을 실학자로 간주하는 생각은 실학 관련 연구물들의 가장 보편적인 전제인 동시에 결론이라고 할 수 있다. 실학이 존재한다는 생각과 특정 인물들이 실학자라는 생각은 영구적인 순환 관계인 셈이다. 유득공 역시 대표적인 실학자로 간주된 인물이다. 특히 그는 중상주의에 견주어진 북학파의 일원인 동시에 남북국론을 제창함으로써 민족주의에 견줄 수 있는 동국의식을 소유하였다고 평가되었다. 즉 그는 앞서 살펴본 '실학이라는 생각'의 대표적 두 가지 각론과 모두 긴밀하게 연결된 존재였던 것이다.

　특히 유득공의 역사인식을 다룬 기존 역사학계의 여러 연구들은 대개

『발해고』 서문에 나오는 '남북국론'에 집중하면서 그것이 '민족주의적'이라며 오늘날 통설의 선구가 된다고 설명하는 경향을 띠곤 했는데, 이는 오늘날의 통설을 '목적지'로 설정해놓은 후 조선후기의 학설들이 목적지에 얼마나 가까이 도달했는지를 진화론적인 시각에서 재단하는 방식이다.[1] 따라서 조선후기의 학설은 한계를 갖고 있다거나 미완의 과제를 남겼다는 식의 결론으로 이어지면서[2] 조선후기의 학설들이 지니고 있는 역사적 성격은 간과되거나, 아니면 실학의 역사인식이라고 간단하게 정리되곤 했다. 전자의 설명 방식은 말할 것도 없고, 후자의 설명 방식도 지구는 코끼리 등에 얹혀 있고, 코끼리는 거북이 등에 얹혀 있다고 설명하는 방식과 유사해서[3] 그 거북이는 어디에 얹혀 있냐고 끊임없이 물어야 한다. 즉 유득공이 왜 실학의 역사인식을 갖게 되었는지, 실학의 역사인식은 무엇인지에 대해서 계속 질문을 해야 하므로 역사적인 설명이 되기 어렵다. 정작 중요하게 물어야 할 질문은 유득공이 고대사 연구에 집중하게 된 구체적이고 현실적 이유가 무엇이었는지, 그리고 그의 고대사 인식 속에서 발해는 어떤 위상과 의미를 차지하고 있었는지에 대해서 일 것이다.

근래의 연구들에서 잘 지적하였듯이 유득공이 주로 활동하였던 18세기 조선에는 색목과 학파와 지역을 막론하고 많은 인물들이 자국의 고대사에 집중적인 관심을 드러내면서 다양한 저술을 남기고 있었다.[4] 유득공의 남북국론은 이런 연구 논의 속에서 탄생한 것이지 오늘을 예비한 '예언자'의

---

1   이 같은 연구 경향은 『발해고』뿐 아니라 조선후기의 고대사 인식을 다룬 과거 수많은 연구들에서 공히 발견되는데 근자에는 주로 고대사 연구자들 사이에서 반복되고 있다. 경기문화재단 실학박물관, 『실학자들의 한국 고대사 인식』, 경인문화사, 2012.
2   송기호, 「조선시대 사서에 나타난 발해관」, 『한국사연구』 72, 1991, 80쪽. "조선시대의 발해사 인식과 연구는 결국 실학이 퇴조하는 19세기 초반을 경계로 중단되어 버렸다. 이 당시의 발해사 인식과 연구가 미완인 채 후세에 넘겨지게 된 것이다."
3   버트런드 러셀, 송은경 옮김, 『나는 왜 기독교인이 아닌가』, 사회평론, 2005, 23쪽.
4   허태용, 『조선후기 중화론과 역사인식』, 아카넷, 2009; 조성산, 「조선후기 소론계의 고대사 연구와 중화주의의 변용」, 『역사학보』 202, 2009.

발언은 아니었다. 즉 『발해고』만 주목하면서 유득공의 역사인식을 검토한다면 『발해고』를 이해하는 데에도, 유득공의 역사인식을 이해하는 데에도 많은 한계를 드러낼 듯싶으며 18세기 조선의 지성사를 이해하는 데에도 기여하기 어렵다. 따라서 유득공의 역사인식에 대한 학술적인 고찰은 자국의 고대사를 둘러싼 18세기의 논의 속에서 『발해고』 이외의 자료들과 함께 검토돼야 할 필요성이 높다.

이에 본 장에서는 먼저 18세기 조선왕조 지배층들이 고대사에 집중하게 된 역사적인 배경을 살펴보려고 한다. 그리고 이어서 유득공의 고대사 인식을 『영재집』, 『열하기행시주』, 『삼한시기』, 『고운당필기』 등을 통해 검토함으로써 유득공의 고대사 인식이 갖는 특징과 의미를 재조명해보려고 한다. 이 자료들은 주로 유득공이 직접 지었거나 선별한 시들로 구성되어 있기 때문에 역사학계의 관심을 많이 받지는 못하였다.[5] 하지만 시를 통해서 역사인식을 드러내는 것은 조선시대 지배층들에게는 일반적인 모습이었고, 특히 유득공은 "지금의 시사(詩史)에서 그를 제외하면 누가 있겠느냐"는[6] 찬탄까지 받고 있었다. 따라서 이러한 작업을 통해서 유득공이 성리학에서 벗어난 실학자라는 오래된 생각을 재검토하는 계기가 만들어질 수 있을 것으로 기대한다.

---

5 한문학계는 유득공의 문학 작품들을 폭넓게 검토함으로써 그의 역사인식을 풍부하게 이해하는 데 큰 기여를 하였다. 초기 연구들은 기존 역사학계의 설명 방식을 뛰어 넘는 견해를 보여주는 데까지는 이르지 못했지만 근래에는 민족적 역사의식이라는 관점에서 벗어나 그의 시 세계가 지닌 성격과 작시(作詩) 의도를 새롭게 살펴보고 있다. 송준호, 『유득공의 시문학 연구』, 태학사, 1985; 김윤조, 『영재 유득공 시 연구』, 성균관대학교 석사학위논문, 1985; 이철희, 「18세기 한중 문학 교류와 유득공의 『이십일도회고시』」, 『동방한문학』 38, 2009.

6 徐瀅修, 『明皐全集』 권7 序 「歌商樓詩集序」. 시사(詩史)란 세상에서의 일이 드러나는 시, 즉 역사가 되는 시를 말한다. 李睟光, 『芝峰類說』 권9 文章部 2 「詩評」.

2. 이상향으로서의 고대

『성서』에서 신의 기원이 상고, 태초, 만세(萬世) 전 등으로 설명되는 사실은[7] 신성함이라는 종교성이 '아주 오래전', 혹은 '맨 처음'이라는 특정한 시점과 깊이 관련되어 창출된다는 점을 잘 보여준다. 아주 오래전이라 기록이 전하지 않는다면서 중국 상고사를 불확실한 영역 속으로 밀어버린 캉유웨이 같은 경우도 있지만[8] '아주 오래전'은 인간이 정확하게 파악할 수 있는 가능성이 희박하다는 점 때문에 신비화될 수도 있고 신성화될 수도 있다. 이 경우 '아주 오래전'은 결함이 없는 본연적이고 완전한 이상향으로서의 속성을 지니게 되는 반면 '가까운 과거'나 현재는 본연과 완전에서 벗어나 결함이 가득한 '현실'로 이해된다. 이 현실은 '낙원'에서의 '추방'이라는 서사에서 보이듯 특정 시점 인간의 '타락'으로 인해 인간에게 숙명처럼 주어진 것으로 상정되기도 한다.

기원전 7세기 헤시오도스가 인간의 시대를 다섯(황금, 은, 청동, 영웅, 철)으로 나누면서 첫 시대를 이상향으로 묘사했을 때 그 이유는 신과 인간이 원래 뿌리가 하나였다는 점 때문이었다.[9] 신과 샤먼의 직접적이고 구체적이던 교통이 샤먼의 거만한 도전이나 실수로 인해 단절되었다는 서사, 즉 인간의 타락으로 인해 낙원시대가 끝나고 말았다는 신화는 전 세계적으로 널리 발견되는데[10] 플라톤의 『향연』에도 강력한 힘을 지녀서 신들까지 공격하던

---

[7] 『(개역성서)미가』 5:2 "베들레헴 에브라다야 너는 유다 족속 중에 작을찌라도 이스라엘을 다스릴 자가 네게서 내게로 나올 것이라 그의 근본은 상고에, 태초에니라"; 『하박국』 1:2 "선지가 가로되 여호와 나의 하나님, 나의 거룩한 자시여 주께서는 만세 전부터 계시지 아니하시니이까"

[8] 김동민, 「『공자개제고』를 통해 본 캉유웨이의 상고사 인식」 『동양철학연구』 72, 2012.

[9] 헤시오도스, 김원익 옮김, 『신통기(노동과 나날)』, 민음사, 2003, 125쪽. "우선 너는 신과 인간은 원래 뿌리가 하나임을 명심해라. 맨 먼저 올림포스에 거하고 있는 신들은 말하는 인간 종족을 황금의 종족으로 창조하셨다. 이 인간들은 … 마음속에 고통이 없이, 궁핍함이나 비참함을 느끼지 않고 신들과 같은 생활을 영위했다."

인간들을 약하게 만들기 위해 제우스가 인간들을 두 쪽으로 나누어버렸다는 이야기가 보인다.[11] 의(擬)고전주의를 견지한 훔볼트(Wilhelm von Humboldt)가 역사를 '고대 그리스의 완벽함을 상실하고 타락해온 과정'으로 본 것은[12] 이런 오랜 관념과 무관하지 않다.

결국 인간들은 타락한 것 같은 현실에 대한 불만이 강렬하거나 나름 신성한 본연의 필요성이 높아질수록, 한때 그들도 공유했다고 믿는 낙원이나 기원에 대한 회귀나 회복을 꿈꾸는 경향을 드러내기도 한다. 밀턴(John Milton, 1608~1674)이 『실낙원』과 『복낙원』을 이어서 저술하였던 것,[13] 루소가 '인간불평등 기원'이라는 주제를 생각하면서 온종일 숲속에 처박혀서는 거기서 '원시시대(premiers temps)'의 모습을 찾고, 자랑스럽게 그 시대의 역사를 뒤밟은 것, 괴테 시대의 영지주의(靈智主義)자들이 역사 속에서 상실된 태곳적의 완벽함을 되찾는 것이 곧 역사의 미래라고 본 것,[14] 샤먼이 타락한 상태인 우주와 인간의 관계를 폐기하고 인간이 쉽게 하늘에 이를 수 있었던 원초적인 상태를 다시 세우기 위해 정기적으로 접신(接神) 여행을 하는 것은[15] 이런 인간들의 갈구를 문학적, 철학적, 종교적으로 표현한 것으로 볼 수 있다. 특히 루소는 현재의 상태를 제대로 판단하기 위해서 원래의 상태, 당위적 세계를 알아야 한다고 보았으며 이런 문제의식은 『인간불평등기원론』과 『사회계약론』으로 현실화되었다.[16]

---

10   미르치아 엘리아데, 이윤기 옮김, 『샤마니즘』, 까치, 1992, 135~138쪽.
11   플라톤, 천병희 옮김, 『소크라테스의 변론/파이돈/크리톤/향연』, 숲, 2012, 276~278쪽.
12   한스게오르크 가다머, 임홍배 옮김, 『진리와 방법②』, 문학동네, 2012, 48쪽.
13   철저한 공화주의자이자 이상주의자로서 찰스 1세 처형의 정당성을 옹호하는 글을 썼던 밀턴은 이미 시력까지 완전히 잃은 데에다, 찰스 2세의 왕정복고가 이루어져 체포되기도 하는 등 많은 어려움으로 점철되었던 말년에 『실낙원』과 『복낙원』을 저술하였다. 박상익, 『밀턴 평전』, 푸른역사, 2008.
14   한스게오르크 가다머, 앞의 책, 48쪽.
15   미르치아 엘리아데, 앞의 책, 146쪽.

그렇지만 '아주 오래전'이라는 시점을 본연의 이상향으로 설정하고 현실을 조응시키려는 갈구를 정당화하는 데 가장 기여할 수 있는 수단은 단연 역사학이었다고 할 수 있다. 즉 이상향으로서의 고대를 역사적으로 탐구하는 '고대사'의 탄생은 이런 배경과 맥락 위에서 더 잘 이해될 수 있을 것 같다.[17] 14세기 중엽 잉글랜드 및 나바라 왕 샤를 2세와의 내·외전으로 인해 위기에 처해있던 발루아 왕조의 장 2세(Jean II, 1319~1364)는 베르쉬르(Pierre Bersuire)에게 리비우스(Titus Livius Patavinus, B.C.59~A.D.17)의 『로마사』를 불어로 번역하게 하였는데, 그 서문에서 베르쉬르는 국가의 위기 상황에서 정부의 안정성 확보에 기여할 수 있는 역사적 자산을 로마에게서 배우고자 한 장 2세의 의도를 기록하였다. 장 2세에게 로마의 역사는 국가의 분열을 타개하고 외적으로부터 국가를 방어할 구체적인 지침을 제공하는 전범이었던 셈이다.[18] 물론 좀 더 잘 알려진 실례는 같은 시기 이탈리아에서 확인할 수 있다.

이탈리아 지식인들은 키케로, 베르길리우스 등의 저술을 탐독하거나 스키피오 같은 영웅들의 업적을 찬양하곤 했는데 이들이 이토록 고대의 로마에 집착했던 배경에는 당대 이탈리아의 '비참한' 현실에 대한 비판적인 평가가 놓여있었다. 교황권과 황제권을 상실한 채 군소국가들 간의 전쟁으로 황폐화된 이탈리아의 현실에 안타까워하며 '로마의 힘(Virtus Romana)' 부활을 꿈꾸던[19] 페트라르카(Francesco Petrarca, 1304~1374)가 스키피오의 업적을 찬양하는 『아프리카』를 저술하거나 베르길리우스, 키케로를 찬양한 것도,[20] 1326년

---

16 정승욱, 「루소에 있어서 자연과 역사의 문제」, 『프랑스어문교육』 25, 2007.
17 호라티우스의 『시학』이나 플루타르코스의 『도덕론』에서 과거를 미화하는 자를 비웃거나 슈펭글러가 그리스·로마문화를 '반역사적 정신'으로 규정한 것에서 보이듯 고대를 이상화하는 경향과는 상반된 인식이 또 다른 흐름으로 병존했음을 물론 망각해서는 안 된다. 알렉산더 데만트, 이덕임 옮김, 『시간의 탄생』, 북라이프, 2018, 64·421쪽.
18 홍용진, 「정치, 문화, 역사: 14세기 중반 티투스 리비우스 『로마사』의 프랑스어 번역」, 『한국사학사학보』 27, 2013, 186~189쪽.
19 김경희, 「'로마의 위대한 힘(Virtus romana)' 개념을 통해 본 이탈리아 르네상스 초기 인문주의자들의 정치사상」, 『한국정치연구』 13-1, 2004.

콜로나(Landolfo Colonna, 1250~1331)가 우연히 발견한 리비우스의 『로마사』 제 31~40권 사본을 얻어 보고 주해를 덧붙이는 작업을 진행한 것도 바로 이때의 일이었다.[21] 피렌체의 수상이었던 살루타티(Coluccio Salutati, 1331~1406)는 1376년 아비뇽 교황군과의 전쟁 속에 놓여있던 피렌체를 '로마의 정당한 후손'으로 간주했다. 이들에게 고대 로마는 비교의 대상이 아니라 칭송과 찬양, 그리고 동일화의 대상이었다.[22] 만토바, 페라라, 볼로냐 등 15~16세기 북부 이탈리아 도시의 군주들이 자신들이 통치하는 도시가 '영원의 도시' 로마를 닮기 원한 것은[23] 이런 인식을 비슷하게 공유하고 있었기 때문이다. 라파엘로가 고대 그리스·로마를 동경하면서 르네상스 미술의 정점을 이룩한 것도 이때였다.

따라서 페트라르카만큼 유명한 마키아벨리(Niccolò Machiavelli, 1469~1527)가 『군주론』 26장에서 페트라르카를 다시 불러냈을 뿐 아니라,[24] 『로마사논고』를 집필함으로써[25] 피렌체의 공화정을 열렬히 지지하고 로마의 위대함을 재현시키기를 희망하거나, 위대한 모어(Thomas More, 1478~1535)가 유토피아의 사람들을 그리스인의 후손으로 설정한 것을[26] 우연으로 치부하기는 어렵다. 또한 이런 흐름은 대개 현실의 문제를 고대의 가치로써 '치유'함으

---

20 프란체스코 페트라르카, 김효신 역, 『페트라르카 서간문 선집』, 작가와비평, 2020, 156쪽. 물론 단테도 빼놓을 수 없다. 그는 베르길리우스를 가장 존경하였기에 『신곡』 내에서 자신을 인도하는 인물로서 그를 선택했다.
21 홍용진, 앞의 논문, 180쪽.
22 김경희, 앞의 논문, 247~253쪽.
23 구지훈, 「페데리코 곤차가 2세와 줄리오 로마노가 꿈꿨던 '새로운 로마'로서의 만토바」, 『서양사론』 144, 2020.
24 니콜로 마키아벨리, 『군주론』, 자화상, 2020, 253쪽.
25 『로마사논고』는 리비우스 『로마사』 처음 열 권의 논평으로 작성되었는데 마키아벨리는 로마 공화정이 바람직한 정치제도의 영구한 모델을 제시한다고 보았다. 니콜로 마키아벨리, 강정인·안선재 옮김, 『로마사논고』, 한길사, 2003, 27쪽.
26 토마스 모어, 박문재 옮김, 『유토피아』, 현대지성, 2020, 162쪽.

로써 새로운 시대를 창조하겠다는 의지나 운동으로 이어지면서 '르네상스'를 이끌어내기도 했고, 그와 함께 이상적인 고대와 그 고대를 닮으려는 현재의 중간에 끼어 있는 '암흑기'로서의 '중세'가 설정되기도 했다.[27]

한편 16세기 종교개혁을 주도한 인물들은 초대교회로의 회귀를 주장하였는데 이는 중세의 '타락한' 기독교를 비판할 근거와 치유할 방안이 타락하기 이전 고대 기독교에 있다고 보았기 때문이다. 종교개혁가들이 교회의 권위보다 성서의 권위를 높이는 데 집중한 것은 교회 '본연'의 모습이 성서에 수록되어 있었다고 보았던 그들의 인식이 한편에 자리하고 있었다.[28] 칼뱅(Jean Calvin, 1509~1564)은 하나님의 진리는 오직 성서를 통해 알려진다고 주장했고,[29] 낙스(John Knox)도 성례는 예수와 사도들이 행했던 대로 집행되어야 하며, 무엇을 첨삭해서는 안 된다고 했다.[30] 더 주목되는 것은 칼뱅이 설립한 주네브 아카데미의 교육 과정은 신앙교육만큼이나 교양교육과 고전교육을 강조했고, 칼뱅은 키케로를 모델로 해서 라틴어 회화와 작문 능력을 발달시키려고 하였다는 사실이다.[31] '제2의 루터'라고 할 만한 멜란히톤(Philipp Melanchthon, 1497~1560)도 세심한 인문주의자로서 고전 읽기와 더불어 고전 작가의 모방, 특히 키케로 모방을 중시했다.[32] 이 점에서 인문주의자들이 복귀를 주장한 '참된' 고대란 그리스·로마의 시대뿐 아니라 성서의 시

---

27 중세를 자기 시대가 아닌 역사상의 시대로 처음 사용한 것은 1469년 교황청 도서관 사서인 부시(Giovanni Andrea Bussi, 1414~1475)라고 한다. 쟈크 르 고프, 유희수 옮김, 『서양 중세 문명』, 문학과지성사, 1992, 11~12쪽.
28 뤼시앵 페브르, 김중현 옮김, 『마르틴 루터, 한 인간의 운명』, 이른비, 2016, 136~137쪽; 올리비에 크리스텡, 채계병 옮김, 『종교개혁』, 시공사, 1998, 29쪽.
29 장 칼뱅, 김대웅 옮김, 『기독교 강요』, 복 있는 사람, 2021, 67쪽.
30 스탠포드 리이드, 박영호·서영일 역, 『존 낙스의 생애와 사상』, 기독교문서선교회, 2016, 19쪽.
31 김유정, 「근대 유럽 지식네트워크의 중심 제네바 대학」, 『EU연구』 38, 2014, 194~195쪽.
32 뤼시앵 페브르, 앞의 책, 284~285쪽; 마르틴 융, 이미선 옮김, 『멜란히톤과 그의 시대』 홍성사, 2013, 54쪽.

대를 함께 의미한 것이었다는 지적은[33] 정곡을 찔렀다. 이제 역사는 삼분되어 이해되는 경향이 일반화되었고 켈라리우스(Christophorus Cellarius, 1638~1707)는 그 원형을 마련했다.[34]

『보편사론』(1681)으로 유명한 보쉬에(Jacques-Bénigne Bossuet, 1627~1704)는 루이 14세에게 '로마의 계승자'로서 교회와 제국의 수호자라는 의무를 부여하였는데 이는 전 유럽을 상대로 한 그의 무리한 대외 전쟁을 정당화해주기 위함이었다.[35] 본연의 모습을 닮으려는 행위는 다른 설명 필요 없이 그 자체로 정당하기 때문이었다. 1662년 왕의 위엄을 과시하기 위한 거리 축제인 카루젤에서 루이 14세는 로마 황제의 복장을 하고 화려한 방패를 든 채로 입장했다. 태양신 아폴론이나 알렉산드로스 역시 루이 14세가 분장했던 대표적인 대상이었다.[36] 비코도 로마의 역사를 모델로 삼아 인류 역사의 불변적 전범을 범주화하기 위해 '영원한 이상적 역사(storia ideale eterna)'라는 용어를 사용했다.[37] 마키아벨리의 공화주의에 주목했던 계몽주의 사상가 몽테스키외도 로마를 애착했다. 다만 마키아벨리가 공화정으로써 군주제를 대신할 수 있다는 시각에서 로마에 집중하였다면, 몽테스키외는 로마의 자유정신에 주목하면서 자유가 법률에 의해서 보장되는 체제를 모색하였다는 차이점이 있다. 따라서 『로마성쇠원인론』에서 드러나는 로마는 현재주의적 관점에서 재구성된 '몽테스키외의 로마'였다고 말할 수 있다.[38] 베르길

---

33 쟈크 르 고프, 앞의 책, 11~12쪽.
34 켈라리우스『중세사』의 부제는 '콘스탄티누스 대제부터 터키의 콘스탄티노폴리스 함락까지(a temporibus Constantini magni ad Constantinopolim a Turcis captam deducta)'이다.
35 장세용, 「몽테스키외의 「로마성쇠원인론」과 역사인식」, 『서양사론』 45, 1995, 82~83쪽.
36 다만 베르사유 건축부터 왕은 신이나 고대 영웅에 비유되지 않고 프랑스의 살아 있는 신 자체로 묘사되었다. 이영림, 『루이14세는 없다』, 푸른역사, 2009, 151~152 · 266~268쪽.
37 최성철, 「비코와 부르크하르트」, 『한국사학사학보』 11, 2005, 230쪽.
38 이상의 설명은 장세용, 앞의 논문, 1995, 59~77쪽.

리우스 같은 대시인이 되는 것이 소원이었던 볼테르는 근대사를 강조하면서도 기독교의 광신으로 '오염'된 유럽문명을 그리스・로마 고전문화의 지적 계보로 연결시켜 정화하려고 했다.[39] 루소 역사관의 가장 현저한 특색은 고대사를 근대사보다 탁월한 것이라고 믿는 퇴보사관이었으며, 고대사 중에서는 그리스와 로마를 가장 높게 평가했다. 특히 로마에 대해서는 종종 '일찍이 존재한 가장 훌륭한 정부'라고 찬미했다.[40]

계몽주의로 상징되는 프랑스 보편주의 문명과 나폴레옹의 지배에 대항하여 자신의 문화를 강조하려는 모색 속에서 탄생한 독일 낭만주의에서는 로마 대신에 그리스가 이상적 고대로서 부각되었다. 이는 프랑스를 '새로운 로마민족'이라고 규정한 피히테에게서 극명하게 표현되었듯이[41] 프랑스가 로마를 독점하는 상황에서 그것에 대결함으로써 정치적, 문화적 독자성을 확보하려던 독일 지식인들의 학문적, 문화적 모색 때문이다. 이때 독일인들은 프로이센의 수도인 베를린을 독일민족 전체의 문화 구심점으로 상상하면서, 고대 그리스 건축 양식으로 도시를 채우기 시작했다. '상상의 아테네'를 구현해나간 것이다.[42] 또한 훔볼트는 1807년 『그리스 자유국가들의 쇠퇴와 몰락의 역사』라는 저서에서 고대 그리스의 비극적 운명을 독일민족의 운명과 동일시했으며, 드로이젠(Johann Gustav Droysen, 1808~1884)은 1833년에 출간한 『알렉산드로스 대왕의 역사』에서 마케도니아에 프로이센의 이미지를 부여했다. 후자를 읽는 독자는 페르시아제국에 대한 서술에서 나폴

---

[39] 장세용, 「보편사적 문화사의 전망-볼테르의『국민들의 습속과 정신론』」, 『서양사론』 115, 2012, 277쪽.

[40] 마에가와 테이지로, 「루소와 역사」, 박호성 편역, 『루소 사상의 이해』, 인간사랑, 2009, 55~66쪽.

[41] 피히테는 나폴레옹의 베를린 점령하에서 조상의 입을 빌어 이렇게 말했다. "우리는 로마민족에게 저항하여 승리를 얻은 것이지만 여러분은 새로운 로마민족에게 짓밟혔다. 여러분의 정신을 앙양하여 그들에게 굳세게 저항해야 한다." J. G. 피히테, 김정진 역, 『독일국민에게 고함』, 삼성미술문화재단, 1971, 339쪽.

[42] 전진성, 『상상의 아테네, 베를린・도쿄・서울』, 천년의상상, 2015, 96쪽.

레옹제국에 대한 적의(敵意)를 감지하게 된다.⁴³ 이들에게 그리스는 과거라기보다는 자신들의 이상향이었다.

이런 한편으로 독일인들은 자신들의 '신성한' 고대 기원을 찾기 위한 모색 중에 9년 토이토부르크 숲에서 로마군단을 궤멸시킨 헤르만이나, 410년 로마제국을 일시 멸망시켰던 서고트족의 알라릭을 자신들의 조상으로 간주하는 새로운 고대사 인식을 창출하기도,⁴⁴ 헤르더와 피히테에게서 보이듯 자연적 기원을 지닌 태고의 존재로서 독일민족을 상상하기도 하였다.⁴⁵ 근대 민족국가는 스스로가 고유한 민족임을 자각하지 못한 '문화민족'이 의식적 자각을 통해 서서히 '국가민족'으로 거듭나면서 형성된 것이라고 마이네케가 이해한 것도 이 같은 학문적 맥락 위에서였다. 특히 마이네케는 독일 통일을 역사의 목표로 보면서 비스마르크의 업적을 계승하는 데 기여하고자 노력하는 등 정치적 활동의 차원에서 역사연구를 수행해야 한다는 신념을 지닌 인물이었는데⁴⁶ 사실 이런 모습은 지금까지 살펴본 대로 고대를 기억하고 연구하던 방식에서 늘 드러났던 오랜 전통이었다.

물론 독일의 경우 그것이 고대 이래 독일민족의 'Lebensraum'을 되찾아 '제3제국'의 기틀을 놓겠다는 기치 아래 너무나 파멸적인 전쟁으로 이어졌다는 점이 비극이지만, 그것이 독일만의 책임은 아닐 것이다. 기원으로서의 고대는 본연의 모습이므로 그것과 다른 현실은 마땅히 비판, 극복되어야 하며 본연을 닮으려는 모든 노력은 필요할 뿐 아니라 정당하다는 주장은 늘 누구에게나 끔찍한 호소력을 지니기 때문이다. '아우구스투스 시대의 로마 정신'이라는 전시회를 개최하는 등 1937년 9월 23일부터 1년 동안 엄

---

43 위의 책, 76·220쪽.
44 박용희, 「근대 독일 역사학의 민족사 기획」, 『한국사학사학보』 16, 2007; 이재원, 「아르미니우스 수용과 클라이스트의 「헤르만 전투」」, 『독일어문화권연구』 21, 2012.
45 이광주, 「Herder와 문화적 민족주의」, 『역사학보』 89, 1981; 박용희, 위의 논문.
46 이상신, 「마이네케의 역사학」, 『서양사론』 89, 2006.

청난 공을 들여 아우구스투스의 2,000번째 생일 축하 행사를 벌이더니[47] 끝내는 '제3의 로마'를 이루겠다면서[48] 1940년 전차를 이끌고 이집트로 쳐들어간 무솔리니나 임나일본부로 상징되는 일본제국주의의 고대사 인식도[49] 이 점에서 조금도 다르지 않았다. 근대 일본의 연구자들은 '진정한' 일본을 고대에서 찾는 경향을 보였다고 지적된다.[50]

이스라엘의 고고학도 그 땅에 대한 자신들의 권리를 주장하는 데 중요한 역할을 하고 있는데, 실제로 '대이스라엘'이라는 성서적 영감에 충만해 남부 레바논과 남부 시리아, 요르단, 시스요르단 일대, 그리고 시나이 반도까지 이스라엘에 포함되어야 한다고 주장한 이스라엘 초대 총리 벤구리온(David Ben-Gurion, 1886~1973)은 1956년 시나이 반도를 점령하고 나서 이스라엘 '제3 왕국'의 건립을 언급했다.[51] 또한 "마사다는 두 번 다시 무너지지 않을 것이다."라는 구호하에서 1948년 이래 마사다 요새는 매년 이스라엘 방위군이 선서식을 거행하는 장소로 선정되었다.[52] 나치 독일과 이스라엘은 자신들의 목적을 위해서 고대를 활용한다는 점에서는 쌍둥이였다. 신채호 등 민족주의 역사학자들이 '본연의 모습'을 상실한 식민지시기에 고대사 연구에 몰두한 것도 우연은 아니었으며, 식민지시기 민속학 역시 일종의 고

---

47 알렉산더 데만트, 앞의 책, 488쪽.
48 한스 콘, 차기벽 역, 『민족주의』, 삼성미술문화재단, 1974, 135쪽. "이와 같이 무솔리니는 고대와 중세에 있어서 시이저의 로마, 법왕의 로마가 행사했던 것 같은 세계 영도권을 다시 행사하게 될 제3의 로마, 곧 이탈리아의 로마에 대한 마치니의 소망을 같이 가지고 있었다."
49 이성시는 근대 국가 일본의 추이 자체가 고대사 연구를 규정했다면서 19세기 말부터 20세기 초까지의 현실이 한반도를 둘러싼 동아시아 고대사를 이해하는 데 투영된 것 같다고 보았다. 이성시, 박경희 옮김, 『만들어진 고대』, 삼인, 2001, 6쪽.
50 스테판 다나카, 박영재·함동주 옮김, 『일본 동양학의 구조』, 문학과지성사, 2004, 33쪽.
51 키스 W. 휘틀럼, 김문호 옮김, 『고대 이스라엘의 발명』, 이산, 2003, 187~188쪽.
52 위의 책, 33~34쪽.

대적인 과거를 만들어, 망각하고 싶은 조선시대를 대체하려던 모색의 한 결과였다.[53]

3. 고대의 계승을 표방한 조선왕조

고대를 이상화하여 전범으로 삼는 경향은 중국에서도 마찬가지였다. 진시황이 황제의 호칭을 정할 때도 그랬지만,[54] 대표적으로 송의 성리학자들은 학파와 개인에 따라 미묘한, 때로는 커다란 이견들을 드러내면서도 요·순·삼대의 시절은 내성(內省)과 외왕(外王)이 합일했던 도통(道統)의 시대였다는 공통된 신앙이자 기본 가설을 지니고 있었다.[55] 정호(程顥)는 이런 신앙을 "삼대의 통치는 리(理)를 따르는 것이었지만, 양한(兩漢) 이하는 모두 천하를 소유하려는 것이었다."와 같은 발언으로[56] 드러냈으며, 정이(程頤)는 주공(周公)이 죽자 성인의 도가 행해지지 않았고, 맹자가 죽자 성인의 학문이 전해지지 않아 천년 동안 선한 통치와 참된 유학자가 없었다고 하였다.[57] 구양수(歐陽修, 1005~1072) 등이 고대의 성왕들과 성인들을 진정으로 이해하기 위해서는 과거의 주석이 아니라 경전의 원문을 읽어야 한다고 생각한 것,[58] 정호와 정이가 『대학』을 공자의 유서(遺書)로 간주하며 중시한 것은[59] 이런

53　이훈상, 「의도적 망각과 단선적 역사서술」, 『진단학보』 88, 1999, 332쪽.
54　『史記』 권6 「秦始皇本紀」 第6 "臣等謹與博士議曰 古有天皇有地皇有泰皇 泰皇最貴 臣等昧死上尊號 王爲泰皇 命爲制 令爲詔 天子自稱曰朕 王曰 去泰著皇 采上古帝位號 號曰皇帝 他如議"
55　위잉스, 이원석 옮김, 『주희의 역사세계(상)』, 글항아리, 2015, 73쪽.
56　『二程全書』 권11 明道語錄 「師訓」 "三代之治 順理者也 兩漢以下 皆把持天下者也"
57　『二程全書』 권42 明道先生文集 附錄 「明道先生墓表」 "周公沒 聖人之道不行 孟軻死 聖人之學不傳 道不行 百世無善治 學不傳 千載無眞儒"
58　피터 볼, 김영민 옮김, 『역사 속의 성리학』, 예문서원, 2010, 89쪽.
59　『二程全書』 권2上 二先生語錄 「元豐呂與叔東見二先生語」 "大學乃孔氏遺書 須從此學

인식을 공유하고 있었기 때문이었다. 진한(秦漢) 이래 천하에서 도(道)가 밝혀지지 않았다면서 고대를 이상화한[60] 주희가 보기에도 공자가 위대한 저술들을 남길 수 있었던 이유는 공자의 시대가 삼대와 접해있기 때문이었다.[61] 이들은 전국시대에 많은 사상의 학파들이 생겨난 것이나 불교와 도교가 퍼져나가게 된 것을 인류가 하나밖에 없는 공통의 길을 잃어버리고 있다는 표시로 생각하였고, 그리하여 '문명의 기원'으로 눈을 돌린 것이다.[62]

송나라를 문물과 제도의 전범으로 삼았다고 스스로 밝힌[63] 조선왕조 역시 송나라 성리학자들의 역사인식을 수용하면서 중국의 고대를 이상화하였지만,[64] 그것과는 또 다른 문제의식 속에서 자국의 고대를 주목하였다. 즉 역성혁명을 통해서 건국되었다는 사실에서 기인한 과제를 해결하는 데 필요한 자산을 찾기 위해 고대를 주목했던 것이다. 건국 직후 새 왕조의 시급한 과제는 대략 두 가지 정도로 정리할 수 있는데, 대외적으로는 명나라의 승인을 받아 고려 말 이래 불편했던 명나라와 평화적 관계를 수립하는 것이었다면, 대내적으로는 고려를 대신해서 새 왕조가 건국되어야 할 필요성과 정당성을 확보하는 것이었다. 전자의 과제를 해결하기 위해서 새 왕조의 건국 주체들은 이성계가 거의(擧義) 회군하였다는 점을 명나라에게 강

則不差"

60 『朱熹集』권79 記「韶州州學濂溪先生祠記」"秦漢以來 道不明於天下 而士不知所以爲學"
61 『朱子語類』권136 歷代3 "問王通病痛如何 曰這人於作用度曉得 急欲見之於用 故便要做周公底事業 便去上書要興太平 及知時勢之不可爲 做周公事業不得 則急退而續詩書 續玄經 又要做孔子底事業 殊不知孔子之時接乎三代 有許多典謨訓誥之文 有許多禮樂法度名物度數 數聖人之典章皆在於是 取而繼述 方做得這箇家具成"
62 피터 볼, 앞의 책, 102쪽.
63 正祖, 『弘齋全書』권174 日得錄14 訓語1 "我朝規模 一遵宋朝 尊尙儒術 獎勸名節"
64 예를 들어 이수광이 진나라가 천맥(阡陌)을 연 이후로 정전의 제도를 다시는 찾아볼 수 없게 되었다는 탄식을 하였던 것 등에서 볼 수 있다. 李睟光, 『芝峰類說』권2 地理部「田」"噫 自秦開阡陌 而井田之制 無復可尋"

조하는⁶⁵ 한편으로 특정한 고대의 인물을 호출하였는데 다름 아닌 기자였다. 그는 고대 유교를 상징하는 존재이자 홍범을 주 무왕에게 전한 인물로서 잘 알려져 있었지만, 동시에 은나라 멸망 후 조선에 봉해짐으로써 주 무왕과의 이상적인 사대자소(事大字小) 관계를 상징하는 인물로서도 이해되었다. 따라서 새 왕조는 이성계와 명 태조의 관계를 기자와 주 무왕의 관계로 유비(類比)함으로써 새 왕조가 명나라에게 성실하게 사대하겠다는 의지를 잘 드러낼 수 있다고 여겼고,⁶⁶ 이 과정을 통해서 명나라와의 평화적 관계 수립 가능성을 높일 수 있다고 믿었던 것이다.

새 왕조의 이런 노력은 명 태조에게 국호를 정해달라는 요청 속에서 가장 잘 드러났다. 새 왕조는 명 태조에게 결정을 일임함으로써 명 태조의 권위를 세우면서도 누가 봐도 위격이 다른 조선과 화령(和寧)을 올림으로써 조선으로 결정되도록 유도하였다. 그리고 여기서 말하는 조선이 엄연히 기자조선을 의미한다는 점을 강조함으로써 새 왕조의 사대적 자세를 부각하였다.⁶⁷ 심지어 이후에 이성계는 물론 태종까지도 자신의 조상이 기자조선의 유종(遺種)이라는 근거 모를 이야기까지 전했다.⁶⁸ 요컨대 새 왕조는 대외적으로 명나라의 승인과 평화적 관계 수립이라는 현실의 시급한 외교적 과제를 해결하는 과정에서 고대의 인물인 기자를 등장시킴으로써 새 왕조가 주 무왕과 이상적인 사대자소의 관계를 맺은 기자의 계승자임을 과시하였다.

한편 후자의 과제를 해결하기 위해서 새 왕조의 건국 주체들은 이성계의 활약으로 인해 백성들이 고통에서 구원될 수 있었다는 서사를 창조하거나,⁶⁹ 새 왕조 건국에 따른 상서로움을 부각하는⁷⁰ 동시에 전조(前朝)인 고려

---

65 『太祖實錄』권1 원년 7월 丁酉(18); 권1 원년 8월 戊寅(29).
66 鄭道傳, 『三峯集』卷7 朝鮮經國典上「國號」.
67 『太祖實錄』권3 2년 3월 甲寅(9).
68 『太祖實錄』권5 3년 2월 己丑(19); 권6 3년 6월 甲申(16); 『太宗實錄』권6 3년 11월 己丑(15).

의 몰역사성을 부각했다. 고려의 문제점과 한계를 강조할수록 새 왕조 건국의 필요성과 정당성은 높아질 수 있었기 때문이었다. 새 왕조의 건국 주체들은 고려에 대한 역사서 편찬을 통해서 무신정권 수립 이래의 정치적 혼란과 외침에 의한 백성의 고통을 특히 강조했고, 그 위에서 이성계를 '진주(眞主)'로서 자리매김했다.[71] 그런데 바로 이전 왕조인 고려와의 비교에 그치지 않고 비교의 대상을 삼국으로 확대할 수 있다면 새 왕조의 역사적 우월성은 대내적으로 좀 더 제고되는 효과를 볼 수 있었다. 바로 이 맥락에서 새 왕조의 건국 주체들은 대내적으로 기자와 단군 모두의 계승자를 자처하였다.

우선 명나라와의 평화적 관계 수립을 위해서도 강조되었던 기자는 대내적으로 볼 때도 호출될 필요성이 높았다. 즉 새 왕조가 기자를 호출함으로써 그의 계승자로 자처하게 되면 그사이에 끼어 있는 삼국과 고려의 역사적 위상을 동시에 격하시킬 수 있었기 때문이다. 기자는 고대 유교의 상징적 인물이기 때문에 그의 계승자를 자처하면 역사적 평가의 척도는 자연스레 유교적 가치가 되어버리게 된다. 즉 불교가 지배하였던 삼국과 고려는 기자와 새 왕조 사이에서 평가절하될 수밖에 없는 논리적 결론에 이르게 되는 셈이었다. 이런 방식은 르네상스기 인물들이 고대와 자신들의 시기를 연결시킴으로써 그사이에 낀 긴 시기를 '암흑기'로 만들어버린 것과 동일한 수법이었다.[72] 새 왕조의 시각에서 볼 때 삼국과 고려는 공히 불교에 '오염'

---

[69] 『太祖實錄』 권4 2년 7월 己巳(2).
[70] 권근은 평양에 있다가 사라진 천문도 석본(石本)의 인본(印本)이 새 왕조 건국 후 재발견된 것을 상서로 여기면서 새 석본을 제작하도록 한 이성계를 요순에 견주었다. 權近, 『陽村集』 권22 跋語類 「天文圖誌」.
[71] 『高麗史』 「進高麗史箋」 "迨後嗣之昏迷 有權臣之顓恣 擁兵而窺神器 一啓於仁廟之時 犯順而倒大阿 馴致於毅宗之日 由是巨姦迭煽 而置君如碁奕 強敵交侵 而刈民若草菅 順孝定大亂於危疑 僅保祖宗之業 忠烈昵群孌於遊宴 卒構父子之嫌 且自忠肅以來 至于恭愍之世 變故屢作 衰微益深 根本更蹙於僞朝 歷數竟歸於眞主 我太祖康獻大王 勇智天錫 德業日新 布聖武而亨屯艱 克綏黎庶 握貞符而乘乾御 肇造邦家"
[72] 허태용, 「조선 초기 대명사대론의 역사적 성격 검토」, 『동양사학연구』 135, 2016, 107쪽.

되었던 '결여태'의 시기였을 뿐이며, 반면에 기자조선과 새 왕조는 '완전태'였던 셈이다.

기자와 마찬가지로 단군 역시 삼국과 고려의 역사를 평가절하하는 논리를 구성하는 데 기여할 수 있는 존재였다. 새 왕조가 보기에 단군의 시대는 기자보다도 오래전이라는 점에서 역시 불교에 '오염'되기 이전의 순수한 '본연'의 시기였기 때문이다.[73] 그들의 시각에서 보면 삼국과 고려는 불교를 신봉하였으면서도 오래 지속되지 못한 반면 단군과 기자의 시대는 불교가 없었지만 천년이나 지속된[74] 이상적 시대였다. 이 점에서 새 왕조가 고려의 역사뿐 아니라 『동국사략』, 『삼국사절요』, 『동국통감』을 함께 편찬한 것은 단군·기자의 시대와 새 왕조 사이에 놓인 '오염'된 시기 전체를 동질적으로 규정함으로써 새 왕조의 역사적 위상과 건국의 정당성을 제고하려는 정치적 모색의 학문적 발현이었다고 할 수 있다.

여기에 더해서 단군은 그 속에서 지나치게 황탄하거나 불교적인 요소만 제거한다면 새 왕조의 유구성과 자율성을 과시하기 위한 목적에서 활용될 수 있는 또 다른 유용성을 지닌 존재였다. 새 왕조가 기자의 계승자라는 정체성만을 강조할 경우 명나라와의 평화 관계 수립에는 유용할 수 있지만, 명나라에 사대하는 제후국으로서의 처지도 함께 강화되기 때문에, 새 왕조의 자율적 위상에 일정한 제약이 발생하는 것도 사실이었다. 하지만 새 왕조의 자율적 위상은 몽골제국하의 부마국이었던 고려와의 차별성을 드러냄으로써 건국의 정당성을 제고할 만큼은 필요했다. 단군은 바로 이 점을 보완해줄 수 있는 고대의 존재였다고 보인다. 신성한 '하늘'에서 직접 내려와[75] 요와 같은 시기에 별도의 동방 역사공동체를 이끌었다는 단군의 계승

---

73 『東文選』 권91 序 「三國史略序」 "惟我海東之有國也 肇自檀君朝鮮 時方鴻荒 民俗淳朴"; 『東國通鑑』 「進東國通鑑箋」 "念我朝鮮有國 古稱文獻之邦 檀君並立於唐堯 民自淳而俗自朴"

74 『太宗實錄』 권10 5년 11월 癸丑(21); 『世宗實錄』 권27 7년 1월 丙申(25).

자라는 정체성을 새 왕조가 보유한다면 기자의 계승자라는 정체성 속에서 강화된 종속적 성격을 일정하게 상쇄할 수 있었던 것이다. 요컨대 기자와 단군은, 비록 비중에 차이가 있긴 하지만, 상호 보완적으로 새 왕조의 정치적 목적을 위해 함께 호출된 고대의 존재들이었다고 볼 수 있다. "단군이 나라를 처음 세우고 기자가 봉함을 받았다."와 같은 언급은[76] 단군과 기자의 상호보완적 관계에 대한 전형적인 수사였다고 할 수 있다.

건국 이후 조선은 단군과 기자 모두의 계승자라는 고대사 인식을 통해 자율성을 완전히 상실하지 않으면서도 명나라 중심의 중화질서를 수용하려는 자세를 견지했다고 볼 수 있다. 그런데 국초와 달리 점차로 명나라가 간섭의 자세를 취하지 않고 양국의 관계가 안정화되자 단군의 계승자라는 인식을 강하게 견지할 필요성은 줄어든 반면, 중국과의 긴밀한 관계 및 유교적 가치를 상징하는 기자의 계승자라는 인식을 강조할 필요성은 커졌다. 1481년의 「동국여지승람을 올리는 전(箋)」에서는 우리 땅은 "하늘이 낸 나라로 앞에서 단군이 개국하였고 뒤에서 기자가 봉해졌다."라고 한 반면, 1530년의 「신증동국여지승람을 올리는 전(箋)」에서는 "우리 조선이 나라가 된 것은 기자가 교화를 일으킨 데서부터 비롯되었다."라고 한 것은[77] 이런 변화를 잘 보여준다. 이제 조선왕조의 지배층들에게 보다 중요한 것은 보편적인 중화 정체성을 명나라 못지않게 갖추는 일이었기 때문이다. 그리고 기자의 존재를 강조할수록 그 계승자로서 조선의 중화 정체성도 강화될 것이었다. 단군 관련 기술은 계속 존재했지만[78] 16세기 이후로 기자 개인에게

---

[75] 『三國遺事』, 『帝王韻紀』와 달리 『應制詩』, 『東國世年歌』에서는 단군이 하늘에서 직접 내려왔다고 기술했다. 이는 중국 황제만이 독점하는 '하늘'의 대체물로서 왕조의 신성성을 제고할 존재가 필요했던 정치적 목적이 투사된 듯하다.

[76] 『新增東國輿地勝覽』 「東國輿地勝覽序」 "念我東方自檀君肇國 箕子受封"

[77] 『新增東國輿地勝覽』 「進東國輿地勝覽箋」 "惟吾海隅之地 實是天作之邦 檀君啓祚於前 箕子受封於後."; 『新增東國輿地勝覽』 「進新增東國輿地勝覽箋」 "念我朝鮮爲邦 肇自箕子作敎"

집중한 『기자지』, 『기자실기』가 윤두수(尹斗壽, 1533~1601)와 이이에 의해 저술된 것도 기자의 의미가 15세기보다 강화된 동시에 새로워진 상황을 적절히 반영하고 있는 셈이었고, 이에 비례해서 명나라를 중심으로 하는 중화질서에 대한 정당화도 같이 강화되고 있었다. 따라서 기자로 인해 조선이 제로(齊魯)의 나라가 되었다고 본[79] 이이가 명나라 중심의 세계관을 드러낸 것은[80] 자연스런 모습이었다고 할 수 있다. 임진왜란 시기 명나라의 원조는 이 경향을 극대화하였다.

이렇게 볼 때 17세기 중엽에 발생한 명청교체는 조선왕조의 지배층들에게 "하늘과 땅이 뒤바뀐" 참담한 사건일 수밖에 없었다.[81] 하지만 병자호란 때 이미 청나라에게 정복된 조선이 청나라를 무너뜨리고 명나라를 회복하려는 '복수전'을 시도하기는 어려웠고, 이 점에서 북벌이라는 구호는 다분히 대내적인 정치적 수사에 가까웠다고 할 수 있다. 다만 정복되었음에도 직접 통치되지는 않았기에 청나라 중심의 새 질서를 정치적으로는 수용하면서도 전통적 중화질서를 관념상으로는 유지하는 이중적 자세를 견지할 수 있었다.[82] 물론 이 과정에서 명나라를 대신할 새로운 중화가 필요할 수밖에 없었고 당연히 그 자리에 조선 자신을 '계승자'라는 자격으로 올려놓았다. 이런 관념은 제후인 조선 국왕이 천자인 명나라 황제를 제사하기 위

---

[78] 16세기 저술인 『東國史略』, 『標題音註東國史略』, 『大東韻府群玉』 등에서도 단군 기록은 보이지만, 단군에 관한 문헌이 남아있지 않다며 거의 외면한 이이의 정리가 이 시기 단군에 대한 기본적인 인식을 보여준다고 하겠다. 李珥, 『栗谷全書』 권14 雜著1 「箕子實記」 "檀君首出 文獻罔稽"

[79] 위의 글 "恭惟箕子 誕莅朝鮮 不鄙夷其民 養之厚而教之勤 變魋結之俗 成齊魯之邦"

[80] 李珥, 『栗谷全書拾遺』 권4 雜著1 「貢路策」.

[81] 李明漢, 『白洲集』 권16 跋 「世宗朝名臣墨蹟跋」 "丁丑之變 天地易位 家傳文籍無一存者 獨此帖得完於江都糧燼之餘 亦幸矣"; 李栽, 『密菴集』 권16 傳 「三學士傳」 "嗚呼 丙子之變 尙忍言哉 天地易位 冠履倒置"

[82] 허태용, 「동아시아 중화질서의 변동과 조선왕조의 정치·사상적 대응」, 『역사학보』 221, 2014, 44쪽.

한 대보단의 건립에서 보이듯 명나라 멸망 한 주갑이 지나 명나라의 부활을 기대하기 어려워진 18세기에 들어서서 좀 더 강화되었다. 영조대 후반에 들어서 충량과(忠良科)를 실시하는 등[83] 명나라 유민, 이른바 '황조인(皇朝人)'에 대한 국가적인 우대 조치를 취하거나 명나라 유민들의 행적을 기록한 것도[84] 같은 맥락이었다.

스스로를 천하에 '유일'하게 남은 중화의 계승자로 이해하는 자기 인식은 학파와 당색을 막론하고 조선후기의 지배층들이 대부분 공유하고 있었는데, 왜냐하면 이 관념 속에서라면 치욕스럽긴 하지만 분명한 자신의 존재 이유를 찾을 수 있었기 때문이다. 즉 복수설치는 어렵지만 명나라가 사라진 천하에서 일단 국가를 보전함으로써 중화 가치를 부분적으로 지켜내는 데는 성공하였다는 존재의 의의를 찾을 수 있었던 것이다. 따라서 송시열 등 서인은 물론이고[85] 윤기(尹愭, 1741~1826) 같은 남인들도 천하에 유일하게 남은 중화인 자기 존재의 책임감을 아래와 같이 자부하였다.

> 아, 시험 삼아 오늘의 천하를 보면 끝내 이곳이 누구의 강역입니까. 헌원씨(軒轅氏)가 구획하고 우임금의 발자취가 덮인 중원이 누린내 나는 오랑캐의 땅으로 전락하여, 당당한 신주(神州)의 예악과 문물을 더 이상 볼 수 없으니, 중국의 강역을 일개 귀자국(龜玆國)으로 치부한다 하더라도 될 것입니다. 그러나 우리나라 수천 리 강역만이 홀로 숭정의 연호와 문물을 보존하고 있으니, 산천의 수려함과 풍속의 아름다움은 거의 조금의 흠결도 없는 금구(金甌)와 같이 완연히 명나라 시대의 기상이 있습니다. 이 어찌 우주 사이에 참으로 훌륭한 대강역(大疆域)이 아니겠습니까.[86]

---

[83] 『英祖實錄』 권103 40년 1월 壬申(20).

[84] 이 점에 대한 자세한 서술은 다음을 참조. 우경섭, 『조선중화주의의 성립과 동아시아』, 유니스토리, 2013, 3장.

[85] 宋時烈, 『宋子大全』 권138 序 「皇輿考實序」 "惟我東方僻在一隅 故獨能爲冠帶之國 可謂周禮在魯矣"

하지만 책임감만을 자부한다고 해서 조선이 그냥 중화의 위상을 갖출 수 있게 되는 것은 아니었다. 무엇보다 가장 큰 문제는 중원을 장악한 청나라가 엄연히 존재하고 있었다는 사실이다. 그러므로 조선후기 지배층의 입장에서는 두 가지 정도의 방법적 모색이 추가로 필요했다. 첫째는 청나라에게 중화의 위상을 허락하지 않을 수 있는 나름의 논리를 만들어내는 것이었고, 둘째는 조선에게만 중화의 위상을 부여할 수 있는 나름의 논리를 계발하는 것이었다. 조선후기의 지배층들이 중국사를 주희의 정통론에 입각해 이해하는 경향을 강화시켜 나간 것이나 남명(南明)에 관한 여러 역사서들을 편찬한 것은 첫 번째의 측면에서 주목된다. 즉 주희가 『자치통감강목』에서 형세가 아니라 성리학적 의리와 명분에 입각해 정통을 부여한 논리를 이용하면 중원을 차지하고 있는 청나라에게 정통을 허락하지 않는 방법적 적용을 시도할 수 있었기 때문이다. 궁벽한 남쪽에서 겨우 존립하던 남명의 역사서들을 편찬한 것 역시 정통론에 입각해 남명을 촉(蜀)으로, 청나라를 위(魏)로 간주하기 위함이었다. 중국사를 이해하는 데 적극 활용된 주희 정통론은 자국사를 이해하는 데에도 당연히 곧 원용될 것이었다.

주자학만을 숭상하고 있는 것을 중국도 이루지 못한 조선의 자부심으로 여기거나,[87] 조선의 지리적 특징이 중원의 지리적 특징과 유사하다고 우하영, 이종휘 등이 이해한 것은[88] 두 번째의 측면에서 주목된다. 그들은 철저한 고립감과 위기의식 속에서도 문명적 책임감을 포기할 수 없었기에, 조선에 중화의 위상을 부여하기 위한 집요하고도 철저한 사상적 고투를 벌여 나간 것이다. 그리고 이 두 번째 측면에서 그들은 기자를 다시금 새롭게 떠

---

86 尹愭, 『無名子集』 文稿 册8 策 「東方疆域」.
87 宋時烈, 『宋子大全』 권154 碑 「圃隱鄭先生神道碑銘幷序」 "且夫自朱子以後 中朝之道學 分裂岐貳 陽明白沙之徒 以荒唐隱僻之說 思有以易天下 而洙泗洛閩之宗脈 晦塞而不傳 此其害甚於洪水猛獸之禍矣 獨我東土 擇之也精 守之也專 訖無支分派別之惑 此雖後先生而賢者之功 而至若尋源泝本 則捨先生其誰哉"
88 배우성, 『조선과 중화』, 돌베개, 2014, 169~175쪽.

올리기 시작했다. 왜냐하면 기자의 존재는 천하에서 '오직' 조선만이 독점하고 있었기 때문이다. 즉 기자의 존재와 그 다스림을 이상화할수록 현 조선의 중화 정체성까지 같이 강화될 수 있다고 판단할 수 있었던 것이다.

허목이 "동국이 기자의 교화를 입어 밤에도 문을 잠그지 않았으며, 부인은 정숙하고 신의가 있어서 음란하지 않았다. 다스림과 교화가 장구하여 나라가 천여 년을 끊이지 않았으니 이것은 삼대에도 없던 일이다."라고[89] 기자조선의 역사를 삼대보다 나은 것으로 이상화한 것은 조선후기의 지배층들이 조선왕조에 중화의 위상을 부여하려던 노력이 얼마나 철저하였는가를 잘 보여주는 사례가 될 수 있으며, 아울러 18세기에 확산될 기자 인식의 양상을 예고한 것이었다. 건국 이래 언제나 가장 중요한 고대의 역사적 존재였던 기자는 18세기의 달라진 역사적 상황 속에서 새로운 목적에 활용되기 위해 또다시 재해석될 수밖에 없었다.

4. 18세기 고대사 이해의 새로운 양상

18세기 조선왕조의 지배층들은 기자를 이용해서 자신들이 천하에 유일하게 남은 중화의 계승자라는 사실을 역사적으로 확인하고자 했다. 이 과정에서 가장 먼저 나타난 현상은 기자 관련 전거가 확대되어 역사서·논설에서 기자 관련 내용이 크게 늘어난 동시에 새로워진 점이었다. 17세기 말 박세채의 『범학전편(範學全篇)』(1684)에서 잘 드러나듯이 이전 시기 『기자지』, 『기자실기』 등의 한계를 지적하면서 다양한 여러 문헌들 속에서 나타나는 기자 관련 기록을 종합하려는 시도가 일어나더니, 이런 경향에 발맞추어 자국사 서술 속에서 새로운 전거들을 통해 기자 관련 내용이 매우 풍부해

---

[89] 許穆, 『記言』 권33 外篇 東事 「箕子世家」.

지기 시작한 것이다.

자국사의 시작을 단군이 아니라 기자부터 시작한 『동국통감제강』을 통해서 주 무왕과 기자 사이의 대화, 8조법에 관한 여러 학설과 자신의 추정, 기자 정전(井田), 기준의 마한 등 기자 관련 내용을 상당히 자세하게 채워 넣은 홍여하조차도 활용한 전거가 여전히 『서경』, 『사기』, 『한서』, 『후한서』 중심이고 『춘추좌씨전』을 약간 참고한 것에 머물렀다면, 남구만(南九萬, 1629~1711)의 「동사변증」과 이세귀(李世龜, 1646~1700)의 「동국삼한사군고금강역설」을 포함해서 홍만종의 『동국역대총목』, 이익의 「삼한정통론」, 임상덕의 『동사회강』, 강재항(姜再恒, 1689~1756)의 「동사평증」, 신경준의 『강계고』, 안정복의 『동사강목』, 서명응(徐命膺, 1716~1787)의 『기자외기』, 이만운의 『기년아람』, 이종휘의 『동사』, 박지원의 『열하일기』, 한치윤(韓致奫, 1765~1814)의 『해동역사』에서는[90] 국내 전거들을[91] 제외한 중국 전거만 꼽아도 『주례』, 『주역』, 『논어』, 『상서대전』, 『상서주소(尙書注疏)』, 『노자익(老子翼)』, 『통전』, 『문헌통고』, 『속문헌통고』, 『박물지(博物志)』, 『수경주(水經注)』, 『자치통감전편』, 『자치통감』, 『자치통감강목』, 『수서』, 『당서』, 『요사』, 『송사』, 『명사』, 『사기평림』, 『갑자회기(甲子會紀)』, 『죽서기년』, 『대명일통지』, 『대청일통지』, 『요동지』, 『성경통지』, 『괄지지(括地志)』, 『주희집』, 『주자어류』, 『유하동집(柳河東集)/유주집(柳州集)』, 『남풍집(南豊集)』, 『송설재집(松雪齋集)』, 『도정절집(陶靖節集)』, 『목재초학집시주(牧齋初學集詩注)』, 『태평환우기(太平寰宇

90　『海東繹史』는 한치윤이 연행한 1799년경부터 저술되기 시작하였고 1807년에 사망한 유득공이 서문을 작성한 것을 보면 그 전에 대략 내용이 갖추어진 것으로 평가되기에 18세기 저술로 일단 간주하였다. 단 한진서가 인용한 전거는 제외하였다.

91　『應制詩』, 『筆苑雜記』, 『東國通鑑』, 『東國文獻備考』, 『箕子實記』, 『東史纂要』, 『東史補遺』, 『東事』, 『東國歷代總目』, 『東史會綱』, 『芝峰類說』, 『新增東國輿地勝覽』, 『三國遺事』, 『三國史記』, 『帝王韻紀』, 『高麗史』, 『高麗史節要』, 『皇極經世書東史補編通載』, 『牧隱集』, 『春亭集』, 『谿谷集』, 『月沙集』, 『範學全篇』, 『平壤志』, 『德陽奇氏譜』 등을 들 수 있다.

記)』,『고시기(古詩紀)』,『조선부』,『씨족대전(氏族大全)』,『운부군옥』 등 39종에 달한다.[92] 전거가 확대된 만큼 기자 관련 서술은 풍부해지면서, 새롭게 해석되는 경향을 띠기 시작했다.

 기자에 관한 새 해석의 첫 번째 양상은 주 무왕과 기자의 관계를 가급적 대등한 시각에서 재정립하려한 것이라고 할 수 있다. 조선 건국 이래 기자는 명나라와의 안정적인 관계를 상징하는 역사적 존재로서의 필요성 때문에 별다른 이견 없이 주 무왕에게 수봉(受封)되었다고 이해되었고,[93] 그 이해의 주요 근거는 『사기』였다.[94] 그러나 이제 명나라가 사라진 상황에서, 그리고 그 명나라가 담당하던 중화의 역할을 오롯이 조선이 감당해야 한다고 자부하던 새로운 상황 속에서라면 기자를 주 무왕에게 수봉된 존재로서 이해할 필요성은 줄어든 반면 자율적인 위상으로 재인식할 필요성은 높아졌다. 기자의 자율성은 기자의 계승자를 자처하는 조선의 '유일한 중화계승자'라는 정체성을 강화시킬 것이기 때문이었다. 만약 여전히 기자를 주 무왕에게 수봉된 존재로서 이해한다면 기자의 계승자인 조선 국왕은 현실의 청 황제에게 수봉된 존재로서의 의미가 부각될 수도 있었던 것이다.

---

[92] 서적만을 계수했는데 몇몇 전거가 누락되었을 가능성이 있으며 다른 곳에 인용된 것을 재인용하였을 가능성도 있다. 또한 『朝鮮賦』의 경우 권별(1589~1671)의 『海東雜錄』에서 인용되었으며 『氏族大全』도 윤근수가 인용한 적이 있다.(尹根壽, 『月汀集』別集 권4 「漫錄」) 한편 『隋書』, 『唐書』, 『文獻通考』, 『通典』, 『大明一統志』의 경우 『三國史節要』, 『東國通鑑』, 『東史纂要』, 『芝峰類說』, 『大東韻府群玉』 등에 선별 인용되었으나 기자 관련 내용에서 인용한 것은 아니었다.

[93] 鄭道傳, 『三峯集』 卷7 朝鮮經國典上 「國號」; 『東國世年歌』; 『三國史節要』 「箕子朝鮮」; 『東國通鑑』 外紀 「箕子朝鮮」; 『標題音註東國史略』 卷1 「前朝鮮」; 『東史纂要』 卷1上 「箕子朝鮮」; 『東史補遺』 卷1 「箕子朝鮮」; 『龍飛御天歌』 권6 42장 "周武王封箕子于朝鮮 而賜之履"

[94] 『史記』 卷38 「宋微子世家」 第8 "於是武王乃封箕子於朝鮮 而不臣也" 정작 『史記』에서는 기자를 신하로는 여기지 않았다는 설명이 따르지만 이 구절은 조선전기에 주목되지 않았다. 이에 비해 고려조 인물인 이색은 기자를 신하로 대하지 않았다는 사실에 주목했다. 李穡, 『牧隱集』 文藁 권8 序 「賀竹溪安氏三子登科詩序」 "周封殷大師箕子 則其通中國也 蓋可知已 雖其封之 又不臣之 重其受禹範 爲道之所在也"

주 무왕과 기자의 관계를 재정립하는 양상은 크게 볼 때 두 가지 방식으로 나눌 수 있다. 첫째, 주 무왕이 기자를 조선에 봉한 적이 없다는 입장이다. 이 이해의 주요 근거는 『한서』였다.[95] 홍여하는 주 무왕의 명으로 기자가 동쪽으로 온 것도, 주 무왕이 기자를 신하로 대한 것도 아니라면서 기자는 동인(東人)들에 의해서 임금으로 옹립되었을 뿐이라고 보았다. 남의 신복이 되지 않겠다는 기자의 다짐도[96] 무왕이 알고 있었으므로 홍여하가 보기에 기자와 무왕은 빈주(賓主)의 예로써 만난 것이었다.[97] 임상덕 역시 기자가 일찍이 남의 신복이 되지 않겠다고 발언하였던 사실을 근거로, 은나라의 도가 쇠하자 기자가 조선으로 갔다는 『한서』의 기록이 옳다고 여겼다. 임상덕이 보기에 은·주 시절의 조선은 은·주의 수도와 너무 멀리 떨어진 황량한 곳이었으므로 중국과 통하였을 리가 없는데, 무왕이 기자를 이렇게 먼 지역에 봉하는 것은 이치에 맞지 않는 일이었다. 따라서 『한서』의 기록처럼 기자가 그냥 먼 조선으로 피한 것이 합리적인 설명이었고 기자를 조선에 봉하였다는 『사기』의 기록은 믿기 어려운 것이었다.[98] 이덕무도 유사한 인식을 드러냈다.[99]

둘째, 무왕은 기자를 신하로 대우하지 않았으며 단지 기자가 조선으로 간 후에 인봉(因封)하였을 뿐이라는 입장이다. 남구만에 따르면 인봉이란 명

95　『漢書』卷28下 地理志 第8下 "殷道衰 箕子去之朝鮮(師古曰 史記云 武王伐紂 封箕子於朝鮮 與此不同) 教其民以禮義田蠶織作 樂浪朝鮮民犯禁八條"

96　『書經集傳』商書「微子」"父師若曰 … 商今其有災 我興受其敗 商其淪喪 我罔爲臣僕"

97　『東國通鑑提綱』권1 朝鮮紀上「殷太師」. 기자와 무왕을 빈주의 관계로 본 것은 서명응에게서 반복된다. 徐命膺, 『箕子外紀』上篇 第一叙述「箕子本紀」(국립중앙도서관 古2122-2).

98　『東史會綱』凡例上 "箕子則其言曰 商其淪喪 我罔爲臣僕 卽其處義之微意 有可見者矣 又漢書所記載詳而有徵"; 凡例下 附論辨諸條 "箕子封朝鮮之辯" "且三代以前 中國書軌所及不博 如江淮之間 亦爲蠻夷之邦 況朝鮮去豊毫萬餘里 是時尙在洪荒之域 周禮職方所不載 似無通中國之理 假使通道九夷八蠻之日 朝鮮亦嘗通之 武王尊師箕子錫之胙土 恐亦無屛之蠻荒之理 以是推之 避地之說 於理似近"

99　『韓客巾衍集』권1 李德懋「謁崇仁殿」(국립중앙도서관 古貴3643-20).

령을 받고 봉지에 나아간 것이 아니라 "진여(陳餘)가 남피(南皮)에 있다."는 말을 듣고 항우가 진여를 그대로 봉한 따위와 같은 것을 의미한다.[100] B.C. 206년 진나라를 멸망시키고 의제(義帝)를 세운 항우는 군현제로 정비된 중국을 다시금 여러 장수들에게 분봉(分封)하는 조치를 취하면서 패권을 도모하였다. 진여는 장이(張耳)와 더불어서 공이 있었으나 장이와 틈이 생겨서 관중(關中)에 따라 들어오지 않고 남피에 있었다. 그래서 장이와 달리 왕이 되지 못했지만 불만이 있을 것을 염려한 항우가 B.C. 205년 후(侯)로 삼아 남피 부근의 세 현을 봉지로 주었다.[101] 따라서 이런 입장에서 봐도 기자의 자율성은 일정하게 확보된다. 17세기 후반의 허목은 기자가 조선으로 간 후에 인봉하였으나 신하로 대하지는 않았다는 입장을 드러냈었고,[102] 남구만도 기자가 조선으로 간 후 무왕이 인봉하였을 뿐이라고 보았다.[103] 홍만종과 신경준, 이종휘도 기자가 조선에 간 후 무왕이 인봉하였으나 신하로 대하지는 않았다고 보았다.[104] 안정복도 이런 해석에 동의하여 기자는 주(周)의 객(客)이었다고 했고[105] 한치윤 역시 무왕은 기자를 봉하였으나 신하로 대우하지 않았으며, 기자는 객으로서 주나라에 갔다는 증공(曾鞏, 1019~1083)의 말이 옳다고 하였다.[106] 조선으로 간 기자를 후에 인봉하였다는 근거는 『상

---

[100] 南九萬, 『藥泉集』 권29 雜著 東史辨證 「箕子」.
[101] 『史記』 권89 「張耳陳餘列傳」 第29.
[102] 許穆, 『記言』 권33 外篇 東事 「箕子世家」.
[103] 南九萬, 『藥泉集』 권29 雜著 東史辨證 「箕子」. 남구만은 기자의 조주(朝周)까지도 부정하였는데 신하가 아닌 기자가 조주할 이유가 없다는 점 때문이었다.
[104] 『東國歷代總目』 「箕子朝鮮」; 『疆界考』 「後朝鮮國」; 李種徽, 『修山集』 권11 東史本紀 「箕子本紀」. 표현은 다르지만 서명응 역시 사실상 같은 인식을 지니고 있었다. 徐命膺, 『箕子外紀』 上篇 第一叙述 「箕子本紀」 "箕子旣釋 逃之朝鮮 武王仍其地封之不臣也".
[105] 『東史綱目』 권1上 己卯朝鮮箕子元年; 附卷上 下 雜說 「箕子遺制」.
[106] 『海東繹史』 권2 世紀2 「箕子朝鮮」. 안정복도 증공의 설명을 인용했다. 『東史綱目』 권1上 壬午 四年 "箕子朝周(宋曾鞏曰 武王克商 封箕子于朝鮮而不臣 曰朝周者 所謂於周爲客也)"

서대전』이었기 때문에,[107] 앞 시기에서도 이런 설명을 한 경우가 전혀 없었던 것은 아니지만[108] 『사기』의 권위가 부정된 적은 없었다. 하지만 18세기에는 임상덕, 안정복에게서 보이듯 『사기』의 설명은 비판되면서[109] 『상서대전』과 『한서』의 설명에는 확고한 신뢰가 부여되었다. 이제 무왕과의 관계 재정립을 통해서 기자의 자율성이 자명해진 만큼 조선의 중화 정체성과 자율성도 18세기 조선왕조 지배층에게는 자명해질 것이었다.

기자에 관한 새 해석의 두 번째 양상은 단군과 기자 간의 권력 교체 문제를 재해석하는 것이었다. 이전의 설명에 따르게 되면 무왕에게 수봉된 기자가 단군이 다스리고 있던 조선에 와서 단군이나 단군의 후예를 몰아내고 그 지역을 차지한 것으로 이해될 가능성이 존재했다.[110] 그렇다면 명분 없이 남의 나라를 탈취한 것으로도 이해될 수 있어서, 고대의 이상적 존재라는 기자의 위상이 훼손될 가능성이 발생하게 된다. 이는 기자의 온전한 계승자를 지향하는 18세기 조선왕조의 지배층들에게 수용될 수 없는 문제였다. 따라서 이 문제를 회피할 수 있는 방법적 모색이 필요했다.

홍여하는 단군조선이 천여 년간 나라를 전하다가 은 말기에 이르러서는 나라가 끊어지고 임금이 없어졌기 때문에 기자가 와서 거했다고 아주 구체적으로 설명하였다.[111] 이런 식의 설명이라면 기자에게 찬탈자라는 도덕적 하자가 발생할 가능성이 원천적으로 봉쇄되는 셈이어서 아주 유용했다. 따

---

107 『尙書大傳』 권2 周書 「洪範五行傳」 "武王釋箕子之囚 箕子不忍周之釋 走之朝鮮 武王聞之 因以朝鮮封之"
108 『東國史略』 권1 「箕子朝鮮」; 李珥, 『栗谷全書』 권14 雜著1 「箕子實記」.
109 『東史會綱』 凡例下 附論辨諸條 「箕子封朝鮮之辯」 "馬遷史記固多駁雜 未可篤信 而班固已不從其說"; 『東史綱目』 附卷上 考異 「箕子僻地朝鮮與受封朝鮮之別」 "史記素號疏漏 故今以諸說爲正".
110 『新增東國輿地勝覽』 권42 「黃海道-文化縣-山川-九月山」; 『標題音註東國史略』 卷1 「前朝鮮」; 『東史補遺』 卷1 「檀君朝鮮」; 李惟樟, 『東史節要』 권1 「朝鮮」.
111 『東國通鑑提綱』 권1 朝鮮紀上 「殷太師」.

라서 18세기의 이익, 이만운 등도 답습하였다.[112] 특히 안정복은 어진 성인인 기자가 남의 나라를 모점(冒占)할 리가 없으니 이미 쇠망한 나라에 와서 풀밭을 헤치고 개창한 것이라고 구체적으로 추가 설명하였다.[113] 한편 시기적인 단절을 부각하지 않고 단군과 기자의 지배 영역을 공간적으로 분리함으로써 기자에게 도덕적 하자가 발생할 가능성을 원천 봉쇄한 경우도 있었는데 이런 모색은 강재항에게서 볼 수 있다. 그는 단군의 영역은 부여, 발해, 동단국의 지역이었고, 기자의 영역은 평양이므로 서로 상관하지 않는다고 새로운 지리 비정을 시도하였다. 그 위에서 기자 같은 이가 남의 토지를 빼앗고, 남의 사직을 옮기는 것을 긍정할 리가 없다면서 기자가 단군의 나라를 탈취하였다고 말하는 것은 망령된 것이라고 강하게 비판하였다.[114] 이종휘처럼 기자 동래 이후 단군이 백악으로 옮긴 것으로 이해하는 경우도 있었지만 이종휘가 보기에 그것은 기자가 평양에 이르기 전에 백성들이 모두 귀의한 자연스런 결과일 뿐이었다.[115] 이런 재해석을 통해서 기자는 도덕적 하자가 없는 성인으로서의 확고한 위상을 유지할 수 있었다.

기자에 관한 새 해석의 세 번째 양상은 이전과는 달리 기자의 계승적 존재를 찾으려는 노력이 부단히 기울여졌다는 점이다. 앞에서 살펴본 대로 건국 초기 이성계와 태종이 자신의 조상이 기자조선의 유종이었다는 언급

---

112 李瀷,『星湖全集』권47 雜著「三韓正統論」"意者檀君之後衰微 無復君國 故箕子得而開業";『紀年兒覽』권5「檀君朝鮮-故實」"後孫傳至 商辛戊寅乃亡"신(辛)은 은나라 마지막 임금인 주(紂)다.(『史記』권3「殷本紀3」"帝乙崩 子辛立 是謂帝辛 天下謂之紂") 따라서 무인년은 무왕이 주나라를 세우기 1년 전이다. 이만운은 무왕 원년에 기자가 조선으로 왔다고 보았기 때문에 그 전에 단군의 후손이 멸망하였다면, 기자는 나라가 없어진 곳에서 새롭게 나라를 세운 것이 되므로 단군과 기자의 권력 교체는 논할 필요가 없어진다.

113 『東史綱目』附卷上 上 考異「檀君僻箕子移藏唐京」;附卷下 地理考「檀君疆域考」에서는 단씨의 세대가 쇠하자 자손들이 북쪽으로 옮겼고 옛 영역은 기자의 봉지가 되었다고 설명했다.

114 姜再恒,『立齋遺稿』권9 雜著 東史評証「肅愼三朝鮮高句麗三韓」.

115 李種徽,『修山集』권11 東史本紀「箕子本紀」.

을 한 적도 있으며, 비록 실패하였지만 세종대에도 기자의 진짜 후손을 찾아보려고도 시도했다.[116] 그러다가 1612년에는 결국 선우씨를 기자의 후손으로 대우하고 평양 숭인전을 관리하게 하는 한편으로 군역을 면해주었다.[117] 이에 자극받은 한씨와 기씨도 자신들의 기원을 기자까지 소급한『청주한씨세보』와[118]『행주기씨족보(갑진보)』를 각각 1617년과 1664년에 간행했다. 하지만 숙종이 기자 덕분으로 오늘날 우리가 소중화의 칭호를 얻게 되었으니 기자의 후손 중 쓸 만한 자를 찾으라는 지시를 내린 것에서 보이듯[119] 중화계승의식이 형성되는 17세기 말 이후로는 기자의 혈연적 계승자를 통해 조선의 중화 정체성을 강화하겠다는 정치적 의도를 직접 드러냈다. 이런 분위기에 편승해서 1774년에 간행된『행주기씨족보(갑오보)』에는 기자부터 기준까지 이르는 기자조선의 임금 41명과 마한 임금 8명이 처음으로 등장했다.[120] 행주기씨 가문에서 족보에 근거 없는 내용을 기입한 것은 다른 가문에서는 시도하지 못한 구체적인 계보를 마련함으로써 차별성을 띠려는 의도가 있었던 것으로 이해된다.[121]

흥미롭게도『행주기씨족보』에 기자조선의 역대 임금들이 등장하자 18세기 말의 사서들에서는 그 내용을 수록하기 시작했다. 안정복만 해도 기준의 아들 우친(友親)이 한씨로 모성(冒姓)하였다는 내용과 기자의 지자(支子)가 선우를 씨로 삼았다는 내용 정도를 의심하면서[122]『동사강목』에 소개할

---

116 尹根壽,『月汀集』別集 권4「漫錄」.
117 『光海君日記』권52 4년 4월 辛卯(27).
118 『淸州韓氏世譜』「淸州韓氏前代事蹟」(규장각 古4650-74).
119 『承政院日記』己未(肅宗 5년) 11월 10일 辛丑. 이때 선우령(鮮于翎)이 발탁되었다.『肅宗實錄』권8 5년 11월 己未(28).
120 『幸州奇氏世系』(서울대학교도서관 일사929.1 H118)에서 그 내용을 전하고 있다.
121 趙璥,『荷棲集』권6 序「幸州奇氏族譜序」"箕子東封朝鮮 傳國四十有一世 遷于金馬 又歷八世 至元王始國除 而其子得姓者三 曰鮮于氏 曰韓氏 曰奇氏 而獨奇氏之系 旣詳且遠 (…중략…) 奇氏之於箕子 猶殷之有宋也 苟使夫世其文獻而不墜 則異日中國有聖人者作 而求觀乎箕子之遺禮 吾知其必徵諸奇氏"

뿐이었으나,[123] 이만운과 이덕무는 의심하면서도 『기년아람』에 기자부터 기준까지의 세계를 『행주기씨족보(갑오보)』를 이용해 그대로 옮겨놓았다.[124] 급기야 이종휘는 신빙성 여부에 대해서는 아무런 언급 없이 자신이 창작한 내용까지 풍부하게 덧붙여서 「기자세가」를 만들었다. 「기자세가」 내에서 가장 주목되는 구절은, 옛 성군의 후예로서 이역에서 일어난 나라가 오(吳), 월(越), 전(滇), 조선이 있지만 오직 조선만이 가장 장구하였고 그 은택이 가장 멀리까지 미쳤다는 부분이다.[125] 이종휘가 기자를 강조함으로써 궁극적으로 말하고 싶었던 주장의 편린으로 보이기 때문이다. 즉 이종휘에게 중요한 것은 18세기 조선이 천하에서 유일하게 중화 정체성을 보유하고 있다는 점을 기자를 이용해 강조하는 것이었지, 먼 옛날의 사실을 파악하는 것은 아니었던 듯싶다. 그렇다면 그가 기자조선의 고대사를 재구성함으로써 궁극적으로 드러내고 싶었던 현실의 주장은 다음의 내용이라고 봐도 큰 무리는 없어 보인다.

> 기씨가 평양에 도읍하여 42세를 전하였는데 무릇 929년이다. 대개 기씨가 멸망한 것은 주군왕 난(赧)이 진나라에 의해 멸망된 지 63년 후의 일이니 그 역년 역시 (주나라와) 대개 서로 같다고 한다. 그 후 1,500여 년이 지나서 우리 태조께서 남(南)평양에 나라를 세우시니 문물 예악이 끊어졌다가 부흥하였다.[126]

---

122 『東史綱目』 附卷上 上 考異 「箕準子友親冒姓韓氏」.

123 『東史綱目』 권1上 戊申二十八年; 附卷上 上 考異 「箕準」.

124 『紀年兒覽』 권5 箕子朝鮮 「攷異」 "又按東史云 繼世之君不著 而新刊幸州奇氏族譜 列錄箕子以後世序如左 盖周武王己卯 箕子始建國 漢惠帝丁未 箕準爲馬韓 合爲九百二十九年 而今此四十一代 則爲一千三十六年 可疑一也 四十一代之中 東史只有箕否箕準兩代名 而此則無箕否 可疑二也 且三國中葉以後 始有諡法 而今此列錄 皆似諡號 可疑三也 恐是好事者 杜撰謾世 而旣載於刊行譜牒 故姑爲列錄于左 以竢具眼者辨破"; 李德懋, 『靑莊館全書』 권55 盎葉記2 「箕子朝鮮世系」.

125 李種徽, 『修山集』 권11 東史世家 「箕子世家」.

기자조선이 지니고 있던 중화 정체성을 1,500년의 시간을 넘어서 조선에게 계승시키는 것이야 말로 18세기 조선왕조의 지배층들이 고대사 연구에 몰두한 가장 핵심적인 이유였음을 이종휘의 위 발언은 잘 보여주고 있다. 그런데 이 같은 설명에서는 충족되지 않는 한계가 있었다. 바로 기자조선의 멸망 후 조선이 건국되기 전까지의 긴 시기 동안 중화 정체성을 지닌 존재가 공백으로 남아 있다는 점이다. 조선전기적 관점에서 보자면 긴 시기 동안의 공백은 오히려 조선왕조와 이전 왕조의 차별성을 강조할 수 있는 배경이 될 수 있었겠지만, 중화계승의식을 공유하던 조선후기 지배층에게 좀 더 중요한 과제는 조선왕조의 중화 정체성을 단절 없이 계보화하는 것이었다고 보인다. 그 과정을 통해서 조선왕조의 중화 정체성이 좀 더 강화될 수 있다고 여겼기 때문이다.

정전, 기자성(箕子城) 등 기자의 흔적이 당시까지도 남아 있다는 설명을 많은 이들이 시도한 것은[127] 기자조선과 조선 사이의 긴 시간적 공백을 특정 공간과 유적을 통해서 메워보고자 한 시도의 일환이었다고 할 수 있다.[128] 하지만 기자의 혈연적 후예들이라는 몇몇 가문에 대한 우대나 기자의 흔적을 확인하는 것만으로는 조선의 중화 정체성을 강화하는 데에 충분하지 않았다. 당장 기자의 정전 흔적이 남아 있다는 주장에 대해서도 동의하지 않는 이들이 있었던 것이다.[129]

결국 이 한계는 기자조선과 조선 사이에 중화 정체성을 지닌 기자의 계

---

[126] 李種徽, 『修山集』 권11 東史本紀 「箕子本紀」.
[127] 『東國通鑑提綱』 권1 朝鮮紀上 「殷太師」; 『東國歷代總目』 「箕子朝鮮」; 李瀷, 『星湖全集』 권47 雜著 「三韓正統論」; 姜再恒, 『立齋遺稿』 권15 辨 「孟子於禮文制度亦甚疎略」; 『東史綱目』 附卷上 上 考異 「箕子築成」; 「平壤井田」; 『海東繹史』 권25 食貨志 「田制」. 홍여하와 한치윤은 정전 흔적을 통해서 오랑캐를 중화로 만드신 뜻을 천년 뒤에도 볼 수 있다는 한백겸의 말을 인용하였다.
[128] 알렉산드로스 사후 디아도코이 경쟁 과정에서 프톨레마이오스가 알렉산드로스의 시신을 탈취해 이집트로 운반한 일을 기억해보자.
[129] 南九萬, 『藥泉集』 권29 雜著 東史辨證 「箕子」. 훗날 정약용도 같은 입장이었다.

승자를 역사적으로 설정해야 하는 과제를 남긴 셈이었다. 이종휘가 기자와 조선 사이에 사(士)를 보유한 유일한 존재로서 고구려를 상정하였던 것은[130] 이런 과제를 해결하기 위한 나름의 모색이었던 것으로 보인다. 기자의 중화 정체성을 충실하게 계승한 존재, 즉 정통을 역사적으로 상정해 둘 때 기자와 18세기의 조선을 좀 더 용이하게 이을 수 있으며, 조선의 중화 정체성이 오래전부터 단절 없이 계승되었다는 점을 강조할 수 있었기 때문이다. 이것은 주희의 정통론을 자국사에 적용해 보려는 시도이면서, 동시에 기자조선과 조선 사이의 시기는 오염된 동질의 시기라는 조선전기의 관점을 극복하려는 시도이기도 했다.[131] 이른바 '마한정통론'은 이 맥락에서 탄생한 하나의 모색이었다고 보인다.

『동국통감』에서도 기자의 역사를 서술하면서 기준이 남하하여 마한을 다스렸다는 내용을 수록해두었기 때문에, 기자조선과 마한의 상관성에 대해서는 일찍부터 인식되었다고 할 수 있지만,[132] 정통론이라는 담론 속에서 마한을 기자조선의 정당한 역사적 계승자로서 규정한 것은 17세기 후반의 홍여하에게서 처음 구체화되었고, 이어서 홍만종, 이익, 안정복, 그리고 이종휘를 비롯한 대부분의 조선후기 지배층들에게 광범위하게 받아들였다. 그들은 색목, 학파를 초월해서 조선의 중화 정체성을 기자로부터 계보적으로 증명하고자 하는 데 공감하고 있었기 때문이다. 『행주기씨족보(갑오보)』에 마한의 임금 8명이[133] 수록된 것도 마한정통론의 영향이었다. 이제 마한

---

130 李種徽,『修山集』권6 策「矯弱勢」.
131 송시열, 남구만까지만 해도 위만 이후로 갈라져 싸우는 통에 기자의 가르침이 모두 없어져서 이적으로 변한 지가 오래되었다고 여겼다. 宋時烈『宋子大全』권154 碑「圃隱鄭先生神道碑銘幷序」; 南九萬『藥泉集』권29 雜著 東史辨證「箕子」"我國文明之敎 雖曰始自箕子 而衛氏以後四郡二府三韓三國之際 瓜分豆割 日事兵爭 遺敎蕩然 化爲夷狄久矣"
132 좀 더 소급할 경우라면『제왕운기』까지 올라갈 수 있다.
133 康王-安王-惠王-明王-孝王-襄王-元王-稽王이다.

정통론의 관점 속에서 위만은 서주(西周)를 멸망시킨 적인(狄人)이나 한나라를 멸망시킨 조조(曹操)와 같은 존재로 간주되었고[134] 기자조선과 조선의 거리는 조금 더 가까워질 수 있었다. 하지만 마한 이후의 공백도 짧지 않았기에, 또 다른 중화적 존재를 설정해야 할 필요성은 사라지지 않았다. 이익이 신라와 백제의 역사 속에서도 드러낼 만한 것이 많은데 인멸되어 현창되지 못한 것을 아쉬워한 것은[135] 바로 마한정통론으로도 해결되지 못하는 한계를 그 스스로도 인식하고 있었기 때문은 아니었을까?

18세기 조선왕조의 지배층들이 이 문제를 풀기 위해 모색한 방식은 대략 두 가지 계열로 정리할 수 있을 것 같다. 첫째는 조선의 유민이 진한(辰韓)으로 갔다는 기록과 마한을 멸망시킨 백제에 대한 반감으로 신라를 주목하는 계열이다. 허목과 홍여하가 삼국 중에서 신라를 가장 중시하였던 것에서[136] 이미 그 실마리가 보이더니, 마한을 멸망시킨 백제를 기자조선을 멸망시킨 위만에 유비하였던 이익은 경주에 남아있는 네모반듯한 토지 경계를 기자가 남긴 교화가 널리 퍼진 것으로 보았고[137] 삼한 중에서 진한만이 예가 있었다면서 오늘날 영남이 유현의 부고(府庫)가 된 것은 이런 유래 때문이라고 말하기도 했다.[138] 안정복도 기준을 설명하는 부분에서 굳이 당 현종이 신라를 '군자의 나라'로 일컬었다는 내용을 덧붙였고[139] 신라가 흰 복색을 숭

134　李瀷, 『星湖全集』 권47 雜著 「三韓正統論」.
135　위의 글 "當羅濟興亡之間 可以表著者亦多 東人見不到此 寥寥數千載 堙沒不彰何哉"
136　許穆, 『記言』 別集 권8 序 「陽村集重刊序」; 洪汝河, 『木齋集』 권11 附錄 「贈通政大夫弘文館副提學知製敎兼經筵參贊官春秋館修撰官行通訓大夫司諫院司諫府君行狀」 "又取東國通鑑 刪其煩亂 整頓綱維 名曰東史提綱 亦爲凡例 與麗史凡例大同小異 記中國之事 存史體也 起自箕子 依遷史黃帝例也 書孔子作春秋 依遷史舊例也 尊箕準主新羅 嚴正統也"
137　李瀷, 『星湖全集』 권47 雜著 「三韓正統論」 "百濟之譎奸 卽衛氏之故智 而前後失國 實仁者之過之也 (…중략…) 今之慶州 卽辰韓之舊基 而經界之正方 尙猶未泯 是豈荒裔夷俗所能辦哉 余故曰是必箕子遺化之所覃"
138　李瀷, 『星湖僿說』 권19 經史門 「三韓始終」. 이익이 마한정통론을 견지하고 있었다는 점을 감안하면 진한에 대한 유교적 평가는 마한 멸망 이후 신라를 부각하려는 의도가 진한까지 소급된 것 같다.

상하였다는 『북사』의 기록에 대해서는 조선 유민인 진한의 6부가 고국의 풍습을 따른 것이라고 하였다.[140] 이상의 설명이 기자조선과 신라의 관련성을 간접적으로 드러낸 것이었다면 서종태(徐宗泰, 1652~1719)는 신라를 기자의 유교(遺敎)로 인해 추로(鄒魯)의 풍속을 지닌 나라로 규정함으로써,[141] 기자조선과 신라를 좀 더 직접적으로 연결하였다. 그리고 이전수(李田秀)는 1783년에 다음과 같이 설명하였다.

> 우리나라에는 다른 나라에 없는 두 가지 일이 있다. 기자 같은 성인을 왕으로 모신 것이 하나이다. 신라가 한나라 선제 때 건국했는데 후량 때에 와서야 멸망해 990여 년 동안 향국한 것은 외국은 물론이고 중화라 하더라도 듣지 못했으니 이것이 다른 하나이다.[142]

이전수는 청나라 사람 장유곤(張裕昆)에게 자국의 역사를 설명해주면서, 18세기 조선왕조의 지배층들이 지니고 있던 중화적 자부심을 두 가지 방식으로 전달했다. 하나는 누구나 그렇듯이 기자를 소환함으로써 부각하는 것이었고, 다른 하나는 신라가 천여 년이나 지속되었다는 사실을 강조하는 것이었다. 이는 이전수에게 신라의 장구한 지속이 조선의 중화 정체성과 관련된 역사로서 기자와 함께 내면화되어 있었음을 잘 보여준다.

둘째는 마한 이후 기자의 중화 정체성을 고구려와 발해로 잇는 계열이다. 이런 모색이 가능할 수 있었던 논리는 다음과 같다. 우선 기준의 자손

---

139 『東史綱目』附卷上 上 考異 「箕準」.
140 『東史綱目』附卷上 下 雜說 「箕子遺制」. 정조는 이 설명이 타당성 없다고 비판했다. 正祖, 『弘齋全書』 권169 日得錄9 政事4.
141 徐宗泰, 『晚靜堂集』 권12 詔 「擬唐褒新羅王詔」.
142 李田秀, 『入瀋記』 中 9월 14일(『연행록전집 30』, 동국대학교출판부, 2001, 296쪽) 『入瀋記』의 저자가 이전수·이만수(李晚秀)라는 사실은 다음 글에서 밝혀졌다. 한영규·한메이, 『18~19세기 한·중 문인 교류』, 이매진, 2013, 44~45쪽.

일부가 남하하지 못하고 조선에 남아있었다는 기록이 있었기에[143] 기자의 교화가 마한뿐 아니라 구(舊)조선 지역에도 잔존하였다고 이해할 수 있는 가능성이 있었다. 그리고 기자조선의 영역이 고구려와 발해로 이어진다는 지리인식에 근거해서 고구려와 발해를 기자조선의 지리적 계승자로도 이해할 수 있었다. 『후한서』, 『수서』, 『당서』, 『요사』, 『속문헌통고』, 『대명일통지』 등의 기록이[144] 근거가 될 수 있었기에 이 가능성은 이전부터 조금씩 보이고 있었다. 권근은 고구려가 옛 기자조선의 지역이라는 이유를 들어서 고구려 초기 역사에 대해서 긍정적인 입장을 드러냈다.[145] 17세기 초 이수광은 도읍의 측면에서 단군, 기자, 위만, 고구려를 병칭했으며,[146] 허목은 고구려를 중국과 지경(地境)을 접한 기자의 나라로 언급했다.[147] 훗날의 한치윤도 요동은 기자의 교화를 거친 곳이라고 여겼다.[148] 고구려와 기자가 상관성을 갖게 되자 고구려를 유교적 가치를 지닌 국가로서 이해하는 경향이 드러났다. 송시열은 을지문덕의 전승을 수 양제의 패륜적 행위에 대한 유교적 징벌로서 해석하였고[149] 진대법 시행도 기자와 연관된 결과로 해석

---

143 『三國志』 권30 魏書30 「烏桓鮮卑東夷傳」 "魏略曰 其子及親留在國者 因冒姓韓氏 準王海中 不與朝鮮相往來"; 『文獻通考』 권324 四裔考1 東夷 馬韓 "初 朝鮮王準旣爲衛滿所攻奪 將其左右官人走入海 攻馬韓破之 自立爲韓王(魏略曰 其子友親留在國者 因冒姓韓氏 準王海中 不與朝鮮相往來)" 한편 『潛夫論』에서는 한씨가 지역을 옮긴 것으로 기록했다. 『潛夫論』 권9 志氏姓 35 "昔周宣王亦有韓侯 其國也近燕 故詩云 普彼韓城 燕師所完 其後韓西亦姓韓 爲衛滿所伐 遷居海中"

144 『後漢書』 권85 東夷列傳75 「濊及沃沮句驪 本皆朝鮮之地也」; 『隋書』 권67 列傳32 「裴矩」; 『新唐書』 권220 列傳145 東夷 「高麗百濟新羅日本流鬼」; 『遼史』 권38 志8 地理志3 「東京道」; 『續文獻通考』 권226 輿地考 「遼東」; 『大明一統志』 권89 外夷 「朝鮮國」; 董越, 「朝鮮賦」 "平壤城最古 箕子初封時已有之 至高句驪 又病其不據險 就城北增築大城 東瞰大同江 北接錦繡山"

145 『東國通鑑』 권8 三國紀 戊辰 九月.
146 李睟光, 『芝峰類說』 권2 諸國部 「國都」.
147 許穆, 『記言』 권34 外篇 東事 「高句麗世家下」.
148 『海東繹史』 권28 風俗志 「雜俗」.
149 宋時烈, 『宋子大全』 권142 記 「平壤府乙支公祠宇記」.

되었다.[150] 또한 백성을 고통스럽게 하는 무리한 대외정벌을 일삼은 당 태종을 물리친 안시성주는 강한 무력과 군주에 대한 유교적 충성을 모두 지닌 영웅으로서, 또한 이적인 청나라에게 굴복한 고통을 극복하거나 치유할 수 있는 역사적 자산으로서 17·8세기 조선왕조의 지배층들이 가장 빈번하게 호출하였다.[151]

18세기 이종휘는 이 같은 인식을 종합했다. 그는 직접적으로 기자조선의 영토가 고구려와 발해로 이어졌다고 이해한 위에서[152] 고구려의 형법이 기자의 8조법을 계승하여서 참혹함이 없었다는 평가를 하였고[153] 발해를 기자의 후예로서 소중화의 나라로 강조하였다.[154] 이에 비해 신라를 기자조선과 교섭을 하지 않아 예의를 듣지 못해서 거칠고 누추한 방외별국(方外別國)으로 간주했다.[155] 이종휘가 북방 고토에 대한 '회복'을 주장한 것은 논리적 귀결이었다. 기자의 영토를 회복하게 되면 자국 고대사의 두 주체인 조선과 삼한의 땅이 하나가 되면서 조선이 명실상부한 중화의 계승자로서 천하를 웅시(雄視)할 수 있기 때문이다.[156] 신경준도 발해를 고구려의 계승국으로 이해했을 뿐 아니라[157] 최해(崔瀣, 1287~1340)의 언급을 인용해서 발해의 예악과 문물이 기자의 가르침에서 이어진 것임을 인정했다.[158]

요컨대, 마한 이후 기자의 계승국가로서 신라를 주목하든, 아니면 고구

---

150 『承政院日記』己酉(英祖 5년) 閏7월 13일 乙酉.
151 허태용, 앞의 책, 108~112·155~170·212~222쪽.
152 李種徽, 『修山集』권12 東史 志「高句麗地理志 附新羅百濟」; 권6 史論「古史三國職方考論」.
153 李種徽, 『修山集』권12 東史 志「高句麗刑法志」.
154 李種徽, 『修山集』권11 東史 世家「渤海世家-贊」.
155 李種徽, 『修山集』권6 史論「麗德王論」.
156 李種徽, 『修山集』권4, 記「先春嶺記」.
157 『疆界考』二「渤海國」"大氏起於高句麗亡十年之後 能噓起殘盡 恢復舊疆而 又能越海加兵 殺唐家刺史 以雪前王之恥 以所居忽汗州 號平壤城 其眷眷於舊都者 可知矣"
158 위의 글, "崔瀣送李稼亭序云 渤海禮樂文物猶傳太師之敎"

려와 발해를 주목하든 상관없이 이 같은 모색은 기자의 중화 정체성이 신라와 발해가 모두 멸망한 10세기까지는 이어진다는 인식으로 이어질 수 있었다는 점에서 마한정통론을 나름 보완했다고 평가할 수 있다. 논리상으로 보면 고려에게서 중화 정체성을 어떻게 발굴할 것인가의 문제만이 남게 되었다. 하지만 이 지점에서 하나의 모순적 상황이 발생하게 된다. 고려에게서 중화 정체성을 강조하게 되면 조선이 개창되어야 할 명분과 역사적 필연성이 감소되기 때문이다. 즉 조선후기의 지배층들이라면 고려에서 중화 정체성을 지나치게 강조할 수는 없는 노릇이었다.

정종로(鄭宗魯, 1738~1816)가 고려의 창업 수통(垂統)이 옛날 제왕들의 도(道)와는 멀었던 데다가 후대로 갈수록 이적으로 빠져들어 갔다면서 조선왕조의 개창과 대비한 것이나,[159] 고려 숙종이 기자사(箕子祠)를 세웠다는 사실에 대해서조차 안정복이 아주 인색하게 평가한 것은[160] 이런 맥락을 잘 보여준다. 윤동원(尹東源, 1685~1741)이 고려 때는 '절반은 이적이었고 절반은 중화(半夷半華)'였다고 언급한 정도가[161] 아마도 고려에 대해서 허락할 수 있던 최대한의 의미 부여였을 듯하다. 따라서 18세기 조선왕조 지배층들이 중화 정체성과 관련해서 고려에서 주목할 수 있었던 거의 유일한 지점은 고려 말 성리학자들의 존재였다고 보인다. 송시열이 용하변이(用夏變夷)의 흐름이 정몽주에게서 시작되었다고 하거나,[162] 유수원(柳壽垣, 1694~1755)이 이색과 정몽주가 성리학을 일으킨 것이 조선의 문교(文敎)를 앞서서 열어주려는 징조였다고 언급한 것은[163] 이 점에서 이해된다. 이제 기자에게서 시작된 중화

---

159 鄭宗魯,『立齋集』권26 序「彙纂麗史序」.
160 『東史綱目』권7下 壬午七年 冬十月. 안정복은 고려가 불교에만 힘쓴 국가라면서 기자 사당을 세웠다고 하지만 아마 치폐가 반복되었던 것 같다면서 그 일처리를 비난했다. 이런 모습은 기자에 대한 사전(祀典)을 빨리 거행한 조선왕조와는 대조되는 것이었다.
161 尹東源,『一庵遺稿』권1「經筵講義」.
162 宋時烈,『宋子大全』권154 碑「圃隱鄭先生神道碑銘幷序」.
163 柳壽垣,『迂書』권1「論東俗」.

정체성은 고려왕조 속에서 제대로 이어지지 못한 한계를 드러냈지만 말기의 몇몇 성리학자들을 통해서 다시 뚜렷해지기 시작했고, 그 바탕 위에서 조선이 탄생하였다는 거대 서사가 창출될 수 있었다.

5. 유득공의 고대사 인식과 남북국론

주지하는 대로 유득공은 문화유씨 서파(庶派), 소북(小北)이라는 색목, 규장각 출신 관료, 연암일파(燕巖一派)의 일원이라는 정체성 등을 지니고 있었지만 동시에 18세기 조선이라는 특정 역사적 조건 위에서 그 존재가 규정되는 인물이었다. 그러므로 그의 고대사 인식은 그를 구성하는 이런 조건들이 그에게 종합적으로 끼친 영향 속에서 파악될 필요성이 높다. 실제 유득공의 정체성은 그를 구성하는 여러 가지의 조건들이 때로는 개별적으로, 때로는 종합적으로 결합되면서 드러나고 있었다. 연암일파라는 정체성이 드러난 글은 너무 많아서 언급할 필요가 없다. 『일성록』 편찬의 중요성을 언급한 것은[164] 규장각 출신 관료라는 정체성을 드러낸 것이다. 7촌숙 유시상(柳蓍相, 1681~1742)의 서자 유우춘(柳遇春)의 삶에 대한 애정 어린 시선을 보이면서도 유시상이 무신란 때 공이 있다는 점을 굳이 언급한 것은[165] 충성스런 문화유씨 집안에 대한 자부심과[166] 서파 출신으로서의 동질감을 함께 드러낸 것으로 보인다. 유시상은 난의 전환점이 된 안성·죽산 전투에서 훈련도감 초관(哨官)으로서 공을 세워 분무공신 별단(別單) 53인에 들었다.[167]

---

[164] 柳得恭, 『古芸堂筆記』 권3 「內閣代撰日省錄」.
[165] 柳得恭, 『泠齋集』 권10 傳 「柳遇春傳」.
[166] 그의 가문적 자부심은 조상 유경(柳璥)을 기억한 다음의 시에서도 보인다. 『韓客巾衍集』 권2 柳得恭 「滿月臺懷古」.
[167] 『勘亂錄』 권6 "四月日定勘勳後別單 (…중략…) 哨官李禹錫李龜瑞任洙金相鼎趙漢重鄭壽邦柳蓍相 (…중략…) 經歷申漫教 鍊官石瑞昱李興祥(安竹出戰軍功)"; 『南征日錄』

이런 한편으로 18세기 조선의 지배층이라는 정체성이 드러난 부분도 아주 많다. 대부분의 조선후기 지배층들이 그랬듯이 병자호란의 치욕에 특별히 가슴 아파하면서[168] 소현세자가 기록한 『심양일기』를 베끼거나[169] 병자호란 당시 무훈을 세운 박의(朴義, 1600~1653)를 현창하였다.[170] 그러면서 동시에 명나라 멸망 후 조선이 천하에 남은 유일한 중화계승자라는 자부심에 입각해서 한자 발음 중에는 이민족 발음에 오염된 중국 발음보다 우리 발음이 원래의 발음인 것들이 있다고 여겼고,[171] 1778년 심양에서 만난 기하인(旗下人)들이 조선의 의관(衣冠)에 대해서 은근한 부러움을 표시하였다고 생각할 만큼 조선인으로서의 우월감을 지니고 있었다.[172] 통신사행 원중거(元重擧, 1719~1790)가 오랑캐들의 조잡한 소리를 일신(一新)하고 왔다거나 정주(程朱)의 학설을 일본의 학자들에게 밝혀주고 왔다고 여긴 것,[173] 명나라 멸망 후 조선으로 건너온 명나라 후예들에 대해서 관심을 보인 것이나[174] 좀 더 소급해서 조선에 있는 공자의 후손에 대한 국가의 배려를 언급한 것[175] 역시 중화계승자로서의 책무를 자부하던 유득공의 자기 인식을 드러내며, 당시의 보편적인 시대상과도 부합한다.

유득공의 고대사 인식은 그를 구성하는 이 같은 여러 조건과 정체성 위

권4 四月二十六日(丙午) "別單錄 (…중략…) 哨官 李禹錫李龜瑞任洙金相鼎趙漢重鄭壽邦柳耆相 (…중략…) 五十三人」

168 유득공은 병자호란에 대한 아픈 기억을 시로 빈번히 표현했다. 柳得恭, 『泠齋集』 권2 古今體詩「江都雜感」.
169 柳得恭, 『古芸堂筆記』 권3「瀋陽日記」.
170 柳得恭, 『泠齋集』 권8 題跋「書高敞縣志朴義事」; 柳得恭, 『古芸堂筆記』 권6「朴義射殺楊古里」.
171 柳得恭, 『古芸堂筆記』 권4「東方有古音」.
172 柳得恭, 『泠齋集』 권7 序「挹婁旅筆序」.
173 柳得恭, 『泠齋集』 권7 序「日東詩選序」; 柳得恭, 『古芸堂筆記』 권4「倭語倭字」.
174 柳得恭, 『古芸堂筆記』 권5「崇禎後東來人」.
175 柳得恭, 『古芸堂筆記』 권3「先聖裔孫賜第」.

에서 함께 드러났다. 먼저 기자 인식에 대해서 살펴보자. 유득공에게 기자는 자국에 문명을 가져다 준 가장 중요한 위상을 지닌 인물이었고[176] 은나라 멸망 후에 조선으로 피하였기에 무왕은 단지 그를 인봉하였을 뿐이며 신하로는 대하지 않았다고 이해했다.[177] 이는 무왕과 기자의 관계를 재정립함으로써, 명나라가 사라진 천하에서 조선의 위상을 확보·강화하려던 18세기 조선왕조 지배층 일반의 인식을 유득공도 동일하게 지니고 있었음을 보여준다. 그래서 유득공은 자신이 사는 곳이 기자의 봉지이자 낙랑의 땅이라고 천명할 만큼,[178] 기자에 대한 존숭이 인식 기저에 깔려 있었고, 심지어 그것은 아래에 보이듯 자신의 가문 정체성과도 직결되었다.

> 유씨는 해동의 큰 성씨다. 그 족보에서 말하기를 "유씨는 황제(黃帝)에게서 나왔는데 황제의 후예로는 전욱(顓頊)과 우(禹)가 있었다. (…중략…) 조명(祖明)의 후손에 수긍(受兢)이 있어 기자의 스승이 되니 백성들이 화목하게 단결했다. 이때 처음으로 성을 왕(王)으로 했다. 수긍의 후손인 무일(無一)은 신라 시대에 은거하여 도를 공부했는데 세 번 성씨를 바꾸며 종족을 확대하고 늘려나갔다. 왕에서 전(田)으로, 전(田)에서 신(申)으로, 신(申)에서 차(車)로 바꾸었는데 마침내 차씨가 되면서 여러 대 동안 번성하여 널리 퍼졌다."[179]

유득공은 문화유씨 족보를 인용해서 자기 집안의 연원이 황제까지 소급되며, 그 후손 수긍이란 인물이 기자의 스승이 되었다고 기록했다. 유득공이 말한 족보란 「원파록(源派錄)」이 처음 수록된 『기사보』(1689) 이후의 문화유씨 족보가 분명한데,[180] 이를 통해서 한씨, 기씨, 선우씨처럼 기자의 후예

---

[176] 柳得恭, 『泠齋集』 권7 序 「東詩萌序」 "昔者檀君肇興 人文未彰 箕子東封 八教斯陳"
[177] 柳得恭, 『三韓詩紀』 권1 「箕子朝鮮」(이화여자대학교도서관 811.1085 삼91ㅅ) "史紀曰 周武王元年極商 箕子避地于朝鮮 因封之而不臣"
[178] 柳得恭, 『四郡志』 「四郡志序」(고려대학교도서관 육당B10 A20).
[179] 柳得恭, 『泠齋集』 권6 誌狀表 「先府君墓誌」.

를 자처할 수는 없던 집안의 구성원들도 17세기 말경부터는 기자를 활용해서 가격(家格)을 높여보려는 시도를 하고 있었다는 사실을 알 수 있다. 즉 기자는 유득공에게 중화 정체성을 지닌 조선인이라는 자부심의 원천인 동시에, 문화유씨 가문의 유구함과 가격을 증명해주는 존재였던 셈이다.[181] 기자의 〈맥수가(麥秀歌)〉를 국풍(國風)의 남상(濫觴)이자 동시(東詩)의 비조(鼻祖)라고 여긴 것은[182] 아주 자연스러우며, 동 시기 다른 지배층들과 마찬가지로 평양에 기자 정전의 흔적이 남아 있다고 여긴 것 또한 유득공에게는 당연한 모습이었다.[183] 따라서 기자조선을 멸망시킨 위만은 무력을 숭상해서 우리나라를 습격한 타자(他者)에 가까운 존재일 뿐이었고[184] 기자의 정통은 마땅히 마한에게 이어야 하는 것이었다.[185]

그렇다면 유득공에게 마한 이후의 자국사 정통은 어디였을까? 동 시기 조선왕조의 지배층들이 각자 나름의 논리와 근거에 입각해 신라나 고구려 중에 한 국가를 주목하였던 것을 감안하면 유득공 역시 이 중에 한 국가에 집중하였을 가능성이 높아 보인다. 이 맥락에서 주목되는 유득공의 언급이 있다.

---

180 「源派錄」에는 집안의 기원을 중국 황제까지 소급하는 내용 및 연안 차씨와의 관계 등이 담겨있는데 『己巳譜』(1689)에 처음 수록되었다가 차씨 가문과의 분쟁으로 인해 『戊子譜』(2008)에서 삭제되었다.

181 다른 측면에서 보면, 공자의 후예를 자처한 창원 공씨가 자신들의 존재로서 조선의 중화 정체성이 확인된다고 여긴 것과 마찬가지로 18세기의 조선은 문화 유씨의 존재를 통해서 중화 정체성이 강화되는 것이기도 하였다. 宋德相, 『果菴集』 권9 序 「昌原孔氏族譜序」 "抑神州之陸沈久矣 中土之孔氏其蕃昌 果如昔時否 其能以吾夫子大一統之義 暗誦而密傳之 吾斯之未信 然則聖人遺派之生此小中華 知有吾夫子大經法者 可不謂之幸耶"

182 柳得恭, 『泠齋集』 권7 序 「東詩萌序」.

183 柳得恭, 『泠齋集』 권2 古今體詩 二十一都懷古詩 「箕子朝鮮」; 권3 古今體詩 「快哉亭次書狀官韻」.

184 柳得恭, 『泠齋集』 권7 序 「東詩萌序」 "伊後衛滿東襲 武力是崇"

185 柳得恭, 『三韓詩紀』 권1 「箕子朝鮮」 "箕子四十一世孫曰否 否子準是爲武康王 爲衛滿所逐 南奔至金馬郡爲馬韓 後爲百濟所滅 箕氏歷九白二十九年 與馬韓合爲一千三十一年"

신라는 퇴폐한 나라였다. 성골과 진골은 오빠에게 시집가고 누이에게 장가드니 그 더러움을 말할 수 없다. 왜와 친하고 가깝더니 그 풍속에 물들었던 것이다. 전성기에도 강역이 북쪽으로는 덕원(德源)을 넘지 못하였고 서쪽으로는 대동강을 넘지 못하였으니 요동의 넓은 벌판이 있음을 알지 못하였다. 우리나라의 근본은 오직 고구려구나. 옥저를 멸망시키고 부여를 병탄하고, 말갈 여러 부락을 신하로 복속하여 압록강을 걸터앉아 금(金)·요(遼) 지역을 억눌렀다. 중국이 침략하자 말갈의 병사를 이끌고 공격하여 막강지국으로 불렸다. 고씨가 망하고 대씨가 구장(舊將)으로 이어서 흥기하여 강역을 다 회복하니, 국호를 발해라 하고 5경 15부를 두었다.[186]

이 구절은 1790년 연행의 결과물인『열하기행시주』의 일부분이다.[187] 강한 어조로 신라의 퇴폐함과 요동을 알지 못한 지리적 한계를 지적한 반면, 북방 영토를 지녔던 고구려에 대해서는 아주 큰 찬사를 보내면서, 그 계승국으로서 발해까지 언급하였다. 이 언급은 신라가 기자조선과 교섭하지 못해 예의를 듣지 못한, 거칠고 누추한 국가에 불과했다는 이종휘의 설명과 아주 흡사하다는 점에서[188] 유득공 역시 기자조선의 지리적 계승자라는 측면에서 고구려와 발해에 주목하였던 것으로 이해된다. 이에 더하여 유득공에게 고구려는 중국과 가깝다는 지리적인 조건으로 인해 문명적으로도 신라, 백제에 비해 선진적인 국가였던 것 같다.

고구려는 중원에 가장 가깝기 때문에 가장 굳세고 강하였으며 문명도 가장 앞섰고 그래서 시조의 아들이 가시(歌詩)를 지을 수 있었다. 신라와 백제

---

186 柳得恭,『熱河紀行詩註』「鳳城」.
187 이 내용은『熱河紀行詩註』중 동양문고 소장본에만 수록되어 있다. 이철희,「유득공의 연행과 동아시아 소통의 문학」,『실학과 문학 연구』, 사람의 무늬, 2012.
188 『修山集』의 서문을 작성한 홍양호(1724~1802)와 유득공은 가까웠다. 柳得恭,『古芸堂筆記』권6「麗羅古碑」.

는 혼돈한 상태였다.[189]

　단군이 요임금 같은 성인의 교화에게서 멀리 떨어져 있지 않았기에 중화의 풍을 지녔다고 안정복이 말한 것처럼[190] 중국과의 지리적 상근성(相近性)은 중화적 속성과 흔히 연결되었는데, 유득공도 이런 인식을 공유하였던 것이다. 유득공에게 고구려의 중요성은 그가 을지문덕과 안시성주를 적극적으로 찬양하고 있었던 데에서도[191] 확인할 수 있다. 주목되는 것은 을지문덕과 안시성주를 적극 찬양하는 그의 인식이 정묘·병자호란을 기억하는 맥락 속에서 드러나고 있다는 점이다. 앞에서 언급했듯 유득공은 병자호란 당시 무훈을 세운 박의를 현창했는데, 이는 청나라에게 당한 치욕을 치유하면서 복수심만은 견지하고자 했던 당시 조선왕조 지배층들의 기본 정서를 문학적으로 드러낸 것이었다. 누르하치가 영원성 공격 중에 원숭환의 화기(火器)에 패배하자 피를 토하고 죽었다는 이야기를 믿을 만하다고 언급한 것도[192] 이 같은 정서의 자연스런 발로였다고 보인다.[193] 그리고 이 정서 위에서 유득공은 을지문덕과 안시성주를 찬양했다. 왜냐하면 고구려가 수·당을 물리친 것을 기억할 때 정묘·병자호란의 패배가 더 아쉽고 고통스런 일로 다가오기도 하지만, 동시에 그 고통을 극복할 수 있는 정신적 자산을 창출할 수도 있기 때문이었다.

---

[189] 柳得恭, 『三韓詩紀』 권1 高句麗 「琉璃王-黃鳥歌」.

[190] 『東史綱目』 권1上 己卯朝鮮箕子元年.

[191] 柳得恭, 『泠齋集』 권2 古今體詩 二十一都懷古詩 「高句麗」; 권3 古今體詩 「安市城」.

[192] 柳得恭, 『古芸堂筆記』 권4 「嘔血臺」.

[193] 구혈대 이야기를 통해 반청 감정과 대리 만족을 드러내는 조선후기 지배층의 경향에 대해서는 다음을 참조. 김일환, 「연행로에서 만나는 '남한산성'」, 『한국한문학연구』 53, 2014; 박현규, 「실제와 허구가 병존한 구혈대 고사의 탄생 배경」, 『중국학논총』 44, 2014.

君不見	그대는 못 보았나?
淸川江水碧瀾瀾	청천강 푸른 물이 세차게 흐르는 것을
今之淸川古薩水	지금의 청천은 옛적 살수였네
阿麽弄兵暴如雷	수 양제는 우레같이 사납게 군대를 몰아
虎視八荒何雄哉	호랑이 눈으로 천하를 응시하면서 얼마나 웅장했나
八十萬兵渡遼水	80만 군대가 요하를 건너오니
旋旗滅沒天際來	깃발은 빠르게 하늘 끝에서 몰려왔는데
當時隻輪不得返	그때 병거 한 대도 못 돌아갈 만큼 참패했구나
乙支文德眞奇才	을지문덕은 진정 뛰어난 인재로다
古人征戰樹功處	옛사람 전투해서 공을 세운 곳에
今人築城高嵬嵬	지금 사람이 쌓은 성이 높이 솟았지만
城未及堅人來覆	성이 견고해지기 전에 오랑캐 몰려와 무너지니
丁卯之役堪痛哭	정묘호란은 통곡할 만하구나[194] (하략)

 유득공이 살수대첩을 떠올리면서 정묘년의 패배에 가슴 아파하는 모습은 당 태종조차 물리친 양만춘과 청 태종에게도 함락된 남한산성을 대비했던[195] 김창흡(金昌翕, 1653~1722), 임진·병자의 치욕과 을지문덕, 양만춘의 승전을 대비했던[196] 홍만종, 그리고 수·당을 물리친 고구려를 기억하면서 병자호란의 치욕에 가슴 아파했던[197] 숙종에게서도 보이는 바와 같이 17·8세기 조선왕조 지배층 인물들의 기본 정서와 정확하게 일치한다. 유득공의

---

[194] 柳得恭,『泠齋集』권3 古今體詩「淸川江」; 권3 古今體詩「七佛寺」에서도 동일한 감흥을 드러냈다. "隋家征戰地 淸薩尙橫分 過客徵前史 居僧述異聞 樓明遠水 殘堞度秋雲 未敢忘丁卯 悲歌當夕曛"

[195] 金昌翕,『三淵集』권11 詩「送大有隨伯氏赴燕-安市城」.

[196] 洪萬宗,『旬五志』上 "我國則承高麗統合之業 地方三培句麗 而壬辰之歲 島夷竊發 則王城不守 未免龍灣之播遷 丙子之年 北虜猝至 則江島陷沒 竟致南漢之下城 (…중략…) 其視於乙支之破隋 萬春之拒唐 何如也"

[197] 『肅宗實錄』권38 29년 12월 戊寅(7).

이런 정서는 18세기라는 시기상 송시열과 같이 청나라에 대한 복수를 꾀할 수 있다는 주장의 역사적 자산으로 전환되지는[198] 않더라도, 최소한 청나라에게 당한 치욕을 치유하거나 복수심을 견지할 수 있는 정신적 자산으로는 남을 수 있었다. 여진은 병법을 잘 모르는데 우리 장수들이 힘써 싸우지 않아서 그들이 뜻을 얻고 돌아가게 한 것이 한스럽다고 말한 것,[199] 병자호란 시 누르하치의 사위 양고리(楊古里)를 죽인 박의와 함께 을지문덕, 안시성주, 강감찬, 김윤후를 우리나라 역사에서 무훈을 세운 사람으로 특별히 언급한 것,[200] 청나라의 전신이라 할 여진을 물리친 고려 척준경의 무공을 읊고 있었던 것은[201] 이 때문이었다. 이 정서는 14세기 프랑스의 군사적 침공에 시달리던 이탈리아의 페트라르카가 프랑스의 전신, 갈리아를 정복한 로마를 상기하면서 자강을 꿈꾸었던 것과[202] 유사하기도 하다. 따라서 유득공은 이종휘와 마찬가지로 고구려 중심의 고대사 인식을 가졌다고 평가하는 것이 적절하다고 할 수 있을 것이다.

그렇다고 신라의 역사적 위상이 완전히 무시되었다고 보기는 어렵다. 남북국이라는 표현은 어느 정도 등가적인 위상을 남북이 모두 지니고 있을 때 가능한 표현이기 때문이다. 전술했듯이 유득공에게 신라는 퇴폐한 나라였지만, 그렇다고 기자의 역사적 유산과 완전히 무관한 국가는 아니었던

---

198 宋時烈, 『宋子大全』 권5 封事 「己丑封事」.
199 柳得恭, 『古芸堂筆記』 권6 「女眞不知兵」.
200 柳得恭, 『古芸堂筆記』 권4 「東人立奇功者」. 양고리를 죽인 일을 특기하면서 충분히 대적할 수 있는 청나라에 대한 조선의 대비에 아쉬움을 강하게 드러낸 것은 성해응도 마찬가지였다. 손혜리, 『연경재 성해응 문학 연구』, 소명출판, 2011, 168쪽.
201 柳得恭, 『泠齋集』 권5 古今體詩 「靑石斧硯歌」.
202 프란체스코 페트라르카, 앞의 책, 187~197쪽. "그 옛날 무적의 우리에게 박살난 그 칼에 의해 이제 닥치는 대로 오장육장부까지 베이다니! (…중략…) 과거 여러 차례 우리에게 패해 뒷짐이 묶인 그 이민족의 손으로 강대한 로마의 국토를 습격하다니! (…중략…) 이미 너무 늦더라도 고대의 삶을 되찾는 것! (…중략…) 참으로 전 세계를 두려워하게 했던 이탈리아의 백성, 그 조상들의 범례가 풍부한 후예는 아직도 그 검과 창을 유지하고 있는 것이다."

것으로 보인다. 스스로 시에 능하다고 자부하였을 뿐 아니라,[203] 전문적으로 한 것은 세상에서 비교할 만한 사람이 없다고 평가될 만큼[204] 시명(詩名)이 자자했던 유득공은 『삼한시기』라는 역대 한시 선별 작업을 그의 생애 최초의 저작으로 추진했다. 무엇보다 『삼한시기』는 기자의 「맥수가」를 첫머리로 삼아 역대 한시를 수록하였다는 점에서,[205] 기자를 문명과 중화 정체성의 기원으로 간주하던 일반적인 인식이 유득공에게는 기자 이래 동시(東詩)의 '문화적 가치'가 전승된 자취를 정리하려는 계획으로 발현된 것 같다.

주목되는 점은 현전하는 『삼한시기』 권1 중 신라의 것이 25수로 절반을 넘게 차지한다는 사실이다. 별도로 신라 삼최일박(三崔一朴)의 시와 발해인의 시, 당인들과 주고받은 시도 모았다는데,[206] 그렇다면 신라가 차지하는 비중은 더 높아지게 된다. 『삼한시기』 서(序)에서 인명이 구체적으로 언급된 인물은 고구려의 을지문덕·을파소와 신라의 거인(巨仁)·백결선생(百結先生)뿐이었고,[207] 이름난 서예가 중 삼국시대의 인물로는 오직 신라의 인물 김생(金生), 최치원, 영업(靈業) 세 명이 포함된 것을[208] 감안하면, 신라가 차지하는 위상은 작지 않다.[209] 「맥수가」를 국풍의 남상이자 동시(東詩)의 비조로 여긴 그의 인식을 고려한다면, 신라는 기자에게서 시작된 동시(東詩)의 문화적 가치를 이어받은 존재로서 이해될 수도 있다.

---

203 柳得恭, 『泠齋集』 권7 序 「雪癡集序」.
204 李德懋, 『青莊館全書』 卷35 淸脾錄 4 「泠齋」.
205 『東文選』, 『東人詩話』, 『青丘風雅』뿐 아니라 『箕雅』, 『詩話叢林』에서도 맥수가(麥秀歌)는 소개되지 않았다. 단 민백순(閔百順)이 편찬한 『大東詩選』(1767)에 맥수가가 처음 소개되었다. 유득공은 여기에서 영향을 받은 것 같기도 하다. 임규완, 「민백순의 『대동시선』 연구」, 『대동한문학』 35, 2011, 293쪽.
206 柳得恭, 『三韓詩紀』 「三韓詩紀序」.
207 위의 글.
208 柳得恭, 『古芸堂筆記』 권4 「海東書家」. 총 23인 중 신라 3인, 고려 4인, 조선 16인임. 43수를 수록한 「二十一都懷古詩」에서도 경주는 평양, 부여보다 많은 6수를 차지하였다.
209 신라인의 작품이 많이 전해졌기 때문이라는 점을 당연히 고려해야 한다.

요컨대 시인으로서의 정체성이 강하였던 유득공에게 신라는 고구려에 비한다면 그 중요성이 떨어지지만, 뛰어난 시인·서예가·화가들을 여럿 배출한[210] 문화적 가치를 지녔던 국가로서의 위상은 인정될 수 있었던 것 같다. 신라가 나라는 작지만 부강하여 땅속에 아직도 금이 묻혀 있다고 여긴 것도[211] 신라에 대해서 그가 갖고 있던 긍정적 인식의 편린을 보여주는 듯하며, 이런 점에서 경주를 읊은 아래 시의 결구(結句)에서 신라가 천년을 누렸다는 사실을 특기한 것에 주목하게 된다.

辰韓六部澹秋烟 　진한 육부 가을 안개 담박한데
徐菀繁華想可憐 　번화했던 서라벌 상상하니 애처롭네
萬萬波波加號笛 　만만파파 이름 높인 피리를
橫吹三姓一千年 　박·석·김씨가 천년 동안 자유롭게 불었네[212]

신라가 천년을 누렸다는 사실이 마한 이후의 자국사에서 신라에게 중화의 위상을 허락하던 중요한 근거였다는 짐은 앞에서 이미 살펴본 바와 같다.[213] 따라서 유득공이 신라에 대한 묘사에서 역년(歷年) 천년을 언급한 것은 그가 신라에 대해 동 시기 인물들이 부여한 높은 평가에 대해서 일정하게 동의하는 측면이 있었음을 보여준다. 유득공의 인식 속에서 발해가 고구려의 영토를 계승한 국가로서 요동 지역을 우리 역사에 조금 더 남게 한 존재였다면,[214] 신라는 기자의 「맥수가」에서 기원한 중화적 가치를 일정하

210 　화가로는 솔거가 언급되었다. 柳得恭, 『泠齋集』 권2 古今體詩 二十一都懷古詩 「新羅」 "城南城北蔚藍峯 落日昌林寺裏鐘 開補東京書畵傳 金生碑版率居松"
211 　柳得恭, 『古芸堂筆記』 권6 「新羅金百濟銀」.
212 　柳得恭, 『泠齋集』 권2 古今體詩 二十一都懷古詩 「新羅」.
213 　이런 인식의 연원은 좀 더 소급될 수도 있다. 李睟光, 『芝峰類說』 권2 諸國部 「本國」 "新羅享國幾一千年 至其中葉 統合三韓 時和歲豊 人謂聖代 諺稱新羅聖代者此也"
214 　물론 유득공은 발해에서도 문화적 가치를 찾고 있었고, 그것은 발해인의 시도 모았다

게 보존하고 있던 존재였다고 볼 수 있으며, 여기에서 그의 남북국론이 도출될 수 있는 가능성을 조심스럽게 찾아볼 수 있다.

유득공의 인식 속에서 진정한 중화계승자로서의 면모를 조선이 갖추기 위해서는, 기자가 처음 열어 놓은 중화적 가치는 조선까지 이어졌으므로, 이제 한 가지만 남게 되는 셈이었다. 바로 발해 이후 상실한 북방 고토의 회복이었다. 『발해고』 서문에서 고려가 발해사를 수찬하지 않아서 마침내 약소국이 되었다는 발언과 북방 고토를 회복하지 못한 고려의 한계를 지적하면서 그 지역에 대한 주의를 기울여야 한다는 아래 발언은 이 맥락에서 이해된다.

> 몽골 군대가 금나라의 배후를 에워싸고 나오니 금나라는 채주(蔡州)에서 멸망하였다. 이 당시에 압록강 너머 지역은 때를 틈타 싸워볼 만하였다. (…중략…) 몽골 군대가 얼마 있다가 혈품(恤品)에 이르자 압록강 너머의 땅은 모두 그들 소유가 되었다. 조휘(趙暉)와 탁청(卓靑)이 쌍성을 들어서 반란하고 현원열(玄元烈)이 평양을 들어서 반란해서는 모두 원나라에 붙어버리니, 고려의 영토는 매우 축소되었다. (…중략…) 그런즉 압록강 이내의 영토도 거의 잃었다고 하겠는데, 하물며 압록강 너머이겠는가! 이 이후로는 압록강 일대가 서쪽 경계의 변경할 수 없는 한계가 되어 압록강 너머의 일은 묻지 않게 되었다. (…중략…) 바야흐로 지금은 천하가 태평하여 모든 지역이 고요하다. 그렇지만 요양, 봉성, 거류하 등지에서 10년 이래로 차례로 성을 쌓으니 중국이 요동에 관심을 쏟음이 이와 같다. 우리가 또한 그들이 관심을 쏟는 것을 보고도 주의를 기울이지 않음이 옳은 일이겠는가?[215]

발해의 땅 절반이 거란에 들어갔으니 고려 태조의 통일에 여한이 없느냐

는 점에서 확인할 수 있다. 柳得恭, 『三韓詩紀』 「三韓詩紀序」 "別集三崔一朴渤海人詩 唐人唱酬詩 爲一卷以附之"

[215] 柳得恭, 『熱河紀行詩註』 「鳳城」.

는 정조의 발언도[216] 같은 맥락에서 나온 것으로 이해된다. 유득공을 비롯한 18세기 조선왕조 지배층들의 현실인식은 이렇게 고대사와 연결되면서 실지(失地) 의식으로 나타났던 것이었다.

6. 중화론자로서의 유득공

고대는 원래의 상태, 당위의 세계로서의 기원에 가깝기 때문에 회복해야 할 이상향으로서 간주되었고, 그래서 인류는 자신들이 처한 현실의 불만이 강할수록 현실과 대조된다고 여긴 고대를 갈구하고 모방하려는 경향을 나타냈다. 가장 잘 알려진 사례는 14·15세기 이탈리아 르네상스에서 드러난 고전주의를 들 수 있지만, 거의 모든 시점마다 인류는 각자의 문제의식 속에서 고대를 이상화하였고, 자신들의 현실인식을 투사하였다. 이 과정에서 고대사 연구는 고대를 이용해 현실을 비판하는 특정한 역할을 담당하게 되었다. 명나라 중심의 중화질서 속에서 정치적 안정과 문화적 유교화를 추구하던 조선의 경우 명청교체 이후 붕괴된 동아시아질서 속에서 새로운 존재방식을 모색할 수밖에 없었고, 그 과정에서 관념상으로 자기 자신을 유일한 중화계승자로 간주하는 의식을 창출해냈다. 이는 정치적 현실과는 큰 괴리가 있는 것이었지만 조선왕조의 구성원들이 가장 거부감 없이 받아들일 수 있는 방편이었기 때문에, 지역과 학맥과 당색을 초월해서 대부분의 조선후기 지배층 인물들이 공유할 수 있었다.

중화계승의식의 전개와 강화 속에서 조선후기 지배층들은 고대사를 재인식하였다. 재인식의 가장 중요한 대상은 기자였다. 기자야말로 중화 정체성을 상징하는 고대의 인물이자 천하에서 조선만이 독점하는 존재였기

---

[216] 正祖,『弘齋全書』권50 策問 3「墜勢」"渤海舊疆 半入契丹 則麗祖統一 能無餘恨"

때문에 그를 재해석하면 유일한 중화계승자라는 자기 정체성을 강화할 수 있었기 때문이다. 우선 그들은 무왕과 기자의 관계를 조선전기처럼 이상적인 사대자소 관계로 보지 않고 빈주 관계로 재해석하거나 무왕이 기자를 조선에 사후적으로 인봉하였을 뿐이라고 여겼다. 또한 중화 정체성의 단절 없는 계승을 강조하기 위하여 마한을 비롯해 자국사 내에서 기자의 정통성을 계승한 존재들을 발굴하였다. 이때 고구려와 발해는 주로 기자의 지리적 계승자라는 측면에서 주목되었고, 반면 신라는 문화적 측면에서 주목되었다. 따라서 전자의 입장을 견지할 경우 고구려와 발해의 영토는 기자조선의 계승자를 자처하는 조선이 마땅히 회복해야 할 실지로서 받아들여질 수 있었다.

유득공은 전자의 입장을 견지하였지만, 기자의 「맥수가」로부터 시작되는 동시(東詩)의 문화적 가치가 전승된 자취를 정리하려고 시도하였고, 이 과정에서 가장 많은 비중을 차지하는 신라의 위상을 도외시할 수는 없었다. 기자의 정통성을 계승한 존재로서 한 국가만을 주목하지 않고 발해와 신라를 모두 주목한 것은 유득공의 독특한 부분이며 그를 통해서 기자의 계승적 존재에 대한 18세기 조선왕조 지배층들 사이의 이견이 하나로 수렴되었다고 할 수 있다. 남북국론은 바로 그 결과물이었다. 따라서 이런 역사적 맥락에 대한 고려 없이 고구려와 발해에게 집중했다는 외면적 특징에만 주목한 후 유득공을 비롯한 18세기 역사인식에서 근대 민족주의의 선행적 양상을 찾으려고 노력하는 것은 중화의식을 강조하려던 18세기 지배층들과 민족의식을 창출하려던 20세기 신채호의 문제의식이 갖는 근본적인 차별성을 고려하지 않은 표피적인 관찰이라고 할 수 있다.

결론

　필자가 6학년이던 1983년의 어느 날 교실에 들어온 담임교사는 기쁜 소식이 있다면서 학생들에게 이런 요지의 이야기를 전했다. '미국에는 백인들만이 출입할 수 있고, 유색인종으로는 오직 일본인만이 출입할 수 있는 수영장이 있는데, 최근에 한국인들도 출입할 수 있게 되었다는 소식을 들었다. 다들 자랑스러워하자.' 40년이 지난 지금까지 그 발언을 기억하고 있는 것은 한국인의 출입이 가능하게 되었다는 사실을 자랑스러워하기 이전에 수영장 출입에 자격을 두는 것 자체를 문제 삼아야 한다는 생각이 6학년 수준에서도 있었기 때문이다. 그 시절 담임교사의 인식과 발언은 그때의 시점에서 볼 때도, 지금의 시점에서 볼 때도 평범한 것이었다. 민족과 나라 사이에는 우열이 존재하는데 서구가 가장 우등하며 높고, 나머지 중에서 서구에 견줄 만한 나라는 일본뿐이므로, 한국은 그들을 따라잡기 위해 열심히 노력해야 한다는 인식의 변주들 중 하나였기 때문이다. 이런 인식은 서구의 물리력이 비서구 지역을 압도한 이래 서구에서는 물론이고, 비서구 지역에서도 공리(公理)처럼 받아들여졌다. 결국 서구를 본받아야 할 전범, 완전태로 여긴 위에서 결여태로 자인한 스스로를 서구와 같은 완전태로 이끌어야 한다는 절박감은 비서구 지식인들 대부분의 정신을 지배하면서 대략 두 가지 정도의 방법적 모색을 낳았다.

첫째는 비서구의 전통 속에서도 서구에 유비될 만한 기능적 등가물이 존재했거나 존재하므로, 그것을 발굴하고 계승해서 서구 수준의 문명을 이룩하자는 모색이고, 둘째는 비서구의 전통 속에서는 스스로를 문명으로 이끌 만한 요소가 부재하므로, 철저하게 외부적인 이식 및 전통과의 단절을 통해서 문명을 이룩하자는 모색이다. 한국 역시 이런 두 가지의 모색이 모두 등장해서 역사적으로 전개되었다고 할 수 있으며, 특히 전자가 학술적으로 발현된 것이 '실학이라는 생각'이었다고 본다. 따라서 니덤(Joseph Needham, 1900~1995)의 아래와 같은 통찰은 정곡을 찌른 것이라고 할 수 있다.

> 아시아의 학자들 중에는 아시아적 생산양식이나 관료적 봉건제 같은 표현이 아시아 사회를 정체사관의 입장에서 보려는 것이라 의심하여 달갑지 않게 생각하는 수가 있다. 아시아나 아프리카의 여러 민족들도 발전할 권리가 있다는 감정을 그들의 지난 역사에 투영하여, 일부 아시아, 아프리카 학자들은 자기 선조들도 한때 자기 민족에 지겹게도 군림했던 서양과 똑같은 발전 단계를 거쳐왔다고 주장하고 있는 것이다. 이것은 아주 심각한 오해며 이 오해는 제거돼야겠다. 우선 중국 또는 다른 고대문명이 유럽의 발전단계와 똑같은 단계를 거쳐야 된다고 선험적으로 인정하고 들어간다는 것은 말도 안 된다.[1]

하지만 3인칭 관찰자의 시선을 지니지 못한 한국 지식인들이 니덤과 같은 통찰을 갖기는 어려웠다. 오히려 '실학이라는 생각'은 학계를 넘어서 일반인들에게까지 널리 받아들여졌는데 대부분의 한국인들에게 전자가 전통

---

1 Joseph Needham, "Science and Society in East and West", Maurice Goldsmith and Alan Mackay ed., *The Science of Science*, Souvenir Press, 1964(조지프 니덤, 「동서의 과학과 사회」, 박성래 편저, 『중국과학의 사상』, 전파과학사, 1978, 98쪽).

으로부터의 단절을 강조하는 후자보다 거부감을 덜 일으켰기 때문이다. 그러므로 한국인들은 서구와 동등한 문명에 도달하겠다는 현실적인 욕구를 숨기지 않았으며, 실학은 그 욕구가 가능하다는 점을 학문적으로 증명해주는 역할을 감당했다. 그리고 그것이 가능할 것 같다는 기대가 생기면 환호하였다. 박정희가 아시아에서 일본과 1등을 겨루는 미래를 전망하거나,[2] 정주영(鄭周永, 1915~2001)이 미국, 일본이 하는 일을 우리라고 못할 것은 없다며 자신감을 드러낸 것도[3] 한국이 서구 및 일본과 동등한 위상으로 올라갈 수 있다는, 올라가야 한다는 전 사회적 욕구를 정치·경제적으로 활용한 것이었다. 이런 욕구 속에서 실학을 역사적 실체로 간주하는 거대한 선입견·믿음이 한국사회에 형성되었다. 그리고 그 선입견·믿음은 여전히 강력하다. 유형원을 비롯해서 이익, 정약용, 박지원, 홍대용, 박제가, 유득공 등은 여전히 실학자로 간주된다. 실학만을 전문적으로 연구하는 학회도 존재하며, 실학을 주제로 삼은 전문 박물관도 있다. 일부 고장에서는 실학과 자신의 지역을 결합시킴으로써 지역의 가치를 제고할 수 있다고 생각한다. 일부 정치인들은 정치적 목적으로 '실학의 계승자'라는 이미지를 자신에게 덧붙이려고 시도하기도 한다. 하지만 실학은 신채호의 낭가사상같이 그것을 신앙하는 사람들에게만 보이므로, 곧 신앙이 끝나게 되면 학술적 고찰의 대

---

[2] 1967년 4월 박정희는 전주 유세에서 다음과 같이 발언했다. "우리가 지금 추진하고 있는 이 경제 계획을 예를 들어서 말씀을 드린다면, 여러분들이 목포에서 서울 가는 열차를 타고 서울로 지금 여러분들이 가신다고 이렇게 생각하시면 됩니다. 여러분이 서울에 도착해야 여러분들이 부자가 될 수 있습니다. 그런데 지금 우리가 어디까지 왔느냐 (…중략…) 이 사람 짐작으로는 서울 가는 우리 열차가 지금 대략 이리의 부근에 와 있다고 나는 이렇게 봅니다. (…중략…) 그때 가면 우리가 다 잘 살게 됩니다. 부자가 됩니다. 아시아에서 일본이 1등이냐, 한국이 1등이냐 서로 다툴 정도의 그런 수준이 된다 이겁니다." 김종태, 『선진국의 탄생』, 돌베개, 2018, 166쪽.

[3] "현재 건설수출도 사우디아라비아, 바레인, 인도네시아, 괌 등과 맺은 것이 4억 달러에 이르고 있고 내년에는 공사가 본격화되어 입금액이 2억 달러에 가까울 것입니다. 내년에 신규 해외공사로 사우디아라비아에서 10억 달러가량 따올 계획입니다. 미국·일본 등이 그 이상을 하는데 우리라고 못할 것은 없습니다." 「정주영 회장」, 『중앙일보』 1975.11.28.

상이 될 것이다. 그러므로 이제는 위대한 블로흐의 탁월한 통찰을[4] 이용해서 다음과 같이 이야기하는 것이 적절한 시점이다.

> 오늘의 문제는 실학의 개념이 무엇인지, 실학자가 정말 존재했는지를 아는 일이 아니다. 이제 설명되지 않으면 안 될 사실은 왜 오래도록 수많은 사람들이 실학의 존재를 믿어왔는가 하는 점이다.

---

[4] 마르크 블로흐, 정남기 옮김, 『역사를 위한 변명』, 한길사, 1979, 49쪽 "오늘의 문제는 예수가 과연 십자가에서 처형되었고 다시 부활했는가를 아는 일이 아니다. 이제 설명되지 않으면 안 될 사실은 왜 오늘날 수많은 사람들이 십자가의 처형과 부활을 믿는가 하는 점이다."

참고문헌

1. 저술

1) 국내 저술

강인철, 『한국기독교회와 국가·시민사회』, 한국기독교역사연구소, 1996.
강정인, 『서구중심주의를 넘어서』, 아카넷, 2004.
고려대학교 문과대학 사학과 교수실 편, 『역사란 무엇인가』, 고려대학교출판부, 1984.
김건우, 『『사상계』와 1950년대 문학』, 소명출판, 2003.
김백철, 『왕정의 조건』, 이학사, 2021.
김상환, 『근대적 세계관의 형성』, 에피파니, 2018.
김성환, 『17세기 자연철학』, 그린비, 2008.
김영민, 『우리가 간신히 희망할 수 있는 것』, 사회평론, 2019.
김영식, 『동아시아 과학의 차이』, 사이언스북스, 2013.
＿＿＿, 『정약용의 문제들』, 혜안, 2014.
＿＿＿, 『중국과 조선, 그리고 중화』, 아카넷, 2018.
김용옥, 『독기학설』, 통나무, 1990.
김인석, 『역사주의 연구』, 청사, 1991.
김종태, 『선진국의 탄생』, 놀베개, 2018.
김태준·소재영 엮음, 『스승』, 논형, 2008.
김혜경, 『예수회의 적응주의 선교』, 서강대학교출판부, 2012.
김호동, 『동방 기독교와 동서문명』, 까치, 2002.
남도영, 『한국마정사』, 한국마사회 마사박물관, 1996.
류시현, 『최남선 연구』, 역사비평사, 2009.
민두기 편, 『중국사시대구분론』, 창작과비평사, 1984.
민족문학사연구소 기초학문연구단, 『'조선적인 것'의 형성과 근대문화담론』, 소명출판, 2007.
박상익, 『밀턴 평전』, 푸른역사, 2008.
박성래 편저, 『중국과학의 사상』, 전파과학사, 1978.
박찬승, 『한국근대정치사상사 연구』, 역사비평사, 1992.
박태균, 『원형과 변용』, 서울대학교출판부, 2007.
박훈, 『메이지 유신은 어떻게 가능했는가』, 민음사, 2014.
배우성, 『조선과 중화』, 돌베개, 2014.
봉천서양사연구실 엮음, 『서양의 역사학 I』, 청년사, 1997.
손혜리, 『연경재 성해응 문학 연구』, 소명출판, 2011.

송종서,『현대 신유학의 역정』, 문사철, 2009.
송준호,『유득공의 시문학 연구』, 태학사, 1985.
송지원,『정조의 음악정책』, 태학사, 2007.
신기욱,『한국 민족주의의 계보와 정치』, 창비, 2009.
신승하,『근대 중국의 서양인식』, 고려원, 1985.
신일철,『신채호의 역사사상연구』, 고려대학교출판부, 1981.
심산사상연구회,『김창숙문존』, 성균관대학교출판부, 2001.
안병직 외,『오늘의 역사학』, 한겨레신문사, 1998.
우경섭,『조선중화주의의 성립과 동아시아』, 유니스토리, 2013.
유봉학,『실학과 진경문화』, 신구문화사, 2013.
윤여일,『동아시아 담론』, 돌베개, 2016.
이가원,『연암소설연구』, 을유문화사, 1965.
이강래,『삼국사기 인식론』, 일지사, 2011.
이경구,『실학, 우리 안의 오랜 근대』, 푸른역사, 2024.
이기백,『한국사학의 방향』, 일조각, 1978.
_____,『한국사학사론』, 일조각, 1999.
이상록,『한국의 자유민주주의와『사상계』』, 고려대학교 민족문화연구원, 2020.
이상신,『레오폴트 폰 랑케와 근대 역사학의 형성』, 고려대학교출판문화원, 2021.
이상은,『퇴계의 생애와 사상』, 서문당, 1973.
이선민,『대한민국 국호의 탄생』, 나남, 2013.
이영림,『루이14세는 없다』, 푸른역사, 2009.
이옥순,『무굴황제』, 틀을깨는생각, 2018.
이정철,『대동법』, 역사비평사, 2010.
이지원,『한국 근대 문화사상사 연구』, 혜안, 2007.
이황직,『군자들의 행진』, 아카넷, 2017.
인하대학교 한국학연구소 편,『중국 없는 중화』, 인하대학교출판부, 2009.
임종태,『17,18세기 중국과 조선의 서구 지리학 이해』, 창비, 2012.
장세룡,『프랑스 계몽주의 지성사』, 길, 2013.
전진성,『상상의 아테네, 베를린·도쿄·서울』, 천년의상상, 2015.
전홍석,『초기 근대 서구지식인의 동아시아상과 지식체계』, 동과서, 2018.
정욱재,『한국 근대 유림의 굴절』, 선인, 2023.
정일성,『도쿠토미 소호』, 지식산업사, 2005.
정종현,『동양론과 식민지 조선문학』, 창비, 2011.

_____,『다산의 초상』, 신서원, 2018.
조동걸,『현대 한국사학사』, 나남출판, 1998.
조정란,『중국 근현대 사상의 탐색』, 삼인, 2003.
주경철,『대항해시대』, 서울대학교출판부, 2008.
주원준,『인류 최초의 문명과 이스라엘』, 서울대학교출판문화원, 2022.
최기영,『식민지시기 민족지성과 문화운동』, 한울아카데미, 2003.
최재석,『한국가족제도사연구』, 일지사, 1983.
한국공자학회,『기당 현상윤 연구』, 한울, 2009.
한영규·한메이,『18~19세기 한·중 문인 교류』, 이매진, 2013.
허은,『미국의 헤게모니와 한국 민족주의』, 고려대학교 민족문화연구원, 2008.
허태용,『조선후기 중화론과 역사인식』, 아카넷, 2009.
현승종·조규창,『게르만법』, 박영사, 2001.
홍정완,『한국 사회과학의 기원』, 역사비평사, 2021.

2) 국외 저술

가노 마사나오, 김석근 옮김,『근대 일본사상 길잡이』, 소화, 2004.
가토 요코, 윤현명·이승혁 옮김,『그럼에도 일본은 전쟁을 선택했다』, 서해문집, 2018.
강상중, 임성모 옮김,『내셔널리즘』, 이산, 2004.
강재언 외, 편집부 역,『봉건사회 해체기의 사회경제구조』, 청아출판사, 1988.
고야스 노부쿠니, 김석근 옮김,『일본근대사상비판』, 역사비평사, 2007.
_____, 송석원 옮김,『일본 내셔널리즘 해부』, 그린비, 2011.
旗田巍, 이기동 역,『일본인의 한국관』, 일조각, 1983.
나가하라 게이지, 하종문 옮김,『20세기 일본의 역사학』, 삼천리, 2011.
나카노 도시오, 서민교·정애영 옮김,『오쓰카 히사오와 마루야마 마사오』, 삼인, 2005.
노르베르트 엘리아스, 박미애 옮김,『문명화과정 I』, 한길사, 1996.
다나카 아키라, 강진아 옮김,『소일본주의』, 소화, 2002.
데이비드 문젤로, 김성규 옮김,『동양과 서양의 위대한 만남』, 휴머니스트, 2009.
라나지트 구하, 이광수 역,『역사 없는 사람들』, 삼천리, 2011.
라인하르트 코젤렉, 한철 옮김,『지나간 미래』, 문학동네, 1998.
로베르 솔레, 이상빈 옮김,『나폴레옹의 학자들』, 아테네, 2003.
뤼시앵 페브르, 김중현 옮김,『마르틴 루터, 한 인간의 운명』, 이른비, 2016
리쩌허우, 김형종 옮김,『중국현대사상사론』, 한길사, 2005
_____, 임춘성 옮김,『중국근대사상사론』, 한길사, 2005

리차드 H. 토니, 고세훈 옮김, 『기독교와 자본주의의 발흥』, 한길사, 2015.
리처드 플레처, 박홍식·구자섭 옮김, 『십자가와 초승달, 천년의 공존』, 21세기북스, 2020.
마루야먀 마사오·가토 슈이치, 임성모 역, 『번역과 일본의 근대』 이산, 2000.
마르크 블로흐, 정남기 옮김, 『역사를 위한 변명』, 한길사, 1979.
마르틴 융, 이미선 옮김, 『멜란히톤과 그의 시대』, 홍성사, 2013.
마빈 해리스, 박종렬 옮김, 『문화의 수수께끼』, 한길사, 2000.
마이클 에이더스, 김동광 옮김, 『기계, 인간의 척도가 되다』, 산처럼, 2011.
미르치아 엘리아데, 이윤기 옮김, 『샤마니즘』, 까치, 1992.
미셸 푸코, 이정우 해설, 『담론의 질서』, 중원문화, 2014.
미셸-롤프 트루요, 김명혜 옮김, 『과거 침묵시키기』, 그린비, 2011.
미요시 유키오, 정선태 옮김, 『일본문학의 근대와 반근대』, 소명출판, 2002.
미조구치 유조, 서광덕·최정섭 옮김, 『(개정판) 방법으로서의 중국』, 산지니, 2020.
스탠포드 리이드, 박영호·서영일 역, 『존 낙스의 생애와 사상』, 기독교문서선교회, 2016.
스테판 다나카, 박영재·함동주 옮김, 『일본 동양학의 구조』, 문학과지성사, 2004.
스티븐 런치만, 이순호 옮김, 『1453 콘스탄티노플 최후의 날』, 갈라파고스, 2004.
시바이쩌, 천병희 역, 『나의 생애와 사상』, 문예출판사, 1975.
알랭 뤼시오, 우무상 옮김, 『백인의 신념』, 경북대학교출판부, 2021.
알렉산더 데만트, 이덕임 옮김, 『시간의 탄생』, 북라이프, 2018.
앙드레 슈미드, 정여울 옮김, 『제국 그사이의 한국』, 휴머니스트, 2007.
앙리 피렌, 강일휴 역, 『마호메트와 샤를마뉴』, 삼천리, 2010.
앤서니 기든스, 진덕규 옮김, 『민족국가와 폭력』, 삼지원, 1991.
앤서니 D. 스미스, 김인중 옮김, 『족류 상징주의와 민족주의』, 아카넷, 2016.
야스마루 요시오, 남춘모 역, 『방법으로서 사상사』, 대왕사, 2010.
야스카와 주노스케, 이향철 옮김, 『후쿠자와 유키치의 아시아 침략사상을 묻는다』, 역사비평사, 2011.
어네스트 겔너, 최한우 옮김, 『민족과 민족주의』, Kuispress, 2009.
_____, 이수영 옮김, 『쟁기, 칼, 책』, 삼천리, 2013.
에드워드 H. 카, 김택현 옮김, 『역사란 무엇인가』, 까치, 2015.
에드워드 사이드, 박홍규 옮김, 『오리엔탈리즘(개정증보판)』, 교보문고, 2015.
에르네스트 르낭, 신행선 옮김, 『민족이란 무엇인가』, 책세상, 2002.
에릭 J. 홉스봄, 박현채·차명수 역, 『혁명의 시대』, 한길사, 1984.
_____, 강명세 옮김, 『1780년 이후의 민족과 민족주의』, 창작과비평사, 1994.
에릭 홉스봄 외, 박지향·장문석 옮김, 『만들어진 전통』, 휴머니스트, 2004.

오가사와라 히로유키, 노경아 옮김,『오스만 제국 찬란한 600년의 기록』, 까치, 2020.
오사와 마사치, 김영작·이이범 외 옮김,『내셔널리즘론의 명저 50』, 일조각, 2010.
오토 단, 오인석 옮김,『독일 국민과 민족주의의 역사』, 한울, 1996.
오하마 아키라, 이형성 옮김,『범주로 보는 주자학』, 예문서원, 1997.
올리비에 크리스텡, 채계병 옮김,『종교개혁』, 시공사, 1998.
요나하 준, 최종길 옮김,『중국화하는 일본』, 페이퍼로드, 2013.
요시자와 세이치로, 정지호 옮김,『애국주의의 형성』, 논형, 2006.
위잉스, 이원석 옮김,『주희의 역사세계(상)』, 글항아리, 2015.
이사야 벌린, 이종흡·강성호 옮김,『비코와 헤르더』, 민음사, 1997.
이성시, 박경희 옮김,『만들어진 고대』, 삼인, 2001.
이에나가 사부로, 수유+너머 일본근대사상팀 옮김,『근대 일본 사상사』, 소명출판, 2006.
이연숙, 고영진·임경화 옮김,『국어라는 사상』, 소명출판, 2006.
임마누엘 월러스틴, 나종일 외 옮김,『근대세계체제 I』, 까치, 1999.
_____, 유재건 외 옮김,『근대세계체제 II』, 까치, 1999.
자와하를랄 네루, 정민걸·김정수 옮김,『네루 자서전』, 간디서원, 2005.
쟈끄 제르네, 이동윤 역,『중국사통론』, 법문사, 1985.
잭 구디, 김지혜 옮김,『잭 구디의 역사인류학 강의』, 산책자, 2010.
쟈크 르 고프, 유희수 옮김,『서양 중세 문명』, 문학과지성사, 1992.
저메인 A. 호스톤, 김영호·류장수 옮김,『일본자본주의논쟁』, 지식산업사, 1991.
전목, 신승하 역,『중국역대정치의 득실』, 박영사, 1974.
____, 이완재·백도근 역,『주자학의 세계』, 이문출판사, 1987.
제임스 B. 팔레, 김범 옮김,『유교적 경세론과 조선의 제도들 1』, 산처럼, 2008.
제임스 포스켓, 김아림 옮김,『과학의 반쪽사』, 블랙피쉬, 2023.
조나선 스펜서, 이준갑 옮김,『반역의 책』, 이산, 2004.
조지 L. 모스, 오윤성 옮김,『전사자 숭배』, 문학동네, 2015.
존 J. 클라크, 장세룡 옮김,『동양은 어떻게 서양을 계몽했는가』, 우물이 있는 집, 2004.
존 루이스 개디스, 강규형 옮김,『역사의 풍경』, 에코리브르, 2004.
주겸지, 전홍석 옮김,『중국이 만든 유럽의 근대』, 청계, 2010.
지그프리트 크라카우어, 김정아 옮김,『역사, 끝에서 두번째 세계』, 문학동네, 2012.
진래, 안재호 옮김,『송명 성리학』, 예문서원, 1997.
카를로 치폴라, 최파일 옮김,『대포, 범선, 제국』, 미지북스, 2010.
카이윙 초우, 양휘웅 옮김,『예교주의』, 모노그래프, 2013.
칼 만하임, 임석진 옮김,『이데올로기와 유토피아』, 김영사, 2012.

칼톤 헤이즈, 차기벽 역, 『민족주의』, 문명사, 1975.
케이스 젠킨스, 최용찬 옮김, 『누구를 위한 역사인가』, 혜안, 1999.
클로드 레비스트로스, 류재화 옮김, 『레비스트로스의 인류학 강의』, 문예출판사, 2018.
키스 W. 휘틀럼, 김문호 옮김, 『고대 이스라엘의 발명』, 이산, 2003.
판카지 미슈라, 이재만 옮김, 『제국의 폐허에서』, 책과함께, 2013.
폴 A. 코헨, 이남희 옮김, 『학문의 제국주의』, 산해, 2003.
폴 벤느, 이상길·김현경 옮김, 『역사를 어떻게 쓰는가』, 새물결, 2004.
프레더릭 바이저, 이신철 옮김, 『헤겔 이후』, 도서출판 b, 2016.
프리드리히 마이네케, 이상신·최호근 옮김, 『세계시민주의와 민족국가』, 나남, 2007.
피터 볼, 김영민 옮김, 『역사 속의 성리학』, 예문서원, 2010.
피터 브라운, 정기문 옮김, 『아우구스티누스』, 새물결, 2012.
피터 왓슨, 남경태 옮김, 『생각의 역사 I』, 들녘, 2009.
하워드 R. 터너, 정규영 역, 『이슬람의 과학과 문명』, 르네상스, 2004.
한스 콘, 차기벽 역, 『민족주의』, 삼성미술문화재단, 1974.
한스게오르크 가다머, 임홍배 옮김, 『진리와 방법②』, 문학동네, 2012.
헤르베르트 슈내덜바하, 이한우 옮김, 『헤겔 이후의 역사철학』, 문예출판사, 1986.
헤이든 화이트, 천영균 옮김, 『메타역사 I』, 지식을만드는지식, 2011.

Anderson Benedict, *Imagined Communities: Reflections on the Origin and Spread of Nationalism*, Revised Edition. Verso, 1991.

Chakrabarty Dipesh, *Provincializing Europe: Postcolonial Thought and Historical Difference*, Princeton University Press, 2000.

Elman Benjamin A., *From Philosophy to Philology*, Council on East Asian Studies, Harvard University, 1990.

朝鮮史研究會·旗田巍 編, 『朝鮮史入門』, 太平出版社, 1966.
杉山正明, 『遊牧民から見た世界史』, 日本經濟新聞社, 1997.
新田一郎, 『中世に国家はあつたか』, 山川出版社, 2004.

2. 논문

가라타니 고진, 「근대의 초극에 대하여」, 히로마쓰 와타루, 김항 옮김, 『근대초극론』, 민음사, 2003.
강만길, 「이조시대의 단군숭배」, 『이홍직박사회갑기념한국사학논총』, 신구문화사, 1969.
강명관, 「이덕무와 공안파」, 『민족문학사연구』 21, 2002.
＿＿＿, 「'실학'과 과거의 해석」, 『사이間SAI』 23, 2017.
＿＿＿, 「한문학 연구자의 평전 쓰기에 관한 몇 가지 생각」, 『한국한문학연구』 67, 2017.
강석화, 「17, 18세기 조선의 청 군사 기술 수용」, 『조선시대사학보』 67, 2013.
강정인·장원윤, 「마루야마 마사오의 정치사상에 나타난 서구중심주의와 일본중심주의」, 『정치사상연구』 14-2, 2008.
강지영, 「말브랑슈와 흄의 인과론에서 '필연적 연관'」, 『철학사상』 30, 2008.
고병익, 「삼국사기에 있어서의 역사서술」, 『한국의 역사인식 상』, 창작과비평사, 1976.
구지훈, 「페데리코 곤차가 2세와 줄리오 로마노가 꿈꿨던 '새로운 로마'로서의 만토바」, 『서양사론』 144, 2020.
권내현, 「내재적 발전론과 조선 후기사 인식」, 『역사비평』 111, 2015.
＿＿＿, 「17~19세기 조선의 재산 상속 관행」, 『한국사학보』 70, 2018.
권순철, 「'실학'을 다시 생각한다」, 『전통과 현대』 11, 2000.
권오영, 「동도서기론의 구조와 그 전개」, 『한국사시민강좌』 7, 1990.
길진숙, 「문명의 재구성 그리고 동양 전통 담론의 재해석」, 『근대계몽기 지식의 발견과 사유 지평의 확대』, 소명출판, 2006.
김경희, 「로마의 위대한 힘(Virtus romana)' 개념을 통해 본 이탈리아 르네상스 초기 인문주의자들의 정치사상」, 『한국정치연구』 13-1, 2004.
김기봉, 「'정치종교'로서의 민족주의」, 『서양에서의 민족과 민족주의』, 까치, 1999.
＿＿＿, 「독일 역사철학의 오리엔탈리즘」, 『담론201』 7-1, 2004.
＿＿＿, 「한국 근대 역사개념의 성립」, 『한국사학사학보』 12, 2005.
김도형, 「대한제국 초기 문명개화론의 발전」, 『한국사연구』 121, 2003.
김동민, 「『공자개제고』를 통해 본 캉유웨이의 상고사 인식」 『동양철학연구』 72, 2012.
김동원, 「16세기 합스부르크의 세력 강화와 그 선전도구로써의 '튀르크 위협'」, 『역사와 경계』 90, 2014.
김동현, 「선입견, 역사 그리고 이성 : 가다머 '선입견' 개념의 비판적 고찰」, 『국제정치연구』 22-1, 2019.
김문용, 「동도서기론의 논리와 전개」, 『한국근대 개화사상과 개화운동』, 신서원, 1998.
＿＿＿, 「18세기 북학론의 문명론적 함의에 대한 검토」, 『태동고전연구』 19, 2003.

김병곤,「『삼국유사』 찬자의 상고기 정치체에 대한 계승 인식」,『한국사학사학보』 23, 2011.

김병구,「고전부흥의 기획과 '조선적인 것'의 형성」,『'조선적인 것'의 형성과 근대문화담론』, 소명출판, 2007.

김상엽,「서기 2세기 로마제국의 알리멘타(alimenta) 프로그램」,『역사와 담론』 54, 2009.

김상태,「1950년대~1960년대 초반 평안도 출신『사상계』지식인층의 사상」,『한국사상과 문화』 45, 2008.

김상현,「『삼국유사』에 나타난 일연의 불교사관」,『한국사연구』 20, 1978.

김성환,「조선초기 단군인식」,『명지사론』 4, 1992.

_____,「고려 원종의 마리산참성 친초와 단군」,『민족문화논총』 59, 2015.

김영민,「근대성과 한국학」,『오늘의 동양사상』 13, 2005.

김유정,「근대 유럽 지식네트워크의 중심 제네바 대학」,『EU연구』 38, 2014.

김응종,「미슐레·프랑스혁명·민족주의」,『충남사학』 7, 1995.

_____,「미슐레의 공화주의 프랑스혁명사」,『역사와 담론』 91, 2019.

김인식,「1920년대와 1930년대 초 '조선학' 개념의 형성 과정」,『숭실사학』 33, 2014.

_____,「1930년대 안재홍의 '조선학'론」,『한국인물사연구』 23, 2015.

김인호,「이승휴의 역사인식과 사학사적 위상」,『진단학보』 99, 2005.

김일환,「연행로에서 만나는 '남한산성'」,『한국한문학연구』 53, 2014.

김정현,「『페르시아인의 편지』의 오리엔탈리즘 연루에 대해」,『코기토』 67, 2010.

김종길,「니클라스 루만의 사회체계」,『오늘의 사회이론가들』, 한울아카데미, 2015.

김진균,「최익한의 전통주의 비판과 전통 이해의 방식」,『한문학과 근대 전환기』, 다운샘, 2009.

_____,「정인보 조선학의 한학적 기반」,『한국실학연구』 25, 2013.

김태년,「학안에서 철학사로-조선 유학사 서술의 관점과 방식에 대한 검토」,『한국학연구』 23, 2010.

김택중,「전목의 통사연구론」,『한국사학사학보』 16, 2007.

김한성,「예레미야서의 거짓 예언자 규정과 그 의도」,『신학논단』 60, 2010.

김항섭,「안데스 원주민 운동과 공동체 경제」,『이베로아메리카』 19-1, 2017.

김혜수,「해방후 통일국가수립운동과 국가상징의 제정과정」,『국사관논총』 75, 1997.

김호,「조선시대 두진 의학의 완성,『마과회통』」,『정조대의 예술과 과학』, 문헌과해석사, 2000.

나종석,「헤겔과 동아시아」,『헤겔연구』 40, 2016.

나카무라 슌사쿠,「근대일본의 학지와 유교의 재편」,『사림』 32, 2009.

남성현, 「아우구스티누스의 『신국론』」, 『서양사론』 113, 2012.
노관범, 「대한제국기 실학 개념의 역사적 이해」, 『한국실학연구』 25, 2013.
_____, 「근대 초기 실학의 존재론」, 『역사비평』 122, 2018.
_____, 「한국 통사로 보는 '실학'의 지식사 시론」, 『한국문화』 88, 2019.
노대환, 「19세기 전반 지식인의 대청 위기인식과 북학론」, 『한국학보』 76, 1994.
_____, 「정조시기 서기 수용 논의와 서학 정책」, 『정조시대의 사상과 문화』, 돌베개, 1999.
_____, 「조선 후기 '서학중국원류설'의 전개와 그 성격」, 『역사학보』 178, 2003.
_____, 「1890년대 후반 '문명' 개념의 확산과 문명 인식」, 『한국사연구』 149, 2010.
노병호, 「미노다 무네키[蓑田胸喜]의 '원리일본'과 1930년대 일본」, 『동북아역사논총』 41, 2013.
노장시, 「5·4 신문화운동 시기의 '전반서화론' 시탐」, 『동아인문학』 9, 2006.
류준필, 「대한제국기 학과제도 구상과 장지연의 실학」, 『퇴계학논총』 15, 2009.
마에가와 테이지로, 「루소와 역사」, 박호성 편역, 『루소 사상의 이해』, 인간사랑, 2009.
미쓰이 다카시, 「일본의 동양사학은 어떻게 형성되었는가?」, 『역사학의 세기』, 휴머니스트, 2009.
민두기, 「〈대의각미록〉에 대하여」, 『진단학보』 25, 1964.
_____, 「풍간의 필봉, 박지원」, 『인물한국사 4』, 박우사, 1965.
_____, 「중체서용론고」, 『동방학지』 18, 1978.
민영규, 「위당 정인보 선생의 행장에 나타난 몇 가지 문제 : 실학원시」, 『동방학지』 13, 1972.
민현구, 「고려중기 삼국부흥운동의 역사적 의미」, 『한국사시민강좌』 5, 1989.
박권수, 「조선의 역서 간행과 로컬사이언스」, 『한국과학사학회지』 35-1, 2013.
박근갑, 「문명의 시간」, 『문명과 경계』 1, 2018.
박대재, 「기자조선과 소중화」, 『한국사학보』 65, 2016.
박명수, 「한말 민족주의자들의 종교 이해」, 『한국기독교와 역사』 5, 1996.
박성규, 「운정 김춘동 선생의 생애와 학문」, 『어문논집』 55, 2007.
박성래, 「박제가의 기술도입론」, 『진단학보』 52, 1981.
박양신, 「근대 초기 일본의 문명 개념 수용과 그 세속화」, 『개념과 소통』 2, 2008.
박영실, 「칼빈의 구제 이해와 실천적 빈민 구호 방안」, 『개혁논총』 23, 2012.
박영재, 「동아시아 근대화와 '근대화론'에 대한 비판적 검토」, 『아세아문화연구』 2, 1997.
박용희, 「초기 한국사학의 오리엔탈리즘」, 『이화사학연구』 32, 2005.
_____, 「근대 독일 역사학의 민족사 기획」, 『한국사학사학보』 16, 2007.
박창희, 「이규보의 동명왕편 시」, 『역사교육』 11·12, 1969.

박한민, 「유길준 『세계대세론』(1883)의 전거와 저술의 성격」, 『한국사학보』 53, 2013.
박현규, 「실제와 허구가 병존한 구혈대 고사의 탄생 배경」, 『중국학논총』 44, 2014.
박호성, 「유럽 근대민족 형성에 관한 시론」, 『역사비평』 19, 1992.
박홍식, 「일제강점기 정인보·안재홍·최익한의 다산 연구」, 『다산학』 17, 2010.
배영수, 「"서양의 대두"와 인간의 본성」, 『역사학보』 216, 2012.
배용일, 「신채호의 낭가사상고」, 『단재 신채호와 민족사관』, 형설출판사, 1980.
배우성, 「정조의 군사정책과 『무예도보통지』 편찬의 배경」, 『진단학보』 91, 2001.
_____, 「조선후기 역사학과 신채호, 그리고 21세기」, 『한국학논총』 43, 2011.
배항섭, 「동도서기론의 구조와 전개양상」, 『사림』 42, 2012.
백낙준, 「실학의 현대적 의의」, 『연세실학강좌Ⅰ』, 혜안, 2003.
백영서, 「'동양사학'의 탄생과 쇠퇴」, 『한국사학사학보』 11, 2005.
변동명, 「이승휴의 『제왕운기』 찬술과 그 사서로서의 성격」, 『진단학보』 70, 1990.
서동일, 「1920년대 신지식인층의 유교비판과 유교계의 지도기관 설립」, 『동방학지』 189, 2019.
서영대, 「단군관계 문헌자료 연구」, 『증보판 단군 그 이해와 자료』, 서울대학교출판부, 2001.
서영조, 「니클라스 루만의 윤리학 비판과 도덕의 기능 분석」, 『현상과 인식』 81, 2000.
서정혁, 「헤겔의 철학에서 '세계사'의 의미」, 『철학연구』 114, 2016.
서정훈, 「19세기 말 영국의 사회진화론들」, 『부산사학』 32, 1997.
서진영, 「김준엽과 중국연구, 그리고 한반도 통일문제」, 『김준엽과 중국』, 나남, 2012.
성백효, 「연암의 학문적 경향」, 『우전신호열선생고희기념논총』, 창작과비평사, 1983.
小川晴久, 「실학과 철학」, 『제4회 동양학 국제학술회의 논문집』, 성균관대학교 대동문화연구원, 1990.
손열, 「1960년대 한국근대화 논쟁」, 『냉전기 한국사회과학 개념사』, 대한민국역사박물관, 2018.
송석원, 「사쿠마 쇼잔의 해방론과 대 서양관」, 『한국정치학회보』 37-5, 2003.
송양섭, 「반계 유형원의 '公' 이념과 이상국가론」, 『조선시대사학보』 64, 2013.
송찬식, 「연암 박지원의 경제사상」, 『창작과비평』 7, 1967.
송혜진, 「조선 후기 중국 악기의 수용과 정악 문화의 성격」, 『동양예술』 5, 2002.
신승하, 「호적과 서양문화의 수용」, 『이화사학연구』 20·21, 1993.
신주백, 「'조선학운동'에 관한 연구동향과 새로운 시론적 탐색」, 『1930년대 조선학운동 심층연구』, 선인, 2015.
신항수, 「이익(1681~1763)의 경·사해석과 현실인식」, 고려대학교 박사학위논문, 2001.

안대옥, 「18세기 정조기 조선 서학 수용의 계보」, 『동양철학연구』 71, 2012.
안성찬, 「크리스티안 볼프의 중국과 헤르더의 중국」, 『인문논총』 68, 2012.
안승택, 「18,19세기 농서에 나타난 경험적 지식의 의미 변화와 분화」, 『한국사상사학』 49, 2015.
안영상, 「본연지성·기질지성 I 인간성의 두 측면」, 『조선유학의 개념들』, 예문서원, 2002.
안외순, 「안확의 조선 정치사 독법」, 『온지논총』 20, 2008.
안종수, 「부베와 라이프니츠」, 『철학논총』 52-2, 2008.
애리프 더리크, 「아시아적 생산양식론과 시대구분론」, 『중국사시대구분론』, 창작과비평사, 1984.
_____, 「1930년대의 마르크스주의 사학과 혁명」, 『중국의 역사인식 하』, 창작과비평사, 1985.
양병우, 「민족사와 세계사-단재사학과 프로이센학파의 비교」, 『신동아』 1972.9.
_____, 「민족주의 사학의 제유형」, 『한국사시민강좌』 1, 1987.
양일모, 「옌푸의 근대성 인식」, 『동양철학연구』 52, 2007.
양종희, 「사회이론에 있어서 문화의 위치」, 『한국사회학』 28, 1994.
양해림, 「동양과 서양의 생산양식 구성은 어떻게 이루어졌나?」, 『동서철학』 90, 2018.
여종현, 「역사철학으로서의 후설의 현상학적 제일철학」, 『철학』 94, 2008.
_____, 「비코와 후설의 비교 연구」, 『철학연구』 88, 2010.
연재흠, 「당대 중국의 문화보수주의에 대한 철학적 조명」, 『중국학보』 63, 2011.
염운옥, 「'근대의 표상'으로부터의 이탈과 다원화」, 『한국사학사학보』 17, 2008.
염정섭, 「『임원경제지』의 편찬과 구성 체제 및 주요 내용」, 『풍석 서유구와 임원경제지』, 소와당, 2011.
오영섭, 「조선광문회 연구」, 『한국사학사학보』 3, 2001.
오주연·박민철·윤태양, 「1910년대 유교비판의 담론지형」, 『동서철학연구』 100, 2021.
우남숙, 「사회진화론의 동아시아 수용에 관한 연구」, 『동양정치사상사』 10-2, 2011.
우지엔잉, 「중국의 국수파와 일본의 국수주의」, 『한국문화』 41, 2008.
원유한, 「홍이섭」, 『한국의 역사가와 역사학 하』, 창작과비평사, 1994.
유권종, 「운양 김윤식의 문명관」, 『한국인물사연구』 24, 2015.
유원기, 「아리스토텔레스의 아이티온」, 『서양고전학연구』 24, 2005.
윤덕영, 「위당 정인보의 조선학 인식과 지향」, 『한국사상사학』 50, 2015.
윤사순, 「단재의 민족주체사상」, 『아세아학보』 18, 1986.
윤용출, 「조선후기 수레 보급 논의」, 『한국민족문화』 47, 2013.
윤용택, 「흄의 '인과관계' 분석에 대한 비판적 고찰」, 『철학』 41, 1994.

윤태원, 「피히테의 『독일국민에게 고함』에 나타난 낭만주의 정신」, 『독일어문학』 63, 2013.
이가원, 「연암 박지원의 생애와 사상」, 『사상계』 63, 1958.
이경동, 「17세기 사상계의 율곡 경세론 수용과 전개」, 『율곡학연구』 44, 2022.
이경란, 「1950~70년대 역사학계와 역사연구의 사회담론화」, 『동방학지』 152, 2010.
이광린, 「개화파의 개신교관」, 『역사학보』 66, 1975.
＿＿＿, 「구한말 신학과 구학과의 논쟁」, 『동방학지』 23·24, 1980.
이광주, 「Herder와 문화적 민족주의」, 『역사학보』 89, 1981.
이규수, 「근대 일본의 동아시아 인식체계」, 『사림』 39, 2011.
이기백, 「민족사학의 문제」, 『사상계』 117, 1963.
＿＿＿, 「국사학」 『한국현대문화사대계 2』, 고려대학교 민족문화연구소, 1976.
이민호, 「세계사를 어떻게 읽을 것인가」, 『역사비평』 59, 2002.
이상록, 「1960~70년대 비판적 지식인들의 근대화 인식」, 『역사문제연구』 18, 2007.
이상신, 「민족주의의 역사적 발전 국면과 그 기능」, 『서양에서의 민족과 민족주의』, 까치, 1999.
＿＿＿, 「역사 연구에서의 인과적 사고와 설명」, 『서양사론』 84, 2005.
＿＿＿, 「마이네케의 역사학」, 『서양사론』 89, 2006.
이상은, 「실학사상의 형성과 전개 상·하」, 『창조』 75·76, 1972.
＿＿＿, 「국사교과서의 성리학 서술 비판」, 『퇴계학보』 5·6, 1975.
이상화, 「근대 중국의 계몽, 그 의미와 한계」, 『대동문화연구』 74, 2011.
이새봄, 「이노우에 테쓰지로의 '유학 삼부작'」, 『한국사상사학』 61, 2019.
이석원, 「국민사상과 제국」, 『인문과학』 54, 2014.
이성재, 「프랑스 지방 도시의 빈민 구제 정책과 병원 운영」, 『역사교육』 103, 2007.
이슬찬, 「조선 17세기 청화백자의 제작과 확산」, 『미술사학연구』 302, 2019.
이승모, 「풍우란의 중서문화관에 대한 일고찰」, 『범한철학』 51-4, 2008.
이영란·고재휘, 「무술변법시기 캉유웨이의 서양인식」, 『한국동북아논총』 66, 2013.
이영효, 「아메리카 원주민에 대한 스페인의 초기 인식과 태도」, 『역사학연구』 31, 2007.
이영훈, 「성리학 전통에 비친 대한민국의 건국」, 『정신문화연구』 115, 2009.
이완범, 「국호 '대한민국'의 명명」, 『황해문화』 60, 2008.
이은정, 「19세기 오스만제국의 위기와 '이슬람적 근대화'」, 『서양사연구』 42, 2010.
＿＿＿, 「19세기 후반 오스만 제국에서 무슬림 집단 감정의 부상」, 『동양사학연구』 136, 2016.
이재원, 「아르미니우스 수용과 클라이스트의 「헤르만 전투」」, 『독일어문화권연구』 21, 2012.

이재훈, 「데카르트 『성찰』의 신적 기만 가설과 진리 인식 가능성의 문제」, 『범한철학』 82, 2016.
이정일, 「숙종대 임상덕의 상고사 인식」, 『한국사연구』 156, 2012.
이종민, 「양계초의 중국몽과 『신중국미래기』」, 『중국학보』 71, 2015.
이준식, 「조선학운동과 백남운의 사회사 인식」, 『1930년대 조선학운동 심층연구』, 선인, 2015.
이지은, 「인돌로지, 식민지 지식, 그리고 인도 근대역사학의 형성과 극복」, 『사림』 42, 2012.
이진일, 「근대 국민국가의 탄생과 '국사'」, 『한국사학사학보』 27, 2013.
이철희, 「유득공의 연행과 동아시아 소통의 문학」, 『실학과 문학 연구』, 사람의 무늬, 2012.
이춘복, 「청말 양계초의 정치사상에 대한 인식 변화」, 『한국사학사학보』 27, 2013.
_____, 「무술변법시기 강유위의 의회제도 설립 구상과 입헌사상」, 『동양사학연구』 139, 2017.
이태훈, 「실학담론에 대한 지식사회학적 고찰」, 전남대학교 박사학위논문, 2004.
이헌창, 「조선 후기 자본주의맹아론과 그 대안」, 『한국사학사학보』 17, 2008.
이황직, 「위당 조선학의 개념과 의미에 관한 연구」, 『현상과 인식』 112, 2010.
이훈상, 「의도적 망각과 단선적 역사서술」, 『진단학보』 88, 1999.
임규완, 「민백순의 『대동시선』 연구」, 『대동한문학』 35, 2011.
임대식, 「1960년대 초반 지식인들의 현실인식」, 『역사비평』 65, 2003.
임부연, 「캉유웨이의 정교관계 담론」, 『종교와 문화』 38, 2020.
임상석, 「『시문독본』의 편찬 과정과 1910년대 최남선의 출판 활동」, 『상허학보』 25, 2009.
임상우, 「'과학적 역사학'과 국가주의 역사서술」, 『역사학보』 224, 2014.
임종태, 「조선후기 과학사 연구의 쟁점과 과제」, 『역사학보』 191, 2006.
임지현, 「민족담론의 스펙트럼」, 『안과 밖』 8, 2000.
임형택, 「국학의 성립과정과 실학에 대한 인식」, 『현대 학문의 성격』, 민음사, 2000.
장세용, 「몽테스키외의 「로마성쇠원인론」과 역사인식」, 『서양사론』 45, 1995.
_____, 「보편사적 문화사의 전망-볼테르의 『국민들의 습속과 정신론』」, 『서양사론』 115, 2012.
장세진, 「라이샤워(Edwin O. Reischauer), 동아시아, '권력/지식'의 테크놀로지」, 『상허학보』 36, 2012.
전동현, 「청말 양계초의 대한제국기 한국 인식」, 『근대계몽기 지식의 발견과 사유 지평의 확대』, 소명출판, 2006.

전용훈, 「17~18세기 서양과학의 도입과 갈등」, 『동방학지』 117, 2002.
＿＿＿, 「정조시대 다시보기-천문학사의 관점에서」, 『역사비평』 115, 2016.
전윤선, 「1930년대 '조선학' 진흥운동 연구」, 연세대학교 석사학위논문, 1998.
전해종, 「한국사를 어떻게 보는가」, 『한국사의 반성』, 신구문화사, 1969.
정다함, 「'한국사' 상의 조선시대상」, 『사이間SAI』 8, 2010.
정승옥, 「루소에 있어서 자연과 역사의 문제」, 『프랑스어문교육』 25, 2007.
정승현·강정인, 「이승만의 초기 사상에 나타난 서구중심주의」, 『정치사상연구』 20-2, 2014.
정욱재, 「일제 협력 유림의 유교인식」, 『한국사학사학보』 16, 2007.
＿＿＿, 「조선유도연합회의 결성과 '황도유학'」, 『한국독립운동사연구』 33, 2009.
＿＿＿, 「1920년대 식민지 조선 유림과 일본의 탕도성당」, 『민족문화연구』 71, 2016.
鄭毅, 「일본 내부 '우익'의 차이성과 천황국가론」, 『한일관계사연구』 51, 2015.
＿＿＿·전성곤, 「'상대적 객관성' 구조와 '동양' 표상의 곤란성」, 『인문논총』 74-3, 2017.
정재훈, 「조선후기 사서에 나타난 중화주의와 민족주의」, 『한국실학연구』 8, 2004.
정종현, 「신남철과 '대학' 제도의 안과 밖」, 『한국어문학연구』 54, 2010.
정진아, 「1950년대 후반~1960년대 초반 '사상계 경제팀'의 개발 담론」 『냉전과 혁명의 시대, 그리고 『사상계』』, 소명출판, 2012.
정철웅, 「장-밥티스트 뒤 알드의 『서술』과 18세기 프랑스 중국학」, 『동양학』 64, 2016.
정출헌, 「국학파의 '조선학' 논리구성과 그 변모양상」, 『열상고전연구』 27, 2008.
정해수, 「타자를 바라보는 18세기 프랑스 지식인의 두 가지 태도 그리고 한국」, 『한국프랑스학논집』 62, 2008.
조경희, 「신문화운동에 나타난 반유교전통정신」, 『중국어문논총』 3, 1990.
조관자, 「'사회과학·혁명논쟁'의 네트워크」, 『한림일본학』 17, 2010.
조광, 「1930년대 함석헌의 역사인식과 한국사 이해」, 『한국사상사학』 21, 2003.
＿＿＿, 「개항기 및 식민지시대 실학연구의 특성」, 『한국실학연구』 7, 2004.
조동걸, 「임시정부 수립을 위한 1917년의 대동단결선언」, 『한국학논총』 10, 1987.
조병로, 「산운 장도빈의 근세사 인식」, 『산운사학』 3, 1989.
조병한, 「양계초의 계몽주의 역사관과 국학」, 『한국사학사학보』 16, 2007.
＿＿＿, 「양계초의 국민국가론과 민권·민족관념(1896-1902)」, 『서강인문논총』 22, 2007.
조성산, 「조선후기 소론계의 고대사 연구와 중화주의의 변용」, 『역사학보』 202, 2009.
조성을, 「세종실록 지리지와 고려사 지리지의 역사지리 인식」, 『조선시대사학보』 39, 2006.
조인성, 「고려 초·중기의 역사계승인식과 발해사 인식」, 『이기백선생고희기념한국사학논집 상』, 일조각, 1994.

조형렬, 「1930년대 마르크스주의 지식인의 학술문화기관 구상과 '과학적 조선학' 수립론」, 『역사학연구』 61, 2016.

_____, 「해방 직후 고려 국호론의 전개와 고려 표상」, 『역사와 현실』 109, 2018.

천성림, 「국학과 혁명」, 『진단학보』 88, 1999.

_____, 「20세기 중국 민족주의의 형성과 전개」, 『동양정치사상사연구』 5-1, 2006.

최갑수, 「서구에서의 근대 국민국가의 형성과 민족주의」, 『근대 국민국가와 민족문제』, 지식산업사, 1995.

최규식, 「우승열패의 역사인식과 '문명화'의 길」, 『사총』 79, 2013.

최상천, 「『삼국유사』에 나타난 국가계승의식의 검토」, 『한국전통문화연구』 1, 1985.

최선웅, 「정인보와 동아일보-조선학을 둘러싼 접점」, 『한국인물사연구』 23, 2015.

최성철, 「부르크하르트와 역사주의」, 『한국사학사학보』 5, 2002.

_____, 「비코와 부르크하르트」, 『한국사학사학보』 11, 2005.

최성환, 「칸트와 해석학」, 『칸트연구』 7, 2001.

최소자, 「위원(1794~1857)과 『해국도지』」, 『이화사학연구』 20·21, 1993.

최원식, 「탈냉전시대와 동아시아적 시각의 모색」, 『창작과비평』 79, 1993.

최재목, 「일제강점기 정다산 재발견의 의미」, 『다산학』 17, 2010.

최채기, 「『성호사설유선』 서문」, 『태동고전연구』 45, 2020.

하윤섭, 「조선 후기 단군에 대한 기억의 변화와 그 소인」, 『우리문학연구』 38, 2013.

하현강, 「고려시대의 역사계승의식」, 『이화사학연구』 8, 1975.

한우근, 「이조 실학의 개념에 대하여」, 『진단학보』 19, 1958.

한형조, 「동양철학은 왜 이리 어려운가? 어디로 길을 뚫어야 할까?」, 『정신문화연구』 91, 2003.

함동주, 「근대일본의 형성과 역사상」, 『역사학보』 174, 2002.

_____, 「근대일본의 문명론과 그 이중성」, 『근대계몽기 지식 개념의 수용과 그 변용』, 소명출판, 2004.

허열, 「건국과정에서의 국호논쟁에 대한 분석」, 『한국민족문화』 24, 2004.

허태구, 「17세기 조선의 염초무역과 화약제조법의 발달」, 『한국사론』 47, 2002.

허태용, 「북학사상을 연구하는 시각의 전개와 재검토」, 『오늘의 동양사상』 14, 2006.

_____, 「조선후기 '남북국론' 형성의 논리적 과정 검토」, 『동방학지』 152, 2010.

_____, 「신채호의 시대구분과 고려·조선시대사 인식」, 『역사와 담론』 59, 2011.

_____, 「동아시아 중화질서의 변동과 조선왕조의 정치·사상적 대응」, 『역사학보』 221, 2014.

_____, 「조선왕조의 건국과 국호 문제」, 『한국사학보』 61, 2015.

_____, 「조선 초기 대명사대론의 역사적 성격 검토」, 『동양사학연구』 135, 2016.
_____, 「천관우의 시대구분과 조선시대 연구」, 『백산학보』 107, 2017.
홍용진, 「정치, 문화, 역사: 14세기 중반 티투스 리비우스 『로마사』의 프랑스어 번역」, 『한국사학사학보』 27, 2013.
_____, 「성지 수복과 현실정치」, 『통합유럽연구』 22, 2020.
홍종욱, 「1930년대 마르크스주의 역사학의 아시아 인식과 조선 연구」, 『한국학연구』 61, 2021.
_____, 「제국의 사회주의자-마르크스주의 역사학자 이청원의 삶과 실천」, 『상허학보』 63, 2021.
황병주, 「박정희 체제의 지배담론」, 한양대학교 박사학위논문, 2008.
황수영, 「서양 근대사상에서 진보와 진화 개념의 교착과 분리」, 『개념과 소통』 7, 2011.
Deuchler Martina, "Is 'Confucianization of Korea' a valid concept of analysis?" *Sungkyun Journal of East Asian Studies*, Vol. 7, No. 2, 2007.

찾아보기

ㄱ

가다머 19, 186
가토 히로유키 154
갈릴레오 72
갑신정변 152, 166~167, 179, 189
갑오개혁 167, 179, 189
『강계고』 285
강만길 211
강유위 140, 143~145
강재언 40
강재항 285, 290
『개벽』 33
겔너 234, 236
『경세유표』 191, 196
『고금도서집성』 226
『고려사』 34, 242, 249~250
고비노 133
고비엥 127
「고사국조선」 31
고염무 53, 145
『곽우록』 190
『교훈적이며 흥미로운 서간집』 127
『구삼국사』 240
구양수 275
구자균 209
『국수학보』 81
『국체의 본의』 110, 159
『군주론』 160, 269
권근 278, 297
권덕규 33~34, 199~200

권별 286
권상하 12
귀츨라프 136
그랜트 135
근대의 초극 159~160
근면혁명 162
『기년아람』 256, 285, 292
기륜설 216
『기자실기』 281, 284
『기자외기』 285
『기자지』 281, 284
기조 133, 158
기회원인 71~72
김남천 25~26
김만중 86
김부식 85, 240~241
김석문 216
김성식 207
김성칠 203
김수항 222
김양선 203, 206
김옥균 166
김용덕 39, 198, 206
김용섭 41, 96~100, 118, 207, 211
김육 92, 117, 170, 190~191, 221
김윤식 166~167, 169~170, 196
김정호 93
김정희 198
김준석 99
김준엽 204~205, 208~209, 211

김창숙 14
김창흡 306
김철준 235
김춘동 209
김태준 24, 87, 90, 172, 177, 197, 202, 210
김택영 198

ⓝ
나미크 케말 143
나쓰메 소세키 151
나이폴 138
나철 195
나카무라 마사나오 150
나카소네 야스히로 165
나카에 조민 151
나카에 토쥬 173
낙스 270
남구만 221, 285, 287~288, 294
남궁억 34
남병길 215
남병철 215
남북국론 23, 263~264, 310, 312
남종삼 202
남효온 255
낭가사상 21, 76~77, 79~84, 89, 105, 115, 171, 195, 315
낭불사상 39
『낭비결』 226
내재적 발전론 178
넬슨 107
노스럽 137

니덤 314
니토베 이나조 31

ⓓ
다구치 우키치 151
다나베 하지메 107
다르장송 129
『다마쿠시게』 35
다카하시 도오루 14
다케야마 미치오 163
단테 125, 269
『담헌서』 200
당군의 146
대(大)조선정신 21, 79~80, 88~89, 115
「대동단결선언」 32
대동법 17
대보단 282
『대의각미록』 252
『대한매일신보』 29~30, 80, 168, 190, 192~195
데카르트 58~59, 63
도쿠토미 소호 152, 158, 165
도희성 147
『독립신문』 167~168
독립협회 30, 169, 177, 179, 183, 213
『독사신론』 193
『독일국민에게 고함』 85
돌바크 131
『동국사략』 279
『동국여지승람』 249~250
『동국역대총목』 285
『동국지리지』 258

『동국통감제강』 254~255, 257, 285
『동국통감』 250~251, 279, 294
동도서기론 165, 167~168, 196
동도서예론 149
『동명』 83
「동명왕편」 241
동방학연구소 209
『동사강목』 256, 258, 285, 291
「동사평증」 285
『동사회강』 285
『동사』 285
『동아일보』 24, 33, 85~86, 92~93, 101, 174~175, 177
『두과석의』 226
『두진백문』 226
뒤 알드 127
드로이젠 72, 112, 272

㈃
라이샤워 164
라이프니츠 58~59, 128
『라틴 및 게르만 민족들의 역사들』 117
라파엘로 125, 269
랑케 61, 65, 68, 71, 117
랜디스 62
레비스트로스 64
레셉스 133
『로마사논고』 269
『로마사』 268~269
『로마성쇠원인론』 271
로스토우 205
로저 베이컨 123

루만 21
루소 95, 145, 151, 170, 195~196, 201, 267, 272
뤼드 109
류큐 처분 151
르 봉 136
르 페르 133
르낭 62, 105
르콩트 126
리비우스 268~269

㈁
마건충 139
『마과회통』 226
『마과휘편』 226
마루야마 마사오 99, 160~162, 180
마르크스 37, 134, 136, 161, 186
마르틴 루터 62, 102, 143
마리에트 132~133
마에다 나오노리 160
마이네케 62, 66, 112, 161, 232, 273
마치니 158
마키아벨리 160, 269, 271
마테오 리치 126
마한정통론 257~259, 294~295, 299
만하임 37
말브랑슈 70~72
메이로쿠샤 149
메인 136
멘델 19
멜란히톤 270
『명이대방록』 145

모간 201
모리 아리노리 150
모스 171
모어 269
모종삼 146
모토오리 노리나가 35
『목민심서』 190
몽테스키외 127, 130, 170, 195~196, 271
「무신봉사」 13
문명개화론 21, 187, 189, 218
『문명론의 개략』 149
문일평 20, 21, 24, 26, 79~80, 83~84, 88~90, 92~93, 97, 172, 177, 181, 200
미노다 무네키 158
미라보 131
미슐레 111~112
미우라 히로유키 156
미조구치 유조 163
미츠키에비츠 111, 158
민두기 217
민백순 308
민영규 15, 97, 115
「민족개조론」 33
밀턴 267

ⓑ
바야돌리드 논쟁 50
박길원 227
박문수 221
박세당 46, 54~55
박세채 254, 284
박시형 93

박영효 166~167
박은식 32, 38, 75, 80, 84~85, 171~172, 195
박의 301, 305, 307
박정희 40, 315
박제가 93, 188, 190, 192, 196~201, 203, 206, 210, 219~223, 228, 315
박종악 227
박종홍 178
박지원 92~93, 170, 173, 188, 190, 194, 196~201, 203, 206, 217~224, 228, 263, 285, 315
박치우 26
『반계수록』 190, 194, 197
반동주 147
발단조건 67
『발해고』 264~265, 310
배성룡 40
배종호 102
『백과전서』 131
백낙준 24, 209
백남운 24, 80, 87, 90~93, 97, 172, 177, 181, 200, 202, 210~211
백문보 245
백승현 242
버터필드 71
범이슬람주의 140
『범학전편』 284
베르길리우스 268~269, 271
베르니에 135
베르쉬르 268
베를린 조약 139

베버　56, 61, 134, 136
벤구리온　274
벤담　201
벨라　164
변영만　198
보쉬에　271
『보편사론』　271
본회퍼　70
볼테르　127~129, 272
볼프　128~129
부갱빌　130
부르크하르트　61
부베　126, 128
부시　270
『북학의』　197, 200
불함문화　84
뷔퐁　131
블로흐　68~69, 316
비들루　126
비코　59, 271
비트포겔　157

㉦
『사고전서』　226
『사변록』　54~55
『사상계』　176~177, 179, 183, 204~211
사이고 다카모리　155
사이드 아메드 칸　141
사이드　132
『사진방』　226
사쿠마 쇼잔　149
사토 잇사이　151

사티　130
사회진화론　20~21, 31, 41, 74~75, 89,
　　　　　134, 141, 171, 178, 187, 189, 218
산스테파노 조약　139
살루타티　269
살리카 법　55
『삼국사기』　240, 242~244
『삼국사절요』　279
『삼국유사』　53, 190, 243~244
『삼한시기』　265, 308
「삼한정통론」　285
『새로운 학문』　59
샤르티에　65
샹폴리옹　132
서광계　126
서명응　215, 217, 285, 287~288
서복관　146
『서양사정외편』　149
『서양신법역서』　224
『서유견문』　167
서유구　92, 200, 223
서종태　296
서형수　256
서호수　215
설복성　142
설의식　36
성 아우구스티누스　52
성창환　205
성해응　256, 307
『성호사설』　190, 198
『세계대세론』　167
소(小)조선정신　79

손진태　36, 39, 113
송시열　12, 54, 88, 117, 282, 294, 297, 299, 307
송찬식　229
『숭애존생서』　226
슈바이처　51
스마일즈　199
스탠리 스펜서　109
시가 시게타카　81, 153
시라토리 구라키치　154
시모노세키 전쟁　149
시트바토록 조약　125
시헌력　215, 224
신경준　93, 254, 285, 288, 298
『신국론』　52
신기선　166~167
신남철　24, 26, 172
신문화운동　81, 147
신사척사운동　166
신상초　175
신일철　112, 207
신조선사　24
신좌모　256~257
신채호　20~21, 32, 38~39, 53~54, 75~80, 82~86, 89, 105, 111~113, 115, 171~172, 193~195, 198, 231, 238, 260~261, 274, 312, 315
『신청년』　144
심마쿠스　52
쓰다 마미치　150
쓰다 소기치　158

ⓞ
아들러　64
『아방강역고』　190
아세아문제연구소　209, 211
『아세아연구』　211
아퀴나스　125
『악통』　226
안경수　30
안병무　178
안병욱　182
안병태　179
안원　54, 145
안재홍　24, 26, 36, 84, 86~90, 172, 201~202
안정복　93, 256, 258, 285, 288~291, 294~295, 299, 305
안종수　165
안호상　15, 94
안확　172
알라릭　52, 273
알라지　124
알마수디　122
알비누스　52
알아프가니　140, 143~144
알콰리즈미　124
알튀세르　66
야나이하라 다다오　160
야마가 소코　174
야스마루 요시오　163
양계초　31, 78, 109, 143~145, 147~148, 171
양무운동　139

「양반전」 189
양성지 250
양수명 148
양정균 126
양회수 175
『어제율려정의』 226
엄복 78, 140, 143~144
엄영봉 147
에라스무스 124
엘리아스 57, 132
여씨향약 13
「여유당전서를 독함」 93
『여유당전서』 86, 92
『여유당집』 194
여유량 53~54
역사주의 60
『역상고성후편』 224
『역상고성』 215, 224
『연기』 200
『연암집』 170, 194
『열하기행시주』 265, 304
『열하일기』 196~197, 200, 218, 285
예레미야 52
예수회 126~127
오규 소라이 160, 174
오리엔탈리즘 132~133
오시오 헤이하치로 173
오쓰카 히사오 162
오장환 203
오치휘 142
오카와 슈메이 158
오카쿠라 텐신 155

와쓰지 데쓰로 159
왕부지 145
왕수인 53
왕학문 147
왕회 13
요시다 쇼인 149, 166, 173
우에키 에모리 151
우에하라 센로쿠 163
우치다 마사오 167
우치무라 간조 152, 155, 180
우하영 101, 220, 283
운요호 사건 151
웅십력 145~146
원중거 301
월러스틴 56
웰즐리 107
위고 138
위원 166
유길준 166
유득공 22~23, 210, 263~265, 285, 300~312, 315
『유럽문명사』 133
유수원 299
유시상 300
유우춘 300
유원동 98
유진오 94, 182
유형원 15~17, 82, 84, 88, 92~93, 170, 173, 190~192, 194, 196~198, 200, 209, 263, 315
유희 93
육농기 53~54

찾아보기 339

윤근수　286
윤기　282
윤동규　101
윤동원　299
윤두수　281
윤상　248
윤용균　93
윤치호　30, 168
윤휴　46
『을미신전』　226
「의산문답」　200, 219
의실구독지학　86, 97
『의종금감』　226
이가원　15, 94, 97, 115, 229
이가환　215
이강년　82
이건방　85, 195
이광린　179, 183, 210
이광수　25, 27, 32~33, 53~54, 62, 177, 185, 202
이광한　220
이규경　256
이규보　241
이긍익　93
이기　170
이기백　95, 113, 207
이노우에 고와시　153
이노우에 테쓰지로　99, 155, 174, 180
이대조　142
이덕무　93, 196~197, 199~200, 223, 287, 292
이만규　38~39

이만운　256, 285, 290, 292
이범석　109
이벽　215
이병도　178
이븐 루시드　125
이븐 시나　124
이븐 하우칼　122
이상은　15, 115, 182
이색　245, 286, 299
이세귀　285
이수광　92, 200, 276, 297
이스마엘 파샤　152
이승만　36, 168, 184
이승휴　244
이시방　17
이식　170, 191
이신론　127
이언적　55
이연덕　225
이와쿠라 사절단　150, 153
이우성　96, 182, 210
이유원　256
이유태　17
이을호　39, 41, 74, 96, 103
이이　15~17, 87, 170, 191~192, 195, 198, 281
이이명　86, 93
이익　17, 84, 86, 88, 92~93, 170, 173, 190, 194, 196~198, 200, 203, 209, 215~217, 255~256, 258, 260, 263, 285, 290, 294~295, 315
이인　33

이인영 39
이전수 296
이정환 205
이종휘 254, 258~261, 283, 285, 288, 290, 292~294, 298, 304, 307
이중환 93, 222
이지조 126
이집트 원정 132
『이집트지』 132
이청원 25, 34, 186
이충익 93
이택후 147
이토 진사이 174
이토 히로부미 153
이행 서사 137
이헌길 226
이황 14, 16, 82, 193~195, 198
『일본자본주의발달사강좌』 156
임상덕 254, 258, 285, 287, 289
임오군란 166

ㅈ

장 2세 268
장군매 146
장도빈 36, 75
장병린 81, 89
장재 216
장준하 177, 182, 205, 208
장지연 14, 21, 32, 38, 170, 173, 199
적응주의 126~127
전목 13, 148
전반서화 141

전칭명제 67
전해종 112
전현동 141
정관응 139
정교사 153
정도전 75
정동유 93
정몽주 39, 44, 299
정상기 86, 93
정약용 14, 18, 25, 82, 84, 87~88, 91~96, 104, 115, 170, 173, 190~192, 194, 196~198, 200~201, 203, 214, 226, 228, 255, 263, 315
정이 275
정인보 24, 84~86, 88~89, 93, 97, 172, 174, 177, 197, 200~201, 209
정전제 17, 194
정제두 86
정종로 299
정주영 315
정창렬 101, 115, 182
정철조 215, 223
정항령 93
정호 275
정후조 215
제르비용 126
『제왕운기』 243~244, 251, 294
조광조 82, 193~195
조기준 175, 180~181
조동탁 182, 210
조박 247~248
조복양 17

조사시찰단　165~166
『조선교육사』　38
『조선문명사』　172
『조선민족갱생의 도』　33
「조선역사상일천년래제일대사건」　77
『조선유학사』　38, 203
『조선일보』　24, 35, 86
조선학연구　203
조선학운동　22, 24~25, 86~87, 91, 172~173, 175, 177, 196, 201~202, 209
조윤제　110
조익　55
조일수호조규　165
조헌　170, 191
조헌영　36
조현명　221
「주해수용」　219
주희　11~13, 17~18, 27, 55, 276, 283, 294
중상주의　23, 179, 187~188, 209, 218, 263
중체서용　140
중화계승의식　224, 291, 293, 311
증공　288
지벨　112
『지봉유설』　190
진독수　142~144
진서경　141

㋡
차기벽　183
『창작과비평』　210~211, 213

채원배　144
천관우　37, 95, 97, 118, 182, 186, 207, 211
『천일록』　220
청일전쟁　152, 167, 169
최남선　21, 80, 83~84, 86, 89~90, 173, 177, 196~203
최문환　184, 207
최익한　75, 93, 177, 201~202, 210
최익현　82
최치원　239~240, 308
최한기　216
최해　298
최현배　25, 33, 174
추용　107
층량과　282

㋤
카　63
카를로비츠 조약　126
카시니　224
카시러　61
카티프 첼레비　126
칸트　59, 129
칼라일　64
칼뱅　270
칼뱅주의　51
케네　201
케플러　224
켈라리우스　271
콘　105
콩도르세　60, 129

콩트 25, 71~72, 134
쿠마자와 반잔 173
크라카우어 64, 117
키케로 268, 270
키플링 108

ⓔ
타루이 토키치 152
탄지마트 139
「탈아론」 152
『태평책』 160
토니 56
튀르고 25
트라이츠케 112
『특명전권대사미구회람실기』 150

ⓟ
파슨스 21, 56
팔레 51
페늘롱 128
페르비스트 126
페트라르카 35, 268~269, 307
포퍼 64, 234
퐁타니 126
퐁트넬 161
푸코 19, 66~67
풍우란 145
프라에텍스타투스 52
프랜시스 베이컨 63, 72, 126
프랭클린 199
프레더릭 파라 135, 141
프로이트 64

『프로테스탄티즘의 윤리와 자본주의 정신』 56
플라비아누스 52
피렌 123
피어슨 134
피히테 85, 106, 112, 234, 272~273
필립 제이슨 167, 179, 184

ⓗ
하라 가쓰로 156
하야미 아키라 162
「한민명전의」 197
한백겸 194, 258, 293
한우근 15, 95, 101, 178, 207
한진서 285
한치윤 93, 285, 288, 293, 297
한태연 175
함석헌 111, 113, 208
핫토리 시소 162
『해동역사』 285
해방론 149
허목 254, 284, 288, 295, 297
허버트 스펜서 134
「허생전」 189, 219
헤겔 59~62, 111, 129, 136
헤르더 106, 112, 129, 232, 234, 273
헤시오도스 266
헤이즈 106
현상윤 24~25, 38~39, 90~92, 97, 172, 181, 199, 201~203, 209
호적 141~142, 145
홉스봄 106, 233, 236

홍기문 24, 172, 200
홍길주 216
홍대용 86, 88, 93, 174, 188, 196~201, 203, 210, 212, 216~217, 219, 223~224, 315
홍만종 254~256, 258, 285, 288, 294, 306
홍명희 24
홍승면 175
홍양호 304
홍여하 254~258, 285, 287, 289, 293~295

홍이섭 93~95, 177, 203~204, 206~207, 211, 215
황간 12
『황성신문』 169~170, 172~173, 190~192, 195, 198
황의돈 34
황종희 145, 170
후쿠다 도쿠조 138, 156
후쿠자와 유키치 149~152, 161, 167
훔볼트 65, 267, 272
흄 65, 131
『흠흠신서』 190